후반전에 끝 터진다

인생후반전
설계지침서

후반전에 끌 터진다

2011년 5월 9일 초판 발행
2011년 6월 8일 2쇄 발행

저　　자	엄길청, 송희경
펴 낸 이	박종도
펴 낸 곳	도서출판 동방의 빛
책임편집	진우성
디 자 인	박현숙, 김민선, 박상정
마 케 팅	박종춘, 류철승
인쇄제작	(주)윤일문화
출판등록	제2001-000014호
	주소 (135-333) 서울시 성동구 성수2가3동 277-47
	전화 02)498-6166, 498-6161 팩스 02)469-9017
	메일 dongbang6166@nate.com

값 13,000원 (ISBN 978-89-963357-8-8 03320)
파본은 바꾸어 드립니다.

도서출판 동방의 빛은 독자 여러분의 의견을 소중하게 생각합니다.
이 책은 저작권법의 보호를 받는 저작물입니다.

인생후반전
설계지침서

후반전에 골 터진다

엄길청 지음

누구나 인생의 명승부를 남길 수 있다.

도서출판 동방의빛

누구나 인생의 명승부를 남길 수 있다.

Writer_Gil-ChungEum 저자

+ **엄길청 교수**는 경영학 박사로서 부산 배정고와 한양대학교 및 대학원, 세종대학교 대학원, 프랑스 고등국제정치학교(HEI-HEP)에서 수학했으며, 종합무역상사, 금융회사, 그룹 경제연구소 등을 거친 실물경제 분석가다. 특히 증권, 부동산, 금융상품, 외환, 대체투자 등의 자산시장을 분석하는 자산경영학 전공의 경영 애널리스트로서, 현재 경기대학교 서비스경영전문대학원 교수로 부원장을 맡고 있다. 엄길청 교수도 베이비부머의 첫 세대를 전후해 출생한 베이비부머의 한 사람이다.

+ **송희경 교수**는 건국대학교 대학원에서 노인복지를 전공으로 사회복지학 박사과정을 수료한 뒤, 노인 복지, 복지기관 경영, 케어서비스 품질관리, 비영리 조직 경영 등 사회복지학과 서비스경영학을 연구하는 복지 경영 및 서비스 경영 컨설턴트로서 활동 중이다. 현재 건국대, 동국대, 한경대의 외래교수로서 경영 자문과 투자 자문 컨설팅 기업인 (주)ES & 컨설팅의 CEO를 맡고 있다. 송희경 교수도 베이비부머의 마지막 세대를 전후해 출생한 베이비부머의 한 사람이다.

PART 1
인생은 후반전부터다

- 살아 있는 한 은퇴는 없다 ... 11
- 다시 신발 끈을 매자 ... 15
- 시니어가 새로운 국민이다 ... 20
- 베이비부머는 '뉴 베이비'이다 ... 24
- 베이비부머는 엔진이 두 개이다 ... 27
- 다시 '학교 가자' ... 30
- 자신을 정확히 알자 ... 33
- 세월을 다시 보자 ... 37
- 신용이란 무대 의상을 입자 ... 41
- 손수 할 수 있는 일이 소중하다 ... 44
- 혼돈 속에 기회가 있다 ... 48
- 뭐든지 간단하게 생각해 보자 ... 51

PART 2
경제사회가 완전히 변하고 있다

- 생산경제가 최고다 ... 57
- 인디-오너(Indie-Owner)의 시대다 ... 61
- 직장인이 아니라 사내 사업가이다 ... 64
- 영원히 좋은 직업이란 없다 ... 67
- 무한경쟁은 이제 그만하자 ... 72
- 대량소비는 덫이다 ... 75
- 사업가 정신은 자본이다 ... 78
- 따라 하지 말자 ... 80

PART 4
자산관리가 아니라 자산경영이다

- 투자를 제대로 알자 ... 153
- 저축은 '검소한 생활'의 열매이다 ... 159
- 투자가 주는 지혜는 이것이다 ... 162
- 혼자만 큰돈을 벌 수는 없다 ... 166
- 장기투자와 단기매매는 시계가 다르다 ... 170
- 노후는 생명이지 연명이 아니다 ... 174

PART 5
주식은 나이가 들면서 더 잘 보인다

- 신념과 고집은 차원이 다르다 ... 181
- 진실한 기업에 투자하라 ... 185
- 1인당순이익이 높아지는 기업이 좋다 ... 189
- 본업에서 이익 내는 기업이 진짜다 ... 192
- 브랜드가 좋으면 주가도 좋다 ... 195
- 세상의 평판도 돈이다 ... 199
- 무임승차는 없다 ... 203
- 공포가 주는 교훈을 알자 ... 207
- 세상은 항상 준비된 용광로다 ... 210
- 적은 돈, 적은 노력으로 돈을 벌자 ... 213
- 부자들은 소수 종목에 장기투자한다 ... 217
- 투자의 위험을 제대로 알자 ... 222
- 주식시장은 분별력이 낮다 ... 226
- 현금 보유의 중요성도 깨우치자 ... 230

PART 3

기업의 시대에서
가업의 시대로 간다

가문이 돌아온다 ... 87
개인이 강해야 한다 ... 90
이제 기업의 시대는 아니다 ... 93
기업의 수명은 아무도 모른다 ... 96
내 가족은 스스로 추스려야 한다 ... 100
물려줄 게 있다면 야무지게 가르쳐라 ... 105
가업 경영은 쉽지 않다 ... 109
지금 가업 경영이 필요하다 ... 112
이래서 사업을 한다 ... 115
가족의 재능과 지혜가 밑천이다 ... 119
창조적 가치로 다시 서자 ... 122
'작은 기업'과 'Me'가 주인공이다 ... 126
소비자의 선택이 힘이다 ... 131
시장을 보는 눈을 갖자 ... 135
마음만 바꾸면 사업해도 된다 ... 139
돈 다루는 실력은 개인차가 크다 ... 142
차라리 세월에 무관심하라 ... 146

Contents

PART 6

삶의 변화를 알면
부동산이 보인다

주택, 이젠 투자가 아니라 생활 도구이다 ... 237
부평초 같았던 도시의 삶을 돌아보자 ... 241
이젠 미분양이 아니라 후분양이다 ... 246
압축하는 곳을 찾아라 ... 250
부산이 다시 돌아온다 ... 255
융복합화하는 지역을 찾아라 ... 258
도시는 더 이상 외곽으로 나가지 않는다 ... 261
나라 밖에도 부동산은 있다 ... 264
인구가 늘어나는 곳을 찾아라 ... 267
르네상스 시대가 돌아온다 ... 271
거리가 곧 돈이다 ... 276
물이 보이면 가치가 높다 ... 279

PART 7

진정한 행복이란
'땀' 속에 있다

가장의 자리가 안 보인다 ... 285
곧 인구가 준다 ... 288
목돈은 웬만해선 깨지 말자 ... 293
자녀 경제 교육은 부모의 책임이다 ... 298
이젠 맞벌이가 아니라 녹립경영이다 ... 303
세계인과 어울려 살자 ... 306
가정이 진화한다 ... 309
여성이 곧 '라이선스'이다 ... 314
검소한 아내는 축복이다 ... 318
자녀를 위한 직업 상식을 알자 ... 322
나의 가치를 깨우치자 ... 326
정말 고귀한 것은 일하는 기쁨이다 ... 330
'부유'한 삶보다는 '여유' 있는 삶을 찾자 ... 334
일하는 게 건강의 비결이다 ... 338
가벼운 마음으로 다시 일터로 가자 ... 342
사회적 기업의 시대가 온다 ... 346
베이비부머는 남겨 둔 희망이다 ... 350
나이가 들어도 더 잘나간다 ... 355
장수 사회에 대비하자 ... 358
후반전에 멋지게 역전하자 ... 362

PART 1

인생은 후반전부터다

인생후반전
설계지침서
후반전에 끌 터진다

01

살아 있는 한 은퇴는 없다

서브프라임 모기지 사건으로 가계부실의 위기를 겪은 미국은 금융자산 비중이 2009년에 65%였고, 영국과 일본도 45%에서 60%대의 금융자산을 가지고 있음에도 불구하고 금융위기의 여파가 큰데, 만일 훗날에 우리나라 부동산가격이 일거에 폭락하는 사태라도 발생한다면 우리나라 가계파산은 불을 보듯 뻔한 일이 될 것이다. (……) 자산이 있다고 노후가 안정된 것은 아니란 이야기이며, 뭔가 새로운 방안이 모색되어야 한다는 점을 이 수치들이 암시하고 있다. 일각에서는 금융자산을 늘려서 이에 대비해야 한다는 주장도 있지만, 근본적으로는 할 수만 있다면 계속 일을 해야 한다는 주장이 더욱 설득력이 있다.

우리나라가 본격적인 인구증가의 시대로 접어든 것은 휴전 뒤인 1955년부터이다. 이후 출생인구는 계속 증가하여 1971년 한 해 100만 명이 출생한 것을 최고치로 기록한 뒤 다시 감소하기 시작하였다. 그러다가 2009년에는 44만 명으로 최고치 대비 절반 수준으로 내려앉았다. 그런데 이제 1971년생들이 40세 고개에 접어들고 1955년생들이 50대 중반으로 사기업의 은퇴연령에 접어드는 등 본격적으로 한국판 베이비부머들이 40대와 50대의 중심을 이루면서 은퇴자의 시대를 열어 가게 되었다. 약 17~18년에 해당하는 이 기간 동안 태어난 사람들만 따져도 1천500만 명에 가까우며 이는 전체 인구의 30% 정도가 된다.

이들 중 이미 상당수가 1997년 외환위기 이후 불어닥친 조기퇴

> **손에 잡히는 경제사전**
>
> **베이비부머(Baby Boomer)**
> 한국전쟁이 끝난 직후부터 1963년 사이에 태어난 세대를 일컫는 말. 현재 810만여 명으로 총 인구의 16.7%를 차지하고 있음.

직, 명예퇴직의 회오리에 휩쓸린 바 있으며, 이제는 본격적인 은퇴자의 연령으로 접어들어 우리 사회에는 베이비부머들의 은퇴 충격이 서서히 불기 시작하고 있다. 그런데 이들은 지금부터 10년쯤 지나면 다시 노인인구로 대거 편입되어 우리 사회를 고령화사회로 빠르게 몰아갈 것으로 보인다.

2011년 현재 우리나라의 65세 이상 인구는 11.3%인데, 여기서 베이비부머들이 모두 노인인구로 잡히는 2040년이 되면 우리 정부는 노인인구가 전체 인구의 38.2%로 올라간다고 보고 있다. 이미 65세 이상이 7%를 넘겨 고령화사회(Aging Society)에 들어선 우리 사회는 2016년이면 14세 이하 유소년과 65세 이상 인구가 같아지는 노령화지수 100의 시대를 맞이할 것이다. 2018년에는 14%를 넘겨 고령사회(Aged Society)에 진입할 것이며, 2026년에는 65세 이상이 20%가 넘는 초고령사회에 진입할 것으로 전망된다.

장기적인 경기부진을 겪고 있는 일본은 1994년에 고령화사회에 진입한 뒤 2006년에 이미 초고령사회에 들어섰다. 일본의 예를 보더라도 사회의 고령화·초고령화로 잠재성장률은 점점 낮아진다. 우리의 잠재성장률은 현재의 4%대에서 2020년이면 3%대, 2040년이면 1%대로 내려갈 것으로 보인다. 그런 가운데 우리의 사회복지 지출은 아직도 부족한 수준이지만 현재 GDP 대비 9%대에서 2050년에는 22%대로 늘어날 전망이다.

과연 이런 사회 변화를 앞에 두고 본격적인 은퇴자 시대를 맞아야 하는 우리는 어떤 준비를 해야 할 것인가. 이대로 가면 아직도 취약한 사회 안전망이 제대로 돌아가겠는지, 저마다 소박하게 준비한 노후 자산소득들이 미래에 필요로 하는 현금흐름을 충분히 채워 줄 수 있을 것인지, 정부는 장기적으로 안정적인 복지정책을 추진해 나갈 것인지 무엇 하나 장담하기 어려운 현실이 눈앞에 다가와 있다.

게다가 우리의 자산구조에도 문제가 적지 않다. 2009년 기준으로 우리나라 가정의 비금융자산 비중은 79%가 넘어 미국의 35%, 영국의 55%, 일본의 41%에 비해 너무도 높다. 한마디로 살고 있는 집이 재산의 전부인 경우가 대부분이다. 서브프라임 모기지 사건으로 가계부실의 위기를 겪은 미국은 금융자산 비중이 2009년에 65%였고, 영국과 일본도 45%에서 60%대의 금융자산을 가지고 있음에도 불구하고 금융위기의 여파가 큰데, 만일 훗날에 우리나라 부동산가격이 일거에 폭락하는 사태라도 발생한다면 우리나라 가계파산은 불을 보듯 뻔한 일이 될 것이다.

> **손에 잡히는 경제사전**
>
> **서브프라임 모기지**
> **(Sub-prime Mortgage)**
> 미국에서 신용등급이 낮은 저소득층을 대상으로 고금리로 주택마련자금을 빌려 주는 비우량 주택담보대출. 연체율 상승으로 서브프라임 모기지에 투자한 펀드와 금융회사가 연쇄적으로 손실을 보면서 신용경색 우려가 글로벌금융위기로 번짐.

그렇다면 자산이 있다고 노후가 안정된 것은 아니란 이야기이며, 뭔가 새로운 방안이 모색되어야 한다는 점을 이 수치들이 암시하고 있다. 일각에서는 금융자산을 늘려서 이에 대비해야 한다는 주장도 있지만, 근본적으로는 할 수만 있다면 계속 일을 해야 한다는 주장이 더욱 설득력이 있다.

나이가 들어서 필요한 것은 현금인데, 이것을 이자로, 배당으로, 집세로 충당하는 것은 매우 불확실한 기대치이다. 요즘 미리부터 재테크에 관심을 가지는 풍토가 조성되면서 40대의 가계자산 대비 금융자산이 25%대로 올라와 60대의 13%에 비해 높고, 전체 가구의 금융자산 중 현금과 예금의 비중이 2009년에 46%대로 늘어나는 변화가 나타나고 있기는 하다. 하지만 전체의 자산규모가 넉넉지 않은 현실에서 가계의 금융자산은 여전히 취약한 수준이다.

고용의 기회가 늘지 않는 미국에서 개인들은 점차 고위험 고수익의 자산운용에 빠져 주식과 채권에 투자하는 비중이 전체 금융자산의 52%로 너무 높고, 현금과 예금은 14%대로 너무 낮은 불안정한 구조를 보이고 있다. 일본은 금융자산 중 현금과 예금이 56%로 너무 높아 저성장을 자초하고 있으며, 영국은 보험과 연금의 비중이 금융자산의 54%에 달해 공공의 짐이 무거운 사회가 되고 있다.

요즘은 이러한 사회 분위기에 영향을 받아 우리나라도 펀드, 신탁, 파생상품, 주식, 채권 등 투자 금융상품에 투자하는 비중이 조금씩 늘어 40대 직장인의 경우 금융자산의 4%대, 50대가 3%대를 차지하고 있지만 이 역시도 충분치 못한 양상이다.

사실 여기서 시야를 조금만 넓혀도 우리가 남은 생을 통해 해야 할 일들이 하나둘이 아니라는 것을 알 수 있다. 무엇보다 사람 도리부터 제대로 해야 하지 않겠는가 하는 생각이 든다. 일생을 자신의 가족과 생계를 돌보는 일에만 쓰다 말 수는 없는 노릇이다.

《보이지 않는 가슴(The Invisible Heart)》을 쓴 낸시 폴브레(Nancy Folbre)는 사람은 누구나 남을 돕고 싶어 하는 본성을 가지고 있다고 지적했고, 나이가 들면 이런 소망이 더욱 커진다고 했다. 정말 가능하다면 이젠 이타적 삶을 실천하는 의미 있는 노후를 보내야 하지 않겠는가. 특히 남성보다 평균적으로 긴 노후를 혼자서 보내야 하는 여성들의 경우 삶을 위한 준비가 더 절실하지 않겠는가.

젊어서 억만장자가 된 빌 게이츠는 지금 손수 사회복지 기업을 만들어 직접 자신이 번 돈으로 세상의 문제를 해결하기 위해 동분서주하고 있으며, 한국 사람으로 미국 증시에 상장한 저명한 미국 벤처기업인 한 사람은 자신이 세운 기업에서 이미 은퇴한 뒤 자신의 기부 능력이 생각보다 모자란다고 판단하고 부족한 기부금을 벌기 위해 다시 벤처기업을 창업하여 지금도 운영하고 있다.

누구든 이제는 이런 의미 있는 삶을 본받을 때라고 본다. 그러자면 어느 누구에게도 은퇴란 없어야 하겠다. 남을 돕기 위해 나이가 들어도 힘닿는 때까지 일하겠다는 사람에게 사실 자신의 노후대책이 무슨 어려운 과제이겠는가.

다시 신발 끈을 매자

지식정보의 진보가 날로 속도전을 더해 가고 있는 현실을 보면서, 그리고 시대의 중심이 젊은 사람들에게로 옮겨 가는 모습을 보면서 시시각각으로 변하는 세상에 대해 전략을 세워 놓지 않으면 누구나 자칫 초라하고 길고 지루한 노년을 비켜 가기 어려울지도 모른다는 우려가 앞선다.

데이비드 브룩스(David Brooks)가 "이제 세상은 디지털 엘리트들이 지배하기 시작했다."라고 말한 바 있듯이 아날로그 세대들은 하나둘씩 역사의 뒷전으로 내몰리고 있다. 요즘 방송에서 40~50대 퇴직자의 재기를 다루는 프로그램들이 자주 방송되고 있다. 그들은 하나같이 평생직장인 줄 알고 재직하던 직장에서 하루아침에 실직을 당하고 절망 속의 나날을 보내다가 다시 일어선 사람들이다. 그들은 이런 사례를 통해 비슷한 처지의 중도 실직자들에게 힘을 주고 있다. 다시 말하면 이제는 누구나 나이 40~50에 제2의 인생, 즉 '세컨드 라이프'를 설계하고 준비해야 하는 다모작 시대를 맞이하고 있는 것이다.

사실 40대와 50대는 취업이나 창업에서 고정관념이 많은 세대이다. 직장은 크고 번듯해야 좋고, 기왕이면 매달 꼬박꼬박 월급 잘 나오는 직장을 찾으려 하고, 창업을 하더라도 목 좋은 곳에서 하다못해 전화 받는 직원 정도는 두고 사장 노릇을 할 수 있는 그런 경우를 꿈꾼다. 그들의 태도가 대개 이렇다 보니 실직을 하고도 오랫동안 자리를 찾기 어렵고 결국 자본 타령, 업종 타령, 자리 탓, 집안 탓을 하며 장기 실업자로 전락하기 일쑤이다.

그러나 요즘 신세대는 생각이 많이 다르다. 그들은 디지털 마인드로 지식을 습득하고 세상을 보기 때문이다. 디지털경제란 크게 세 가지의 특성을 보인다. 디지털경제는 연결된 힘을 이용해야 하고, 또한 속도를 경쟁 요소로 삼아야 하며, 무형자산을 주로 활용한다. 인터넷을 이용하는 비즈니스나 네트워크상의 사업들이 주로 이런 구조로 되어 있고, 앞으로 기존 사업이라 해도 이런 비즈니스모델로 진화하며 성장 · 발전하게 될 것이다. 결국 디지털경제에서는 사람이 최고의 자본이고, 자산이며, 열정과 창의성이 에너지가 된다는 말이다. 하지만 많은 벤처기업가들이 실패한 것에서도 알 수 있듯이 디지털식 경영도 현장으로부터 많은 경험을 바탕으로 해야 성공할 수 있다.

그렇다면 40~50대의 중도 실직자들도 자신의 아날로그식 경험과 디지털 지식을 접목하여 얼마든지 삶의 돌파구를 찾을 수 있다고 본다. 이 시대의 순한 양 떼 같은 40~50대, 그러나 따지고 보면 이들처럼 아날로그와 디지털의 두 시대를 거쳐 가는 절묘한 경험의 소유자들도 다시는 없을 것이다.

폴 패럴(Paul Farrell)의 조사에 의하면 2000년을 기준으로 미국에서 65세 이상 퇴직자 가운데 절반 정도는 사회보장 연금이 없으면 극빈자 생활에서 벗어날 수 없다고 한다. 그런 가운데 서서히 인간 수명 100세 시대가 다가오고 있으며, 어느 미래학자의 주장에 의하면 머지않아 "85세까지는 중년이다."라는 엄청난 소리가 들릴지도 모른다. 어쩌면 한편에선 인생 100년의 시대가 열리고 있지만 행복감이나 기쁨보다는 갈수록 삶의 무거움만 깊어 가고 있으니 착잡하다.

손에 잡히는 경제사전

디지털경제
(digital economy)

인터넷을 기반으로 이루어지는 모든 경제활동. e-비즈니스는 디지털경제의 대명사임. 디지털경제에서 성공하기 위한 3C는 독창성(creativity) · 고객(Customer) · 신용(Credit) 등임.

더욱이 지식정보의 진보가 날로 속도전을 더해 가고 있는 현실을 보면서, 그리고 시대의 중심이 젊은 사람들에게로 옮겨 가는 모습을 보면서 시시각각으로 변하는 세상에 대해 전략을 세워 놓지 않으면 누구나 자칫 초라하고 길고 지루한 노년을 비켜 가기 어려울지도 모른다는 우려가 앞선다. 빛의 속도로 변한다는 디지털 사회를 살아가야 하는 '정보 인간'들은 이제까지의 '산업 인간'보다 훨씬 변화무쌍한 일생을 보내야 하며, 초년 승부가 일생을 좌우하는 경우도 있을 수 있고, 실패로 인해 중도에 다시 재활 인생을 경험해야 하는 경우도 적지 않을 것이다. 그런가 하면 너무 빨리 찾아온 은퇴를 딛고 일어나 다시 새 출발을 해야 하는 '반환점 인생'들도 허다하게 등장할 것이다.

그런데 이런 사람들에게도 인생 백 살은 어김없이 찾아올 것이다. 심지어 이미 노년에 접어든 노인들도 점점 길어지는 자신의 수명에 대해 대책 없이 앉아 있기만 한다면 여생은 축복이 아니라 그저 길고 초라한 여정이 될 수밖에 없다. 더욱이 부모를 봉양할 자식들의 숫자도 점점 줄어들고 있는 것을 보면 이제는 준비 없이 오래 산다는 것은 그만큼 사회와 국가에 부담을 주는 일이 될 수 있다.

우리 가정은 이제 가족들의 이런 문제를 담아내야 하는 '가족고용 복지센터'로서의 중심이 되어야 한다. 지난날 정부와 기업에서 제공하던 일자리도 이제는 가정을 중심으로 만들어 낼 수 있어야 한다. 이는 갈수록 일자리 창출은 어려워지고 개인 간의 경쟁은 심해져 누구나 초년 실업이든, 중도 실업이든, 노년 실업이든, 평생 실업의 가능성을 안고 살아갈 처지에 놓였기 때문이다. 그래서 디지털 사회에서는 가족들의 '직업 효능감'이 가장 중요하다. 언제나 새로운 일을 시작할 수 있고 직업도 전환할 수 있는 능력을 온 가족들이 잘 갖추어야 한다.

궁극적으로 요즘 날로 늘고 있는 청년 실업의 문제도 결국은 가정의 과제로 돌아오게 될 것이다. 그러니 학교만 마치면 직장을 구하던 시대는 이미 지나가고, 가족들은 힘을 모아 자식이나 형제의 일자리를 다시 만들어 주는 일까지도 담당해야 하는 부담을 안게 되었다. 가정은 이제 스스로 기업임을 자처해야 하고 가정 관리가 아닌 경영 마인드로 꾸려 가야만 한다.

따라서 지금은 나이가 많고 적음을 떠나 누구나 자신의 인생 전략을 다시 추스르고 가족 간에 이러한 공감대를 공유하면서 개인은 전략, 가정은 경영의 개념을 이해하고 대비해야 할 때이다. 자신의 경제적 신분을 지켜 줄 직업 선택에서 시작하여 창업 전략 그리고 자산의 투자 방법 등 '독립경영'의 노하우를 잘 익혀 두어야 한다.

> **손에 잡히는 경제사전**
> **무어의 법칙(Moore's Law)**
> 마이크로칩 기술의 발전속도에 관한 것으로 마이크로칩에 저장할 수 있는 데이터의 양이 18개월마다 2배씩 증가한다는 법칙. 컴퓨터의 성능은 거의 5년마다 10배, 10년마다 100배씩 개선된다는 내용도 포함되어 있음.

미국의 주식투자 전문가 워런 버핏(Warren Buffett)이 자주 뉴스의 조명을 받는다. 80대인 그는 아직도 '버크셔 헤서웨이'라는, 주식 1주에 1억 원도 넘는 투자회사를 경영하고 있는 노익장의 투자 전문가로 수십 조의 재산을 가지고 있다. 그는 그동안 빌 게이츠에 이어 두 번째 부자의 자리를 오래 지켜 온 사람으로 얼마 전 빌 게이츠 자선 재단에 30조 원의 재산을 기부하였다. 사실 그동안 번 돈도 자신이 설립한 버핏 재단에 넘겨 꾸준히 기부를 해 온 기부자이기도 하다.

특히 그는 항상 검소하고 근면한 사람으로 알려져 있어, 그의 생각과 행동에서 참으로 배울 점이 많다. 그런 삶의 태도 덕분에 요즘처럼 갑자기 나타났다 사라지는 부자들의 세계에서 아직도 그는 그 나이 되도록 세계적인 부자로 건재한 것이다.

그런데 대단한 노익장의 또 하나의 예는 역시 70대의 고든 무어(Gordon Moore)가 있는데, 세계적인 반도체 회사 '인텔'의 설립자이다. 1968년에 인텔을 세운 그는 유명한 '무어의 법칙'을 만든 사람으로, 세상이 앞으로 빛의 속도로 변할 것을 예언한 바 있으며, 그 역시 수십 조의 재산을 가지고 있다. 그가 세운 인텔의 첫해 매출은 단돈 3천 달러에 불과했지만, 그 후 그는 많은 돈을 벌어 많은 대학을 지원하고 있으며, 부인과 함께 주로 재산의 사회환원 사업을 열심히 펼치고 있다.

　노익장들의 성공담은 여기에서 그치지 않는다. 역시 70대의 필립 앤슈츠(Philip Anschutz)는 180억 달러의 재산을 가진 '퀘스트 커뮤니케이션'의 소유자인데, 세월에 따라 변신을 잘하는 귀재로 알려져 있다. 1970년대에는 석유로 돈을 벌었고, 1980년대에는 철도로 돈을 벌었는데, 이제는 광통신으로 돈을 벌고 있어 사람들은 그가 다음은 어디에 손을 댈 것인지 그의 마이다스 손을 지켜보고 있다.

　진정한 노익장으로는 존 클루지(John Kluge)가 있다. 제2차 세계대전 당시 정보 장교 출신인 그는 '메트로 미디어'사를 소유하고 있는데, 1946년에 1만5천 달러를 들여 메릴랜드 라디오를 설립한 이후, 1960년대에는 메트로 미디어를 설립하여 미디어 포트폴리오를 구성하기도 했다. 그는 다양한 투자를 하는 사람으로 그동안 동전 세탁기, 바이오테크, 광통신 등에 투자했으며, 특히 광통신에서 크게 성공을 거두었다.

　언론 재벌로 알려진 루퍼트 머독(Rupert Murdoch) 역시 수십 조의 재산을 가지고 있으며, 콕스 앤서니 자매는 신문, 방송 등의 미디어 사업을 통해 나란히 수십 조의 재산을 갖고 있는 여성 노익장이고, 가장 먼저 사이버 증권사를 세운 찰스 스왑(Charles Schwab) 역시 수십 조의 재산을 가지고 있다.

　그러면 세월을 이기고 있는 이들 노익장들은 무슨 힘으로 재산을 불리고 있는 것인가. 바로 변화에 대한 능동적인 대처라고 해야 할 것이며, 그러기 위해서는 부단히 미래의 지식과 정보 그리고 돈의 흐름을 예측하는 눈을 가진 사람이 되려고 노력한 사람이라고 할 수 있다.

03

시니어가 새로운 국민이다

60세 이상 노인들이 취업 시장으로 몰려들고 있는데, '일하는 노인'이 사상 처음으로 250만 명을 넘어 전체 취업자 10명 중 1명꼴이다. 일자리를 구하려는 노인들이 늘어나면서 '실버 실업자'도 급증세이다.

머지않아 우리나라가 20~64세 연령층이 65세 이상 노인을 부양하는 비율이 OECD 회원국 가운데 가장 빠른 증가세를 보일 것으로 전망되었다. 또 2050년이 되면 노인 관련 재정지출의 증가로 GDP 대비 7.7%의 재정적자를 기록할 것으로 추산되었다.

우리 정부가 OECD, IMF 등의 관련 자료를 토대로 작성한 〈인구고령화가 경제에 미치는 영향〉이라는 보고서에 따르면 우리나라 노인부양 비율은 2000년 10.0%에서 2050년 69.4%로 7배 가까이 늘어날 것으로 예상되었다. 노인부양 비율은 65세 이상 노인인구를 20~64세 인구로 나눈 수치로, 우리나라의 증가 속도는 OECD 국가 중 가장 빠른 것이다.

반면에 OECD 회원국의 평균 노인부양 비율은 2000년 20.6%에서 2050년 48.9%로 2.4배 정도 증가할 것으로 전망되었다. 국가별로는 미국이 18.6%에서 34.9%, 일본이 25.2%에서 71.3%로 각각 2~3배 가까이 증가할 것으로 예상되었으며, 영국은 24.1%에서 47.3%, 프랑스는 24.5%에서 46.7%로 각각 상승할 것으로 예측되었다.

우리나라는 노인인구는 증가하는 데 반해 출산율 저하 등으로 20세 이상 생산 가능

인구가 2000년 10명에서 2050년 1.4명으로 급격히 줄어들 것으로 전망되었다. 고령자 인구가 1% 증가하면 1인당 실질 GDP는 0.041%포인트 감소하고 재정수지는 GDP 대비 0.46%포인트 악화하는 것으로 분석되었다. 그런가 하면 노인 의료비가 지난 10년 사이에 10배 가까이 늘어나고 있다. 저출산·고령화사회로의 진입에 따라 전체 의료비 지출 가운데 노인들이 차지하는 비중이 급속히 불어나고 있는 셈이다.

그러나 우리 사회의 노후준비는 아직도 요원하다. 대한상공회의소가 2005년에 서울 지역 직장인을 대상으로 실시한 '직장인 노후대책 실태조사'에 따르면 10명 중 6명(64.6%)이 "노후를 대비하고 있다."라고 말했다. 특히 눈에 띄는 것은 20~30대들의 변화인데 20대의 경우 2년 전 조사에서는 19.2%가 노후대비를 하고 있다고 응답했지만, 이번 조사에서는 48.9%로 훌쩍 뛰었고, 30대도 31.5%에서 64.8%로 증가했다. 젊은 층이 더 미래를 불안하게 여기고 있는 것이다.

또 많이 변한 것은 "정년퇴직 한 뒤 무엇을 할 것인가?"라는 설문에 대한 답변이다. 이번 조사에서 퇴직 후 진로로 자영업 등 다른 사업을 하고 싶다는 사람이 37.4%로 가장 많았고, 다음은 자기개발(31.3%), 봉사활동(21.6%) 순이었는데, 종전의 조사에서는 자기개발이 가장 많았다.

노후준비에 필요한 자금으로는 3억~4억 원이 29.2%로 가장 많았고, 그다음은 1억~3억 원(23.4%), 4억~5억 원(16.2%), 7억 원 이상(13.8%), 5억~7억 원(12.9%) 순이었다. 노후준비 수단으로는 저축을 제시한 사람이 37.3%로 1위였고, 개인연금(21.4%), 국민연금(17.1%), 부동산 임대료(14.5%), 퇴직금(5.3%) 등이 뒤를 이었다. 종전에 높은 비중을 보이던 퇴직금 비중이 크게 줄어든 반면 장년층은 노후대책으로 부동산을 선호했다.

이런 자료들을 종합해 보면 우리 사회는 노후를 위한 사회 안전망의 확충이 시급하다. 다층 연금체계란 한마디로 공적연금과 사적연금을 합쳐서 노후소득을 보장하는 체계로서 국민연금을 생활의 기본적인 유지 기반으로 하고, 그 위에 기업연금을 얹고, 또 그 위에 개인연금, 개인저축 등을 얹는 것을 말한다.

2005년에 도입된 퇴직연금은 기존 퇴직금을 연금으로 전환하는 제도로서 일정한 연금액을 보장받는 확정 급여형(DB)과 공격적인 투자를 통해 수익에 따라 연금액이 달라지는 확정 기여형(DC)으로 되어 있다. 자영업자들은 퇴직연금 대신 개인연금으로 대체할 수 있다.

고령화가 빠르게 진행되면서 오는 2017년에는 노인인구가 어린이 인구를 추월할 것으로 예고되어 급속한 인구고령화에 따른 노동생산성 하락과 재정수요 압박 대책이 시급한 것으로 지적되었다. 그러나 인구고령화는 우리 경제의 위기이자 또 다른 기회이다. 고령화문제를 정부재정만으로 해결하려 한다면 이는 엄청난 부담이 될 수 있지만, 민간기업을 참여시켜 관련 산업을 육성할 경우 경제성장의 새로운 동력이 될 수 있다.

노동부가 일부 직종에 지정한 '고령자 우선 고용' 원칙을 잘 지키는 것만으로도 점차 부족해지는 노동력 문제 해결에 상당한 효과를 볼 수 있다. 당초 '공공근로' 차원에서 비규격 우편물 수작업 분류에 투입했다가 지금은 국제 특송 등 프리미엄급 우편물 분류도 노인에게 맡기고 있는 일본 우정성의 경험은 참고할 만한 사례이다.

노인 관련 산업의 육성을 서두르지 않고 이대로 가다간 2020년께 116조 원 규모로 성장할 노인 관련 시장을 고스란히 선진국에 빼앗기게 될지도 모른다.

우리도 이제 50대 이상 '실버 세대'들이 지출을 크게 늘리고 있다. 소비 계층 고연령화 현상은 계속될 전망이어서 앞으로 실버 계층을 대상으로 한 타깃 마케팅이 강화될 것 같은데, 남성용품들이 매출 증가세를 보이고 있는 것도 같은 배경으로 보인다.

그런가 하면 60세 이상 노인들이 취업 시장으로 몰려들고 있는데, '일하는 노인'이 사상 처음으로 250만 명을 넘어 전체 취업자 10명 중 1명꼴이다. 일자리를 구하려는 노인들이 늘어나면서 '실버 실업자'도 급증세이다. 전문가들은 평균수명이 늘면서 은퇴

직장인들이 적극적으로 재취업에 나서고 있는 데 따른 결과로 분석하면서 노동력의 고령화와 노인 실업에 대한 정부 차원의 대책 마련이 시급하다고 지적하고 있다.

통계청 조사에 따르면, 50세 이상의 소득수준이 60세를 넘어가면 뚝 떨어져 연간 소득은 30대의 73%, 40대의 61% 수준이다. 이로 미루어 노년층의 상당수가 저소득층 또는 사회 빈곤층임을 알 수 있다. 자식들이 부모를 봉양하면 좋겠지만, 사정은 그렇지 못하다. 세계에서 전례 없는 빠른 고령화와 출산율 급감이 맞물리면서 청장년층의 노인 부양 부담이 급증하고 있기 때문이다. 1970년에는 100명의 젊은이들이 6명의 노인만을 부양하면 되었지만 2030년에는 무려 36명에 달하는 노인들을 부양해야 한다.

그래서 나온 것이 가족에게도 국가에게도 기대기 어려운 노인들로 하여금 지금 살고 있는 집을 바탕으로 돈을 빌려 살아가라고 하는 역모기지 제도의 도입이다. 이 같은 시대의 변화가 암시하는 신호는 노후에도 수입이 꾸준히 생길 수 있도록 부동산에 투자해 두든지 아니면 주식에서 배당이 나오든지, 꾸준히 금융상품에서 이자가 나오든지, 아니면 나이가 들어서도 가능한 사업체를 운영하고 살든지 무슨 특단의 대책을 세워야 한다는 경고음이다.

04

베이비부머는 '뉴 베이비'이다

한국은 전통적으로 46세에서 54세 사이에 가장 소득이 높고 54세에서 59세가 가장 재산이 많은 사회였다. 그러나 정작 베이비부머들부터 이런 추세가 깨어지기 시작하여 현재 생애 소득의 정점이 30대 후반으로 넘어가고, 재산의 정점은 50세 이전으로 넘어가고 있는 추세이다.

비슷한 시대 배경을 지니고 태어났다 하더라도 어느 나라에서 태어났느냐에 따라 입장과 처지가 극명하게 다른 경우가 있는데, 바로 한국과 미국의 베이비부머들이 그들이다.

먼저 미국 이야기를 해 보면, 제2차 세계대전이 끝나면서 전쟁터에 나가 있던 미국의 남자들이 일시에 대거 귀국을 하게 되자 미국 전역에서는 출산율이 급증하기 시작했다. 그러한 추세는 미국이 다시 베트남 전쟁에 개입하게 되는 시점까지 계속됨으로써 미국의 베이비부머 시대를 역사 속에 남기게 되는데 이들이 바로 1946년부터 1963년 사이에 태어난 사람들이다.

장소를 뛰어넘어 이번엔 한국으로 가 보자. 동족 간의 전쟁을 치른 한국은 1953년에 휴전을 하고 젊은 군인들이 속속 고향으로 복귀하기 시작한 1955년부터 역시 출산율이 급격히 증가하여 한국판 베이비붐 시대를 열었고, 일본도 비슷한 시기에 이른바 단카이(だんかい) 세대라는 베이비부머들이 있다.

손에 잡히는 경제사전

단카이(だんかい, 團塊) 세대
1947년에서 1949년 사이에 태어난 일본의 베이비붐 세대를 가리킴. 1970년대와 1980년대 일본의 고도성장을 이끌어낸 세대임.

그런데 이제 인생의 후반부에 접어든 베이비부머들이 나라에 따라 너무도 다른 처지에서 노년을 바라보고 있다. 특히 한국과 미국과의 차이가 매우 대조적이다.

근년에 20년 가까운 장기 호황을 누리던 미국은 저금리 저달러 정책의 효과 속에 1989년 즈음부터 국민들의 재산이 급속히 늘어나는 현상을 보이기 시작했다. 그리하여 주로 55세 이상 국민들이 가장 많은 부를 가지고 있으며, 그 주역들이 바로 베이비부머들이다. 약 8천만 명으로 추산되는 베이비부머들은 지금 생애 가장 많은 부를 쌓아 놓은 가운데 정부가 주는 복지수당도 최고치에 달하는 연령대에 이르고 있다.

지금 미국은 이들 세대와 이후 세대의 빈부격차 문제가 오히려 사회적 이슈가 되고 있는데, 20대, 30대, 40대 들이 바로 이들과 비교되는 세대들이다. 원래 미국은 전통적으로 57세에 가장 소득이 많고 63세에 가장 재산이 많은 나라였으며, 지금 베이비부머들까지는 그런 세대라고 부를 수 있지만 그 이후는 사정이 크게 다르다. 이후 세대들은 지식경제사회로 급변한 세상 때문에 선배들보다 긴 세월을 공부에 매진해야 하고 그만큼 돈도 더 들고 돈 버는 시점도 늦어지고 있으며, 경제 사이클의 단기화로 돈 버는 기간도 더욱 짧아지고 있다. 그래서 지금 미국에는 빈부격차가 곧 세대격차란 말도 있다.

그런데 한국의 베이비부머들은 그렇지 못하다. 한국은 전통적으로 46세에서 54세 사이에 가장 소득이 높고 54세에서 59세가 가장 재산이 많은 사회였다. 그러나 정작 베이비부머들부터 이런 추세가 깨지기 시작하여 현재 생애소득의 정점이 30대 후반으로 넘어가고, 재산의 정점은 50세 이전으로 넘어가고 있는 추세다.

요즘 주택가격 상승이나 주가 상승은 이들과는 너무 거리가 먼 이야기로서 그들에겐 당장 일자리가 필요한 실정이다. 그들은 재산이 변변하게 없고 일자리 찾기는 더욱 힘이 든 현실에서 자녀 교육비와도 처절한 싸움을 벌이고 있다. 그런가 하면 일부 부모들은 자식에게 벌써 짐이 되고 있어 50대 부모의 상당수가 자식으로부터 경제적 지원을 받고 있다는 서글픈 보고가 있다.

미국은 노년기에 접어드는 베이비부머들 때문에 젊은 층과 빈부격차가 벌어지고 있다면, 한국은 바로 베이비부머들이 빈부격차의 희생양이라는 데 아이러니가 있다. 그러고 보면 지금 미국의 베이비부머들에겐 '소비와 투자'가 미덕이라면 한국의 베이비부머들에겐 '일과 저축'이 미덕이라고 해야 하겠다.

베이비부머는 엔진이 두 개이다

이제 이들이 나이가 들어 본격적이고도 대규모로 직장을 떠나게 되면서 이들을 대체할 만한 젊은 층들이 노동시장에서 수적으로 크게 모자라기 때문이다. 게다가 이들은 다양한 분야에서 풍부한 경험을 가지고 있는 베테랑들이라 그대로 퇴장시키기가 너무 아까운 사람들이다.

지리를 공부하다 보면 '고원(highland)'이라는 단어를 만나게 된다. 실제 우리나라 지도를 펼치면 개마고원이라는 지명도 발견하게 되는데, 고원이란 높은 해발 위에 형성된 넓은 평지를 일컬어 부르는 말이다. 이제 이 고원이 인간 세상에도 등장할 전망이다. 요즘 우리 사회에서 그 숫자로 보나 비중으로 보나 가장 중요한 위치에 놓인 40~50대 세대들이 조기 은퇴와 장수 사회를 맞으면서 고단하게 노후가 길어지는 세상을 만나는 소위 '인생의 고원'지대로 접어드는 인상을 주고 있다.

이제부터는 한국의 고원지대인 이 시대의 '시니어 그룹'이 또 하나의 삶의 전형을 보여 주며 품격 있고 역동적이고 창조적인 '제2의 인생'을 멋지게 살 수 있도록 후배들에게 길을 안내해야 할 시점이다. 사회적으로 볼 때 고원지대에 해당하는 시니어 그룹은 우선 인구 구성 면에서 대단히 많은 수의 인구를 차지하고 있다.

우리 사회는 현재 세계적으로 출산율이 낮은 사회이며, 갈수록 출산율이 낮아져 이제는 인구 감소를 걱정해야 하는 국가로 변하고 말았다. 과거 구미의 선진국들이나 격정하던 문제를 어느새 우리가 걱정하게 된 것이다. 이런 세상을 보노라면 사람 하나하나가 얼마나 소중한 자원인지를 곧 알게 된다.

실제로 선진국들 중에서 캐나다, 뉴질랜드, 호주 등은 이미 이전부터 늘어나지 않는 인구 문제를 해결하기 위해 이제껏 꾸준히 이민자를 받아들이고 있지 않은가. 이렇게 가다가는 우리도 언젠가는 그런 상황을 맞게 될 것이 분명하다.

이미 일본은 본격적으로 인구 감소 문제를 심각하게 다루고 있으며, 일본 정부가 만든 '일본 21세기 비전 2030'이란 계획 속에는 이민자 흡수 대책이 드러나고 있다. 그들은 사실 얼마 전까지만 해도 서구식 경영혁신을 도입하여 조직을 슬림화하고 경량화하면서 그동안 신봉해 오던 종신고용을 포기하고 구조조정이나 감원을 강도 높게 실시했던 그런 나라였다. 그런데 나라가 다시 은퇴자를 직장으로 불러들이는 입장으로 변하고 만 것이다. 일부에서는 다시 정년을 연장하는 모습까지 나타나고 있다.

> **손에 잡히는 경제사전**
>
> **일본 21세기 비전 2030**
> 향후 4반 세기를 전망하여 일본이 지향하고자 하는 청사진과 함께 그에 대한 실행 대책을 제시한 국가정책 보고서. 2030년을 향한 미래상과 개혁으로 실현될 2030년 경제의 모습, 사회와 노동시장의 전망 등의 내용이 담겨 있음.

일본에 '단카이 세대'라는 일본 최대의 인구 폭발 세대인 베이비부머들이 있는 것은 잘 아는 사실인데, 이제 이들이 나이가 들어 본격적이고도 대규모로 직장을 떠나게 되면서 이들을 대체할 만한 젊은 층들이 노동시장에서 수적으로 크게 모자라기 때문이다. 게다가 이들은 다양한 분야에서 풍부한 경험을 가지고 있는 베테랑들이라 그대로 퇴장시키기가 너무 아까운 사람들이다. 특히 일본이 근자에 다시 제조업을 부활시켜 세계 경제 무대로 되돌아오고 있는 상황에서 이들의 경험은 더욱 절실하게 활용할 필요가 있음을 절감하게 되는 것이다.

그렇게 본다면 우리도 마찬가지라고 할 수 있다. 지금까지야 노동시장에 사람이 넘쳐난다고 하여 감원이다, 해고다 하는 인력 감축이 일상처럼 있어 왔지만 이제 머지않은 장래에 한국의 베이비부머들이 일시에 대거 퇴장하게 되면 인력 부족을 피부로 느끼게 될 것이 분명하다. 지금 그들은 40~50대의 중견으로 열심히 일해야 할 시기인데 외환위기 이후에 일자리를 잃거나 기반이 흔들려 현재까지 번듯한 일터를 지키고 있는 사람들이 극히 드문 것이 현실이다.

최근 통계를 보면 50대의 생애 경제활동 기간이 20년 정도에 그치고 있다는 소식도 있다. 이와 관련하여 2007년 통계를 보면 전체 국민의 15% 정도의 가구주가 직업을 가지고 있지 못한 것으로 나왔는데, 무직 가구의 가구주 연령은 59세였으며, 가족 수는 평균 2.7명이었고, 이런 가정에서 월간 소비지출은 최소한 153만 원에다 20만 원 정도의 제세공과금이나 연금, 보험 등이 지출되고 있었다. 그러니까 한 달에 적어도 200만 원 정도의 수입은 있어야 한다는 이야기인데, 지금 당장 가장이 직업이 없으니 답답할 노릇이다. 이들은 전체 소득 중 23.6%만이 근로소득이고, 사업소득은 불과 2.6%여서, 전체 소득의 86.1%가 근로소득인 일반 근로자에 비해 큰 차이를 보이고 있다. 한마디로 자산소득이 많지 않은 상황에서 근로소득의 위축이 빈곤의 직접적인 요인으로 등장하고 있는 것이다.

바로 이들이 머지않아 근로시장에서 퇴장하면 그다음엔 오히려 일손 부족 현상이 나타나 성장의 저해 요인이 될 수 있는 것이다. 그러므로 지금부터라도 이들 계층을 노동시장에서 흡수하고 그동안 보유했던 실력과 지식이 노후화되지 않도록 돌보아 주어야 한다. 본인들도 스스로 은퇴자나 낙오자라는 인식을 가지지 말고 제2의 인생을 출발한다는 세컨드 라이프(second life)의 인식을 가지고 당당하고 치밀하게 준비하는 자세가 필요하리라 본다.

06

다시 '학교 가자'

우리 기업들은 중장년의 힘을 과소평가하지 말았으면 한다. 비록 신지식은 약할 수 있으나 이는 다시 배우면서 극복할 수 있으며, 무엇보다 판단력이나 조직력이 우수하고 이직률이 낮은 장점은 우리 기업들이 꼭 눈여겨보았으면 한다.

대학 사회에서 가끔 보는 일이지만 사회 각 분야에서 열심히 활동하던 전문가들이 현역 생활을 마감하고 다시 대학으로 옮겨 자신의 경험과 지식을 후학들에게 가르치는 모습은 본인도 보람된 일이지만 지켜보는 사람들에게도 참으로 보기 좋은 모습이 아닐 수 없다. 그런데 근본적인 문제는 지난날의 선배 사회의 모습에서 연유된 것인지 몰라도 스스로가 어느 정도 나이가 들면 일단 한발 물러나 쉬려고 한다든가, 자신이 먼저 패배적인 인식에 사로잡혀 집에만 틀어박혀 있으려 한다는 점이다.

요즘 세상은 지식자산을 가지고 살아야 한다고 한다. 하지만 관련된 연구에 의하면, 지식자산이란 학교나 연구소에서만 만들어지는 것이 아니라 현장에서 갈고닦아 쌓인 실력, 곧 경험이라는 것이다. 이런 경험들을 바로 살아 있는 지식자산, 또는 '경험자본'이라고 한다. 문제는 이러한 가치 있는 경험을 가진 시니어 자신들이 이를 정리하거나 체계화하지 못해 사장되어 버리는 경우가 많다는 것이다. 일본만 해도 자신의 일에 대한 기록이나 메모 아니면 작은 저서를 가지고 있는 일반 국민들이 한두 사람이 아니다.

얼마 전에 발표된 한 의학 연구 보고는 다음 세기의 사람들은 대체로 100살을 살게 될 것이라고 전망하여 인간수명의 한계를 새로운 차원으로 받아들이게 했다. 과학적 식견이 없는 보통 사람이라고 해도 이미 주변 노인들의 창창한 삶을 보고 있으면 머지않아 인간 100세의 세상이 오리라는 전망을 어렵지 않게 가질 법한 세상을 우리는 살아가고 있다.

그런 관점에서 보자면 이제 한창 나이인 한국의 40~50대가 새로운 '문제 세대'로 등장하고 있는 것이다. 그들은 오늘의 지식정보화 사회가 받아 주기에는 색 바랜 코드를 가진 지식이나 경험을 가지고 있으면서도 이전의 선배들보다 훨씬 긴 노후를 보내야 하는 이중적 고초를 겪고 있는 것이다. 불과 얼마 전까지만 해도 40~50대는 인생의 가장 빛나는 정점이요, 여유와 안정의 상징적 나이였지만 이제는 처량하고 나약한 소외 계층의 상징으로 추락하고 있다.

더욱이 남성들의 이 같은 몰락은 그들의 아내에게 직격탄이 되고 있다. 그 결과 대체로 전업주부로 살아온 40~50대 주부들이 뒤늦게 생업에 뛰어들어 열악한 근로 환경이나 저임금 속에서 힘겨운 세상살이를 하고 있는 것이다. 아마도 어떤 이들은 젊은 시절 겪은 시집살이보다 더 힘겹지 않을까 싶기도 하다.

하지만 나이 60이 넘으면 누구나 한 가지 이상의 병을 가지고 살아간다고 하고, 70이 넘으면 생활비의 절반 이상이 치료비라고 하는 현실을 안다면 이야기는 달라진다. 이미 고령화 현상으로 인한 사회적 부담은 의료비와 국민연금에서 경고음을 내고 있다.

하지만 또 한편에서는 일부 이런 모습도 보게 된다. 이제 자식들도 크고 했으니 욕심을 버리고 쉬어 가면서 편안히 살아가고 싶다고 말하는, 비교적 여유를 누리는 사람들이다. 물론 부모로서 최선을 다한 모습은 아름답고 장한 일이긴 하지만 부모 노릇이란 어찌 보면 인생의 업적이 아니라 누구나 해야 할 당연한 의무이다. 그러나 아직 여력이 있고 능력이 받쳐 준다면 무언가 이제부터는 사회와 인류를 위해 업적을 남겨야 할 나이가 바로 그들이다.

미국의 경우 기업들이 20대보다는 중장년을 더 선호한다는 소식도 있다. 20대들은 평균 재직기간이 3, 4년에 불과할 만큼 잦은 이직으로 전문성을 기르기도 어렵고 조직의 안정도 가져오기 어렵다는 이야기이다. 그러나 중장년들은 보통 자리가 주어지면 15년 이상 한자리에서 근무하는 근성을 보인다는 것이다. 또 이들은 작업 중 산업재해 발생도 낮고 약물 복용도 적고 직무 스트레스도 덜 받는 것으로 조사되고 있다는 것이다.

지금이야 갑자기 나타난 변화의 충격으로 사람 대접이 이렇게 가볍지만, 인구가 줄어들면 사정이 달라질 것이다. 그때에는 나이 든 사람들을 제대로 활용하지 못하면 노동인력 확보에 어려움을 겪을 것임에 분명하다. 우리 기업들은 중장년의 힘을 과소평가하지 말았으면 한다. 비록 신지식은 약할 수 있으나 이는 다시 배우면서 극복할 수 있으며, 무엇보다 판단력이나 조직력이 우수하고 이직률이 낮은 장점은 우리 기업들이 꼭 눈여겨보았으면 한다. 그리고 당사자인 40~50대 중장년들도 사회가 내몬다고 일찍 열외가 되거나 빠지려 하지 말고 다시 시작하는 심정으로 허리춤을 단단히 고쳐 매는 자세가 필요하다. 아직 갈 길이 멀지 않은가.

자신을 정확히 알자

우리도 실은 중산층이 갈수록 엷어지고 있다. 그동안 중산층을 만들어 온 기업사회가 외환위기 이후에 급속히 붕괴되면서 집단고용과 종신고용의 시대가 종식을 고한 것이다. 그리고 등장한 사회가 '자기경영'의 세상이다. 스스로 자신을 고용해야 하는 시대가 돌아오면서 개인 간의 경제적 격차는 점점 벌어지기 시작했다.

제2차 세계대전 이후 제조업으로 세계를 제패했던 일본. 그들은 자국 국민들에게 모두 중산층이 될 수 있다는 비전을 제시하며 성장에 속도를 붙여 온 바 있다. 그와 함께 종신고용이라는 직장의 비전도 함께 제시하여 근로자들로 하여금 걱정 없이 오로지 직장에만 몰입하도록 주문해 왔다. 그러던 일본이 언제부터인가 일본에 더 이상 중산층은 없다고 말하고 있다. 그리고 그들도 우리의 '양극화사회'와 같은 표현인 '격차사회'가 등장하고 있다고 우려를 표명하고 있다.

우리도 실은 중산층이 갈수록 엷어지고 있다. 그동안 중산층을 만들어 온 기업사회가 외환위기 이후에 급속히 붕괴되면서 집단고용과 종신고용의 시대가 종식을 고한 것이다. 그리고 등장한 사회가 '자기경영'의 세상이다. 스스로 자신을 고용해야 하는 시대가 돌아오면서 개인 간의 경제적 격차는 점점 벌어지기 시작했다. 외

손에 잡히는 경제사전

격차사회
중류 계층의 붕괴 과정에서 나타나는 일본형 경제·사회 양극화 현상을 일컫는 말. 이러한 원인은 장기 경기침체와 함께 고령화의 급속한 진전에 의한 세대간 소득 분배 악화, 핵가족화나 청년층 단신세대의 증가 등 가족형태의 변화로 인한 가구별 소득 축소, 교육과 부의 대물림 등으로 분석됨.

환위기 때인 1997년에 64.8%에 달하던 중산층이 2005년에는 59.5%로 감소했으며, 이 시기에 하류층은 13.4%에서 17.1%로 증가했다. 그러나 상류층은 이 시기에도 늘어나 21.8% 달하던 것이 23.5%로 증가했는데, 주로 고임금의 대기업 간부직 또는 전문직이나 자영업자들인 것으로 보이며, 물론 여기에는 거액 자산가들도 들어 있다.

최근 미국의 통계를 보면, 전체 국민 중 1%에 들어가는 부유층의 70%가 자영업자이며, 순 자산이 5억 원 이상인 가정의 자영업자의 비중은 65%, 순 자산이 10억 원 이상인 가정의 자영업자 비중은 62%로 드러나고 있다. 이들의 비중은 미국이 근로자가 중심이던 1983년에 대비해 최고 2배 가까이 증가했다. 특히 저성장기에 접어든 1995년 이후 미국에서 자영업자의 비중이 늘어나고 있는 추세인데, 이들은 주로 종업원 5명 이하의 초미니 사업가이거나 1인 기업가들이다. 이들 중 전체의 최상위 1%에 들어가는 부유층들은 55~59세까지 소득이 늘고 있으며, 5~10%에 들어가는 부자들은 50~54세까지 소득이 늘고 있다.

미국의 경우 상류층이 늘어나면서 1%에 해당하는 부유층들은 전체 국민 평균의 7배에 달하는 소득을 올리고 있으며, 5~10%에 달하는 부유층들은 평균 소득 대비 2.5배 정도의 소득을 올리고 있다.

이처럼 중산층이 무너지면서 오히려 부유층이 늘어나고 있는 오늘의 현상은 갈수록 경제적 지위가 낮아지는 사람들에게는 또 하나의 상실감이 되고 있다. 그러므로 젊은 나이에서부터 절약하고 저축하고 투자하는 습관을 들여 조금씩이나마 자산을 모아 나가고, 길고 불투명한 미래에 대비하는 자세가 요구되며, 기회가 있을 때마다 경제 공부를 지속적으로 하면서 직업능력을 키우는 지혜가 필요하다.

만일 중산층이 튼튼하지 못하다면 사회는 경제적 신분의 상·하위 간의 대결 구도로 갈 수밖에 없으며, 이는 결국 사회적 불안과 정치적 위험으로 이어질 수밖에 없을 것이다. 그리고 많은 서민들에게서 살아가는 꿈을 앗아가는 일이기도 하다. 성경에도 있듯이 "부지런하면 부를 쌓을 수 있다."라는 말처럼 서민들의 꿈이 살아 있는 그런 세상을 만들어야 한다. 요즘처럼 돈이 돈을 버는 그런 세상 속에서는 가진 자의 부의 축적

속도를 따라갈 수가 없으며, 땀 흘려 일하는 보람도 누리기 어렵다.

각 가정은 이제 중산층이 자신의 인생 목표가 될 수 없음을 분명히 알아야 한다. 미래사회는 '성공한 사회'와 '소외된 사회'의 두 가지 격차사회 속에서 살아가게 될 가능성이 크기 때문이다. 그런데 이처럼 중산층이 사라지는 이유는 상류층의 소득과 재산이 계속 가파르게 올라가 소득 계층의 중간값을 올려 놓기 때문이다. 이로 인해 중간값 지대에는 점점 해당 인구가 줄어들게 된다. 즉 고소득자들의 소득이 올라가면서 상대적으로 기존의 중산층을 저소득 지대로 끌어내리고 있는 것이다.

예를 들어, 자기 집 주변에 종전에 7~8억 원 정도 하던 아파트가 있었다고 하자. 그런데 이것들이 갑자기 대형 평수의 붐을 타고 2~3년 만에 13~14억 원선으로 뛰면서 종래 4~5억 원 하던 중형 평수의 아파트에 살던 사람들이 한순간에 그들과 재산 격차가 크게 벌어진 경우가 바로 그것이다. 그래서 경제적 지위는 내가 만드는 것이 아니라 성공한 상류층에 의해 만들어지는 것이다. 바로 이런 점이 평생 열심히 일한 사람의 맥을 빠지게 하는 허무함이자, 야속함이다.

많은 사람들은 첨단산업에 진출해야 성공할 수 있다고 말한다. 그런가 하면 소프트웨어 산업만이 살 길이라고 말하는 사람도 있다. 하지만 반드시 첨단산업에서만 돈을 벌 수 있는 것은 아니다. 오히려 오래되고 지저분하고 낙후된 사업에서 큰돈을 벌 수도 있다. 최근에 발표된 미국의 400대 부자 명단이 우리에게 그 점을 일깨워 주고 있다. 이번에 발표된 명단에는 새로 31명이 추가되었는데, 그중 18명의 직업이 우리의 눈길을 끈다. 그중에는 돼지를 키우는 양돈업자도 있고 주차장 관리업자도 있었다. 그런가 하면 여관 정도의 작은 모텔을 경영하고 있는 사람도 버젓이 400대 부자 대열에 들어가 있었다. 미국의 400대 부자라면 그 규모가 어마어마하다. 그런데 엄청난 부를 쌓아 올린 사람이 돼지를 키우고 주차장을 돌보고 모텔을 관리하고 있다는 것은 쉽게 이해되지 않는 일이다. 세계적인 항공사도 있고 최고 기술의 반도체 회사에 소프트웨어 회사, 방송사, 영화사, 인기 절정의 프로야구 구단, 자동차 회사 등등 얼마든지 화려하고 품위 있는 사업들이 많은 나라인데 말이다.

그런데 400대 기업에 들어 있는 양돈업이나 모텔업 등은 현재 각광받는 사업들의 틈새에서 보잘것없어 보이는 사업으로 치부되는 사업이다. 이른바 저기술(Low technology) 사업이라고 할 수 있지만, 내용을 들여다보면 고기술(High technology)이 아닌 저기술 분야에서 돈을 많이 벌고 있어도 경영기법만은 아주 첨단적이다.

양돈업자는 유전공학적 방법으로 돼지를 키우고 있었으며, 주차장 회사는 도난 방지를 위해 바코드를 사용했고, 모텔업자도 전산 시스템으로 손님을 관리하고 있었다. 사업은 구시대적인 것이었으나 경영전략은 시대를 앞서 가고 있었다.

흔히 사업을 잘못 골라 돈을 벌지 못한다고 한탄을 하는 사람들도 있다. 그러나 돈을 벌지 못하는 것을 사업 탓으로 돌리기에 앞서 경영방법을 혁신적으로 고치는 지혜를 가지고 있어야 한다. 그런 사람만이 진정한 부자라고 할 수 있다. 아무리 시대적으로 보아 흘러간 사업이라 할지라도 혼자 남아서 큰돈을 만지는 부자는 존재하게 마련이다.

얼마 전 우리나라에서 가장 자동차를 많이 팔았다는 슈퍼 세일즈맨을 만났다. 그에게 판매 비결을 물었더니 발로 팔지 않고 머리로 팔았다고 대답했다. 흔히 들을 수 있는 이야기지만 과연 어떻게 머리로 세일즈를 했다는 것인가. 나아가 머리로 돈을 번다는 것은 과연 어떤 뜻인가. 이는 한마디로 소프트웨어 창조라고 해야 하겠다. 그럼 소프트웨어 창조는 어떻게 하는 것인가. 이에 대해 지금 학자들이 다양한 연구를 하고 있다. 지식 창조론을 연구하는 학자도 있고 인간의 영적 능력을 연구하는 학자도 있다. 아직 검증되지 않은 것이어서 결론을 내리기가 조심스럽지만 공통적인 것은 차별적 가치를 추구한다는 점이다. 그것이 지식이든 감정이든 영감이든 세상 사람들과 다른 무엇을 찾아내야 한다는 것이다.

하지만 이를 시도하기는 참으로 어려운데, 발견이 어려운 것이 아니라 실행이 어렵다. 세상 사람과 차별화되는 것이 부담스러울 수 있기 때문이다. 그러고 보면 또 하나 떠오르는 요점은 바로 결단력이다. 머리로 돈을 벌기 위해서는 결단력이 있어야 한다.

08

세월을 다시 보자

세월은 이유 없이, 기별 없이 서서히 여러 가지를 바꾸어 놓게 되는 것이다. 과거 같으면 아직 직장에서 건재할 나이에 퇴직의 압력을 받고 있다면 내가 모르는 억울한 내막이 있는 것이 아니라 얼마쯤은 나에게도 세월이 가고 있는 것이다.

얼마 전 국민들의 애도 속에서 지금은 고인이 되신 법정 스님이 생전에 남긴 말에 이런 것이 생각이 난다.

"바람도 불지 않는데 꽃잎이 떨어지는 것을 보니 또 한 해가 가는가 보다."

어느 중년 남성을 예로 들어 보자. 그는 나름대로 인생을 치열하고 당당하고 자신 있게 살아왔다고 생각한다. 그런데 나이가 들수록 그동안 그가 닦아 놓은 기반은 흔들리고 활동은 약해져 간다. 이런 현상은 그에게 어떤 문제가 있어 나타나는 것이 아니다. 그저 세월이 가고 있기 때문에 나타나는 것이다.

직장에서 맡고 있던 업무가 나이가 들면서 덜 중요한 것으로 바뀌는 것은 세월 때문이지 자신이 밀렸기 때문은 아니다. 또한 고분고분하던 아이가 아버지가 하는 말마다 대꾸를 놓치지 않게 되는 것도 세월 때문이지 갑자기 아이의 버릇이 나빠졌기 때문은 아니다. 나이가 들어 감기가 찾아와 이상하게 오래 머무는 것도 세월 때문이지 지독한 독감에 걸렸기 때문은 아니다.

이렇듯 세월은 이유 없이, 기별 없이 서서히 여러 가지를 바꾸어 놓게 되는 것이다. 과거 같으면 아직 직장에서 건재할 나이에 퇴직의 압력을 받고 있다면, 자신이 모르는 억울한 내막 때문이 아니라 세월 때문인 것이다.

그러므로 요즘 들어 자신에게 어떤 변화가 일어나고 있다면 세월이 가고 있음을 알아야 한다. 오랫동안 해 오던 사업에서 주문이 줄어들고 매출이 감소하고 새로운 아이디어가 잘 떠오르지 않는다면 이 역시 세월이 가고 있는 것이다.

그렇다면 누구에게도 결코 관대하지 않고, 누구에게도 결코 특혜가 없는 이 무정한 세월 앞에서 어떻게 해야 할까? 그저 겸손하게 남아 있는 시간, 남아 있는 기회에 감사하며, 세월조차도 앗아갈 수 없는 영성의 가치를 찾아 새로운 여정을 떠나야 하겠다. 베이비부머들에게 오늘의 시간은 너무도 야속하고 속절없는 것일 수도 있지만, 되짚어 보면 어느 세대보다도 긴 영혼의 삶을 현실에서 살아갈 수도 있는 것이다.

얼마 전 우연히 만난 친구는 이미 십수 년 전에 고향의 깊은 산속으로 들어가 자연과 더불어 호연지기를 누리며 살아가고 있다고 전해 왔다. 어머니와 형제들이 모두 같은 가족병력으로 일찍 세상을 뜨고 보니 자신에게 남겨진 시간도 얼마 되지 않은 것 같아 정부의 고위직을 정리하고 낙향했다는 친구는 이미 오래전부터 맑은 표정과 겸허한 정신으로 영혼의 시간을 살고 있었다.

얼마 전 이 시대의 석학 이어령 교수가 이런 글을 썼다.

"의문은 지성을 낳고 믿음은 영성을 낳는다."

참으로 가슴에 와닿는 말이다. 종교에서나 볼 수 있는 그런 영성의 세계도 세상 곳곳에서 내가 믿음을 가지면 계절이 불쑥불쑥 소리 없이 내 앞에 나타나듯이 누구에게나 다가올 수 있다는 말이다.

그런데 세월의 무정함에 묻혀 지내는 사람은 이러한 영성의 깨달음을 흘려보내기 십상이다. 그러므로 무언가 약해지고 무언가 자신이 떨어질수록 더욱 정신의 맑음과 고요함과 평온함을 유지해야 한다. 영성을 찾는 기회가 그런 가운데 오기 때문이다. 이러한 깨달음이 있다면 예고 없이 찾아온, 너무도 아쉽게 찾아온 자신의 '은퇴 소식'도

담담하게 받아들일 수 있다.

　사람이 사는 이치가 참으로 무상할 때가 많다. 배가 고파 굶주리는 사람에게 음식은 눈앞에 있으면 당장이라도 다 먹어치우고 싶은 충동을 느끼는 대상이지만, 아주 머나먼 길을 떠나는 사람에게 음식은 등에 지고 가야 할 무거운 짐으로서 버리고 싶은 마음이 들게 하는 대상이다. 배워야 산다고 했고, 아는 것이 힘이라고 했으며, "배워서 남 주나."라는 시쳇말도 기억이 난다. 그런데 세상이 돌고 돌다 보니 많이 배운 것이 짐이 되고, 많이 배운 것이 업보가 되는 경우도 생겨나고 있다. 요즘 세상을 떠들썩하게 흔들고 있는 베이비부머들의 문제는 너무 빠른 퇴직에서 연유한 것이다. 남보다 더 많이 배우고 남보다 더 높은 자리에 있던 사람일수록 퇴직 후 새로운 제2의 인생의 출발이 쉽지 않기 때문이다.

　얼마 전까지만 해도 세계적으로 유례가 없는 종신고용의 직장문화를 고수하던 일본은 거의 20년에 가까운 저성장과 고실업의 문제를 좀처럼 해결하지 못하자 조기 정년이나 비정규직의 도입을 받아들이는 충격적인 변화를 겪게 되었다. 많은 근로자들이 이전의 선배에 비한다면 너무 단명한 직장생활을 뒤로 하고 실직자의 길을 걸어가게 된 것이다. 그런데 그 이후 그들의 새로운 노후 경제생활을 살펴보면 고학력자일수록 수입이 저어지는 기현상이 나타났다.

　특히 60세가 넘은 이후에는 대부분의 고학력자들의 직장수입이 전무하다시피 한 것을 알 수 있는데, 중졸이나 고졸의 은퇴자들은 50세 후반보다 60세 이후가 수입이 더 늘어나는 것을 알 수 있다. 많이 배운 사람 입장에서는 참으로 기가 막히고 억장이 무너지는 소리 같지만 그게 현실이다. 왜 그럴까? 이 기사를 실은 당시의 보도에 따르면 나이가 들수록 고학력자를 잘 받아 주지 않으려 한다는 것인데, 고령자 취업의 필요가 있더라도 임금의 부담이 적은 사람을 택하려 한다는 것이다.

　사실 조직에서 사람을 채용하여 일을 시켜 보면 적은 임금으로도 자신의 업무를 감사히 여기는 사람이 있는가 하면, 항상 자신에 대한 대우가 나쁘다고 생각하면서 불만만 쏟아 내는 사람이 있다. 그래서 조직을 운영해 보면 급료가 그다지 많지 않은 자리에 학력이 높은 사람을 뽑아 놓으면 자칫 분위기만 흐려 놓을 수 있다는 기우 때문에 고령자의 경우 고학력자를 피할 가능성이 높다.

여기서 "많이 배울수록 자신을 잊어버려야 한다."라는 옛 성현들의 말씀이 생각난다. 이 말은 세상의 이치를 깨달을수록, 공부를 많이 할수록 더 겸손해져야 한다는 말로 풀이할 수 있다. 은퇴 후의 생활을 생각해 보면 여러 가지가 감사하지 않을 수 없을 것이다. 그 나이가 되도록 건강하게 살고 있는 것도 감사한 일이고, 온 집안 식구가 편안하고 화목하게 지내는 것도 감사한 일이고, 그다지 중요하지 않은 일이라 할지라도 다시 이렇게 땀 흘리며 일할 수 있는 것도 감사한 일이다.

감사는 결국 겸손을 만들어 내는 솜사탕 기계 같은 마술을 보여 준다. 지금 이 순간에 아직도 내가 할 수 있는 일이 있고 앞으로 할 일도 많은데, 나의 부질없는 자존심이 내 눈을 가리면 보이는 것은 온통 섭섭함, 분노, 배신, 노여움뿐이다.

그러나 매사에 감사하는 마음을 가지면, 무엇 하나 감사하지 않은 것이 없다. 감사하는 마음을 가지면 자신을 낮추게 되고, 자신을 낮추면 부족함을 깨닫게 된다. 그러므로 인생을 살아가면서 많이 배운 것이 자신의 발목을 잡는다면 새로운 것을 더 배워야겠다는 생각으로 자세를 낮추어 보자. 그리고 진정으로 마음을 비우고 겸손이란 새로운 인생의 학위를 따기 위해 새로운 배움의 여정을 떠나 보자.

신용이란 무대 의상을 입자

아름다운 마음씨는 중년을 넘기고 노년을 바라보는 인생의 가을에서 마치 불타는 단풍처럼 은근하게 뜨거워지게 된다. 그런 아름다운 마음씨로 다듬어 가는 인생의 후반전을 성현들은 '인생의 신용장'이라고 하지 않았나 싶다.

"날마다 새롭게 하소서."라는 서원(誓願)은 영혼과 정신의 청정함을 말하는 경구이지만, 사회적 존재들에게는 무언가 보여짐과 드러냄의 소원으로 간절해지는 상태를 말함이다. 인생의 후반전에 나서게 되는 베이비부머들은 누구나 이런 고민을 가지고 있을 것이다. '이제 다시 사회에 나선다면 무엇으로 다시 설까?' 하는 고민 말이다. 지난날의 지위도 없고, 명성도 사라지고, 심지어 자신에 대한 기억도 없는 터에 과연 무엇으로 다시 설까.

그런데 이런 성현의 말씀이 생각난다.

"사람에게 아름다운 얼굴은 추천장이고, 아름다운 마음씨는 신용장이다."

지난날 화려하고 힘 있고 빛나던 자리나 역할이 인생의 봄과 여름이라면 이제 다시 시작하는 인생의 후반전은 가을과 겨울이라고 할 수 있다. 나는 전자가 사람의 얼굴이라면 후자는 사람의 마음에 해당한다고 말하고 싶다. 봄과 여름이 사람의 얼굴처럼 '드러나는' 계절이라면, 가을과 겨울은 사람의 마음처럼 '느끼는' 계절이기 때문이다. 그래서 가을의 단풍이나 겨울의 설경은 그 생명이 아주 짧아도 그 순간이 주는 아름다움은 어디에도 비할 수가 없는 것이다.

아름다운 마음씨는 중년을 넘기고 노년을 바라보는 인생의 가을에서 마치 불타는 단풍처럼 은근하게 뜨거워지게 된다. 그런 아름다운 마음씨로 다듬어 가는 인생의 후반전을 성현들은 '인생의 신용장'이라고 하지 않았나 싶다.

사업을 하고 거래를 해 보면 종종 추천장만을 믿었다가 낭패를 보는 경우가 적지 않다. 광고나 선전이 전적으로 신뢰를 받지 못하는 이유도 일방적 추천이 갖는 신뢰의 결핍 때문으로 보아야 한다. 물론 추천이라고 다 그런 것은 아니다. 문인들의 등단이나, 학교의 입학에서, 또는 의료인들 간의 의술 교류에서 흔히 하는 추천은 그들이 진정성을 가지고 대하는 또 다른 차원이라고 하겠지만, 상거래에서 일반적으로 주고받는 추천장은 그 믿음의 한계가 좁은 것이 현실이다.

그렇지만 이제부터 마음씨로 전하고 느끼게 할 인생 후반전의 진면목은 그 자체가 신용이고 돈이고 품질이 아니겠는가. 젊은이라면 타인에게 믿음을 주는 믿음의 본질을 실력이라고 하겠지만 나이 든 사람이라면 흔들리지 않는 평상심의 세계라고 할 수 있을 것이다. 이른바 무애의 경지가 엿보이거나 순수한 사랑의 몰입을 느끼게 하는 그런 심성의 세계가 다시 그들을 세상 앞에 아름답게 서게 하리라.

다시 설 수 있다면 그가 누구든 그저 마음의 깨끗함, 마음의 따뜻함, 마음의 평온함만 있으면 될 것이다. 그것이 바로 신용장이니까. 그것도 취소 불능 신용장이니까. 인터넷의 출현과 정보기술의 발전은 사람과 사람의 접속의 속도와 범위를 빠르게 넓혀 가고 있다. 혹자는 이 속도를 광속이라고도 한다.

한편에선 지금 이 속도를 쫓아가지 못하는 사람들이 때로는 좌절하고 때로는 소외되고는 한다. 그래서 사회가 접속 세대와 접촉 세대로 양분되는 감도 든다. 베이비부머들은 대체로 접촉의 세대들이거나 그 중간에 끼인 사람들이다. 그러나 진정한 삶의 의미를 가르치는 성현들은 세월이 아무리 흘러도 정보기술 속의 기계적 접속의 의미보다는 원시로부터 내려오는 인간사회에서의 직접적인 접촉의 가치가 더욱 소중함을 일러 주고 있다.

　사람과 사람의 관계는 속도의 문제가 아니라 정도의 문제가 아닌가 싶다. 서로 얼마나 사랑하는가, 서로 얼마나 이해하는가, 서로 얼마나 그리워하는가, 서로 얼마나 돕고 사는가 하는. 이 모두가 정도의 문제가 아니고 무엇이겠는가.

　날마다 쏟아지는 무수한 정보가 메가바이트, 기가바이트 속도로 이동하고 세계가 동시에 하나의 네트워크상에서 웃고 즐기고 떠들고 하더라도 그 정도를 어찌 면전에 없으면 가늠 할 수 있겠는가. 그러므로 아름답게 디자인한 전자우편보다는 친필로 쓴 편지가 진실하고, 매일 하는 안부전화보다는 한 달에 한 번이라도 부모님을 뵈러 가는 일이 더욱 반가운 효도일 것이다.

　설령 나쁜 습관이 들어 공부를 잘 하지 않는 아이에게 만화책을 보는 것은 접촉이지만, 컴퓨터 앞에서 온라인게임을 하는 것은 접속이다. 만화책은 숨어서 보던 기억이 있지만 온라인게임은 아예 부모 보는 앞에서 빠져서 즐긴다. 세상이 아무리 효율과 속도와 범위로 승부한다지만 어찌 밥을 온라인으로 먹고 아픈 상처를 콘텐츠로 아물게 하겠는가.

　사람이 살고 죽는 문제와 관련된 섭생의 모든 일은 세상이 두 쪽이 나도 사람과 사람 사이에서 접촉으로 이루어지게 마련이다. 게임을 하다가 죽은 사람은 있어도 만화책 보다가 죽은 사람이 없는 이치가 거기에 있다.

10

손수 할 수 있는 일이 소중하다

약간의 재산이나 지위는 자신을 온전히 지켜 줄 수가 없다. 그리고 언젠가 내 손을 다 떠날 것들이다. 그러므로 나 자신의 마음의 세계가 중요하고 좋은 마음 기쁜 마음을 가지는 것이 중요하다. 세상의 모든 것들에 대해 스스로 격의가 없다고 느낄 때 온 세상이 다 나의 편이 되고 나의 벗이 되어 나에게 힘을 주고 나에게 희망을 주게 될 것이다.

오랫동안 기업의 세계는 대량생산과 기계화가 대세처럼 느껴졌다. 그러나 고객들의 요구가 개별화되면서 이제는 고객의 개별적 요구를 들어 주기 위해 다품종 소량 생산으로 방향을 바꾸고 있다. 그런데 소량 생산과 주문 생산은 사람의 손으로 하지 않으면 작업 수행이 어려운 일거리이다. 일례로 시계 공업의 세계적 대명사인 세이코 시계는 요즘 1억 원이 넘는 고가의 시계를 주문 생산으로 제작하고 있는데, 이 작업의 공정이 모두 수작업이다.

고가의 자동차들도 대개가 주문 생산이다. 이들은 엔진 하나도 낱개로 주문해서 만든다. 이런 작업에 투입되는 사람들은 과연 누구일까. 컴퓨터에 능하고 외국어에 능하고 MP3로 음악을 듣는 그런 사람들일까. 아니다. 그들은 기름 묻은 작업복 소매에 구슬 같은 땀방울을 흘리며 동료의 일도 도울 줄 아는 아날로그형, 휴먼터치형 근로자들이다.

민족들의 삶의 모습은 역사를 거슬러 올라가 보면 서로 다르게 마련이다. 이는 동

손에 잡히는 경제사전

휴먼터치(human touch)
인간관계의 유지발전을 지향하는 것

물의 세계에서 그 원형을 찾을 수 있다. 초식동물은 무엇보다 환경의 영향을 많이 받는다. 추운 겨울이 오면 뜯어먹을 풀이 없어서 따뜻한 남쪽으로 옮겨 가며 생명을 유지한다. 그리고 자신의 젖으로 새끼들을 기른다. 풀이 많이 있어도 먹을 만큼만 조금씩 뜯어먹는다. 새끼도 조금만 크면 스스로 풀을 뜯어먹고 산다. 그들은 자신들이 약하다는 것을 알기 때문에 무리를 지어 다니며 종족을 유지해 간다. 이는 우리 민족의 삶과 아주 흡사한 모습이다. 그래서 우리 민족의 원형을 유목인이라고 한다.

그러나 육식동물의 삶은 아주 다르다. 그들은 사냥을 통해 한꺼번에 큰 먹이를 획득한다. 그리고 잡아 온 먹이는 새끼들에게 나누어 주고 사냥은 주로 혼자 한다. 그러나 먹이가 늘 있는 것이 아니므로 항상 굶주려 있다. 그래서 포악한 성정에다 항상 관찰하고 빨리 움직이고 순간의 기회를 포착하려고 애쓴다. 맹수가 바로 이런 삶의 모습을 가지고 산다.

그런데 아프리카에 있는 유목민들을 관찰한 어느 작가의 글을 보니 그들은 낙타가 그 무거운 짐을 운반해 주어야 사막을 오가며 유목생활을 할 수 있는지라, 장소를 한 번 옮길 때마다 생활에 불필요한 것은 버리고 가는 습관을 가지고 있다고 한다. 아무리 사막의 삶이라 해도 한곳에 머물고 있으면 살림이 까닭 없이 늘어나고 이것저것 버리기 아까운 물건들이 늘어나게 마련이다. 그러나 그것은 모두 낙타에게는 짐이 되는 것이다. 그들은 이사를 가려 할 때 자신을 위하여 짐을 싸는 것이 아니라 낙타를 위하여 짐을 싼다. 이 얼마나 품위 있는 삶인가. 비록 모래폭풍에, 뜨거운 태양 아래 풀 한 포기 보기 어려운 사막에서 살고 있지만 그들의 삶의 지혜는 얼마나 격조가 있는가.

이제 새로운 인생의 2라운드를 시작하게 되는 베이비부머들은 마치 유목민 같은 심정으로 새로운 인생의 짐을 꾸려야 한다. 지금 생각해 보니 구차한 것들이 있었다면 훌훌 벗어버리고, 욕심이 낳은 너저분한 살림의 흔적이 있다면 맑은 마음으로 눈앞을 정리해 보자. 그래도 넓은 집이 필요하고, 큰 차가 필요하고, 창고도 있어야 하는지. 만일 방에 여유가 있다면 혹시라도 들르게 될지 모르는 손님을 위해 정갈하게 잘 정리해 두고, 빈자리가 있다면 예쁜 꽃이나 나무에게 그 자리를 내어 주면 어떨까.

나이가 들면 왠지 서운한 일이 많아진다고 한다. 어디든 맡고 있는 자리가 없으니 후배들에게도 무시당하는 것 같고, 과거처럼 수입도 없으니 자식들도 자신을 함부로 대하는 것 같고, 거리를 다녀도 걷는 속도가 느리다 보니 젊은이들과 자주 어깨를 부딪치게 되는데 그때마다 어린 것들이 버릇없이 구는 것 같아서 속상하기도 하다. 그래서 어딘가에 이름이라도 얹어 놓으려고 여기저기 기웃거리며 외부 활동을 모색해 보지만 자칫하면 고약한 유령 단체나 기업에 속아 돈 잃고 애간장 타는 망신살도 찾아온다.

아직은 은퇴 후 생활이 실감이 잘 나지 않을 베이비부머들에게는 이제부터라도 격의 없는 삶을 살아가는 훈련이 필요하다. 특히 우리 사회는 현직의 프리미엄이 큰 사회인지라 막상 지위나 권한을 잃고 나면 한순간에 자신감이 사라져 버린다. 어느 대기업의 임원을 지낸 분의 이야기를 들어 보니, 퇴직 후 얼마간은 동창회 사무실에 나가기도 하고 이전에 하던 만큼은 아니어도 가끔 골프도 치러 다니고 했는데, 얼마 가지 않아 동창회 회비 몇만 원 내는 것도 손이 망설여져서 그만두게 되더라는 것이다. 그렇다. 젊어서 번 돈으로 노년의 품위를 유지한다는 것은 어려운 일이다. 그보다는 설령 돈이 좀 있다 하더라도 은퇴 후에는 삶의 스타일을 바꾸어 살면 훨씬 마음이 가벼워질 것이다.

내가 아는 어느 전직 고관은 은퇴 직후부터 자동차를 처분하고 가까운 거리는 걷거나 먼 길은 버스나 지하철을 이용하기 시작하였다. 서민들의 삶을 살아가기 시작한 것이다. 그런 생활이 계속되면서 느리게 살고 가볍게 살고 싸게 사는 격의 없는 삶에 만족하게 되었다. 그러던 와중에 다시 어느 단체의 장으로 초빙을 받아 취임을 하게 되었는데 이젠 아예 업무가 아니면 전용 승용차도 타지 않고 대중교통으로 출퇴근한다고 한다. 다시 맡게 된 장관급에 해당하는 자리에서 그런 격의 없는 근무가 가능했던 것은 그가 일찍 마음을 비우고 은퇴 후 생활을 즐기고 겸손하게 적응한 결과이다.

또 얼마 전 모 유명 국립대 부총장을 지내시고 명성이 높은 경제학자 한 분을 세미

나에서 뵐 기회가 있었다. 그 자리에 특강차 나오신 그분이 강의를 마치시더니 직접 가지고 온 카메라로 참석자들을 불러 사진을 찍으시는 것이었다. 설명인즉 이젠 현직에서 물러난 학자인데 이렇게 찾아 주어 가끔 특강이라도 하게 되니 오히려 본인이 더 기분이 좋아서 자신을 초빙해 준 분들과 기념사진을 찍는다는 것이었다. 사실 그분은 아직도 명성이 대단한 경제학자이다. 그런 분의 격의 없는 이런 삶의 태도가 바로 지성의 지혜가 아니겠는가.

약간의 재산이나 지위는 자신을 온전히 지켜 줄 수가 없다. 그리고 언젠가 내 손을 다 떠날 것들이다. 그러므로 나 자신의 마음의 세계가 중요하고 좋은 마음 기쁜 마음을 가지는 것이 중요하다. 세상의 모든 것들에 대해 스스로 격의가 없다고 느낄 때 온 세상이 다 나의 편이 되고 나의 벗이 되어 나에게 힘을 주고 나에게 희망을 주게 될 것이다.

나이가 들어 외롭다고 느껴진다면 세상 모두를 사랑하라고 말하고 싶다. 특히 매 순간을 사랑하는 마음이 바로 세상과의 격의를 없애는 길이며, 은퇴를 은퇴로 받아들이지 않고 새로운 출발로 여기는 길일 것이다.

11

혼돈 속에 기회가 있다

경제문제 중에서 투자와 창업의 문제를 주로 다루는 입장에서 볼 때 무엇보다 아쉬운 것이 있다면 바로 개개인의 창조성의 발현이다. 더욱이 우리 국민들은 오랜 세월 한반도에서 단일민족으로 살아온 습성 때문인지 타인의 생각, 타인의 시각, 타인의 평가에 지나치게 민감한 속성을 가지고 있다.

"물체란 객관적 실체가 있는 것이 아니라 관찰자가 주관적으로 인식하는 현상이다." 라는 양자물리학의 이론이 있다. 종교에서 말하는, 신만이 가지고 있다는 창조성을 개인에게 부여한 것으로, 인간에게 신성(godhood)이 있다고 보는 이론이다.

요즘 들어 인간의 창조적 능력을 중시하는 인재 육성론이 힘을 얻고 있다. 이는 그동안 우리가 다루어 오던 수준의 창조성, 즉 문화적 표현이나 예술적 재능을 중심으로 하는 감성적 재능의 창조성을 뛰어넘어 인간사회에 새로운 가치세계의 패러다임을 만들어 내는 근원적 창조의 능력을 요구하는 수준이다.

과연 사람에게는 이처럼 근원적인 가치를 스스로 만들어 낼 수 있는 창조성이 있는가. 양자물리학에서는 인간이 스스로 창조성을 가지고 있다고 본다. 이른바 물질의 세계와 반물질의 세계가 서로 부딪히면 소멸된다는 양자물리학의 설명은 세상의 물질은 그 자체가 물질로 존재하는 것이 아니라 인간이 그 존재를 인식하기 때문에 나타나는 현상이라는 것이다. 흔히 어려운 과정을 이겨 내고 성공한 사람들 중에는 무에서 유를 창조해 냈다는 평을 듣는 경우가 더러 있다. 맨주먹으로 큰돈을 번 사람이나 기발한 아이디어로 새로운 발명품을 만든 사람이 무에서 유를 만들어 낸 사람으로 회자되기도 하는 것이다.

하지만 실제로 이런 평을 받을 만한 인생의 과업을 남기는 사람들은 지극히 소수로서, 보통 사람들과는 구별되는 남다른 특질을 가진 것처럼 보인다. 그래서 특별한 성공을 거둔 사람들은 연구의 대상이 되며 그들에게서 발견되는 개성이나 습관 등이 평범한 사람들에게는 학습의 대상이 되기도 한다. 하지만 양자물리학에서는 사람이라면 누구나 창조의 능력을 가지고 있으며, 자신만의 고유한 세계를 만들어 낼 수 있는 창조성을 가졌음을 보편적 진리로 전파하고 있다. 실제로 첨단지식의 상징인 인터넷의 발명이나 생명과학의 기술만 보더라도 이전에는 없던 세상을 현실에 구현해 낸 인간 지혜의 산물이다.

경제문제 중에서 투자와 창업의 문제를 주로 다루는 입장에서 볼 때 무엇보다 아쉬운 것이 있다면 바로 개개인의 창조성의 발현이다. 더욱이 우리 국민들은 오랜 세월 한반도에서 단일민족으로 살아온 습성 때문인지 타인의 생각, 타인의 시각, 타인의 평가에 지나치게 민감한 속성을 가지고 있다. 그러다 보니 남들이 잘 하지 않는 특별한 생각이나 행동을 현실에 옮기려 하면 대단한 용기를 필요로 한다. 요즘 말하는 혁신적 사고나 사고의 전환을 시도하려면 무엇보다 우리 사회가 안고 있는 고정관념부터 타파해야 하는 내부적 과제가 있는 것이다.

이제 급변하는 세상에 밀려 갑자기 하던 일을 멈추고 직장 밖으로 떠밀려 나오거나 직업의 수명이 끝긴 많은 중장년들이, 아니 심지어 청년 실업에 걸려 아예 사회 참여를 시작도 못하고 있는 청년들까지도 자기 스스로 창조성을 가지고 있다고 인식하는데 이는 중요한 문제이다.

어찌 보면 이전에 가지고 있던 기술이나 전문지식들은 내가 만들어 낸 것이 아니라

손에 잡히는 경제사전

지적소유권
(Intellectual Property Right)
지적재산에 대한 소유권으로 문학·예술·과학·연출·예술가의 공연·음반·방송·공업의장·등록상표·상호 등에 대한 보호권리와 공업·과학·예술분야의 지적활동에서 발생하는 모든 권리.

누군가에 의해 만들어진 것을 습득한 것이라서 항상 경쟁자가 있게 마련이지만, 만일 그 무엇을 혼자 힘으로 창안하고 개발한다면 아무리 세월이 흘러도 그것은 나만의 것으로 남게 될 것이다. 이를 두고 요즘 많이 쓰는 용어가 '무형의 자산'이나 '지적소유권'이다. 결국 '스스로 생각하는 힘'이 곧 창조의 원동력임을 다시 한 번 깨닫게 되는 것이다. 그리고 그러한 힘을 갈고 닦는 데는 '학습'이 가장 중요한 과정임을 거듭 느끼게 되는 것이다.

지난날 서구 사회에서 출발한 산업사회는 이제 지구를 한 바퀴 돌아 아시아에서 전성기를 맞이하고 있으며, 머지않아 아프리카도 이에 동참하리라 본다. 그리고 지식창조 사회가 서구에서 시작되어 동진(東進)하고 있다.

여기서 우리의 산업사회를 돌이켜 보면 우리에게도 그저 베끼고 답습하고 흉내 내던 시절이 있었다. 오늘의 중국의 모습에서 볼 수 있는 그런 모습을 보게 된다. 세계 10위권의 생산력을 가지고 있는 나라가, 우리 스스로 개발해서 온 인류가 함께 사용하는 고유한 원천기술은 불과 손으로 꼽을 정도밖에 가지지 못하고 있다는 사실은 부끄러움을 넘어 신흥 선진국으로서 직무 유기라는 생각마저 든다.

창조성의 발현 문제는 이를 바탕으로 개개인의 소망과 꿈을 이룰 수 있다는 점에서 누구나 자신만이 가지고 있는 '가능성'이란 점을 분명히 인식할 필요가 있다. 그리고 그 가능성은 사랑(charity)과 지혜(intelligence)라는 인간 저마다의 거룩한 신성을 바탕으로 아름답게 구현해야 할 것이다.

뭐든지 간단하게 생각해 보자

기술이 너무 복잡해지거나 기술의 발전으로 인해 가격이 상승한다면 소비자들은 그것을 외면하고 불편을 감수하는 쪽을 선택할 것이다. 이는 소비자 입장에서 당연한 선택이다. 제품에 필요 이상의 많은 기능이 복잡하게 설계되어 제품을 작동하려 해도 잘 되지 않고, 또 제품의 가격도 너무 비싼데 누가 그 제품을 구입하겠는가?

야나기다 히로아끼, 그는 일본이 자랑하는 첨단기술 과학자로서 도쿄대학 첨단기술 연구센터 소장을 역임했던 인물이다. 지금은 은퇴한 원로 과학자인 그는 최근에 책을 한 권 냈다. 《21세기를 위한 기술》이란 책이다. 이 책의 제목을 보는 순간 평생토록 일궈 온 자신의 학문을 마감하면서 후학들에게 남기고 싶은 말을 모은 책으로서, 첨단기술 과학자에게 걸맞은 내용일 것이라고 생각했다. 그러나 책의 내용은 의외였다. 그는 21세기 기술이야말로 전문가들이 개발, 발전시킨 기술을 수요자의 편의를 고려하여 쉽고 간명하게 발전시켜야 한다고 말한다. 이른바 테크노데모크라시를 선언한 것이다.

이제 기술을 이용 주체인 시민에게 돌려 주어야 한다는 것이다. 그래서 시민에 의한, 시민을 위한, 시민의 것으로 기술을 간편

손에 잡히는 경제사전

테크노데모크라시 (technodemocracy)
기술의 시민주의. 소비자 모두가 기술에 관여하고 그 기술을 주체적으로 누리는 상황을 뜻하는 용어.

테크노폴리(technopoly)
기술의 전문가주의. 기술이 인간의 사고와 행위 그리고 사회 전반에 걸쳐서 지배의 이데올로기로 떠오른 오늘날의 상황을 말하는 용어.

하고 쉽게 만들어야 한다는 것이다. 그러면서 그는 현재 첨단기술자들이 자기 눈에 수준을 맞추고 자기 지식에서 필요한 것을 찾아 기술을 만들고 개발하는 이른바 테크노폴리 현상에 젖어 있다고 말한다.

이렇게 되면 기술은 자꾸 어려워지고 복잡하게 되어 일반 시민들은 그런 기술로부터 점점 멀어지게 된다. 또 그는 기술 발전을 위해 자연환경을 이용해도 좋은지 반드시 시민들에게 물어보아야 한다고 말한다. 만일 이런 절차가 없이 일방적으로 과학기술자들이 새로운 기술을 만들어 생산하면 시민들의 저항에 부닥치게 될 것이라고 그는 경고했다.

그가 테크노데모크라시를 주창한 또 하나의 이유는 현대 기술이 너무 복잡하게 늘어지고 얽혀서 여기서 조금만 더 복잡해지면 마치 얽힌 스파게티 가락처럼 마구 뒤섞여서 기술자 자신들도 스스로 만든 기술을 풀지 못하는 우를 범할 수 있기 때문이라는 것이다.

우리 사회는 첨단기술 개발을 오늘의 경제위기를 극복하는 핵심 전략이면서 미래의 국가 비전으로 설정하고 있다. 그래서 정부나 기업 모두가 첨단사업으로 구조를 전환하고 과학기술 발전을 희망하고 있다. 이미 정보통신 분야나 생명공학 분야와 같은 산업에서는 도입기를 넘기고 있는 실정이다. 특히 정보통신 산업은 인식 면에서나 상용화 면에서 국민들에게 상당히 가깝게 다가선 첨단산업의 대표 격이다.

우리나라 정보통신 산업도 테크노데모크라시 문제를 고민할 때가 되었다는 생각이 든다. 즉 신제품 개발이나 신기술 향상에는 반드시 시민의 요구가 제대로 반영되어야 성공한다는 점 말이다. 그들이 이해하고 원하고 소화할 수 있는 범위 내에서 신제품도 나오고 신기술도 발전해야 한다는 것이다. 기술이 너무 복잡해지거나 기술의 발전으로 인해 가격이 상승한다면 소비자들은 그것을 외면하고 불편을 감수하는 쪽을 선택할 것이다. 이는 소비자 입장에서 당연한 선택이다. 제품에 필요 이상의 많은 기능이 복잡하게 설계되어 제품을 작동하려 해도 잘 되지 않고, 또 제품의 가격도 너무 비싼데 누가 그 제품을 구입하겠는가?

　야나기다 히로아끼 교수의 이런 지적은 세계 과학기술자에게 엄청난 반향을 일으켰다. 그래서 21세기에는 기술의 간편화 바람이 불게 될지도 모른다. 그리고 소비자의 요구가 기술자에게 새로운 기술 개발 과제로 인식되게 될지도 모른다. 아니 그럴 가능성이 매우 다분하다.

　가만히 생각해 보면 가정에서 사용하는 오디오 음향기기를 컴포넌트로 구입한 사람 중에서 기능을 다 이해하고 충분히 활용하는 사람이 과연 몇이나 되겠는가. 자동차도 마찬가지이고 정보통신 기기 같은 첨단제품도 마찬가지이다. 수요자는 아직 기능을 다 파악하지 못하고 있는데 연일 신제품이 새로운 기능을 추가하여 시장에 나오고 있다.
　과거 미국에서 통신 시장이 개방되어 경쟁에 들어갈 때 시장을 주도하고 있던 AT&T는 자신들의 기술 수준과 기업의 격을 지키기 위해 복잡한 부가 서비스를 개발하고 가격을 지키는 정책을 썼다가, 간단한 서비스를 제공하고 저가 정책을 쓴 소규모 신설 회사에 적지 않은 시장 점유율을 내준 기록이 있다. 우리는 이를 참고해야 한다.

　아무리 좋은 기술이라도 소비자가 원하지 않으면 아무 소용이 없다. 개발자가 흥미를 느낀다 하더라도 소비자가 관심이 없으면 그것은 발명품은 될 수 있어도 상품은 될 수 없다. 즉 개발자가 이용자의 생각이나 느낌을 파악하지 못하면 테크노네모크라시가 아닌 테크노폴리가 되어 정말로 필요한 것을 만들어 내지 못하게 될 것이다. 그럴수록 이러한 선진 과학기술계의 새로운 경향을 잘 이해하고 이런 흐름을 파악하여 미리미리 대처해야 한다. 이제 기술이든 제품이든 시민이 이해할 수 있고 시민이 필요로 하는 수준에서 만들고 개발되어야 한다. 돈이란 높은 곳에 있는 것이 아니라 소비자가 있는 곳에 있기 때문이다.

PART 2

경제사회가
완전히 변하고 있다

인생후반전
설계지침서
후반전에 꿀 터진다

01

생산경제가 최고다

돈이란 그것이 국가의 것이든 개인의 것이든 부채란 이름으로 조달되는 상황에서는 나쁜 습성을 유발하게 마련이다. 즉 부채에 대한 경험이 늘어날수록 무신경해져 위험을 제대로 느끼지 못하는 것이다. "공짜라면 양잿물도 마신다."라는 말은 그래서 생긴 말인가 보다.

신대륙을 찾은 이민자들이 세운 나라 미국은 위험에 대한 국가적인 커버 범위가 너무도 넓다. 자유와 민주주의를 지킨다는 명분 아래 지구촌 분쟁의 현장마다 뛰어드는 모습도 그렇지만 무엇보다 몇십 년마다 거듭되는 이른바 경제공황의 발생도 그렇다. 고수익이 늘 고위험을 동반하고 다닌다는 것은 누구도 피해갈 수 없는 명제이다. 미국도 예외는 아니다.

1930년대 대공황의 시대로 돌아가면 그들이 벌인 탐욕의 역사를 만날 수 있는데, 바로 자동차와 주택 때문에 벌어진 사건이다. 당시 자동차 산업에 대한 과도한 관심과 과잉생산, 과잉소비로 인해 이미 1920년대에 미국은 전국적으로 자동차 보급률이 50%에 달하고 있었다.

이제 갓 농업 국가를 벗어난 나라가 전국적으로 절반의 가구가 자동차를 보유할 정도로 무리하게 자동차를 소비했다는 사실은 그들이 이미 그때부터 대량생산에 따른 대량소비의 노예가 되었고 에너지 소비에 길들여졌음을 말해 준다. 이로 인해 우후죽순처럼 등장했던 당시 미국의 자동차 회사의 80%가 1940년을 넘기지 못하고 도산했다.

그뿐만 아니다. 이제 막 도시로 노동자들이 몰려들자 주택 건설이 붐을 이루어 1925년에는 최고의 주택 착공률을 보이게 된다. 물론 이로부터 4년 뒤에 그들은 대공황을 만나게 되어 도시에는 빈집들이 즐비하거나 공사를 중단한 집들이 허다했다.

주식시장으로 눈을 옮겨도 마찬가지이다. 당시 신기술로 주목받던 자동차 주식은 1920년대에만 주가가 12배가 뛰어 미국인의 가슴을 설레게 했고, 웬만한 미국인이라면 자동차 주식은 다 보유할 정도가 되었는데 이 역시 1929년 대폭락으로 물거품이 된다. 당시는 투자원금을 10%만 가지고 있으면 90%의 주식자금을 빌려 주는 주식 브로커들이 있어 마치 오늘의 서브프라임 모기지 사건을 연상케 하는 차입투자를 부추긴 시절이었다. 그리고 그들은 빚 놀음과 주가와 집값과 소비에 취해 흥청망청 호화 생활을 하다가 대공황을 만난 것이다. 세월이 100년 가까이 흘러도 하나도 다르지 않은 이런 현상이 미국에서 반복되는 것은 무엇으로 설명해야 할까. 아마도 자유롭고 풍요로운 세상을 만들어 보려는 그들의 유토피아적인 환상이 안고 있는 피할 수 없는 숙명 같은 것이 아닐까 싶다.

이런 문제는 당시 산업사회와 교차한 농업사회에도 직격탄을 날렸다. 당시 농업에서 대량생산이 가능해지자 너도 나도 서부를 개척하느라 돈을 빌려 농지를 사들이거나 땅을 개발했다. 나중에는 은행들이 먼저 농민들에게 돈을 빌려 가라고 부추겨 미국의 수많은 빈 땅들이 은행 덕분에 농지로 변해 갔다. 물론 결과는 농지의 과잉 개발로 농산물 가격이 폭락하고 돈을 빌린 농민이나 빌려 준 은행은 파산의 길을 걸어야 했다. 일이 이렇다 보니 은행들은 스스로도 무리한 부채를 지게 되었고, 온 국민에게도 부채의 덫을 씌우고 만 것이다. 결국 언제든 남의 돈을 쓰는 게 문제이다.

미국은 세계적으로 재정적자가 가장 큰 나라이다. 이제는 그 단위가 너무 커 세계에서 가장 높은 단위인 경이란 단위를 사용해야 한다. 미국의 국가 채무는 이제 1경을 넘어서게 된 것이다. 그것은 미국이 과거 경제공황을 겪으면서 대규모의 재정투자를 한 것이 시발이 되어 나라에 돈이 필요하면 국가의 세수가 증가할 때를 기다리는 것이 아니라 일단 국채를 발행하여 먼저 당겨다 쓰는 것이 습관처럼 된 나라이기 때문이다.

돈이란 그것이 국가의 것이든 개인의 것이든 부채란 이름으로 조달되는 상황에서는 나쁜 습성을 유발하게 마련이다. 즉 부채에 대한 경험이 늘어날수록 무신경해져 위험을 제대로 느끼지 못하는 것이다. "공짜라면 양잿물도 마신다."라는 말은 그래서 생긴 말인가 보다.

1960년대만 해도 미국은 제조업의 나라였다. 특히 가장 제조업이 발전했던 1968년의 경우 당시 전 세계의 공업 생산량 가운데 미국이 원산지인 제품이 40%가 넘었을 정도였다. 자동차 산업, 에너지 산업, 소재 산업 등 중화학 산업에서 미국의 생산능력은 전 세계를 주도하고 있을 정도였다. 좀 더 길게 보면 20세기 초부터 공업은 미국이 주도해 왔다고 볼 수 있다. 이른바 대량생산의 시스템을 전 산업에 적용하면서 거대한 기업들이 등장하게 되었던 시절이다. 그러나 미국은 갈수록 높아 가는 근로자의 임금과 복지에 대한 부담으로 기업들의 생산성이 떨어지게 되고, 일본이나 독일과 같은 새로운 강자들이 속속 등장하면서 제조업의 기반을 하나씩 내주게 되었다. 게다가 미국은 베트남 전쟁과 같은 국제적인 분쟁의 현장을 해결하겠다고 나서면서 젊은이들을 전쟁터로 내보냈는데, 이는 제조업의 몰락을 부채질한 꼴이 되었다.

일이 이렇게 진행되면서 미국은 서서히 수출 국가에서 수입 국가로 변해 갔다. 즉 공장보다는 시장이, 노동자보다는 소비자가, 원자재보다는 돈이 필요한 나라가 된 것이다. 결국 1971년 미국 대통령인 닉슨은 달러를 더 많이 찍어 내고 싶은 마음에 그동안 미국이 취해 온 금본위 제도를 스스로 포기하고 중앙 은행이 금을 가지고 있지 않아도 돈을 찍어 낼 수 있는 불태환 제도로 전환하여 오늘의 달러 풍년을 만들어 내고 말았다.

손에 잡히는 경제사전

금본위 제도
(金本位制度, gold standard)
화폐단위의 가치와 금의 일정량의 가치가 등기관계를 유지하는 본위제도. 즉 '순금 1온스=391.20달러'(1993년)라는 식으로 통화의 가치를 금의 가치에 연계시키는 화폐제도.

불태환 제도(不兌換制度)
달러를 가져다주어도 미국 중앙은행에서 더 이상 금으로 환산해주지 않겠다는 법안.

그러는 가운데 발전한 많은 경제이론들은 그 중심에 시장의 자유와 경쟁의 확산이라는 미국식 시장경제 논리를 뿌리내리게 했고, 여기에다 시장의 개방이라는 글로벌화도 더불어 확산시켜 글로벌 교역 환경과 투자금융 환경을 만들어 온 것이다.

바로 여기서 미국 경제의 함정이 만들어졌는데, 다름 아닌 저금리 구조의 만성화이다. 경제성장의 동력을 투자와 소비에 두고 있는 입장에서는 저축을 장려하고 자기 자본을 확충하게 하는 고금리 정책을 쓰기가 어렵게 된 것이다. 제로금리 상황 속에서도 저축률이 높은 일본이 있는가 하면, 미국은 겨우 1~2%대의 낮은 저축률에 그치고 있는 것도 이러한 사정을 반영한 것으로 보인다.

그러다 보니 미국은 항상 활발한 소비, 높은 수익률이 사회적인 '선'으로 자리하게 되고, 쇼핑과 재테크를 일상으로 하는 나라가 되었다. 이는 검소한 생활과 저축을 중시하는 독일과 일본이 이번 글로벌 금융위기에서도 여타 국가보다 안정된 모습으로 이겨내고 있는 것과 대조를 이루는 원인이 되고 있다.

이처럼 낮은 저축과 높은 소비로 살아가는 미국은 결국 그 부담을 정부가 지게 되어 이미 30년 가까이 심각한 수준의 무역수지적자와 재정적자라는 쌍둥이 적자 구조에서 헤어나지 못하고 있으며, 그 와중에 이번 금융위기가 발생한 것이다. 앞으로 미국의 이 같은 초대형 적자 구조는 필시 미국의 국가적 위험을 초래하게 될 것으로 보인다. 미국은 지금이라도 저 엄청난 재정적자와 무역적자를 줄여 나가는 노력을 경주해야 한다.

만약 많은 미국인들이 재정적자와 무역적자의 손쉬운 경제구조를 버리지 못한다면 후일 그들이 필요로 하는 물건이나 화폐를 더 이상 스스로 만들어 낼 수 없는 지경에 달하게 될 것이다.

인디-오너(Indie-Owner)의 시대다

미래는 자기 일을 자신이 만들어 나갈 수 있는 사람의 것이다. 미래에는 자신이 자기 가치를 만들고 유지할 수 있어야 한다. 각자 자신의 가치를 뽐내며 살아가는 경쟁과 차별화 사회에서 누가 누구를 지키고 책임질 수 있겠는가.

지금 선진국 정부들은 날로 늘어나는 노인인구의 증가 때문에 적지 않은 고민 속에 빠져있다. 노인인구 기준을 65세로 했더니 이미 그 인구가 전체 인구의 10%를 넘는 나라들이 늘어나고 있으며, 우리나라만 해도 그런 추세이다. 이쯤 되면 노인 경제의 부담이 국가성장의 걸림돌이 될 가능성이 농후해진다. 이미 건강보험, 국민연금 제도에서 이 문제는 현실로 드러나고 있다. 노인들의 증가로 머지않아 기금이 바닥이 나게 생겼다. 그렇다고 대부분 가난한 시절을 보내야 했으며, 그나마 얼마간의 재산도 거의 자식에게 물려준 이 시대의 노인 문제를 마냥 방치하고만 있을 수는 없는 노릇 아닌가.

그러나 노인복지 대책만으로는 갈수록 늘어나는 노인 생계비를 충당키는 어렵다. 우리 정부는 노인고용 촉진 정책을 통해 노인들의 고용을 지원하고 있지만, 일부 정부기관에서만 실효를 거두는 정도이다.

최근 연구에 의하면 20~30대들은 일생을 통해 평균 세 번 이상 직업을 바꾸게 될 것이라고 했고, 미래의 어린이들은 많게는 열 번 이상 직업 전환이 필요할 것으로 예측되고 있다. 결국 이제는 직업의 생애 주기를 미리 계획하고 이에 대비할 필요가 있는 것이다. 그렇다면 가급적 수명이 긴 직업을 택하는 것이 바람직할 수 있다. 즉 그의 고객 집단이 장기적으로 그를 지원하고 지지하고 계속 그를 구매해 줄 수 있는 그런 직업이 바람직할 것이다.

얼마 전 미국에서는 90세가 넘도록 의회 정치를 한 노스캐롤라이나 출신 서먼트 의원이 의원직을 사퇴하고 몇 달 후 세상을 떠남으로써 가장 명예로운 은퇴와 임종을 거의 동시에 맞은 사람이 되었다.

이제는 누구나 긴 생애를 통해 여러 가지 직업을 가져야 한다. 이제 우리 모두는 이러한 다직업 정신을 받아들여야 한다. 자기 생애를 통해 한 가지 일에만 몰두하고 인생을 마감할 수 있다면 그보다 더 좋은 일은 없겠지만, 점차 짧아지는 기술과 가치의 사이클을 생각해 보면 그것이 너무나 무리한 욕심이란 것을 곧 알게 될 것이다.

그러고 보면 벌써 이런 시대를 내다보고 준비하는 현명한 사람들도 있다. 아주 가까운 변호사가 한 사람 있다. 하루는 이 변호사가 찾아와 하는 말이 이제 변호사를 그만두고 싶어서 요즘 새로운 일을 하나 구상하고 있다는 것이다. 남은 인생을 생각하니 계속 변호사로서 경쟁력을 갖추고 살아가기가 너무 힘들 것 같기도 하고, 이제는 뭔가 새로운 일을 시작하고 싶기도 하다는 말이었다. 그 변호사는 지금 부동산 전문가로의 변신을 위해 열심히 현장을 누비며 공부하고 있다. 아마 이런 이야기는 젊은 은퇴자들에게 더욱 절실하게 가닿을 것이다.

요즘 일하는 개인을 지칭하는 말들이 참으로 많다. 인디-오너(Indie-Owner), 즉 '독립적인 개인사업가'란 이름과 '자유로운 상태의 전문가'라는 이름이 그것이다. 이들의 열정과 진실 그리고 인간적 신뢰는 그 누구보다 높아야 한다. 이런 사람들은 자기 자신이 곧 자본인 사업가들이기 때문이다. 'FA(Free Agent)'는 자유직업인을 뜻하는 말이다. 단독으로 사업을 하는 사람들이나 임시직으로 일을 하는 사람들 또는 2~3명의 아주 작은 사업체를 가지고 있는 초미니 사업가들을 총칭하는 말이다. 이들에게는 무엇보다 조직을 벗어나 일한

> **손에 잡히는 경제사전**
>
> **자유직업인(Free Agent)**
> 특정 회사에 풀 타임으로 고용되어 있지 않고 작품에 따라 독립적으로 자신의 전문성을 판매하는 직업인.

다는 의미가 더 크다고 보아야 한다.

　이들은 조직의 굴레를 벗어나 조직의 보호를 포기한 사람들로서, 자기 재능과 가치를 바탕으로 살아간다. 이들은 주변에 대해 수평적 충성을 다하는 사람들이다. 가족, 고객, 소비자, 의뢰인, 친구 등에게 적절한 수준에서 항상 최선을 다한다. 이는 조직에서 일하는 사람들이 주로 상사나 조직에 수직적 충성을 바치는 것과는 구별되는 점이다. FA는 자유와 진실, 책임감, 자신만의 정의 등을 중요한 생의 기준으로 삼고 산다. 지금 미국에서는 이런 FA가 전체 노동자들의 25%라는 통계가 있다.

　우리 사회도 이제 이런 변화를 고용 불안 때문에 나타나는 현상으로 치부해서는 안 된다. 나는 계속 변화하는 미래 경제사회 면에서 볼 때 독립사업가나 자유직업인이 많이 생겨나야 한다고 생각한다. 우리 사회에는 아직도 '어떻게 하면 안정된 직장에 들어가서 먹고살 수 있을까?'라고 생각하며 사는 사람들이 너무 많은 것 같다. 그런 사람들은 항상 변화를 두려워하고 도전을 피하려고 한다.

　금전을 관리하는 면에서도 그들은 원금보전을 위한 저축이나 하려 하지 위험이 따르는 투자는 피하려 한다. 그래서 어쩌다 투자를 해도 위험을 분산할 줄 몰라 큰 낭패를 보기 일쑤이다. 불황이 닥치면 정부가 일자리를 만들어 주기를 바라는 사람들이나, 경기가 좋아져서 자신의 매출이 올라가기를 바라는 사람들도 그런 부류에 해당한다고 볼 수 있다.

　미래는 자기 일을 자신이 만들어 나갈 수 있는 사람의 것이다. 미래에는 자신이 자기 가치를 만들고 유지할 수 있어야 한다. 각자 자신의 가치를 뽐내며 살아가는 경쟁과 차별화 사회에서 누가 누구를 지키고 책임질 수 있겠는가. 서로서로 역할을 나누어 협력하고 제휴하면서 공동 이익을 크게 만들어 나가야 한다.

03

직장인이 아니라 사내 사업가이다

갈수록 출산율이 떨어지고 기업투자가 줄게 되면 그 빈자리는 개인의 '지식 창조력'으로 메워 나가야 하며, 더불어 개인의 '재능과 정성'을 바탕으로 하는 서비스 산업을 부흥시켜야 한다. 이 모두는 우리 사회에 개인을 중심으로 열심히 살고자 하는 '자기개발'과 '자기고용'과 '자기경영'의 마인드가 살아 있을 때 가능한 일이다.

 직장 일을 한다는 의미는 그 직장을 통해 얻게 되는 공동의 이익을 분배받는 '사내 사업가' 신분임을 의미하지 단순히 급여나 받는 일꾼에 지나는 것이 아니라는 의미가 된다. 지식정보화 사회는 때로는 우리를 고독하게 하지만, 궁극적으로는 자유롭고 강하게 한다는 점을 유념할 필요가 있다.
 지난 수십 년간 한국의 기업투자는 세계 어느 나라보다 높은 수준을 유지하여 1971~2000년까지 30년간 매년 GDP의 32% 정도를 투자했고 같은 기간 연평균 투자 증가율은 12.4%에 달했다. 무엇인가 해 보고자 하는 '기업가 정신'도 소득이 낮은 1960년대만 하더라도 30%대를 넘어 항상 활력이 넘치는 분위기였다.

 그동안 투자의 실패를 금융기관과 정부가 막아 주고, 투자에 필요한 재원 조달에 특혜를 주는 정부 주도의 경제성장 전략이 빚어낸 사회·경제 환경이 이처럼 맹렬한 투자 열기를 유발했다고 볼 수 있다. 실패에 대한 위험은 적고 투자 성공에 대한 과실이 큰 상황에서 공격적 투자 성향의 기업가가 성공했고, 또 그런 기업가들이 많이 나타난 것은 당연하다.

그러나 1980년대 말부터 경제 개방이 가속화되면서 정부의 역할이 줄어들고 시장의 힘이 기업의 성패를 가늠하게 하는 결정적인 역할을 하기 시작했다. 투자 실패에 대한 개별 기업의 위험이 더욱 커진 상황에서 상당수 기업들이 이러한 변화를 무시하고 공격적인 투자 전략을 유지했다가 외환위기를 자초한 바 있다.

이제 우리 경제가 지향해야 하는 방향은 분명하다. 주어진 노동과 자본으로 더 많은 부가가치를 창출할 수 있도록 지식 또는 기술의 집적도를 높일 수밖에 없다. 그러나 문제는 간단치 않다. 노동이나 자본의 양적 투입 확대와는 달리 기술 혁신에 따른 총요소 생산성의 제고는 일반적인 경제정책만으로 달성될 수 없다. 한 조사에 따르면 한국·대만·싱가포르 등의 기적적인 경제성장 기록은 노동의 부문 간 이동, 투자율의 상승 등 노동과 자본의 증가를 통해 주도된 것으로 총요소 생산성 증가 속도는 다른 나라보다 나을 게 없다고 나왔다. 그 분석에 따르면 1966~1990년 사이의 한국의 총요소 생산성 증가율은 연평균 1.7%로서 1966~1989년 기간 중 미국의 0.4%보다는 높았지만 일본·이탈리아의 2.0%보다 낮았으며, 독일·브라질의 1.6%, 프랑스의 1.5%와 비슷한 수준으로 나타났다. 바꾸어 말하면 노동과 자본의 투입 증대가 불가능해지면 우리 경제의 성장률이 다른 나라보다 특별히 높을 이유가 없다는 이야기이다.

> **손에 잡히는 경제사전**
>
> **총요소 생산성 (總要素生産性, total factor productivity)**
> 전체 생산요소의 결합적 투입에 대한 전체 산출규모의 비율로서 생산성을 분석하기 위해 널리 활용되는 지표. 기술진보 외에 인적자본과 같은 노동의 질적개념도 여기에 포함시켜 생각할 수 있음.

그러나 갈수록 출산율이 떨어지고 기업투자가 줄게 되면 그 빈자리는 개인의 '지식 창조력'으로 메워 나가야 하며, 더불어 개인의 '재능과 정성'을 바탕으로 하는 서비스 산업을 부흥시켜야 한다. 이 모두는 우리 사회에 개인을 중심으로 열심히 살고자 하는 '자기개발'과 '자기고용'과 '자기경영'의 마인드가 살아 있을 때 가능한 일이다.

　국가의 경제정책은 성장을 유지하기 위해 총요소의 생산성을 높이는 데 최선을 다해야 한다. 특히 과학기술의 발전, 교육 혁신을 통한 인재 육성, 효율적 사회·경제 시스템의 구축이 중요하다. 또 여성과 건강한 고령인구의 생산활동 참가 기회를 늘리고 인구의 지나친 감소를 억제하여 노동력의 감소를 막아야 한다. 그런 점에서 더 넓게, 더 빨리 성장하는 기술을 찾고 새로운 시장을 찾아야 한다. 개인은 생애소득 흐름에 대한 합리적 기대와 이를 바탕으로 한 평생 소비 계획을 세워야 하고 그 계획은 합리성과 경제성을 토대로 해야 한다.

> 04

영원히 좋은 직업이란 없다

기업의 수입이 없으면 '주주형 종업원'의 이익배분도 없을 수 있다는 점을 알아야 한다. 한마디로 미래에는 경영자의 '사내 동업자', 즉 파트너가 곧 '정규직'인 셈이다. 즉 내가 내 몫을 벌지 못하면 나의 보수는 없는 것이다. 그러므로 기업 밖에 있는 사람일수록 앞으로는 자신의 총수입을 높이기 위해서 자신의 재능을 여러 가지로 활용하는 '멀티 플레이어'가 필요한 시대인 것이다.

30년만 지나도 지금 직업의 90%는 사라질 것으로 보인다고 하는데, 요즘 국내는 이공계를 기피한다지만 10년 후부터 급부상할 유망 직업의 60% 가량이 오히려 이공계와 관련되어 있다는 분석이 나와 있다. 인공지능 기술자와 기술융합 엔지니어, 소프트웨어 클럽 운영자 등이 대표적인 예이다. 현재의 유망 직업들은 시간이 흐를수록 경쟁이 치열해지고 업무량이 많아지지만 보상은 줄어들고 있는데, 앞으로는 여러 개의 직업을 가진 멀티 플레이어 시대가 도래하고 이때에는 이공계 출신들이 훨씬 유리할 것으로 내다보고 있다.

지금은 이공계 전체적으로 볼 때 인력의 공급 초과 현상이 있긴 하지만 2010년쯤에는 인력 부족이 예상되는 분야가 상당할 것이라는 보고서도 나오고 있는데, 특히 수학과 물리학, 전기전자, 화학공학, 식품공학, 유전공학 등의 분야에서 대표적으로 인력 부족 현상이 생길 것으로 전망하고 있다.

이와 함께 이공계 출신이 진출하는 영역도 최근 들어 다양화되는 추세이다. 지금까지 주로 문과 출신들이 진출하던 증권, 금융, 법률, 컨설팅 등의 분야에 이공계 출신들의 진출이 급증하고 있는데 이는 이들 분야로의 진출에 '테크놀로지'라는 커다란 기술 장벽이 놓여 있기 때문이다. 요즘 수치에 밝은 이공계 출신이 금융증권 분야에서 활약이 두드러지는 이유가 그것이다. 또 글로벌 경쟁력을 가진 초일류 기업 사장들은 대개 이공계 출신으로 채워지고 있어 상경계나 법정계는 갈수록 찾아보기 힘들다. 영업도 기술 전문가들이 더 필요한 시대가 되고 있으며, 창업도 이공계 창업이 주종을 이루고 있다. 바로 첨단 과학기술의 시대가 도래하고 있기 때문이다.

그런데 이런 이공계 출신들은 사람과 사람 사이에서 살아가는 관계력이 부족하고 리더십 훈련이 덜되어 있으며, 금융이나 경제지식이 부족하여 사회 진출에 어려움을 겪고 있다. 요즘 대학에서는 이공계 학과에 사회과학 교수들을 배치하여 이런 점을 보완해 주고 있다. 그런 점에서 이공계들 출신들은 영업 능력이나 사람 다루기, 경제지식 쌓기 등 사회 익히기를 열심히 배울 필요가 있다. 그리고 어린 학생들은 자신의 재능과 관심이 있다면 이공계에 더욱 관심을 가져야 한다. 이런 이유로 이공계가 앞으로 임금 면에서도 우대받을 수 있는 소지는 충분하다.

그런데 요즘 직군 간, 직업 간, 개인 간 임금 격차가 크다고 여기저기서 문제를 제기하고 있다. 그런데 미래에는 더욱 그럴 것이다. 왜냐하면 단순히 임금만 받는 직업은 큰돈을 받기 어려워도 성과급을 받는 사람들의 보수는 때로는 사업가 수준 이상으로 높을 수 있기 때문이다. 실제로 성과급이 보편화되고 있는 대기업의 평균 보수가 갈수록 높아지고 있다.

물론 기업 내에서도 언제나 수입 격차가 벌어지고 있는데 특히 개인 간의 지식 격차가 수입을 크게 벌리고 있다. 요즘 대학교수들의 급여도 학교에 기여하는 정도에 따라 차이가 클 정도이니 일반 기업의 경우는 더욱 그러할 것이다. 그런 상황에서 정해진 급여와 정해진 일만 하려는 사람은 이제 더 이상 설 자리가 없다는 것을 명심해야 한다. 특히 정규직에 대한 개념을 '한 번 일자리를 얻으면 계속 그 자리에 있을 수 있는 자리'가 아니라, '경영자와 함께 사업을 공동으로 펼치는 파트너'로 이해해야 한다.

따라서 정해진 임금이 아니라 공동 수입을 배분받는 사람으로 보아야 하기 때문에 기업의 수입이 없으면 '주주형 종업원'의 이익배분도 없을 수 있다는 점을 알아야 한다. 한마디로 미래에는 경영자의 '사내 동업자', 즉 파트너가 곧 '정규직'인 셈이다. 즉 내가 내 몫을 벌지 못하면 나의 보수는 없는 것이다. 그러므로 기업 밖에 있는 사람일수록 앞으로는 자신의 총수입을 높이기 위해서 자신의 재능을 여러 가지로 활용하는 '멀티 플레이어'가 필요한 시대인 것이다. 이처럼 많은 수입이란 한 가지 일로만 버는 것이 아니라 여러 가지 활용 가능한 일로 다중적으로 벌 수 있어야 하는 시대가 되었다. 이는 부업과는 개념이 다른 것으로 하나의 재능으로 여러 가지 일을 한다는 개념으로 이해해야 한다.

요즘 여성 창업이 늘어나는 것은 불황과 가장의 실직 불안 등 사회·경제적 환경에 가장 큰 원인이 있다는 것이 전문가들의 지배적인 견해인데, 요즘 인터넷을 통해 신규 개설한 쇼핑몰 중 의류 아이템이 39%로 1위였고, 다음으로 유아용품(13%), 가전·컴퓨터(12%), 화장품(12%), 레저·취미용품(11%) 순이었다.

미래는 여성을 더욱 필요로 한다. 미래학자들은 미래사회가 여성의 감수성을 필요로 하기 때문이라고 말한다. 섬세하고 인간적이고 상상력이 풍부한 여성들의 특성이 미래에는 판매·제조 모두에서 남성보다 우월하다고 보는 견해가 늘고 있다. 심지어 미국의 한 전투기 제조회사 중역이 여성 작업자들의 작은 일에 대한 섬세한 정성과 인내심을 보면서 남자 근로자를 모두 몰아내고 여성으로 채우고 싶다고 말할 정도이다. 가령 물건을 팔아도 남성 판매원은 제품 기능만 강조하지만 여성 판매원은 사용법도 자세히 알려 준다는 것이다. 특히 대화에서 여성이 압도적으로 남성을 주도한다고 한다.

페이스 팝콘(Faith Popcorn)은 다른 사람과의 대화에서 여성들은 특유의 여성적 사고로 상대로 하여금 친밀감을 느낄 수 있게 하지만, 남성들은 독자성에서 벗어나지 못한다고 지적하였다. 따라서 작은 단위로 사람과 사람을 만나서 하는 일은 여성이 남성보다 훨씬 잘할 수 있다고 평가하고 있다. 인터넷 속에서나 사람들의 네트워크 속에서 사업을 하는 경우도 마찬가지여서 여성이 남성보다 유리한 고지를 점하고 있다. 남성들도 이제는 여성적 사고를 가져야 성공할 수 있다. 그래서 나타나는 현상이 갈수록 부드러워지는 남성, 맹렬해지는 여성이다.

그러나 조사에 의하면 여성 사업가들은 다음과 같은 몇 가지 문제를 가지고 있다.

- 자신의 고민을 남과 잘 의논하지 않는다.
- 무엇을 궁금해 하면서도 정보수집 의욕은 남자보다 낮다.
- 사업의 규모가 작을수록 개선하려는 의지가 약하고 대체로 현실에 안주한다.
- 사업의 승계나 후계자 문제를 잘 고려하지 않는다.

따라서 여성들에게는 그와 함께할 수 있는 여러 사람과의 연대가 있으면 사업이나 자신의 업무 수행에 효과적이라는 지적이 나오고 있다. 여성 사업가들이 주로 고민하는 문제를 미국의 보험회사 메트라이프는 이렇게 정리하고 있다.

- 사업을 어떻게 발전시키고 성장시킬까?
- 살림과 사업을 병행하는 문제는 어떻게 해결할 수 있을까?
- 노후에 빈털터리가 되면 어떡할까?
- 필요한 자본은 어떻게 조달할 수 있을까?
- 일은 많고 시간은 부족한데 어떻게 할까?
- 문제에 대한 개인적 주의집중

이러한 문제를 해결하기 위해서는 여러 사람들과 자연스럽게 어울려 지내며 공부도 하고 사업도 함께할 수 있는 형태의 사업 전개가 도움이 될 수 있을 것이다. 자본 조달의 애로가 적은 무형 사업이면 더욱 좋을 것이다. 일찍이 보험회사들이 여성 모집인을 많이 활용한 것은 여성들이 네트워크식의 수평적 판매 조직에서 남성보다 더 나은 기량을 발휘할 수 있다고 생각했기 때문이다.

미국에는 '점심을 먹지 않는 여성들'이란 소위 성공한 여성들의 모임이 있는데, 이들은 이런 모임을 통해 서로 사업 정보도 나누고 협력하면서 자신들의 사업적 애로를 해결한다고 하니 참으로 지혜로운 일이다.

무한경쟁은 이제 그만하자

이번 금융위기는 세계적인 주택금융 공급 과잉에서 비롯되었다. 미국은 그동안 제조업을 떠나보내면서 금융을 새로운 성장 동력으로 삼아 열심히 발전시켜 왔는데, 그 결과 무분별한 부실 금융 공급으로 파국을 맞게 된 것이다.

흔히들 마땅한 생계수단이 없을 경우 먹는장사라도 해 볼까 하고 쉽게 음식 장사에 뛰어들어 낭패를 보는 경우가 적지 않다. 하긴 적은 밑천으로 특별한 기술이나 아이디어가 없이 사업을 구상하다 보면 누구나 한 번쯤은 음식점 창업을 생각해 보게 된다.

그러다 보니 우리 사회에는 음식점이 너무 많을 뿐만 아니라 창업에서 실패하는 경우도 외식업이 많은 비중을 차지하고 있다. 한국은행이 발표한 실태를 보면 우리나라에서는 인구 1천 명당 음식점이 12.7개가 있는데, 이는 미국의 1.8개나 일본의 5.7개에 비해 압도적으로 많은 숫자이다.

여기서 우리는 미국의 음식점 수가 왜 이리 적은가를 생각해 볼 필요가 있다. 지금도 미국의 작은 도시에 가 보면 음식점을 하다가 그대로 방치한 작은 가게들을 심심치 않게 볼 수 있다. 이는 미국의 외식 문화가 대형 외식 편의점이나 고급 전문점으로 양분화된 데 따른 현상이다. 푸드코트나 외식 편의점들은 간편하고 종합적인 메뉴를 대량으로 취급하여 음식 단가를 낮추는 효과를 겨냥하는 모델들이다. 미국에는 웨그만이라는 대형 음식 편의점이 있는데, 이곳에는 각종 음식들이 완제품에서부터 반제품, 부분품, 기초 소재에 이르기까지 다양하게 진열되어 있으며 고객들은 이를 사다가 간편하게 먹을 수 있다. 따라서 이런 식품전문 대형 편의점들이 도시 곳곳을 차지하게 되면 소규모의 개인 음식점들은 자연히 문을 닫을 수밖에 없게 된다.

경제가 어려워지면 기업들은 사람을 내보내야 하고, 이미 만들어 놓은 물건을 싸게 팔아야 한다. 그런데 경제가 어려워지기 전에는 기업들은 사람을 뽑으려 하고, 원자재를 확보해 두려고 하며, 공장을 짓고 창고를 짓기 위해 땅을 더 확보하려 하고, 기계나 장비를 더 사 두려고 한다. 사실 세계적인 경제위기를 들여다보면 한결같이 공급 과잉이 단초가 되어 발생한 사건들이다. 유럽에서 처음 발생한 산업사회에서의 경제위기는 18세기 말로 거슬러 올라가게 된다.

> **손에 잡히는 경제사전**
>
> **세계 대공황**
> **(the Great Depression)**
> 1928년부터 일부 국가에서 일어나기 시작한 경제공황이 1929년 10월 24일, 뉴욕 주식시장의 대폭락, 즉 검은 목요일에 의하여 촉발되어 전 세계로 확대된 경제공황. 이로 인하여 기업들의 도산, 대량실업, 디플레이션 등이 초래됨.

제1차 공급 파동에 의한 불황은 1825년부터 1826년으로 기록되고 있다. 이는 면방직 기술이 등장한 이후 유럽 일대에 갑자기 많은 면방직 공장들이 들어서면서 발생한 사건으로 면방직 제품의 가격 폭락과 공장 폐쇄가 이어졌다.

제2차 공급 파동은 19세기로 넘어와서 일어나게 되는데 이 당시는 철도가 교통의 혁명을 일으키던 시절이었다. 이때는 유럽과 미국으로 불황의 여파가 번졌는데, 저마다 철도를 깔고 교통 기반을 확대하느라 철강이며 기계의 공급을 계속 늘린 나머지 결국 공급 과잉에 처하게 된 것이다. 이 당시의 불황은 아주 장기간에 걸쳐 나타나게 되는데 1873년부터 1896년까지 무려 20년 넘게 불황이 지속되어 결국 당시 열강들에 의해 세계적인 제국주의 전쟁들이 속출했다.

제3차 공급 파동은 20세기로 넘어온다. 소위 세계 대공황이란 이름의 경제위기가 바로 그 것인데, 이때의 공급 파동은 자동차 등장과 전기 발명 등이 촉발했다. 철도에 이어 자동차의 등장과 전기의 등장은 생산과 수송의 양을 폭발적으로 늘릴 수 있는 자극을 주어 결국은 미국과 유럽을 공급 과잉의 도가니에 몰아넣은 것이다. 이 당시의 불황은 1929년부터 1933년까지 이어졌고, 그 그림자는 1940년이 넘어서야 거두어지게 된다.

그리고 1960년대 텔레비전의 등장과, 가전제품의 개발, 화학섬유 개발 등 기술 개발이 세계적으로 번지면서 제4차 공급 파동이 발생한다. 이 사건은 당시 산유국인 중동 지역의 전쟁 발발과 맞물려 우리에겐 오일쇼크로 기록되는 사건이다. 1973년부터 1979년까지 두 번의 오일쇼크 속에 당시 세계 최대의 제조업 국가인 미국은 공업의 강자에서 물러나게 된다.

그리고 2011년을 지나면서 세계는 미국발 금융위기로 인한 세계적인 공황의 그림자에서 겨우 벗어나고 있다. 이번 금융위기는 세계적인 주택금융 공급 과잉에서 비롯되었다. 미국은 그동안 제조업을 떠나보내면서 금융을 새로운 성장 동력으로 삼아 열심히 발전시켜 왔는데, 그 결과 무분별한 부실 금융 공급으로 파국을 맞게 된 것이다. 하지만 문제는 주택에서 그치지 않았다. 자동차나 전자제품 등의 소비를 촉발하기 위한 소비금융의 공급 과잉이 여기에 가세했던 것이다.

그러나 이런 문제는 컴퓨터나 모바일 등 정보통신 기술의 발달로 돈과 정보의 공급을 과잉시킨 요인이 크고, 항공의 발달과 해운의 발달로 공산품 물량의 이동을 가속화시킨 요인도 크다. 그리고 그동안 중국이다, 인도다, 브라질이다, 러시아다 해서 전 세계에 들어선 엄청난 공장들, 즉 생산시설의 공급 과잉이 밑바탕에 깔려 문제가 전 세계로 번진 것이다.

대량소비는 덫이다

세상에는 자신의 소비의 규모를 적정하게 정해 두고 이를 통제하며 규모 있게 살아가려는 사람들도 적지 않다. 하지만 그들이 속한 사회에서 불황을 극복하려는 방법으로 금리를 과도하게 내리고 돈을 풀어 버리면 그들은 그런 활동을 계속할 수가 없다.

공급 과잉의 여파는 바로 대량소비 업계로 넘어가 대규모의 유통업계 파산으로 이어진다. 특히 대량소비를 기반으로 하는 미국에서 더욱 그렇다. 아마도 이 영향은 광고, 물류, 통신판매, 홈쇼핑 등 마케팅의 문제로 바로 이어질 것이다. 사실 필요한 만큼만 만든다면 판매촉진이나 마케팅이 왜 필요하겠는가. 판매 경쟁이란 것은 결국 우리에겐 대량소비의 덫에 빠지게 하는 자충수가 아니고 무엇인가.

그리고 이제 그로 인한 가계부채가 무거운 짐이 되고 있는 가운데 문제 해결을 위해 국민들이 모은 돈으로 정부가 개입하고 금리를 바닥으로 떨어뜨리면서 돈을 풀어 다시 또 대량생산과 대량소비의 엔진을 고쳐 보려고 하니 참으로 어이가 없는 노릇이다. 과연 이렇게라도 또 다시 무엇인가 만들고 소비해야 하겠는가. 그다음엔 또 다시 공급 파동이 올 텐데.

소비는 개인의 행복을 증진시킨다는 본래의 의미를 잃은 지 오래된 경제활동이다. 소비가 늘 때마다 효용이 증가한다는 고전적 의미를 벗어나, 우리는 소비가 늘어야 경제가 돌아간다는 경제구조상의 기능적 의미가 강조되는 세상을 살아가고 있다. 특히 경제공황을 맞고 보면 모든 전문가들이나 정부가 이런 주장을 하며 각종 정책을 소비 진작에 집중하게 된다.

소비란 지극히 개인적인 선택인데, 경제가 어려워지면 소비를 부추기는 정책이 발동되거나 사회 분위기가 조성된다. 나는 이럴 때마다 개인의 저 가슴속 깊이 들어 있는 탐욕의 뿌리를 흔들고 자극하려는 혼신의 노력을 보고 있는 그런 느낌을 받는다. 이른바 제로금리 정책이 바로 그것이다. 세상에는 자신의 소비의 규모를 적정하게 정해 두고 이를 통제하며 규모 있게 살아가려는 사람들도 적지 않다. 하지만 그들이 속한 사회에서 불황을 극복하려는 방법으로 금리를 과도하게 내리고 돈을 풀어 버리면 그들은 그런 활동을 계속할 수가 없다.

손에 잡히는 경제사전

제로금리 정책
단기금리를 사실상 0%에 가깝게 유도하는 금리 정책. 내수자극을 통한 경기회복, 엔화강세 저지, 기업의 채무부담 경감, 금융회사들의 부실채권 부담 완화 등 여러 측면의 효과를 겨냥한 일본은행의 정책으로 1999년 실행됨.

이번 불황은 전 세계를 제로금리의 시대로 몰았다. 미국을 위시한 선진국들이 다투어 금리를 내리면서 과거 일본이 경험했던 제로금리를 선진국들이 실감하는 세상이 된 것이다. 실로 그 효과는 누구도 장담할 수 없지만 저금리로 인한 당장의 피해와 부담은 피할 수 없는 일이다. 누군가 일생을 열심히 살면서 알뜰하게 절약하고 모아서, 이를 예금하고 노후에 그 이자수입으로 살아간다고 할 때 금리가 제로가 되면 그의 생계는 막연해지게 된다.

그리고 이때 발생한 개인이나 기업의 신용 불량 문제를 해결하기 위해 구제금융을 해 주거나 개인 파산 신청을 통해 채무 부담 면제의 혜택을 주기도 한다. 한마디로 도덕적 해이를 조장하는 이런 정책도 써야 하는 것이 현대의 경제학이다. 그리고 그 뒤에는 소비 촉진 효과라는 사회적 기대가 있다.

돈이란 그 쓰임새가 인류와 지구, 나아가 우주에 바람직한 방향으로 활용되어야 한다. 그러나 오로지 투자수익에만 혈안이 되고 보면 때로는 인류를 파괴하고 지구를 해치는 일에 투자되기도 한다. 이것이 간접투자의 중대한 문제이다. 투자한 사람은 이 돈이 어디로 투입되는지 정확히 알지 못한 채 그들이 약속하는 기대수익률만 믿고 투자하게 되며, 이 문제는 돈을 저축하는 경우에도 마찬가지로 적용된다.

경제규모가 커지면서 잉여자본을 가진 사람들이 늘어나게 되었고, 그 잉여는 투자란 이름으로 세상의 상품 가격들을 흔들어 대고 있다. 때로는 석유로, 때로는 먹을거리로, 때로는 금으로, 때로는 주식이나 외환으로 가격을 요동치게 하면서 천문학적인 돈을 벌려고 덤벼들기도 한다.

한 사람이 가지고 있기엔 큰돈이기에 금융기관이나 투자회사에 맡겨 얼굴도 모르는 사람들끼리 각종 투자시장을 오가며 점차 투기적 자본으로 변화시키는 것이다. 이런 돈을 맡은 이른바 전문가란 사람들은 자신도 모르는 사이에, 자신의 지식을 영혼 없는 자본을 위해 파는 탐욕적인 투기꾼으로 변해 간다.

시장경제는 다수의 거래자와 다수의 참여자가 만나는 공평하고도 투명한 현장이지만 자본이 오가는 금융 투자시장의 현실은 거대한 자본의 무력 행사가 간단없이 자행되는 현장이기도 하다. 하지만 그들이라고 해서 언제나 승리하는 것은 아니다. 이번의 미국발 금융위기는 세계 최대 규모의 금융 투자회사들이 주된 희생자란 점에서 투자시장의 끝은 어디인가를 다시 되짚어 보게 된다.

기본적으로 투자시장은 위험을 다루는 시장이라는 숙명적 한계를 안고 있다. 그래서 전 세계가 동시에 수익을 내는 성과가 있었다면 한편으로는 비용을 지불해야 하는 위험의 대가도 반드시 따라온다.

지난 6~7년 동안 전 세계는 부동산시장을 비롯하여 실물투자와 금융 등 경제 전반이 동시 호황을 보인 호시절이 있었는데, 결국 그 대가가 지구를 덮친 이 혹독한 금융위기로 나타난 것으로 해석할 수도 있다.

| 07

사업가 정신은 자본이다

여기저기서 거절당하고 마음이 상하고 나면 어떤 일도 자신을 갖기가 쉽지 않은 것이 은퇴 이후 만나게 될 구직의 고통이다. 그럴 때 필요한 것이 바로 사업가 정신이다.

사람이라고 해서 모두 같은 생각을 가지고 사는 것은 아니다. 그러니까 이념의 차이로 전쟁을 하고, 신념 때문에 다투기도 하는 것이지만.

특히 살아가는 데 있어 사는 방식의 차이가 크다. 여러 가지 관점에서 그 차이를 느낄 수 있겠지만, 특히 돈을 앞에 두고 사람마다 처신하는 성향에 차이가 크다. 어떤 사람은 돈을 보고 욕망을 느껴 더 벌고 싶어 하고, 더 많이 갖고 싶어 하지만, 어떤 사람은 두려워서 그저 손안에 든 것만 가지고 온전히 쓸 수 있기를 바란다. 이 문제는 선악의 문제라기보다는 성향의 문제라고 할 수 있다.

돈을 눈앞에 두고 이러한 태도의 차이를 보이는 이면에는 위험에 대한 개인의 태도 차이가 크기 때문이라는 분석도 있다. 어떤 사람들은 위험을 택하기보다 안전을 택해 원금을 가만히 가지고 있기를 원하는가 하면, 어떤 사람은 위험을 감수하고 조금이나마 자신의 원금이 늘어나기를 원한다. 또 어떤 사람은 원금이 없어지는 경우가 생기더라도 크게 늘어나길 바란다.

한편 그 사람이 행동적 성향인가 사변적 성향인가도 그의 삶을 결정하는 요인이 될 수 있다. 더불어 그 사회가 어느 정도 안정을 이룬 사회인가 아니면 발전이 필요한 사회인가도 구성원의 삶의 태도에 영향을 미칠 수 있다.

우리 사회는 적어도 1970년대 초반까지는 사업가적 성향이 높은 편이었는데 갈수록 그 성향이 낮아져 과거 30%를 넘던 수치가 이젠 15% 내외에 그치고 있다. 여기에는 학력 인플레가 촉진되어 고학력자가 많아진 것도 하나의 요인이 된 것으로 보인다. 일반적으로 고학력자일수록 안정된 직장을 선호하기 때문이다.

그러나 이제 직장을 떠나면서 생각해 보자. 만일 내가 누구를 고용한다면 거두절미하고 은퇴한 사람을 덥석 쓰겠는가? 마음 같아서는 무슨 일이든 할 수 있을 것 같지만 여기저기서 거절당하고 마음이 상하고 나면 어떤 일도 자신을 갖기가 쉽지 않은 것이 은퇴 이후 만나게 될 구직의 고통이다. 그럴 때 필요한 것이 바로 사업가 정신이다. 남이 쓰지 않는다면 나 스스로 나를 고용해 보는 것이다. 소설을 쓰는 작가나 노래를 짓는 작곡가들이나 운동을 하는 프로 선수들은 자신을 고용하고 사는 사람들이다.

발명에 일생을 쏟고 사는 사람들이나 과학 연구에 매달리는 과학자들도 다 자신을 스스로 고용하여 결과물을 만들어 내기 위해 평생을 바친다. 따지고 보면 과거 농경사회의 농부들도 자신을 스스로 고용하고 어부들도 자신을 고용하여 가족을 지키고 생계를 유지해 왔다. 그런 점에서 사업가 정신을 갖는 것은 어찌 보면 은퇴가 가져다 준 선물일 수도 있다. 내가 아는 어느 고위 공직자가 장관직을 그만두고 서울 변두리에서 식당을 운영하면서 자신에게 너무나 잘 어울리는 사업을 골랐다며 무척이나 기뻐하던 일이 생각난다. 사업가 정신은 위기 속에 피어나는 인동초 같은 것이기도 하고, 오랜 기다림 속에 피어나는 들국화 같은 것이기도 하다.

| 08

따라 하지 말자

개인사업을 시작하려 할 때 대개는 그 당시에 잘되는 사업을 따라 하려는 것이 우리 사회의 일반적인 경향이다. 그러다 보니 노래방, 비디오 대여점, 찜질방에 이르기까지 조금 된다 싶은 사업에는 너도나도 뛰어드는 것이 우리의 현실이다.

한국의 경제에는 큰 문제가 하나 있다. 한국 경제의 절반을 차지하는 주요 대기업들의 주력 사업이 대부분 겹쳐 있다는 점이다. 간판을 떼고 보면 주요 그룹마다 차이나 정체성을 찾아보기 힘들게 서로가 서로를 베껴 가며 유유상종을 해 오고 있다.

그동안 한국의 경제위기가 어디에서 비롯되었는지 여러 각도에서 진단해 볼 수 있지만 그중 하나가 따라잡기(Catching-up) 증후군이라고 지적하고 싶다. 어느 사회에나 유행을 좇고 시류를 뒤따르는 현상이 있게 마련이지만, 우리 사회는 그 정도가 심각한 수준에 와 있다.

몇 가지 예를 들어 보자. 개인사업을 시작하려 할 때 대개는 그 당시에 잘되는 사업을 따라 하려는 것이 우리 사회의 일반적인 경향이다. 그러다 보니 노래방, 비디오 대여점, 찜질방에 이르기까지 조금 된다 싶은 사업에는 너도나도 뛰어드는 것이 우리의 현실이다.

주식투자를 하는 사람도 마찬가지이다. 대체로 그때그때 인기를 끌고 있는 주식에 투자하려 함으로써 언제나 비싸게 사고 싸게 파는 우를 반복하게 된다. 집을 사도 인기가 있는 동네를 고르다 보니 집만 사고 나면 집값이 떨어지는 일도 우리 사회에서는 비일비재하다.

　이런 사회의 맹점은 소비 현장에서도 흔하게 발견할 수 있다. 특히 젊은이들의 옷차림에서 너무나 쉽게 발견되는 현상이다. 저마다의 개성을 살릴 생각은 하지 못하고 유행만 좇아 옷을 입다 보니 어느 해는 온통 검은색 옷만, 어느 해는 흰색 옷만 입어 대는 모습을 보게 된다. 친구 따라 강남 간다고, 시장 가는 주부들도 공연히 옆집 아주머니를 불러내서 시장 길에 나서면 돌아올 때는 두 사람의 장바구니가 비슷한 물건으로 채워지기 일쑤이다. 이런 따라잡기 현상을 잘 이용하는 업체는 백화점으로서, 바겐세일을 통해 한 해 매출의 30% 이상을 채우는 것이 업계의 현실이다.

　그런데 이와 같은 따라잡기 현상에 한국의 대기업까지 가세한다. 정부가 기업들의 사업을 규제할 때에는 이런 문제들이 심각하지 않았으나, 1980년대 중반 이후 각종 규제가 풀리자 한국의 대기업들은 일제히 잘되는 사업에 동시에 뛰어들어 중복투자와 과잉투자를 초래하고 말았다. 지난 외환위기를 전후해서 반도체, 자동차, 석유화학, 철강 등 우리의 중심 산업들이 한날 한시에 가격이 폭락하고 높은 투자비 부담으로 수익성이 급락한 이유가 바로 대기업끼리 분별없이 무리한 투자와 경쟁을 거듭한 결과인 것이다. 수요 예측도 하지 않고 자신의 투자 능력도 제대로 고려하지 않은 채 남이 잘된다니까 규제가 풀리자마자 너도나도 뛰어들어 온 나라를 과잉투자와 중복투자로 쑥대밭을 만들어 놓은 것이다.

　직장만 해도 그렇다. 우리는 주로 사회 진출을 할 때 안정된 직장생활을 하려는 사회 분위기가 높은 편이고 대체로 이를 따르려 한다. 물론 과거에는 우리 사회가 한 번 만난 인연을 아주 소중히 생각하고 여간해선 그 관계를 깨뜨리지 않으려 하다 보니 평생직장, 종신고용의 직장 풍토가 현재까지 자연스럽게 조성되어 왔다. 이제 와서 생각해 보면 참으로 꿈같던 시절이었는데, 과거에는 직장 한 번 그만두기가 오늘날 취직하기보다 어려웠다. 사표를 몇 번씩 반려당하기 일쑤였고 그래도 의사를 꺾지 않으면 술도 사

주고, 승진도 시켜 주고, 보직도 바꾸어 주면서 회유했던 시절이 추억으로 남아 있다.

그러나 이제 그런 세상은 갔다. 30대의 한 직장 근속 기간이 5년을 넘지 못하고 있으며, 20대는 2년을 채 넘기지 못하고 있다. 한마디로 정규직, 비정규직을 논하는 것 자체가 우스운 일이 되고 만 것이다. 그러니 이제부터는 스스로가 스스로를 고용하지 않을 수 없는 것이다. 그러나 현실적으로 우리 경제는 지금까지 이들 대기업군에 의해 결정적인 영향을 받아 온 만큼 이들의 입지가 좁아지면 좁아질수록 우리 경제의 입지도 좁아지게 된다. 따라서 이들에 대비하는 새로운 대안이 나와야 한다. 그 대안 중 하나가 중견기업을 육성하는 것이다. 중견기업이란 여러 가지 면에서 우리의 실정에 적합하고 미래 지향적인 기업 형태이다.

먼저 중견기업의 정의를 내려 보면, 규모 면에서는 중소기업을 넘어서는 크기의 기업으로서 대기업에는 이르지 못하는 기업이라고 할 수 있을 것이다. 그러니까 그들은 중소기업을 우수한 성적으로 졸업한 졸업생이라고 할 수 있다. 그리고 업종 구분에서 그들의 존재는 뚜렷이 구분된다. 대기업처럼 이것저것 문어발식으로 확장하는 것이 아니라 한두 가지 업종에서 필생의 승부를 거는 전문 기업들이 대부분이다. 따라서 기술 수준이 높고 나름대로 시장도 안정적으로 확보하고 있는 기업들이다.

또 하나 이들의 특징은 해당 업종에서 선두 자리를 차지하고 있는 경우도 적지 않다는 점이다. 중견기업들은 대체로 역사가 긴 편이다. 소기업으로 창업해 장구한 외길 세월을 보내며 성장한 관록 있는 기업들이다. 중견기업으로 성장하는 동안 웬만한 시련은 다 겪어 보았다고 할 수 있다.

이들은 세계적인 다국적기업들과 부딪히지 않으면서 그들과 협력할 수 있는 입장에 서 있다. 그것은 기술적 경쟁력이나 사업적 독립성을 유지하기 때문이다. 이런 기업이 많아야 우리 경제가 다국적기업들과 조화를 이루면서 공존할 수 있을 것이다. 특히 소재나 부품 분야에서 그런 기업을 발견할 수 있다. 그러나 이런 기업을 육성하고 발굴

하기란 참으로 어렵다.

이제까지 우리의 기업 정책은 대체로 대기업 중심의 정책이었고 중소기업 정책은 소홀히 해 온 것이 사실이다. 그러나 이제 전문성을 가진 중견 독립 기업을 하나의 영역으로 설정하고 이들을 중점 육성할 수 있는 정책이 수립되어야 한다. 그들은 사실 재무구조도 건실한 편이고 기업 규모도 적정한 수준을 유지하고 있다.

그리고 바로 이제는 이런 중견기업들이 '지식산업'으로 거듭나야 우리나라가 산다. 사업체나 기업의 가치를 결정하는 기준은 다양하다. 이익을 가지고 판단하는 경우도 있고 자산을 가지고 판단하는 경우도 있다. 그런가 하면 영업권처럼 보이지 않는 가치를 가지고 하는 경우도 있다. 그런데 사업을 하는 사람들은 대개 자산가치를 중요하게 생각한다. 그래서 돈만 있으면 자산을 자꾸 늘리려는 경향도 보게 된다. 그러나 이제 새로운 가치가 창출되고 있는 전환기임을 고려할 때 이러한 가치 기준도 변해야 한다. 그런 면에서 최근에 도입된 지적자본의 개념은 아주 중요한 의미가 있다.

이제 기업가치를 평가할 때 인적자본과 같은 지적자본이 중요한 기준이 되어 가고 있다. 지적자본의 개념은 첨단산업 분야에만 적용되다가 점차 전 산업으로 확산되고 있다. 이제 작은 사업체라 할지라도 지적자본을 키우는 일을 게을리하지 말아야 중견기업으로 커 갈 수 있다.

> **손에 잡히는 경제사전**
>
> **지식산업**(知識産業, knowledge industry)
> 지식 전반의 생산과 유통에 종사하는 모든 산업. 교육사업, 연구개발사업, 출판·인쇄업, 통신사업, 정보기기 제조업, 영화·연극, 직업적 스포츠, 의사·변호사·디자이너 등을 포괄함.

PART 3

기업의 시대에서
가업의 시대로 간다

인생후반전
설계지침서
후반전에 끌 터진다

가문이 돌아온다

우리나라가 이러한 경제의 특징을 보이게 되면 사회의 체질이 바뀌어 부익부 빈익빈의 빈부격차가 갈수록 커지게 되고 저마다 부를 토대로 하는 가문의 힘이 자연히 생성되는 현상도 나타나게 된다. 재산이 많은 가정이나 기업체를 소유한 가문들은 그 자손들에게 승계되고 이어지는 부가 눈덩이처럼 커지게 되고 그들은 이를 바탕으로 거대한 가문의 성을 만들어 가게 되는 것이다.

경제 대국이라는 미국이란 나라와 일본이란 나라의 경제운용 기본 전략은 크게 다르다. 미국이 개인과 기업에게 자유로운 투자 기회를 제공하고 시장에 역동성을 부여하는 체제라면, 일본은 잘 조직된 사회를 바탕으로 열심히 일해서 더 좋은 제품을 만들고 조직의 가치를 향상시키는 체제이다. 그래서 미국은 자본의 거래가 자유로운 자본시장의 발전을 가져온 반면, 일본은 저축을 중심으로 금융시장이 규모가 증대된 성장사를 가지고 있다. 이런 사례를 통해 우리는 미국은 자산경제의 성격이 강하고 일본은 실물경제의 성격이 강함을 알 수 있다.

그동안 우리나라는 기본 바탕을 일본에 두고 경제성장을 추진해 온 역사적 배경을 가지고 있어 다분히 실물경제적 성격이 농후한 경제 상황이었다. 일자리를 중시하고 기업금융을 우선시하고 생산시설을 확충하는 정책이 언제나 전면에 나서는 그런 분위기였다.

사실 지난 시절에는 돈이 부족하여 사업을 원활히 하기가 어려웠다. 국민들이 국내에서 저축해 둔 돈이 많지 않은 까닭에 언제나 돈이 부족하여 정부는 많든 적든 저축으로 돈이 모이면 우선 기업에게 공급했고, 그것도 모자라 돈을 많이 찍어 내어서 유동성을 공급하는 인플레 정책도 서슴지 않았다. 그러다 보니 기업들은 해외에서 자유롭게 돈을 빌려다가 하고 싶은 투자를 원 없이 해 보려고 정부를 졸라 해외자금 조달의 기회도 꾸준히 열어 온 바 있다.

그러한 민간의 자금 확보 욕구가 끝 간 데 없이 치닫다가 닥친 사건이 그 유명한 외환위기이다. 당시 그동안 다소 소극적이던 민간의 해외자금 조달이 문민 정부의 세계화 정책으로 자유로워지자 기업들은 너도나도 앞다투어 해외로 나가 돈도 빌리고 공장도 세우는 등 기세를 떨치게 되는데 그때 제대로 돈을 번 기업은 많지 않았다.

결국 이 돈을 제대로 갚지 못하고 후일 외국인들에게 기업을 넘기고 주식을 팔아야 했던 것이 외환위기 극복 사례라고 할 수 있다. 이후로 국내 대기업치고 주주 구성에 외국인이 없는 기업이 없고, 이제 대부분의 대기업들은 외국 투자가들이 창업주 일가보다 훨씬 많은 지분을 가지고 있다. 그러니 더욱 대주주나 경영진들의 과감한 투자나 확장 정책을 기대하기가 어렵게 된 것이다.

이때부터 등장한 재무정책의 하나가 바로 대기업들의 무차입 경영이란 정책이다. 즉 돈을 빌리지 않고 내부 자금으로 투자하고 성장하겠다는 정책이다. 요즘의 대기업 부채 비율이 낮은 금리에도 불구하고 과거보다 크게 낮아진 이유가 바로 여기에 있다. 그러다 보니 고민은 금융회사로 넘어가게 된다. 과거 같으면 대기업 몇 군데를 주거래처로 삼고 대출을 관리하면 될 것을 이제는 이 돈을 어디에 빌려 주고 운용해야 할지 여간 고민이 아니다. 선진국의 사례를 보면 이럴 때 대개 두 가지의 금융이 활발하게 발전했는데, 하나는 소비자 금융이고, 또 하나는 자산투자 금융이다.

지난 1997년 외환위기를 넘긴 뒤의 우리나라도 이 같은 전철을 밟게 되었는데, 처음에는 금융권 자금들이 갑자기 늘어난 신용카드 결제 대금으로 대거 전용되어 소비자 금융으로 활용되면서 결국 대규모의 신용 불량자 양산 사태를 불러오고 말았다. 이후

> **손에 잡히는 경제사전**
> **인플레 정책**
> 인플레이션적 자금 조달 정책. 통화를 더 많이 발행하여 사람들의 화폐 소득을 높임으로써 재화에 대한 수요를 늘리는 방법. 불경기를 극복하기 위한 수단으로 활용됨.

우리 경제는 지금까지도 그때 발생한 신용카드로 인한 개인 파산자의 구제 문제가 사회문제가 되고 있는 실정이다.

그리고 다시 시중의 유동성들은 결국 자산시장으로 가고 말아 그 뜨거웠던 2003년부터 2006년까지의 광기에 가까운 아파트 가격 상승 열풍을 불러오게 되었다. 일각에서는 아파트의 공급 부족으로 일어난 일이라고 규정짓기도 하지만 당시의 금융시장 동향으로 보면 아무래도 금융권의 돈들이 주로 아파트 대출로 이어진 것에 기인하는 바가 크다고 할 수 있다.

바로 이 같은 현상을 두고 자산경제 현상이라고 할 수 있다. 즉 기업이나 개인들이 공급하는 돈들이 이렇게 은행이나 여타 금융기관을 통해 부동산이나 주식 등의 투자자금으로 투입되면 수요 증가에 의해 주가가 오르고 집값 등이 올라 시중에 돈이 돌고 그 자본 이득들이 소비로 이어져 경기가 살아나는 방식을 자산경제의 특징이라 할 수 있다. 대체로 미국의 경제가 이러한 방식으로 운용되고 있는데 이런 나라에서 살려면 무언가를 자산으로 취득하지 않으면 꾸준히 오르는 자산가격 상승으로 아무리 열심히 일해서 소득을 올려도 부유한 사람들의 자산소득 증가분을 따라가기가 어렵다.

앞으로 우리나라가 이러한 경제의 특징을 보이게 되면 사회의 체질이 바뀌어 부익부 빈익빈의 빈부격차가 갈수록 커지게 되고 저마다 부를 토대로 하는 가문의 힘이 자연히 생성되는 현상도 나타나게 된다. 재산이 많은 가정이나 기업체를 소유한 가문들은 그 자손들에게 승계되고 이어지는 부가 눈덩이처럼 커지게 되고 그들은 이를 바탕으로 거대한 가문의 성을 만들어 가게 되는 것이다.

가히 '가문의 시대'란 말을 써야 할 만큼 여기저기에서 부와 명성을 자랑하는 가문들이 고개를 들게 되면 어느새 우리 사회는 명문가들이 회자되는 세상으로 변해 갈 것이다. 이런 현상은 보통의 가정에도 영향을 주어 자녀를 키우고 노후를 대비하는 문제가 각 가정의 경제력에서 그 수준이 가려지게 된다. 그러므로 누구든 이러한 세상의 흐름에서 자유롭기 어려워 좋든 싫든 가문 경제의 시대적 조류를 이해하고 이에 대처해 나가는 감각과 지혜가 필요한 시점이다.

02

개인이 강해야 한다

이제는 개인 스스로 자기 가족과 가정을 위한 해결책을 찾으려는 자세가 필요하다. 고용의 문제든, 복지의 문제든, 환경의 문제든 일단 가정에서 먼저 대책을 세우고 실천하는 것이 나라가 강해지는 길이고, 개인이 서글퍼지는 것을 방지하는 길이다.

한 조사에 의하면 미국 가정 중 3분의 1은 파산을 경험했으며, 전체 미국인 중 3분의 1은 전혀 현금이 없다고 밝힌 바 있다. 부자가 많은 사회가 선진국이라는 것은 모두가 알고 있는 사실이지만, 아무리 나라가 가난해도 부자는 있게 마련이고 나라가 부자여도 가난한 사람은 있게 마련이다.

미국은 3인 가족 기준으로 연간 1만3천 달러의 소득에 미치지 못하거나, 4인 가족 기준으로 연간 1만6천 달러의 소득에 미치지 못하면 빈곤층으로 간주하는데, 이에 해당하는 사람들이 너무나 많다. 영국은 1985년 빅뱅 이후 국가경제가 크게 호전되었다고 평가받고 있지만, 그 이면에 빈민은 오히려 늘고 있다는 현실을 피하지 못하고 있다. 반면에 강소국이라는 유럽의 작은 국가들은 국가도 부자인 데다 나라경제도 튼튼하고 개인들 역시 대체로 안정과 풍요를 고루 누리고 사는 것을 볼 수 있다. 이러한 사실은 무엇을 말하는가.

개인이 부자가 되어야 나라가 부강한 것인가, 아니면 나라가

손에 잡히는 경제사전

강소국
(强小國, small but strong country)
스웨덴·아일랜드·네덜란드·핀란드·스위스·싱가포르 등과 같이 나라의 규모는 작으면서도 경제적으로 부유하고 강한 국가를 가리키는 말.

부강해지면 개인은 저절로 부자가 되는 것인가? 국가와 국민의 상호 관계를 부정하거나 국가의 기능과 역할을 폄하하는 것이 아니라 실질적인 개인의 경제적 성공의 과정과 요체를 놓고 한 번 생각해 보자. 때로는 국가의 성공이 특정한 집단이나 소수의 특정인들에게 전유되는 경우도 역사는 증명하고 있다. 특히 이 점은 이미 몰락한 공산주의 체제 속에서의 특정 집단의 부당한 행복과 많은 개인들의 피폐한 삶을 통해서도 입증된 바 있는 일이다.

그러면 기업이 커지고 대기업으로 성장한다고 해서 그 사회 소속의 개인들이 모두 저절로 부자가 되는가? 그동안 우리가 재벌에 대한 부의 집중과 경제 정의와 형평을 왜 그렇게 논했겠는가? 과연 오늘날 재벌 가문의 성공을 그들 가족의 노력과 헌신에 의한 진정한 자신들만의 경제적 성공으로 평가해 줄 수 있을까? 국가성장 논리에서 보면 국가나 기업이 일단 부강해지면 국민들도 그와 함께 경제적으로 안정을 찾을 수 있을 것이라고 말할 수 있다. 이른바 중산층 논리도 그렇게 만들어지는 것이다. 하지만 기업의 특정 지배 계층과 중산층 또는 서민들과의 천문학적인 소득과 재산의 괴리로 볼 때 과연 얼마나 더 이런 논리와 구조로 우리 사회를 지탱할 수 있을지 우려된다.

한때 일본을 국가는 부자인데 국민은 가난한 나라라고 이야기하던 때가 있었다. 우리는 정부와 대기업은 덩치가 커졌지만 국민들은 그다지 실속이 없었다고 말할 수 있다. 이제부터는 기업의 논리도 특정 소수의 지배 구조가 아닌 다수의 개인이 참여하여 각자의 기여도에 따라 이익을 공유하는 하나의 네트워크로 이해되어야 마땅할 것이다. 더불어 이제는 주주 자본주의가 확산되고 자리를 잡아 가야 한다. 그동안 정부와 소수 지배 구조의 기업이 주도하는 경제성장 체질 속에서 개인들은 자꾸 자기 가정의 경제적 안정에 대한 문제에 대해 정부나 대기업을 믿지 못하게 되고 자립 정신만 훼손되는 결과를 가져왔다.

이제는 개인 스스로 자기 가족과 가정을 위한 해결책을 찾으려는 자세가 필요하다. 고용의 문제든, 복지의 문제든, 환경의 문제든 일단 가정에서 먼저 대책을 세우고 실천하는 것이 나라가 강해지는 길이고, 개인이 서글퍼지는 것을 방지하는 길이다.

한국 현대사에서 경제적 위기를 정치적으로 악용한 사례인, 이른바 그 길었던 개발독재의 시대도 눈앞의 일자리에 약하고 당장의 수입에 약해 정치 권력에 순치된 우리 국민들이 불러들인 자업자득이기도 했다. 정치 권력들이 국민들의 이러한 경제적 불안심리를 담보로 하여 이를 장기 집권과 독재 권력의 수단으로 사용한 수치스러운 기억이 아직도 생생하다. 우리의 정치 민주화도 이런 이유로 그토록 오랫동안 깊은 수렁에서 벗어나지 못하게 된다.

따라서 이제는 강한 나라, 부강한 사회가 되기 위해서는 무엇보다 개인들이 강해지고 스스로 부자가 되는 길을 찾아야 한다. 경제주체, 즉 정부, 기업, 그리고 가정 중에서 이제는 가정이 스스로 생존하고 성장해야 한다. 그래서 가정이 우수한 가치를 가지고 높은 생산성과 우량한 재무구조를 가진 부자가 되는 길을 찾아 나서야 한다는 것이다. 튼튼한 가정 경제가 만들어질 수 있을 때 가정이 기업을 살리고 국가도 강하게 만들 수 있는 것이다.

지금 위기에 처한 국가들이 저마다 자국 내 가정의 소비 증가와 개인의 투자 촉진에 정책의 초점을 맞추는 것에서도 잘 알 수 있는 일이다. 개인과 가정이 움직여 주어야 기업의 매출도 늘고 투자도 살아나고 정부의 세수도 늘어나게 되는 것이다.

앞으로는 정부 정책이나 기업의 경영전략보다도 각자 가정의 경영전략이 가장 중요한 시대가 되고 있다. 앞으로 경제주체의 중요성은,

정부 〉 기업 〉 가정

의 순이 아니라

가정 〉 기업 〉 정부

의 순으로 이해되어야 한다. 경제 장관이나 재벌 총수의 말 한마디보다 한 개인의 결심과 행동이 더 중요해지는 시대로 들어가고 있는 것이다.

이제 기업의 시대는 아니다

좋은 기업의 선택 기준은 하나이다. 현금흐름이 양호하면서 무엇보다 가벼운 기업이어야 한다. 내부 자금 조달 능력이 우수하고, 조직이 작고, 융통성 있는 사고방식을 가진 기업을 만들어야 한다. 그러기 위해서는 오너가 변해야 한다.

불황기에 기업의 실적을 분석해 보면 크게 세 가지로 분류할 수 있다. 하나는 매출도 줄고 이익도 줄어드는 기업이 있다. 한마디로 기울고 있는 회사이다. 또 하나는 매출은 줄지만 이익은 늘고 있는 기업, 즉 구조조정을 하고 있는 기업이다. 그런가 하면 매출은 늘고 있지만 이익이 줄고 있는 기업이 있다. 이런 기업은 불황 타개를 위해 적극적으로 노력하고 있지만 할인 매출이나 물량 중심의 판매를 시도하고 있는 기업이다. 이런 세 부류의 기업을 놓고 어떤 기업이 바람직한 기업인가를 선뜻 판단하기는 어렵다. 하지만 관점을 정리하다 보면 어느 정도 분별할 수 있는 문제이기도 하다.

지금 우리에게 필요한 기업은 크게 두 가지로 압축할 수 있다. 하나는 이 위기에서 살아남을 수 있는 기업이다. 그러기 위해 가장 중요한 조건은 현금흐름의 개선이다. 위의 사례에서 보자면 두 가지 경우의 기업들이 이 요건을 어느 정도 갖추고 있다고 할 수 있다. 하나는 매출은 줄지만 이익이 늘고 있는 기업과, 매출은 늘지만 이익이 줄고 있는 기업이다.

그러나 다음으로는 장기적인 성장 전략을 구사하기 위해 구조조정을 하고 있는 기업이 필요하다. 구조조정을 하는 기업은 당장의 매출은 줄지만 이익은 늘고 있다고 할 수 있다. 구조조정으로 자산을 매각하고 가동률을 조정하고 설비를 조정하기 때문에 전체 매출은 줄지만 안정된 핵심 사업에서 꾸준히 이익을 내고 있다고 볼 수 있다. 기업 내부에서 자금이 만들어져야 하기 때문에 사실 이익을 내지 못하는 기업이 구조조정에 성공한다는 것은 참으로 어려운 문제이다.

물론 가장 바람직한 기업은 이익도 내고 매출도 느는 기업이지만 이런 기업은 발견하기도 어렵고, 있다고 해도 투자엔 상당한 주의가 필요하다. 왜냐하면 위기에 대한 대비가 느슨하여 오히려 성급한 확대 정책을 펴다가 갑자기 경영이 나빠질 수도 있기 때문이다. 따라서 현재는 모든 기업에게 적당한 긴장이 필요한 시기이다. 신규 사업을 벌이고 싶은 욕구를 자제하는 것도 위기를 잘 넘기는 지혜이다. 특히 쓰러진 기업을 인수하여 회복을 시도하는 기업은 장시간 그로 인한 부담으로 불리한 입장에 놓일 것이다.

이런 때 좋은 기업의 선택 기준은 하나이다. 현금흐름이 양호하면서 무엇보다 가벼운 기업이어야 한다. 내부 자금 조달 능력이 우수하고, 조직이 작고, 융통성 있는 사고방식을 가진 기업을 만들어야 한다. 그러기 위해서는 오너가 변해야 한다.

오너 경영자들이란 대체로 독특한 특성이 있게 마련이다. 그중에서도 공통적인 면은 남의 말을 잘 듣지 않는다는 것이다. 그 이유를 몇 가지로 나눌 수 있다. 어느 오너는 고집이 세서, 어느 오너는 뚝심이 강해서, 어느 오너는 소신이 강해서 남의 말을 잘 듣지 않는다. 또 어느 오너는 그가 남보다 뛰어나기 때문에 남의 말을 들을 필요가 없다고 생각한다. 이 몇 가지 이유 가운데 고집, 뚝심, 소신은 자칫하면 일을 그르칠 수 있는 원인이 된다. 그중에서도 특히 '고집'은 곧잘 오너 경영자를 파멸로 몰고 간다.

이제는 기존의 사업에서 누가 과감하게 손을 떼느냐 하는 포기의 경영에 미래의 생존이 달려 있다. 그런데 몇몇 대기업들은 고집에 가까운 오너 경영자들의 소신 때문에 적절한 사업 철수가 이루어지지 않고 있다. 기업인들은 자신의 판단이 한 번 잘못되면 나라 경제가 흔들릴 수 있다는 위기감으로 좀 더 유연한, 거시적인, 미래 지향적인 판단을 내릴 줄 알아야 한다. 내가 한번 벌인 일은 하늘이 두 쪽이 나도 밀고 나가야 한다는 불도저식 밀어붙이기 경영이 오늘의 위기를 만들었다는 점을 상기할 필요가 있다. 대기업의 구조조정 작업이 제대로 추진되지 않는 이유도 바로 이런 오너들이 적지 않기 때문이다. 장차 이런 기업들에는 주식시장의 주주나 금융시장의 채권자들이 협력하지 않을 것이다.

M&A가 대표적인 사례라고 할 수 있으며, 주식시장에서 주가 등락폭을 점차 확대하는 것도 이 같은 성향을 촉진하는 요인이 되기도 한다. 하지만 문제는 우리 국민들이 이러한 기업활동에 전혀 익숙지 않다는 데 있다. 따라서 이제는 새롭게 달라진 기업 여건을 제대로 직시하고 기업 가치의 진면목을 발견하는 데 각별한 노력을 기울여야 한다. 주식투자자 관점에서 지적하자면, 기업의 대주주나 경영자가 주식시장의 주가 상승을 통해 기업활동의 이익을 조기에 실현하려는 '보여주기'식 경영에 나설 수 있다는 것이다.

가령 신제품이나 신기술을 개발해서 생산·판매하기보다 이 사실을 주식시장에 잘 포장해 던져 줌으로써 이에 현혹된 투자자들이 주가를 올려 놓으면 이때 주식을 팔아 이득을 챙기는 것이다. 이것은 전혀 잘못된 일은 아니다. 다만 카지노 자본주의에서는 문제 될 것이 없지만, 순진한 우리 국민들에게는 아직 어려운 게임이고, 우리 정서에는 잘 맞지 않는 게임이다.

그런데 요즘 이런 기업들이 하나둘씩 모습을 드러내고 있다. 기업의 장기 성장이나 이익 창출보다 주가의 단기 상승을 겨냥하는 대주주나 경영진의 의도된 '보여주기'식 경영이 감지되고 있으니 이런 기업은 모두 주의해야 한다.

> **손에 잡히는 경제사전**
>
> **카지노 자본주의**
> (casino capitalism)
> 정보통신기술의 발달로 국제금융시장이 통합되면서 나타나는 자본주의 부정적 측면을 가리키는 말. 영국의 경제학자 수전 스트레인지가 사용한 용어로 투기자본이 세계경제를 교란시키는 것을 도박판에 빗대 표현한 것임.

04

기업의 수명은 아무도 모른다

사람의 수명은 갈수록 길어지고 있다. 이는 실로 모두가 반겨야 할 일이지만, 점차 늘어나는 그 긴 노후를 살아 낼 생각을 하면 행복한 느낌만 드는 것은 아니다. 특히 이미 수시 채용에 수시 해고를 당하는 상황에 맞닥뜨리고 있는 요즘 젊은 세대들은 아마도 생애를 통해 일하는 시간보다 쉬는 시간이 더 많을지도 모를 일이다.

 기업의 수명이 단축되고 있다. 기업의 수명은 그동안 30년이 정설이었다. 특별한 실수가 없으면 창업 이래 30년 정도는 안정된 사업을 영위할 수 있었다는 이야기이다. 그래서 운이 좋은 사람은 창업하는 회사에 들어가면 처음 시작한 직장에서 순조롭게 정년을 맞는 경우도 적지 않았다. 하지만 어느새 기업의 수명은 15년으로 줄어들고 있다는 보고가 나오기도 하고, 또는 그 이하를 주장하는 학자들도 있다.
 그만큼 기업은 오랜 시간 견뎌 내며 살아남기가 어렵다는 이야기이다. 바로 지구촌으로 확산되고 있는 경쟁과 개방의 회오리가 기업을 한순간도 가만히 놓아두지 않으며, 지식정보의 발전 속도와 소비자의 태도 변화가 기업의 대응을 참으로 어렵게 만들어 가고 있기 때문이다. 그러니 이제는 기업의 목표가 성장 전략이 아니라 생존 전략이라고 하지 않던가. 그리고 그 생존을 결정짓는 요소는 기업의 지식자산으로 설명되고 있다.
 이미 MIT대학의 레스터 더로 교수는 지식이 돈을 지배하는 시대가 등장하고 있으며, 기업은 지식 사업가를 사내에 많이 두어야 한다고 권고하고 있다. 기업의 역사가 긴 미국에서도 100년을 넘게 꾸준히 경쟁력을 유지하며 성장해 온 기업은 그리 많지 않다. 그래서 100년을 넘게 100대 기업을 지키고 있는 초우량 기업 GE란 회사를 높이 평가해 주고 있으며, 그들의 변화 과정이 바로 대표적인 지식 기업의 발자취로 평가받고 있기도 하다.

우리만 해도 30년의 벽을 넘지 못한 기업이 즐비하고, 50년의 고비에서 부서진 기업도 적지 않다. 30대 기업 집단만 해도 1980년대에 사라진 국제, 라이프, 조선공사, 한양, 그리고 1990년대에 경영권이 바뀐 삼미, 극동건설, 우성, 한신, 한보, 진로, 통일, 기아, 2000년대에 무릎을 꿇은 고합, 대농, 대한생명, 한라, 해태, 동아, 현대, 대우 등이 그들이다. 하긴 예를 들자면 어디 이들뿐인가. 그렇다고 해서 남아 있는 기업들이 건강하고 우량하다는 것은 절대 아니다. 그저 아직은 살아 있다는 것이다. 선대가 잘 넘겨주어도 새한그룹처럼 후대에 와서 얼마 못 가 무너진 기업도 등장하는 형국이니 말이다.

사실 그런 면에서 지금 3대로 이어지는 우리 대기업에 대해서는 그들이 앞으로 얼마나 성장의 뿌리를 잘 내릴 수 있을지 솔직히 기대보다는 걱정이 앞서는 편이다. 여전히 많은 기업인들은 자신이 세운 기업이 영원히 성장하고 생존하기를 바라고 있겠지만, 현실은 그 반대로 가고 있어 우리 기업사에서 앞으로 장수 기업을 찾는다는 것은 신화를 바라는 것이나 다를 바 없을 것이다.

그러나 이런 판국에 사람의 수명은 갈수록 길어지고 있다. 이는 실로 모두가 반겨야 할 일이지만, 점차 늘어나는 그 긴 노후를 살아 낼 생각을 하면 행복한 느낌만 드는 것은 아니다. 특히 이미 수시 채용에 수시 해고를 당하는 상황에 맞닥뜨리고 있는 요즘 젊은 세대들은 아마도 생애를 통해 일하는 시간보다 쉬는 시간이 더 많을지도 모를 일이다. 그러니 일에만 묻혀 틈만 나면 쉬고 싶은 마음밖에 없더라도, 갈수록 쉬는 일이 그리 즐겁지만은 않을 것임을 상기하며 참아야 한다. 요즘 "인생은 백 살까지"란 말이 심심치 않게 나오고 있다. 이제는 누구나 100세를 자신 있게 살아 낼 생애 전략을 철저히 세워야 하겠다.

제1차 세계대전 이후 공장 근로자들에게 과학적 관리법을 가르쳤던 피터 드러커(Peter Drucker)는 세상을 떠날 때까지 강단에서 사이버 세대(Cyber Generation)들에게 21세기 지식 경영을 가르친 바 있다. 자기 혁신과 미래 예지가 이 같은 경쟁력을 만들어 왔을 것이다.

이제 모두가 이런 경쟁력을 가질 때이다. 국가나 사회가 일자리를 만들어 주고 노후를 책임지기에는 너무나 불확실성이 높고 또 보살펴야 할 대상이 많기 때문이다. 스스로가 자신을 고용하고, 자신을 경영하는 시대로 접어들고 있는 것이다. 그러니 국민이라면 누구나 자신의 일생을 통해 직업 전략에서부터 사업경영 전략, 자산운용 전략, 자녀교육 전략, 부부 노후 전략, 그리고 사회환원 전략에 이르기까지 자신이 주체가 되어 이제부터 꼼꼼하게 생애 전략을 세워 나가야 한다.

> **손에 잡히는 경제사전**
>
> **사이버 세대**
> **(Cyber Generation)**
> 인터넷 등 컴퓨터와 정보통신기술이 주도하는 새로운 시대에 태어나 그에 적합한 인적·지적 능력을 가진 세대.

우리의 경제 수준이 높아질수록 기업에 대한 사회의 기대와 책무 또한 갈수록 커지고 있다. 그동안 우리는 이윤을 극대화하여 그 일부로 조세에 기여하면 기업이 자기 할 일을 다한 것으로 생각해 왔으나, 이제는 기업의 활동 범위가 사회 전반, 나아가 전 세계에 영향을 미치면서 정치·경제·사회·문화·복지·교육·환경·방위·생명·역사 등 더 광범위한 영역으로까지 사회적 역할론이 확대되고 있다.

특히 요즘 기업의 사회적 책임에 대한 요구가 날로 거세지고 있는 가운데 주식투자에서도 사회적 책임을 다하지 못한 기업은 투자에서 배제하려는 움직임이 선진국 투자자 사이에 나타나고 있으며, 유럽 연합은 기업 헌장을 제정하여 사회적 책임을 기업의 기본적인 책무로 인식하고 확산시키려는 운동을 글로벌 기업을 중심으로 전개하고 있다.

기업은 이제 사회와 국가의 역할 중 상당 부분을 담당하지 않으면 안 될 정도로 그 행동 반경이 커지고 있으며, 그만큼 기업이 가지고 있는 인재나 재력도 막강해지고 있다. 대학보다 더 우수한 인재가 수두룩하고 정부보다 풍부한 자금을 가진 기업들도 적지 않다. 물론 기업의 사회적 책임은 그들이 성공한 집단이기 때문에 져야 하는 것은 아니다. 그들 자신의 미래의 장기적인 번영을 위해서라도 사회가 안고 있는 문제나 비전을 함께 풀어 나가고 공유하는 것이 유익하기 때문이다. 그런 점에서 정부나 시민사회가 기업에게 요구하는 기업의 책무라는 차원을 떠나 기업 스스로 미래 번영의 자산을 쌓는다는 심정으로 사회적 책임에 대한 더욱 적극적이고 자발적인 참여와 전략 수립이 필요하다고 본다.

05

내 가족은 스스로 추스려야 한다

갈수록 일자리 구하기가 어려워지는 시대를 맞고 있지만 이 시대의 부모들은 여전히 자녀들이 학교만 마치면 사회 진출은 그냥 되는 것으로 알고 있다. 그러나 웬만큼 치열한 과정을 거치지 않고서는 남의 일자리를 차지하기가 힘든 것이 지금 세상이다.

요즘 경험하는 일이지만, 제아무리 정부가 금리를 내리고 세금을 삭감해 주어도 기업의 설비 투자 수요가 늘지 않는 것을 보면 또 한 번의 '시장의 실패'가 나타나고 있는 것은 아닌가 싶기도 하다. 그렇다고 과거처럼 정부가 재정을 늘려서 경기를 활성화시키는 것이 어렵다고 본다면, 결국 소비자가 소비를 늘리지 않으면 아무런 경기부양 효과가 나타나지 않게 된다.

금리 인하를 통해 자산 효과를 기다리는 주식이나 부동산도 마찬가지이다. 기업으로부터의 투자 수요가 아니라 개인 투자자의 수요가 늘어나야만 이들도 거래가 늘고 가격도 오르게 되는 상황을 맞이할 수 있다. 특히 수출과 기업 설비 투자로 성장해 온 우리로선 가정 경제를 중심으로 하는 건실한 내수 소비 기반과 투자의 활성화가 무엇보다 시급한 실정이다.

《아메리칸 데모그래픽스》의 발표에 따르면 오늘날 미국의 맞벌이 부부는 1969년의 맞벌이 부부에 비해 연간 717시간을 더 일하고 있다고 한다. 그만큼 가정을 꾸리기가 쉽지 않다는 이야기이다. 우리는 오랫동안 아이들을 낳아서 키우면 사회로 내보내 일자리를 갖게 했다. 그러면 부모의 짐은 한결 가벼워진다. 그러나 요즘은 어디 그런가. 학교를 졸업해도 도무지 일자리를 갖기 어려운 세상이다. 한두 해 이러다 말겠지 했겠지만, 청년 실업 문제로 우리 사회가 어렵게 된 지는 이미 오래전의 일이다. 그러니 이제는 생각을 바꾸어야 한다. 이제는 자식을 낳았으면 자식의 일자리도 가정에서 만들어 주도록 노력해야 한다.

갈수록 저성장 사회로 들어가고 있는데, 이런 구조에서 국가와 사회가 새로운 일자리를 만들어 주는 것은 너무나 힘든 일이다. 선진국들이 근로자의 주당 근로 시간을 줄이는 것도 따지고 보면 실업을 줄이기 위한 고육책이라고 할 수 있다. 새로운 일자리 창출이 어려운 나머지 기존의 일자리를 여럿이 나누어 갖는 방법으로 근로 시간을 줄이려는 측면도 있는 것이다.

이런 문제는 그동안 평생 고용 또는 완전 고용을 경험해 온 우리 사회로서는 가장 고통스러운 일이 아닐 수 없다. 가정에서 잘 키워서 교육시키면, 사회에서 일자리를 찾을 수 있다고 믿었던 믿음이 무너져 가고 있는 것이다. 이미 고등학교나 대학을 졸업하고 실업 상태에 빠진 신규 실업 인구는 날이 갈수록 늘어나고 있는데 유럽은 이런 신규 미취업 실업률이 성인 실업률의 4~5배가 되고 있는 실정이다. 국가 차원에서 직업 훈련과 지원이 가장 잘 되어 있다는 독일도 약 20%가 넘는 청년 실업률을 보이고 있다.

이렇게 사회 진출 초기부터 실업을 경험하게 되면 적지 않은 사회문제로 넘어가게 된다. 이들의 실업이 장기화되면 자연스럽게 범죄에 노출되기 쉽기 때문이다. 자칫하면 다 키워 놓고 사람 버리기 십상인 처지로 청년들이 내몰리게 되는 것이다. 그래서 가정이 기본적으로 이들을 보듬어야 한다. 사실 따지고 보면 공업사회가 되어서야 집 밖에서 일자리를 구했지, 그 이전에는 가진 농토를 떼어 내어 살림을 내어 주는 것이 부모의 도리가 아니었던가. 그래서 그 당시의 부모들은 자식에게 세간을 내주기 위해 한 평의 땅이라도 더 마련하려고 무진 애를 쓰기도 했다. 지금 생각하면 그때의 땅이 바로 지금의 '자본'인 것이다. 또 자식들은 자라면서 자연히 부모의 농사를 도와 집안 소득도 올리고 자신의 일도 배우는 삶을 살아왔다.

갈수록 일자리 구하기가 어려워지는 시대를 맞고 있지만 이 시대의 부모들은 여전히 자녀들이 학교만 마치면 사회 진출은 그냥 되는 것으로 알고 있다. 그러나 웬만큼 치열한 과정을 거치지 않고서는 남의 일자리를 차지하기가 힘든 것이 지금 세상이다. 아마 요즘 들어 대학을 졸업하고도 할 일 없이 빈둥대며 취직을 위해 이것저것 배운다면서 학원비나 받아 가는 다 큰 자식들을 둔 부모가 하나둘이 아닐 것이다. 이는 앞으로 더욱 흔하게 볼 수 있는 광경이다.

따라서 무엇보다 당사자가 이러한 사회의 진로를 예측하고 열심히 공부하고 노력해서 자기 자리를 찾아야 하겠지만, 이와 함께 부모들도 자식의 직업과 일자리를 위해 함께 대비하는 지혜가 필요하다. 전문가들은 5~6세부터 직업의 적성을 발견할 수 있다고 하지 않던가. 이때 가장 중요한 것은 자녀가 가진 남과 다른 요소를 가장 먼저 찾아주는 것이다.

앞으로는 이처럼 각 가정이 스스로 직업을 찾아주고 때로는 자기 자식을 스스로 고용할 수 있는 능력을 갖추고 있어야 불안정하고 장기적인 고실업 사회를 이겨 낼 수 있을 것이다. 다시 말해 자식을 낳았으면 양육과 교육에서부터 직업에 이르기까지 그 자녀가 당당한 사회인으로 출발할 수 있는 최소한의 터전을 부모가 가정에서 만들어 주어야 한다는 이야기이다. 즉 가정이 가족을 스스로 고용할 수 있어야 한다는 것이다. 이것은 단순히 재산이나 많이 물려주는 선에서 그칠 일이 아니다. 그 자녀가 부모로부터 직업의 선택이나 사회적 기여에 대한 정신적인 지도를 받을 수 있어야 한다.

윌 로저스(Will Rogers)는 이런 말을 했다.

"아직 벌지도 않은 돈을, 원하지 않는 물건을 사는 데 낭비하고 있는 사람들이 너무 많다."

이는 어려서부터 돈에 대한 훈련이 잘못되어서 그렇다.

유태인 가정에서는 식사 시간이 되면 아이들이 모두 몸을 깨끗이 씻은 뒤, 깨끗한

옷으로 갈아입고는 식탁에 모여 앉는다고 한다. 물론 일터로 나간 부모가 돌아와서 함께 식사를 할 때까지 기다린 뒤의 일이다. 이는 자식을 위해 열심히 일하고 돌아온 부모에 대한 감사를 표시하는 일이기도 하고, 식사 그 자체에 대한 고마움의 의식이기도 하다. 그러고 보면 우리도 어려서 외출한 어른들이 돌아와야 식사를 했던 기억을 가지고 있으며, 대개 식사를 하면서 부모에게 배운 일들이 후에 오랫동안 경제적 습관으로 남아 어른이 된 뒤에도 그 습관을 지키려 애쓰고 있기도 하다.

그러나 요즘은 가정마다 다소의 차이는 있겠지만, 이렇게 식사 시간을 온 가족이 앉아 감사와 훈련의 시간으로 삼는 경우가 흔치 않은 것 같다. 어린이의 경제의식이란 '감사'로부터 시작되고 '보은'의 정신으로 이어져야 한다. 어려서 자기 자신이 스스로를 생존시키는 능력을 갖지 못하기 때문에 부모의 보살핌을 받아야 하는데, 이에 대한 감사를 제대로 인식하지 않고 자라게 되면 세상에 대한 고마움을 모르는 사람이 된다. 특히 낭비와 게으름의 습관은 가정교육을 잘 받지 못하고 자란 사람에게 많을 수밖에 없다. 요즘처럼 인스턴트 음식이 어린이 입을 유혹하고, 부모 역시 바쁘고 귀찮다는 이유로 외식을 자주 하게 되면, 부모의 고마움을 경건하게 느끼기도 어렵고 식탁에서 자녀에게 경제적 훈련을 시키기도 어렵다.

사실 우리 가정들이 요즘 외식을 너무 자주 한다는 것도 경제적으로는 결코 잘하는 일은 아니다. 서구 가정에서는 우리처럼 이렇게 외식이 빈번하지 않다. 특별히 가정에서 기념할 만한 일이 있을 때 외식을 하는 것이 일반적인데, 우리처럼 주말에 영화 한 편 보러 가듯이 온 가족이 맛을 찾아 이 음식, 저 메뉴를 찾아다니는 모습은 '식사의 경제학'을 잘 모르는 처사들이다. 그런데 일부 가정에서는 식사 시간만 되면 어린 자녀와 전쟁을 하다시피 하며 밥을 먹이는 집들이 있다. 아이가 제대로 밥을 먹으려 들지 않으니 발육을 걱정하여 그러는 것은 이해가 되지만, 그러는 사이 그 아이는 좋은 경제적 훈련의 기회를 잃고 있음을 알아야 한다. 아이가 부모에게 진실로 감사하며 경건한 마음을 가지고 식사를 하게 해야 그 아이를 바르게 기를 수 있다. 그러니 가정에서는 식사 시간만큼은 엄격하고 경건하게 지키도록 하여 '고마움'을 가르쳐야 한다. 이런 과정을 거쳐 부모의 좋은 습관이 자식에게 전수되고, 자식들은 은연중에 자신의 밥값은 제대로 하고 살아야 한다는 책무를 느끼게 되는 것이다.

'무위도식'이란 말은 이런 가치가 무너지면 생기는, 누구나가 당연히 져야 할 경제적 의무의 일탈을 말하는 것이다. 요즘 특별한 목표도 없이, 절실한 과제도 없이 그저 하루하루 찰나적 재미로만 살아가는 적지 않은 거리의 청소년들의 모습에서 어느새 무위도식의 그림자를 찾아보게 되고, 그들의 미래에 닥칠 경제적 위기의 가능성도 걱정하게 된다. 이를 막기 위해서라도 이제 우리의 식탁은 다시 자녀의 '경제 훈련장'으로 돌아가야 한다.

좋은 습관은 좋은 사회를 만들고 따뜻한 인간관계를 만들지만, 잘못된 습관은 사회의 유지 비용을 높이고 인간사회에 갈등과 불만을 조성하게 된다. 공부도 그런 셈이다. 스스로 해야 하는 공부도 올바른 습관을 갖지 못하면 과외다 개인 지도다 해서 이것저것 다 해 보아도 결과는 신통치 못한 경우가 대부분이다. 이렇게 해서 생긴 사교육비 증가 요인도 만만치 않다고 본다. 교통질서 역시 시민들이 스스로 지키지 못하면 안전시설에다 질서 유지 예산 등으로 많은 교통세를 내게 되는 것이다. 무엇이든 스스로 하는 습관이 주는 사회적 결과는 이렇게 크며, 한 개인의 성공도 '자발성'이 가장 중요한 덕목이다.

물려줄 게 있다면 야무지게 가르쳐라

자녀들은 여러 가지 면에서 부모의 조력자도 되고 동업자도 되고 후계자도 될 수 있다. 이제부터라도 그럴 만한 상황에 있는 가정들은 제대로 가업 승계 훈련을 시키거나 전문가에게 의뢰해 훈련을 받도록 하자.

조그마한 사업체라도 있다면 자녀에게 함께 운영해 볼 생각이 있느냐고 의사를 타진해 보는 것이 좋을 것이라는 생각이 든다. 갈수록 자녀의 외부 구직 활동이 어려워지기 때문이기도 하지만, 부모 입장에서도 점차 길어지는 노후를 기왕에 해 오던 일을 지속하면서 보내려면 새로운 세대의 문화와 지식, 가치를 접목할 필요가 있기 때문이다. 또 사회적으로나 국가적으로 훌륭한 기술이나 제품을 가진 사업체가 대를 이어 가는 것이 대단히 중요한 일이기 때문이다.

예를 들어, 예식장만 운영하던 이비지가 웨딩 기획을 구상한 아들과 함께 토털 웨딩 업체를 키워 가는 모습도 볼 수 있었고, 주유소를 운영하던 아버지가 자동차 정비 전문가인 아들과 함께 종합 자동차 센터를 키워 가는 모습도 보았기 때문이다.

자녀와 힘을 합쳐 사업을 더욱 활기차게 만드는 모습도 보았다. 40년을 기념품 영업과 제작만을 해 온 아버지가 디자인을 공부한 아들과 함께 이제는 공예품 차원의 기념품을 만들어 수출까지 하는 모습도 보았고, 한때 쫄바지 등 단품 히트작 생산으로 이름을 날리던 의류업을 하는 어머니가 다품종 소량 생산의 새로운 시장 변화에 잘 적응하지 못하다가 상품 기획 전문가인 MD를 공부한 딸이 합류하면서 과거의 명성을 되찾은 모습도 동대문시장에서 볼 수 있었다.

그러므로 자녀들은 여러 가지 면에서 부모의 조력자도 되고 동업자도 되고 후계자도 될 수 있다. 이제부터라도 그럴 만한 상황에 있는 가정들은 제대로 가업 승계 훈련을 시키거나 전문가에게 의뢰해 훈련을 받도록 하자. 먼저 자녀에게 7개의 테스트를 통해 경영자적 소양이 얼마나 있는지, 무엇이 부족한지를 점검하는 일이 우선적으로 필요한 일이다.

이 테스트를 통해 개인의 인성적 성향을 비롯하여 재무적 능력이나 창조적 역량, 역경을 이기는 힘, 정치적 자본, 글로벌 협력 능력, 영성 지수 등을 점검할 수 있다. 이러한 테스트를 거침으로써 부모는 미래의 경영자인 자녀의 강점과 약점을 찾아내고, 자녀는 이를 체계적으로 보완해 나가는 훈련을 받게 되는 것이다.

그중에서도 리더십 훈련이 매우 중요한 과정이 된다. 대개는 일반적인 직장인에 비해 어린 나이에 중책을 맞게 되는데, 이 또한 부모님의 슬하에서 수행하게 되면 아주 어려운 일이 되고 만다.

특히 부모님 대부터 중요한 일을 해 온 내부의 실력자들을 다루는 일은 가장 어렵다. 따라서 내부자를 다루는 별도의 리더십이 필요하며, 이는 기업 내에서 배울 수 있는 사안이 아니라 필히 외부 전문가의 협력이 필요한 문제이다.

이 밖에도 드러내놓고 힘과 권한을 행사하기 어려운 승계 후계자의 입장을 고려하면 소리 없이 조직과 일을 장악해 들어가는 조용한 리더십도 배워야 한다. 또 가업 경영만의 고민이기도 한 가족 간의 조정과 협력과 평화를 이끄는 가족 관계 리더십도 훈련이 필요한 과정이다.

다음으로 중요한 것은 의사 결정 훈련이다. 중대하고 시급한 결정이 빈번한 경영자 생활에서 가장 어려운 과제는 신속하고 올바른 의사 결정이다. 이것은 경영자만의 고유한 권한이면서 그 결과가 미치는 영향이 지대한 중대사이기도 하다. 복잡한 가운데 속도가 요구되고, 여러 대안 가운데 최상의 선택을 해야 한다는 점 때문에 의사 결정은 때론 중압감으로 많은 경영자들이 힘들어 하는 문제이기도 하다.

기업은 아이디어가 생명인 곳이다. 그러나 아이디어는 권한이 높은 사람이 발상을 하면 더욱 가치 있는 결과로 나타날 수 있다는 점에서 경영자의 아이디어가 가장 소중하다고 할 수 있다. 또 임직원들의 아이디어를 이끌어 내는 힘도 경영자의 역량이란 점에서 이 또한 훈련이 필요한 요소이다.

경영자는 모두의 위로가 되고 모두의 치어리더가 되어야 하는데, 이 같은 훈련을 호스피탈리티 훈련이라고 한다. '호스피탈리티'란 상대가 고객이든 종업원이든 누구든 조건 없이 반갑게 환대하고 따뜻하게 보살피고 헌신적으로 돌보는 자세를 말한다.

밑바닥의 고생을 모르고 처음부터 책임자로 시작하는 대개의 후계자에게 갖는 일반 직원이나 고객의 생각은 냉정하다. 본인이 웬만큼 잘한다고 해도 그 평가는 거리가 있게 마련이므로 더더욱 노력해야 하는 것이다.

창업자인 부모와 달리 후계자는 강렬한 성공의 목표를 가지기 어려운 면도 있다. 자칫 바람직한 철학과 가치관의 부재로 이런저런 길을 헤매다가 시간도 돈도 다 놓쳐 버리는 그런 우를 범하지 말아야 한다. 그런 점에서 부모의 업적에 자신의 노력을 보태어 세상에 공헌하고 나눔을 실천하는 일은 가장 위대한 생의 표본임을 잊지 말자.

가족끼리 사업을 하거나 경제활동을 하려고 할 때 가장 유념할 일은 가족 구성원 중에 소외되는 사람이 없어야 한다는 점이다. 일반직으로 서로 모르는 타인끼리는 주어진 역할이 처음부터 다르고 문제 해결 능력도 차이가 나므로 스스럼없이 위계나 질서가 만들어지게 된다. 그러나 가족 간에는 경우가 다르다. 가족이라는 차원에서 보면 서로 동등한 가족 구성원이라고 생각할 뿐만 아니라, 재정적으로도 동등한 지분이 있음을 암묵적으로 생각하게 된다.

그러나 실제는 서로의 경험의 차이나 가족 간의 역할 차이에 따라 맡고 있는 일의 경중이 다르거나 권한의 차이가 있거나 심지어 보수의 차이도 나게 마련이다. 그래서 사소한 일로 가족 간에 작은 틈이 벌어지면 이런 차이들이 분쟁과 갈등의 원인이 되는 경우가 많다. 때로는 이런 차이를 메우지 못하고 누군가가 가업을 떠나는 경우도 있다.

이런 경우에 대해 전문가들은 가족만이 가지고 있는 가장 좋은 경로인 사적인 대화 채널을 잘 활용하라고 말한다. 일반적인 직장인들에게는 공적인 대화 채널이 대부분이지만, 가족들은 집에 들어가면 비공식적 채널을 활용하여 관계를 회복할 수 있는 기회가 있다. 이 비공식적 채널은 오히려 공식적 채널보다 훨씬 믿음이 가고 다양하고 실용적이다. 또 언제나 가동이 가능한 수시성을 가지고 있다. 그런데 가족 간의 비공식적 커뮤니케이션의 통로를 활용하려고 할 때 가장 유의해야 할 일은 그 자리에서는 회사의 지위나 상하 관계가 아닌 사랑하고 감싸는 가족이란 사실을 잊지 말아야 한다는 것이다. 만일 그 자리에서도 사무실의 위계나 역할을 따지면서 회사 일을 하면 비공식적 채널로서의 의미를 상실하게 되어 오히려 관계가 악화되는 경우가 많다. 관계의 회복을 전제로 하면서 특별한 자리라는 의미를 부여할 때 비공식적 채널의 기능이 발휘되는 것이다. 업무상 실수가 직장에서는 문책의 대상이지만 가족 간에는 격려의 대상이고, 성과가 직장에서는 칭찬의 대상이지만 가족 간에는 축하의 대상이라는 점을 잊지 말아야 한다.

업무상 의문점이나 잘 모르는 일을 회사에서 물어보면 공식적인 지도가 있어야 하지만, 가족 간에 비공식적으로 의논이 이루어지면 그것은 자상한 가족 관계의 따뜻한 모습일 것이다. 이러한 가족 관계의 본질에는 바로 가족 사랑이란 가업 본연의 목적이 담겨 있는 것이다. 처음으로 돌아가 보자. 왜 가족 간에 함께 사업을 하고 있는가? 그것은 두말할 것도 없이 가족 간의 편안하고 여유로운 삶의 기반을 만들기 위해 시작한 일이다. 그런데 이 일로 인해 가족이 상처를 입고 반목하고 불편해 하면 가업의 본질이 잘못된 가족 관계인 것이다.

국내외적으로 많은 역경을 딛고 장수하는 사업체들 중에 가업형 사업체가 많은 것은 이렇게 고비 때마다 타인들 같으면 깨어지고 흩어지고 할 사업들이, 가족 간에 서로 감싸고 사랑하고 참아 온 덕분이라는 것을 많은 가업 연구는 말해 주고 있다.

07

가업 경영은 쉽지 않다

가족 종사자에 의한 경영이 모두 좋은 결과를 가져오는 것은 아니어서, 일반적인 문제점에 대한 대비도 필요한 것으로 지적되고 있다. 즉 가족 구성원 간의 불화나 불공평한 대우나 승진, 잘못된 상속 등이 요인이 되어 경영에 어려움을 가져오는 경우가 그것이다.

가족 사업체라 해서 비가족 사업체와 크게 다르지 않다고 보는 견해도 있지만, 사업 운영에서 가족들이 전략 경영에 영향을 미칠 수 있다는 점은 큰 차이라고 할 수 있다.

가족 사업체는 전략을 효과적으로 실행하는 데 유리한 조직 구조와 의사 결정 과정을 가지고 있는 것으로 분석되기도 했다. 특히 사업체 운영에 대한 가족의 영향에 대해 당초에는 의사 결정의 합리성을 해치는 약점 요인으로 인식되어 왔으나 지금은 조직 내에 비가족과 가족의, 2개의 서로 다른 의사 결정 구조가 병존하는 것을 오히려 가족 사업체의 장점으로 보는 견해가 나오고 있다.

가족 사업체는 가족 시스템과 사업체 시스템의 상호작용으로 이루어지는 독특함을 보이고 있는데, 이로 인해 갈등 요소도 있지만 상대적으로 사업 수명이 길다는 장점이 부각되고 있다. 이 점에 관해 가족 사업체가 갖는 핵심적 속성을 제시한 연구에서는 가족 사업체란 모든 구성원이 동시적 역할을 수행하며, 조직의 정체성을 공유하고 있고, 공통의 생애 역사를 체험하면서 정서적 몰입을 할 수 있는 관계이며, 사적 언어로도 업무가 가능한 조직이라는 점이 작용한 바 크다고 지적하고 있다.

연구 결과에 따르면, 동시적 역할로 인해 가족 구성원들이 조직에 대해 높은 충성심을 가지며 신속한 의사 결정을 할 수 있게 되며, 정체성의 공유로 인해 가족 사업체에 대해 저마다 강력한 사명감을 가질 수 있게 된다. 특히 가족 종사자들끼리의 공통의 생애 역사는 가족 종사자 간의 장점은 살리고 단점은 보완하면서 강한 연대감을 가질 수 있는 힘으로 작용한다. 한편, 정서적 몰입이 가능한 환경은 긍정적인 분위기 형성을 가능하게 하며, 사적 언어를 사용할 수 있는 관계는 효율적인 언어 소통을 가능하게 한다는 것이다.

그러나 가족 종사자에 의한 경영이 모두 좋은 결과를 가져오는 것은 아니어서, 일반적인 문제점에 대한 대비도 필요한 것으로 지적되고 있다. 즉 가족 구성원 간의 불화나 불공평한 대우나 승진, 잘못된 상속 등이 요인이 되어 경영에 어려움을 가져오는 경우가 그것이다.

가족 사업체는 비가족 사업체와 달리 2개의 서로 다른 체제를 복합적으로 지니고 있다. 하나는 혈육이라는 감정적 체제이며, 또 하나는 함께 사업을 한다는 이성적 체제이다. 그래서 때로는 두 체제의 충돌로 인해 가족 종사자 간에 갈등이 생겨나고 일의 처리가 불합리하게 전개될 수도 있다. 즉 가족 관계라는 개인적 감정의 세계와 종사자라는 직무상 관계의 상황에서 빚어지는 문제들이 돌출될 수 있다는 것이다. 따라서 가족 사업체는 감정적이면서 주관적인 가족의 관점과 합리적이면서 객관적인 사업체의 관점을 잘 조화시켜 나가는, 의사결정 과정에서의의 운용의 묘가 매우 중요하다고 보고 있다.

우리나라에서 가장 오래된 자영업을 조사해 보면 가업형이 대종을 이루고 있다. 이는 우리만 그런 것이 아니다. 일본의 경우만 보더라도 1천 년이 넘는 업소가 10여 개가 넘고, 500년을 넘긴 업소가 20여 개에 달하고 있는데, 이들은 모두 가업으로 이어오고 있다.

우리나라는 그동안 일제강점과 전쟁 등으로 혼란기가 너무 많아 역사와 전통이 있는 가업이라 할지라도 그 맥을 이어 오기가 참으로 어려운 실정이었다. 따라서 오래된 가업이라 할지라도 100년을 넘긴 경우가 아주 귀한 것이 현실이며, 대개는 50년을 조금 넘긴 업소들이 가업의 선두 주자로 떠오르고 있다. 게다가 우리는 사농공상의 유교적 가치관을 오랫동안 유지해 온 까닭에 장수할 만한 사업가가 등장하기 어려운 문화적 배경도 지니고 있다.

따라서 초기 가업형 사업가의 등장은 아무래도 일제강점기를 벗어나면서부터라고 보아야 하겠다. 개중에는 일제강점 하에서부터 맥을 이어 온 경우도 있는데, 크게 보아 서양 문물을 처음으로 도입한 업종이거나 우리의 전통을 살리는 업종으로 대별할 수 있다.

08

지금 가업 경영이 필요하다

직장인으로서 산업사회를 살아온 이 땅의 대부분의 부모들은 자녀에게 물려줄 수 있는 가업들이 신통치 않은 것이 현실이고 보면 다시 가업 유무에 따라 가문 간의 부의 격차가 벌어질 가능성이 농후하다. 그런 점에서도 각 가정은 은퇴한 부모라 할지라도 후대를 위해 가업의 토대를 마련하는 노력이 필요한 시점이다.

　　우리나라에서 가업형으로 장수한 사업체들을 좀 더 전략 경영적 요소로 분류해 보면 몇 가지의 전략적 구분을 해 볼 수 있다. 그중 하나는 핵심 역량을 중심으로 가업을 이어 온 경우이며, 또 하나는 경영의 원칙을 지키는 데 주력한 경우이며, 또 하나는 사업의 정신을 지켜 온 경우이다. 그 밖에 고객과의 오랜 정과 관계를 지키기 위해 유지해 온 경우도 있다. 그런가 하면 명품에 대한 소망으로 집념을 살려 온 업체도 있고, 지혜로운 승계의 힘으로 발전해 온 업체들도 있다.

　　우리 사회는 한때 족벌 경영을 크게 비판하던 시절이 있었다. 경영 능력도 제대로 검증해 보지 않고 가족이란 이유만으로 큰 기업의 최고경영자를 맡아 전횡을 부리던 일부 대기업 오너 가족들이 결국 기업을 어려운 지경에 빠뜨리고 두 손을 들고 말았던 몇 가지 사건들이 지금도 기억 속에 남아 있다. 그러면서 우리는 전문 경영자들의 능력과 책임성을 높이 사 이들에 대한 경영 환경을 더욱 자율적이고 역동적인 상황으로 만들어 주기 위해 부단히 노력해 오고 있는 중이다.

　　그러나 전문 경영자들의 숫자가 늘어나고 그들의 운신의 폭이 커지게 되면서 다른 한편으로는 기업들의 수명이 점점 단축되는 현상도 두드러지게 되었다. 한 조사에 의하면 미국의 500대 기업의 평균수명이 인수합병, 파산 등의 영향으로 점점 줄어들어 40년에 불과하며, 일본의 100대 기업 수명도 30년을 넘지 못하는 것으로 나타나고 있다. 첨단기술이 경쟁하는 정보통신 산업 분야는 더욱 수명이 단기화하여 유럽의 경우 IT 분야 100대 기업의 수명이 12~13년을 오르내리고 있다.

그러는 가운데 선진국을 중심으로 가족 사업체들이 소리 없이 늘어나거나 성업 중에 있어 주목을 끈다. 미국의 경우 9·11 테러 이후 가족 창업이 늘어나고 있어 전체 사업체의 92%가 가족 창업인 가운데, 전체 노동력의 59%와 신규로 창출되는 일자리의 78%, GDP의 49%가 가족 사업체에 의해 만들어지고 있다. 장인 정신을 바탕으로 장수 사업체를 많이 보유하고 있는 독일의 경우 전체 노동력의 75%가 가족 사업체에서 일하고 있다. 호주의 경우 전체 사업체의 75%가, 스페인의 경우 전체 사업체의 72%가 가족 사업체인 것으로 조사된 바 있다.

이러한 통계를 바탕으로 전 세계의 사업체 중에서 3분의 2가 가족 사업체이며, 전 세계 노동자의 절반 정도가 가족 사업체에서 일하고 있는 것으로 보고된 바 있으며, 가족 사업체의 경영 실적도 비가족 사업체보다 양호한 것으로 나타나 연간 5% 정도 투자수익률이 높은 것으로 발표된 바 있다. 그러니까 가족 사업체, 즉 주주 가족들이 중심이 되어 경영하거나, 종사자들이 주로 가족 종사자로 구성되어 있는 크고 작은 가족 사업체들이 비가족 사업체에 비해 기업 수명도 상대적으로 길고 경영의 수익성도 높다는 이야기이다.

미국의 한 조사에 의하면 근로자 한 사람에게 요구되는 평생직장의 수명은 44년으로 계산된 바 있는데, 우리나라의 통계는 30대 근로자의 한 직장 평균 근속 기간이 5년 정도에 그치고 있다. 게다가 한국에서 가장 안정된 직장으로 알려진 거래소 상장기업들도 기업의 평균수명은 25년을 넘지 못하고 있어 이래저래 세상의 이목은 점차 일반 기업보다 기업 수명이 긴 가족사업체에 관심이 쏠리게 된다.

우리 경제는 갈수록 실력 있는 중소기업이나 중견기업을 육성하기 어려운 기업 환경으로 빠져들고 있다. 특히 제조업의 경우는 이제 소재나 부품 분야에서는 세계적인 경쟁력을 가질 만 한 작지만 강한 기업들이 생겨날 만도 한데 일반 직장인들은 힘들고 보수가 적다고 이를 외면하고 창업주 자녀들은 기술을 배워 물려받으려 해도 세금 부담이 높아 실익이 없는 형편이라 선뜻 나서지 않고 있는 실정이다.

고만고만한 중소기업이 많은 수도권 부천 지역의 실정을 들어본 바로는, 잘 승계하면 국제 경쟁력을 가지고 있는 중소기업들 중에서 직원들은 나가고 자식 승계는 어렵다 보니 창업주 혼자 1인 기업으로 지키고 있는 경우가 늘고 있다고 한다. 안타까운 일이다.

이러한 현실을 토대로 요즘 학계나 기업계에서 국가나 사회에 도움이 되는 중소기업의 승계를 위한 제도적 대책을 촉구하는 논문이나 세미나가 연일 개최되고 있어 머지않아 이에 대한 육성 방안이 구체화될 것으로 보인다.

그렇게 되면 우리 사회에서 무언가 국가, 사회나 창업주의 가업을 지키고 있는 집안들이 대를 이어 힘을 받고 나아가 부를 키우는 기회도 잡게 될 것이다. 그래서 머지않아 우리 사회가 상류 사회처럼 가문 경제로 발전할 가능성도 점쳐지고 있다.

그러나 직장인으로서 산업사회를 살아온 이 땅의 대부분의 부모들은 자녀에게 물려줄 수 있는 가업들이 신통치 않은 것이 현실이고 보면 다시 가업 유무에 따라 가문 간의 부의 격차가 벌어질 가능성이 농후하다. 그런 점에서도 각 가정은 은퇴한 부모라 할지라도 후대를 위해 가업의 토대를 마련하는 노력이 필요한 시점이다.

이래서 사업을 한다

인생을 살아 보면 궁극적으로 남는 고민이 '나는 무엇을 남길 수 있을까?' 하는 것이다. 더욱이 직장생활을 하다가 정년퇴직을 하고 나면 하루아침에 찾아오는 허무감이 지난 세월을 너무 가볍게 만들기도 해 때로는 삶이 무상해지기도 한다.

먹고살기 위해 장사를 하는 것은 때로는 구차하고 맥이 빠지는 일이다. 하지만 사람들의 사랑을 받으며 기다림 속에서 손님을 맞으면 그보다 멋지고 신나는 인생도 없을 것이다.

세상에는 많은 가게들이 있지만 그 속내를 들여다보면 모두가 천차만별이다. 하루를 넘기기 힘들 정도로 경영난에 허덕이는 곳이 있는가 하면, 업종을 또 바꾸어 보려고 이런 구상 저런 궁리로 눈앞의 손님에게도 건성인 곳이 있다.

그러나 언제나 그 자리에서 같은 시간에 문을 열고, 만든 만큼 팔고, 그리고 다시 내일을 기약하는 그런 가게도 있다. 가끔 들르는 어느 순대국밥집이 바로 그런 집이다. 그 집은 30년을 넘게 그 자리에 그대로 있는 아주 작은 가게이다. 언제나 주인 아주머니가 나와서 직접 음식을 만드는 그 식당은 7~8개의 식탁으로 작은 홀이 가득 차는 그런 곳이다. 그런데 그 주인 아주머니는 식당을 늘릴 생각을 하지 않는다. 그리고 메뉴도 늘 순대국밥에 깍두기 하나, 굵은 새우가 들어간 양념이 전부이다.

사람들은 그 작은 식당을 하루 종일 드나든다. 물론 점심 시간에는 줄을 한참 서야 하고, 저녁에는 8시 정도가 되면 그날 만든 재료가 바닥이 나서 찾아오는 손님들에게 내일 들러 달라고 아쉬운 인사를 하고 문을 닫는 그런 집이다.

언젠가는 요행히 마지막 손님으로 들어가 정말 그날의 최후의 만찬을 들고 있는데 그 아주머니는 혼잣말로 이렇게 자신의 하루를 돌아보았다. "내가 오늘 손님들에게 잘해 드렸나 몰라……, 너무 바쁘다 보니……." 이 한마디를 듣는 순간 마침 숟가락을 들고 한입 떠먹으려던 나는 순대보다 더 푸짐한 그분의 마음씨를 먼저 맛볼 수 있었다.

가끔 가 보는 그 집에서 절제와 집중과 몰입의 아름다움을 본다. 그 집 아주머니는 언제나 문 앞에서 순대와 고기, 내장을 삶으면서 들어오는 손님의 체격과 성별, 나이 등을 보아 가며 사람에 따라 각기 다른 순대국밥을 만들고 양념도 달리해 말아 준다. 하루 종일 그 일만 한다. 만일 그분이 먹으라는 대로 먹지 않으면 식탁을 향해 한마디 한다. "내가 드린 대로 드시라고……." 손님마다 적당히 맞게 말았으니 그대로 드시라는 말을 서슴없이 한다.

이런 말을 들으면 처음 온 사람들은 아주 생경해 한다. 그러나 단골들은 늘 들어오던 그 말을 오히려 더 미더워 한다. 아마도 이런 것이 바로 정이고 고객 사랑일 것이다. 그런 모습은 그분의 식당 경영이 이미 생계형 차원이 아님을 한눈에 알아보게 한다.

그렇다. 이제 다시 무언가를 해 보려는 생각으로 작은 사업에 손을 대려고 한다면 마음가짐을 달리할 필요가 있다. 비록 생계 때문에 시작한 일이라 할지라도 기왕에 시작한 일이면 오는 손님에게 마음을 베풀고 성의껏 돌보아 드리는 일을 보람으로 삼고 일할 수 있어야 한다. 내가 진정으로 사업을 하려면 내면에서 우러나오는 진실한 정성으로 손님의 마음에 관심이 있어야지 손님의 지갑에 관심이 있다면 이는 분명 잘못된 자세이다.

오랜 세월 사업이나 장사를 하시는 분들에게 일은, 사업이 안정되고 기반이 다져져서 어느 경지를 넘기고 나면 곧 그의 진실한 삶이자 인생이지, 생활 수단이나 고단한 일상이 아니란 점을 옆에서 지켜보면 쉽게 알 수 있다.

인생을 살아 보면 궁극적으로 남는 고민이 '나는 무엇을 남길 수 있을까?' 하는 것이다. 더욱이 직장생활을 하다가 정년퇴직을 하고 나면 하루아침에 찾아오는 허무감이 지난 세월을 너무 가볍게 만들기도 해 때로는 삶이 무상해지기도 한다. 이런 심정은 사업을 정리하고 난 사업가들에게도 마찬가지일 것이다.

그러나 우리나라에서 가장 성공한 기업가로 일하다가 떠난 사람들 중에 아직도 우리의 관심 속에서 살아 있는 인물들이 있다. 대표적인 사람들이 이병철이나 정주영, 이런 인물들이다. 그들은 일생을 바쳐 일구어 놓은 세계적인 기업인 삼성과 현대의 모습과 함께 늘 우리 주변에서 회자되고 있다. 일본에 가면 세계적인 전기 전자 회사인 마쓰시타전기가 있고, 이를 창업한 마쓰시타 고노스케의 이름은 지금도 살아서 일본인의 가슴을 흔들고 있다.

그러나 이들이 오랜 세월 사람들의 입에 오르내리는 것은 비단 그들의 기업이 크게 성공했기 때문만은 아니라고 본다. 가만히 그들이 남긴 업적을 들여다보면 그 속에는 한 시대를 가로지르는 위대한 결정과 노력이 있었고, 그들이 남긴 삶과 일에 대한 철학은 많은 사람들의 가슴속에 두고두고 영향을 미친 흔적이 역력하다.

한마디로 그들이 인생을 대하는 자세나 태도는 보통 사람에 비해 진지하고 열정적이며 의미 지향적이란 것을 알게 된다. 단순히 보면 돈을 벌기 위해 사업을 차려놓은 것 같으나, 그 안을 들여다보면 아주 작은 사업체라 할지라도 사훈이 있고, 경영 철학이 있음을 보게 된다. 근면한 삶이 자세를 강조한 곳도 있고, 사업을 통해 보국하자는 큰 뜻도 있고, 고객을 행복하게 하자는 가치들이 등장하기도 한다. 그리고 이런 사훈이나 경영 철학들은 실제로 기업 경영의 실천과 행동에 상당한 영향을 미치게 되고, 구성원의 정신 자세나 근무 태도의 기반이 되기도 한다.

다시 말해 창업가 한 사람의 생각과 의지에서 비롯된 가치가 여러 사람에게, 심지어는 사회에까지 영향을 미치는 힘을 가지기도 한다. 그런데 이들이 크든 작든 세상과 주변에 영향을 미치는 가장 핵심적인 삶의 태도는 매사에서 발견하게 되는 삶에 대한,

시간에 대한 진지성이라고 할 수 있겠다. 그래서 늘 생각이 많고, 또 언제나 결정을 내리고 새로운 변화를 찾아다니기도 한다.

직장을 마치고 인생의 남은 시간을 여가로 보면 그렇게 살아갈 수 있을 것이다. 그러나 이 시간을 아쉬운 인생의 나머지 시간이라고 생각한다면 이전보다 더 진지한 삶의 변화와 도전이 있을 수 있다. 그래서 생각에 따라서는 다시 공부를 시작하는 분도 있고, 사업을 구상하는 분도 있고, 기술을 익히는 분도 있을 수 있다.

그리고 그런 분들은 인생의 남은 시간에 대해서도 그리 괘념치 않는다. 당장 해야 할 일에 대한 도전으로 가슴이 뛰기 때문이다. 다시 한 번 더 가슴을 뛰게 해 보자. 아침이 기다려지고 저녁이 아쉬운 시간 속으로 들어가 보자.

가족의 재능과 지혜가 밑천이다

지적자본은 개인이나 집단이 보유하고 있는 것으로 개발 여하에 따라서 반드시 막대한 돈을 들이지 않아도 되며, 그 효율 면에서도 대단히 신축적인 특성을 지니고 있어서 우리나라처럼 자연자원도 빈약하고 아직 금융자본도 덜 축적된 나라일수록 더욱 공들여 쌓아야 할 필수적인 자본이다. 그리고 이것은 다름 아닌 교육에서 나오는 힘이기도 하다.

"21세기는 민주주의도 아니고 사회주의도 아닌 재능주의(talentocracy) 시대"라는 말이 있다. 실제 싱가포르는 국가의 교육 목표와 인재 양성의 가치를 재능주의에 두고 이를 위한 교육 제도 개혁과 '창의적인 사회' 만들기에 전력을 투구하고 있다. 엄격한 질서 속에 규격화된 국민 생활을 요구해 온 그동안의 싱가포르의 정책과는 너무도 많은 변화가 느껴지는 이야기이다.

그렇다. 이제 지구는 재능과 지식의 경연장이라고 해야 할 만큼 국경 없는 상품과 서비스, 그리고 문화 예술이 소비자의 주머니를 향하고 있다. 우리의 젊은 청년들이 미국과 유럽의 공연장과 축구장, 야구장을 누비고 다니고, 아시아 사람들은 한국 드라마에 열광하고 있다. 그런가 하면 증시에서는 연일 총명하고 용기 있는 젊은이들이 자신의 지식과 통찰력으로 기업을 일으켜 하루아침에 백만장자가 되기도 한다. 산업사회 같으면 아직 잔심부름이나 하고 실무를 익힐 그들이 지식과 문화 그리고 서비스 사회에서는 시대의 주역으로 세상을 호령하고 있다.

그런가 하면 거대한 자본과 웅장한 설비로 세계시장을 점령해 가던 거대 기업들도

> **손에 잡히는 경제사전**
>
> **재능주의(talentocracy)**
> 사회적 재화나 가치의 분배, 또는 생애 기회의 분배가 사회적 배경에 관계없이 개인이 가지고 있는 능력, 재능, 노력 등에 의해 주로 결정되는 방식.

이제는 눈으로 볼 수 없는 솔루션, 시스템, 소프트웨어, 콘텐츠 등 지식 기반의 무형자산을 가지고 큰돈을 벌어들이고 있다. 그러다 보니 기업을 평가하는 방법 중에 지적가치가 새롭게 인정받고 있다. 전통적으로 기업의 가치를 평가하는 방법은 이익이나 자산가치 등에 근거한 재무적 가치의 접근이 일반적이나, 최근에는 지식자본을 평가하는 지적가치가 부각되고 있는 것이다.

한 예로 지난 1997년 미국 기업을 평가한 자료를 보면, 주식시장에서 형성되는 주가와 주식수의 합계인 시가 총액에서 순자산을 뺀 것을 지적가치라고 보는데, 이 방법으로 계산한 평가 자료를 보면, GE가 전통적인 자산가치로 1위를 차지하고, 다시 지적가치로도 1위인 것으로 나타났지만, 마이크로소프트사는 종래의 자산가치로는 209위였으나 지적가치로는 2위에 올랐다. 그만큼 마이크로소프트사는 '눈에 보이는 자산가치'보다 '눈에 보이지 않는 지적가치'가 높다는 것을 의미한다. 물론 그 이후 각 기업들의 지적가치의 비중은 더욱 높아지고 있다.

그럼 지적가치란 구체적으로 무엇을 말하는가. 경제학자 토머스 스튜어트(Thomas Stewart)는 지적자본에 대한 정의를 '유능한 종업원의 지적자본, 브랜드와 같은 고객 자본, 축적된 경영 노하우 및 데이터베이스와 같은 구조 자본'이라고 내리고 있다.
이러한 지적가치는 처음에는 첨단 기업 분야에만 적용되다가 이제는 전체 기업에 적용되는 추세를 보이고 있다. 결국 시간이 갈수록 기업들의 이익 증대의 원천이 토지나 건물, 장치와 같은 유형자산보다는 사람이 가지고 있는 '지식자본'이나 '서비스 자본'이라는 생각이 확산되고 있음을 보여 주는 것이다.
21세기는 바로 이 같은 지적가치가 기업의 자산이요, 경쟁력의 원천이 될 것이다. 그러나 우리 한국의 기업들은 아직은 지적가치보다는 실물자산에 더 큰 비중을 두고 경영을 해 온 것이 그간의 현실이었고, 그동안의 경제적 위기도 이런 점에 크게 연유하고 있다.

지적자본은 개인이나 집단이 보유하고 있는 것으로 개발 여하에 따라서 반드시 막대한 돈을 들이지 않아도 되며, 그 효율 면에서도 대단히 신축적인 특성을 지니고 있어서 우리나라처럼 자연자원도 빈약하고 아직 금융자본도 덜 축적된 나라일수록 더욱 공들여 쌓아야 할 필수적인 자본이다. 그리고 이것은 다름 아닌 교육에서 나오는 힘이기도 하다. 그래서 지식사회를 다른 말로 '학습 사회'라고 부르기도 한다.

우리 사회에는 카피 사회라는 불명예가 붙어 있다. 남의 것을 정당한 대가도 지불하지 않고 베껴 먹기 때문이다. 그래서 우리는 토론이나 대화도 제대로 되지 않는 사회이다. 독창적인 주장이나 견해가 적기 때문이다. 식당을 함께 가도 메뉴를 통일하기 원하는 사회이고, 무슨 행사가 있으면 한결같이 유니폼을 맞추어 입히려는 사회이다.

이는 '생각하는 힘'이 적어서 그렇다. 다양성이란 생각하는 힘이 뒷받침되지 않으면 유지될 수 없는 것이며, 역시 개인의 존재가 기반이 되어 주어야 가능한 사회 현상이다.

11 창조적 가치로 다시 서자

모방 투성이의 우리 사회에서 창조형 국민을 만들어 낼 수 있는 시기는 바로 어린 시절이다. 여기서 부모들의 본보기가 있어야 한다. 부모의 삶이 독창적이고 도전적이라면 그 자녀의 창조적 성장을 도울 수 있을 것이다. 그러나 부모의 삶이 무사안일하고 추종적이라면 그 자녀의 삶도 창조적이기는 어려운 일이다.

지금은 창조적 가치를 가장 소중하게 여기는 세상으로 변하고 있다. 이는 단순히 남과 다르다는 것과는 구별되는 것이다.

즉 남들에게 새로운 하나의 의미나 지식 그리고 기술로 받아들여지는 전혀 새로운 것을 만들어 내는 힘을 가져야 한다는 것이다. 의미 있는 차이(Meaningful Difference)를 가져야 다양성과 창조성을 추구할 수 있는 바탕이 마련된다. 이는 쉽게 살아가려는 많은 사람들에게 경종을 울리는 이야기이다. 남이 어렵게 새로운 것을 만들어 놓으면 무단으로 복사하고 복제하는 우리 사회는 이제 변하지 않으면 안 된다.

이런 혁신적인 창조력은 어려서부터 길러져야 하고 그래서 유아 교육에서부터 '독창성'은 중대한 인성으로 요구된다. 그러나 독창성과 차별성은 세상의 선택이란 위험을 만나게 되는데, 바로 그 위험이 두려워 독창성과 차별성에 도전하지 않는 사람들도 허다하다. 그저 무난한 길을 가려 하거나 대세에 편승(Free-rider)하려는 사람들로 꽉 찬 세상이다. 이는 우리 경제사회의 특이한 현상 중 하나로서 위험을 감수하지 않고 성공하려는 '무임승차'의 기대감이다.

　경제적 성공이란 반드시 일정한 위험을 수반하지 않으면 그 대가를 얻을 수 없는 것으로, 이는 변할 수 없는 진리이다. 직장을 가져도 크고 안전한 곳을 택하고, 현장보다는 본사를 택하는 '못난 선택'을 하는 사람들이 잘난 사람으로 비쳐지는 세상이었다. 그동안 우리는 그런 기대가 가능했다고 믿고 있지만, 결국 우리 모두가 훗날 IMF 위기를 통해 공적 자금이란 이름으로 그 짐을 다 부담하고 말았다.

　저축이든 투자든 사업이든 수익을 얻고자 하는 곳에는 반드시 위험이 따르게 마련이고 수익이란 바로 그 위험에 대한 대가이다. 이 점을 모르면서 너도나도 성공에 무임승차하려고 한다. 여기서 위험이란 수고의 다른 말이기도 하다. 오늘날 벤처기업들이 성공하는 소식을 전하는 것도 그들이 높은 위험을 무릅쓰고 도전했기 때문이다. 따라서 벤처기업의 실패는 어찌 보면 당연한 결과이며 몇 번이고 거듭 도전하고 실패해야만 하나의 성공을 건질 수 있는 것이다.

　그레이엄 그린(Graham Greene)은 "아동기는 미래를 바꿀 수 있는 유일한 시기"라고 말했다. 따라서 모방 투성이의 우리 사회에서 창조형 국민을 만들어 낼 수 있는 시기는 바로 어린 시절이다. 여기서 부모들의 본보기가 있어야 한다. 부모의 삶이 독창적이고 도전적이라면 그 자녀의 창조적 성장을 도울 수 있을 것이다. 그러나 부모의 삶이 무사안일하고 추종적이라면 그 자녀의 삶도 창조적이기는 어려운 일이다. 부모는 변화를 두려워하지 말고 새로운 시도를 즐겨야 한다.

　세월의 변화가 무상한 것이긴 하지만 그렇다고 따라가지 않을 수도 없는 노릇이다. 그게 바로 요즘 시대가 시니어들에게 요구하고 있는 기업가 정신이다. 우리 사회가 구미의 다른 사회에 비해 기업가 정신이 낮은 것은 역사적 뿌리가 있다고 보아야 한다. 이른바 양반과 상놈의 반상의 역사를 가진 우리에게는 압도적인 숫자가 남의 집 종살이를 해야 하는 신분이었고 보니, 자기 스스로를 일으켜 세우려는 독립심이 약한 사회적 인식이 알게 모르게 이어져 내려오고 있다고 할 수 있다. 게다가 근대사에서는 이웃 나라의 식민지 경험도 가지고 있는 입장이고 보니 사회 전반에 자주적이지 못하고 강대국에 기대고 의지하는 사대주의적인 의식이 팽배한 사회적 배경도 지니고 있다. 요즘 등장한 자주 국방이나 개방 경제의 논란의 배경에도 이런 강대국에 대한 인식이 기본적으로 깔린 채 국민들 간에 의견 차이가 나타나고 있는 것이다.

그러나 서구 사회는 기본이 다른 사람들이다. 일찍부터 식민지 정벌을 통해 토지나 노예를 접수하고 이를 경영하는 기업가적 경험들이 축적된 사회인 것이다. 또 상업이나 공업의 기반을 일찍 터득하여 단순 반복 노동에 그치는 농업사회를 살았던 우리와는 근본부터가 다른 세상 사람들이다.

오늘의 산업 기술이나 기업 경영의 세계가 이러한 배경을 지닌 서구 사회의 산물이란 점에서 우리 사회가, 아니 좀 더 크게 보면 아시아 지역의 기업가 정신이 서구 사회보다 낮은 점은 부인하기 어렵다. 기업가 정신은 다른 말로 하면 개척자 정신이라고도 할 수 있는데, 역사 속에서 극지 탐험이나 해양 개척, 신대륙 발견 등이 대체로 서구 사람들의 몫이었다는 점도 그런 사실을 뒷받침하고 있다.

그런데 오늘의 우리 시대 시니어들도 높은 교육 수준이나 문화 의식에 비해 자립심이나 도전적인 독립 의식이 높지 않은 사회적 반응을 보이고 있다. 2005년 통계를 보면 기업가 정신을 가진 전체 국민들의 숫자가 20%에도 이르지 못하며, 특히 40~50대의 기업가 정신은 더욱 낮은 것으로 짐작되고 있다. 왜냐하면 이들은 지난날 집단 성장, 집단고용의 경험을 가진 1세대들이기 때문이다. 이들은 당시 국가가 성장을 이끌고 일자리를 만들어 주던 시대에 익숙하며, 아직도 그때의 정치적 향수를 지니고 있다.

미국이나 유럽의 소위 뼈대 있는 가문이 우리처럼 벼슬을 하거나 지주인 집안이 아니라 기업을 하는 가문에서 많이 나타나고 있다는 것도 우리와 중대한 차이를 보여 주는 대목이다. 그러다 보니 오늘에 와서 산업화 정책을 통해 기업을 국가의 중심 성장체로 만들어 오는 과정도 유럽이나 일본처럼 소기업, 중견기업이 중심이 아니라 대기업 일변도로, 그것도 기업 집단의 형식으로 성장해 오는 특징을 보이고 있다. 물론 이러한 대기업 중심 정책은 정부가 단기간에 고도 성장을 이루기 위해 사용한 정책 수단이었다. 하지만 우리 국민들에게는 기왕이면 큰 조직에 들어가 안정된 생활을 누리려는 의식이 작용하여 능력 있는 사람들이 주로 대기업 위주로 직장을 찾으려는 풍조를 심어 주는 요인이 되기도 했다.

'작은 기업'과 'Me'가 주인공이다

앨빈 토플러는 미래에는 소비자와 생산자가 하나가 되는 세상이 온다고 주장했는데, 이제 우리는 그의 주장을 안팎에서 실감하고 있으며, 이런 현상은 갈수록 급류를 타고 있다. 이는 맞춤 생산 시대의 도래를 말하는 것이기도 하고, 유연 생산 시대, 소량 생산 시대를 대변하는 말이기도 하다. (……) 존 나이스비트도 21세기에는 특히 유통 분야에서 네트워크나 프랜차이즈 형태의 유통이 50% 이상을 차지하게 될, 즉 소비자 주도의 유통 시대를 예견한 바 있다. 이는 또한 소비자 선택의 시대를 말해 주는 것이기도 하다.

영국은 1920년대까지만 해도 세계에서 가장 제조업이 많은 나라였다. 영국은 산업혁명의 본산지인 만큼 200년 가까이 생산 국가로서 경제가 활력을 보이며 역동적인 발전을 해 왔는데, 1930년의 세계 공황을 끝으로 그 전성기가 막을 내리게 되었다.

이후 세계의 공장은 미국으로 그 중심을 옮기게 되고 미국은 1970년대 초반까지 세계의 공업을 이끌어 왔다. 그리고 그들은 이후 금융과 소비의 나라로 완전히 전환하고 한마디로 돈이 돌지 않으면 아무것도 할 수 없는 돈의 나라가 되었다. 이번의 미국발 금융위기는 이러한 미국식 소비 및 금융 경제의 한계를 여실히 보여 주는 것으로, 생산 기반이 약해진 나라의 공통적인 어려움으로 이해되고 있다. 그런가 하면 특정 기술에서 독보적인 경쟁력을 가지고 있는 독일이나 스웨덴, 또는 자원을 가진 자원 부국들은 그 파장이 적었다.

영국은 지난 1986년 빅뱅으로 뒤늦게 금융 경제 중심으로 체질을 바꾸었는데 이번에 그 대가를 크게 치르고 있으며, 역시 급속한 개방 경제로 더 큰 충격을 받은 아일랜드나 아이슬란드 등이 영국과 비슷하게 곤욕을 치렀다. 일본 역시 상대적으로 충격이 적은 것은 자국의 자금력과 함께 고유 기술력을 바탕으로 한 생산 기반을 탄탄하게 갖추고 있기 때문으로 볼 수 있다.

그동안 우리는 금융 강국으로 변모해 보려고 많은 변신을 시도해 오고 있으며, 특히 금융기관의 국제 경쟁력 강화를 정부의 역점 사업으로 추진해 온 입장에서 오늘의 이 사태는 많은 생각을 하게 하고 있다. 과연 생산 기반이 약한 나라가 세계의 한쪽 끝에서 금융이나 서비스 기능 중심으로 자생적인 생산 기반을 갖추지 않고 지속적으로 생존해 갈 수 있을 것인지, 의문의 여지가 많다고 본다.

무엇보다 농업을 중심으로 하는 1차 산업의 중요성을 다시금 깨닫는 계기가 되어야 하겠고, 부문별 핵심 기술을 차별성 있게 보유하는 고유의 생산 기술을 갖는 것이 무엇보다 필수적이라고 생각된다. 어려움이 있더라도 제조업은 지속적으로 우리의 전략 사업으로 보호 육성되어야 하고 이는 지역별 전략으로 전국화할 필요가 있다고 본다.

각 지방은 이제부터 자기 지방의 고유한 보존 기술을 선정하고 이를 바탕으로 특정한 제조 기술을 지역 토착화하는 전략적 선택이 필요하다. 예를 들어, 경남 사천은 항공기 핵심기술을 지역 전략화하고, 경남 거제는 조선업의 핵심 기술을 전략화하고, 전북 순창은 장유업을 전략화하고, 충북 제천과 충주는 자연 의약 기술을 전략화하는 등의 선택과 집중이 필요하다고 본다.

지역 내에 공단을 조성하여 무작정 외부 기업을 유치하려 하는 일은 앞으로는 무모한 일이 될 것이다. 해당 지역과 인문 자연적으로 깊은 연관성이 있으며, 장기적으로 지역 여건을 바탕으로 내부 성장이 가능한 업종이 뿌리를 내려야만 수명이 길고 경쟁력 있는 기업이 될 것이기 때문이다.

만일 풍부한 노동력을 믿고 기업을 유치했다면 언젠가 임금은 오르게 마련이고, 정부나 해당 지자체의 지원만 믿고 찾아온 기업이라면 더 나은 조건이 있으면 언제고 떠나게 될 것이다. 산업이란 자연 조건, 인적 자원, 교육 기반, 정치 행정 체제, 사회 분위기, 지리적 위치 등이 종합적으로 잘 맞을 때 그곳을 안식처로 삼고 발전하게 된다. 지난날 부산에서 꽃을 피운 바 있는 신발 산업이나 목재 산업, 대구에서 크게 발전했던 섬유 봉제 산업 등이 가격 경쟁력에 밀려 쇠락한 것도 바로 이런 이유이다.

이런 점에 비추어 본다면 원유가 없는 우리가 석유화학 산업을 언제까지나 붙잡고 있기 어렵고, 철광석이 없는 우리나라에서 세계적인 철강 회사가 영원히 존속하기 어렵고, 우리 내부 수요보다 몇 배나 많은 자동차나 반도체를 계속 이곳에서 대량으로 만들어 내는 일도 지속하기 어려운 일이 될 것이다. 국가든 지역이든 자신의 입장과 처지에 맞는 생산 기반을 장기적으로 구축하고 토착화시키는 지혜가 필요한 시점이다.

지금 우리나라 곳곳의 지방 도시는 저마다 세계적인 금융 허브가 되겠다고 장대한 설계를 내놓고 있다. 특히 부산이나 제주, 인천 등이 그중에서도 가장 적극적이다. 실은 서울도 국제적인 금융 허브가 되기 위해 도심 재개발의 기본 구상에서 그 점에 비중을 두고 있다.

적어도 지난 20년 정도는 자금을 중계하고 조달하고 운용하는 기능을 가진 나라나 도시가 성장을 주도해 온 것이 사실이다. 영국의 빅뱅이 일견 성공한 것처럼 보이면서, 제조업을 중시하는 독일이나 농업을 자랑해 온 프랑스도 금융 산업을 통해 성장 속도를 더 내고 싶은 마음에 미국식 투자금융 시장을 흉내 내려 한 세월이 있었다.

정보화 사회의 출현을 예고한 미래학자 앨빈 토플러(Alvin Toffler)는 미래에는 소비자와 생산자가 하나가 되는 세상이 온다고 주장했는데, 이제 우리는 그의 주장을 안팎에서 실감하고 있으며, 이런 현상은 갈수록 급류를 타고 있다. 이는 맞춤 생산 시대의 도래를 말하는 것이기도 하고, 유연 생산 시대, 소량 생산 시대를 대변하는 말이기도 하다.

그런가 하면 소비자의 '경영 참여' 시대와 '이익배분 참여' 시대를 여는 화두이기도 하다. 그래서 미래학자 존 나이스비트(John Naisbitt)도 21세기에는 특히 유통 분야에서 네트워크나 프랜차이즈 형태의 유통이 50% 이상을 차지하게 될, 즉 소비자 주도의 유통 시대를 예견한 바 있다. 이는 또한 소비자 선택의 시대를 말해 주는 것이기도 하다.

학교에서도 학생들이 중요한 영향력을 발휘하고, 교수회를 만들어 총장 중심의 운영에서 벗어나 전체 교수의 참여 속에 학교를 운영토록 하는 방안이 추진되고 있기도 하다. 그런가 하면 지방 자치 단체들도 지역 개발에 대한 정책을 결정할 때 시민 참여를 확대하는 추세로 가고 있어서 정치나 행정에도 이제 공급과 수요가 함께 의논하고 결정하는 문화가 도입되고 있다. 이야기는 다소 다르지만, 그 비슷한 양상은 종교에서도 나타나고 있다. 요즘 개신교 일부 신자들이 스스로 예배 공동체를 만들어 주변의 공공시설을 이용하여 주말 교회를 운영하며 목회자를 따로 두지 않고 사회봉사에 중점을 두는 방식의 교회를 운영하고 있는 것도 따지고 보면 새로운 형태의 예배 수요자들이 갈급한 요구를 스스로 해결하고 있는 '공급 아이디어'라고 할 수 있다.

이러한 시대의 변화를 통해 예감할 수 있는 것은 바로 경제활동도 이제는 소비자가 곧 사업가가 되어 생산과 유통 그리고 소비에 참여하는 방향으로 변화가 찾아오게 될 것이라는 점이다. 이미 이런 조짐이나 현상들은 우리 주변에서 어렵지 않게 발견된다. 특히 인터넷상에서 보면 방문자가 사이트에 들어가는 순간에 이미 상품가치가 발생하고 이후 그 사이트에서 어떤 활동을 하느냐에 따라 다시 그 상품 가치가 올라가는 점이 그렇다.

사실 은행이나 보험, 증권, 카드사 등의 금융기관도 그런 셈이다. 이들은 상품을 설계만 했지, 그 상품은 고객들이 가입하고 이용할 때 비로소 상품의 구실을 하고 가치를 높일 수 있다. 당연히 맡겨 놓은 돈은 모두 고객 자산이기 때문에 '고객이 곧 사업자'란 점은 설명의 여지가 없다.

세상은 언제나 변하게 마련이다. 요즘 하루가 다르게 변하는 공무원 사회의 퇴출 칼바람은 공직 지상주의인 과거의 우리 직장 문화에서는 언감생심 꿈꾸지 못한 일이다. 왜 그런 일들이 벌어지고 있는 것일까. 그것은 바로 '공급의 과잉'이 불러온 공급자들의 자충수라고 할 수밖에 없다. 그동안 기회 있을 때마다 입으로는 작은 정부를 외친 공직 사회는 오히려 갈수록 사람과 조직이 늘어나 거대화되었다. 이제는 이미 슬림화한 민간 사회와 조화를 이루기 어려운 비대증에 빠지게 된 것이다. 결국 국민의 요구라기보다는 스스로 내부의 반성과 개혁 인식에서 비롯된 퇴출 작전이 전개되고 있는 형국이다.

산업화의 길목에서 어디 이런 일이 한두 번이겠는가. 우리 경제도 외환위기를 넘기면서 나름대로 조직들을 줄이고 합쳤다고 하여 어느 정도 고비를 넘기지 않았을까 하는 생각이 들었다. 하지만 이제는 더 이상의 무풍지대는 없는 것 같다. 이들의 모습을 보는 일반 국민으로서는 참으로 격세지감을 느끼게 된다.

소비자의 선택이 힘이다

소비자는 지난날의 순진하고 때로는 어리석은 모습이 아닌, 현명하고 강력한 힘을 가지고 '공급자의 변화'를 요구하고 있는 것이다. 질 좋은 상품을 더 유리한 가격에 제공해 달라는 소비자의 요구는 이제 교과서 속에서나 있는 고전이 되고 있으며, 이제는 드디어 소비자가 주주의 영역인 '이윤배분'을 요구하는 세상으로 달려가고 있다.

이제 기업이든 정부든 누구든 분명히 알아 둘 것이 있다. 제아무리 무서운 공급자의 힘을 가지고 한때 시장을 누비고 다니던 기업들도 세월이 흐르면 반드시 경쟁에 부닥치게 되고, 결국 소비자의 선택을 받지 못하면 그들부터 사라진다는 사실이다.

국민들이 직접 정부 운영에 참여하려는 의도를 가지고 있음을 공직자들이 진작부터 알았다면 정부의 개혁이 이처럼 늦지 않았을 텐데, 이젠 비정부 기구(NGO)들이 감시자가 아닌 경쟁자로 등장한 상황에 이르러서야 비로소 개혁을 서두르고 있는 모습이다.

이것이 바로 달라진 소비자 세상이다. 소비자는 지난날의 순진하고 때로는 어리석은 모습이 아닌, 현명하고 강력한 힘을 가지고 '공급자의 변화'를 요구하고 있는 것이다. 질 좋은 상품을 더 유리한 가격에 제공해 달라는 소비자의 요구는 이제 교과서 속에서나

손에 잡히는 경제사전

비정부 기구 (NGO, non-government organization)
지역국가국제적으로 조직된 자발적 비영리 시민단체. 공동이해를 지닌 사람들이 특정 목적을 위해 조직한 단체로, 다양한 서비스와 인도주의적 기능을 수행함. 또한 정부 정책을 감시하고 정보 제공을 통하여 시민의 정치 참여를 장려하며, 인권, 환경 보전, 성 차별 등의 특정 이슈를 추구하기도 함.

있는 고전이 되고 있으며, 이제는 드디어 소비자가 주주의 영역인 '이윤배분'을 요구하는 세상으로 달려가고 있다.

그런 점에서 일부 유통 사업을 하는 기업들은 일찍이 소비자에게 이윤을 배분하는 경영 방식을 써 오고 있다. 소위 수당이라고 하는 보상 체계가 바로 소비자에 대한 이윤배분이라고 할 수 있다. 특히 유통과 배급·판촉의 기능을 소비자가 더불어 담당하고 있는 유통 업체들은 당연히 이 같은 이윤배분은 필요하다고 보며, 이들은 점차 이윤배분의 형태를 다양화해서 주식 등으로 줄 수도 있을 것이다.

그동안 기업들은 경영에 참여하고 있는 경영진이나 직원에게 이윤을 배분해 주어 왔지만, 장기 소비자를 확보하고 안정된 소비자 기반을 구축하려고 한다면 공로가 큰 소비자에게도 이윤을 배분해 주는 정책의 전환이 필요할 것이다.

소비자들은 이제 장기적이고 고정적인 거래가 불가피한 상품이나 서비스의 소비와, 반복적으로 이어지는 분야의 소비에서는 자신이 장기적이고 정기적으로 이용해 생긴 기업의 이윤을 어떤 방식으로든 배분받으려는 요구를 점점 더 크게 할 것으로 보인다.

학교를 다녀보면 상급생이 될수록 자기 학습의 시간이 많은 것을 알 수 있다. 이는 상급학교로 옮겨 가면서 더욱 절실히 느끼게 된다. 그래서 스스로 공부해야 하는 대학에 오면 우수한 학생들에게 중·고등학교 시절에 비해 큰 액수의 장학금을 주게 된다. 이것이 바로 자기 학습에 대한 보상이다.

긴급한 환자를 데리고 병원 응급실에 가면 그 짧은 시간에 의료진이 하는 일에 더하여 환자 자신이나 가족들이 얼마나 잘 협조하고 돕느냐에 따라 초기 진료의 성과가 달라지게 됨을 알 수 있다. 물론 이후 환자 치료에 대한 병원의 협력도 이런 과정에서 그 수준이 달라지게 된다.

요즘 온라인상에서 인터넷을 이용하는 사람들은 자기 자신이 스스로 주인이 되어 블로그를 운용하거나 카페를 만들어 관리하는 사람들이 많다. 바로 이런 경우를 두고 소비자가 자기 자신을 관리하는 관리자가 되는 경우라고 한다.

요즘 들어 건강한 생활을 위한 다양한 상품들이 쏟아지고 있다. 건강 관련 제품들은 통상 공급자들이 시장의 표준을 정해 놓고 만들게 되지만, 대개의 소비자들은 자기 자신에게 맞는 제품을 찾으려고 한다. 여기서 제품과 소비자의 미스매치가 이루어지고, 때로는 이런 문제가 사회적 낭비 요소가 되기도 한다.

이 같은 소비자들의 태도변화는 다름 아닌 상호작용을 중시하는 디지털 시대의 특징적인 현상으로서, 소비자들은 자신의 정체성을 드러내고 이를 중심으로 하는 가치 소비의 내적 기반을 다져 이른바 개인적 효과성(personal effectiveness)을 높이려는 태도를 가지게 된다. 이제는 어떤 대중적 소비라도 이처럼 개인적 효과성을 더불어 제공해 주지 않으면 대중을 사로잡지 못하게 된다는 것이 달라진 시장의 생리이다.

> **손에 잡히는 경제사전**
>
> **효과성**(effectiveness)
> 목표 달성의 정도를 뜻하는 말. 효과성의 개념 속에는 능률성의 개념과는 달리 비용 내지 투입의 관념이 들어가 있지 않음. 즉, 효과성의 개념에서는 비용이 얼마가 드느냐 하는 투입의 문제에 관심을 갖는 것이 아니라, 정해진 목표를 얼마나 달성했느냐 하는 데에만 관심을 가짐.

여기서 등장하는 개념이 바로 공급자와 소비자의 공동 가치 창출이고, 소비자들은 서로 간의 경험 공유를 통해 공진화(co-evolution)의 방식으로 학습과 실행을 촉진하게 된다.

그렇다. 미래의 경영은 이런 과제들을 해결해 가며 새로운 고객 관계를 설정하고 고객들을 자발적으로 경영에 참여시켜야 한다. 그러나 대중 속에서 개별적 효과성을 기대하는 소비자는 이로 인한 자신의 비용 증가를 여간해선 감당하지 않으려 하기에, 기업과 소비자 간의 공동의 가치 창출이란 사회적 합의를 통해 소비자들의 자발적인 협력이나 참여를 이끌어 내야 한다. 그래서 소비자들을 서로 네트워크로 연결하고 공급자와 소비자가 다시 네트워크상에서 만나 공동체를 만들어 가는 작업이 중요해지는 것이다.

하지만 네트워크의 구축은 비용과 속도의 문제를 수반하기에 개별 기업이 구축하기란 힘겨운 일이지만 사회가 공동으로 구축한 네트워크를 활용하는 것은 바람직한 일이다. 단순히 판매 조직으로서 또는 성공 지향자들의 결사 조직으로서의 네트워크가 아니라 글자 그대로 우리 사회의 공동 가치 창출이란 시대적 의미에 충실한 기업시민적 형태로서의 네트워크는 지지되고 육성될 필요가 충분하다고 본다.

그러나 상호작용을 토대로 이들 네트워크가 작동되어야 하기에 무엇보다 정보의 공유와 학습의 일상화가 중요한 요소가 되는데, 바로 이런 점에서 이런 일을 하는 사람들을 지식 사업가라고 할 수 있다.

그러므로 이런 일은 사회 경험이 풍부하고 소비자로서 합리적인 판단을 내릴 만한 연령층인 시니어 계층의 국민들에게 더 적합한 일이라고 본다. 특히 그동안 전업주부로 가정을 돌보아 온 여성들은 자신들이 그동안 해 온 일이 바로 소비자의 '자기 관리 역할'이었다는 점에서 자신감을 가져 볼 만한 일이다.

구체적인 일자리로 본다면 앞으로 대형 유통 업체도 소비자 출신의 소비 관리자를 파트너로 삼게 될 것이고, 금융회사들도 고객 중에서 고객 관리자를 찾아 그들만의 커뮤니티를 만들게 하는 전략을 구사할 것이라는 것을 어렵지 않게 내다볼 수 있다. 앞으로 학교들도 자율 경쟁 체제로 들어가면 학부모 중에서 학부모를 관리하는 역할을 찾아내게 될 것으로 보인다. 마치 정치 소비자인 일반 국민들이 민선 시장이나 군수 등에 당선되어 직접 자치 행정 조직을 관리하는 요즘의 지방 정치 현장과 같다고 할 수 있다.

이처럼 소비자로서 소비자가 스스로 관리자의 역할을 하는 새로운 직업은 앞으로 다양하게 우리 앞에 나타나게 될 것으로 본다. 공급자는 공급자이고, 소비자는 소비자라는 이분법적 논리로는 날로 늘고 있는 유통 비용과 마케팅 비용을 해결하지 못할 것이며, 제품과 소비의 미스매치로 막대한 사회적 비용을 낭비하게 할 것이다.

시장을 보는 눈을 갖자

시대를 초월하여 고객을 이끌고 창조적인 활동을 하는 노익장도 적지 않지만 대개는 시대의 흐름을 놓치거나 자기 생각의 우리에 갇혀 시장과 서로 교감하지 못하는 경우가 많은 것이 현실이다. (……) 직장을 그만두고 다시 새 출발을 다지며, 창업을 결심하고 사업을 새로이 시작해 보려고 하면 시장에서 상품의 속성들이 어떻게 변해 가는지를 잘 알고 있어야 한다.

시대가 변하면 시장도 변하게 마련이다. 언제나 새로운 구매자들이 새로운 시장을 만들어 나가는 것이 당연한 일이지만 구태의연한 물건이나 서비스, 아이디어로 시장에 나가 있으면 점점 매출은 줄고 수익도 줄어 결국은 하던 일을 접어야 한다.

나이가 들어 직장을 물러난 사람들이 새로운 마음가짐으로 사업을 하려고 해도 가장 두려운 것은 시장의 주된 수요와 나의 상품이나 아이디어가 잘 맞느냐 하는 것이다. 물론 시대를 초월하여 고객을 이끌고 창조적인 활동을 하는 노익장도 적지 않지만 대개는 시대의 흐름을 놓치거나 자기 생각의 우리에 갇혀 시장과 서로 교감하지 못하는 경우가 많은 것이 현실이다.

그런 점에서 좀 더 새로운 구매자층인 신세대 구매자를 이해하는 것은 아주 중요한 정보라고 할 수 있다. 그것도 신세대 고급 구매자층에 대한 인구 사회학적 통계를 이해하는 것은 기본이 강해지는 경영 정보라고 할 수 있다.

1990년 초반부터 소비 부진으로 심각한 불황을 겪고 있는 일본이지만, 그러는 가운데서도 새로운 구매력을 가진 강력한 고급 소비자 계층이 등장했는데, 바로 40대에 부를 이루고 있는 신세대 부유층들이다. 이들의 직업군은 40대 남성의 경우 30% 정도가 경영자, 37%가 의사, 27%가 고급 직장인이다. 40대 여성의 경우 30%가 고급 직장인, 21%가 의사, 4% 정도 경영자로 나타나고 있다. 이들의 연간수입은 일본 부유층 조사 2006년치를 기준으로 할 때, 30억 원 이상이 1% 정도, 10억 원 이상이 15%, 7억 원 이상이 19%, 5억 원 이상이 23%, 3억 원 이상이 21% 정도로 분포하고 있다.

여기서 주목되는 현상은 새로운 젊은 부유층들은 전문적인 지식수준이 월등히 높고 경쟁력이 있는 엘리트 부유층이라는 점이다. 특히 엘리트 전문 지식인들의 소득이 높아지게 되면서 여성들도 젊은 나이에 수입이 많아지는 현상을 보이고 있다.

이에 따라 이들이 삶을 즐기는 방식이 많이 달라지게 되었다. 먼저 이들이 과거 1년 동안 홈파티를 즐긴 건수가 다르다. 1년 동안 홈파티를 자기 집에서 직접 개최한 건수를 살펴보면, 1~2회가 23%, 3~5회가 17.5%, 6회 이상이 13.5%로 나타나고 있으며, 참가한 횟수는 1~2회가 19%, 3~5회가 21.4%, 6회 이상이 10.3%로 나타나고 있다. 눈길을 끄는 것은, 부유층 중에서도 중상급으로 내려오면 남의 파티에 참가한 횟수가 늘어나고 직접 개최한 횟수가 줄어드는 모습이다. 업무차 해외를 오간 횟수도 중요한 소비의 척도로서, 1년 중 1회가 25.4%, 6개월에 1회 정도가 27.8%, 2~3개월에 1회가 8.7%, 월 1회가 2.4%, 월 2~3회가 1% 정도로 나타나고 있다.

그런데 해외 출장의 목적을 보면 60% 이상이 휴양이고, 관광이 50% 정도, 맛 여행이 40%, 쇼핑과 골프가 30%대, 자연 섭취가 15%대, 역사 문화 탐방이 12%대, 미술 감상이 8%, 지인 방문이 8%, 도박이 6%, 미용 헬스가 5%, 해양 스포츠가 4%, 가족 만남이 3%, 스포츠 관람이 2%, 등산이 2%, 음악회 1.5%, 사교 1%, 건강 검진 1% 정도로 나타나고 있다. 이 같은 일본 신부유층의 생활상은 머지않아 우리 사회에도 유사한 영향을 주거나 이미 주고 있을 개연성이 크다고 본다.

이 점에 착안한 장래의 부유층 시장의 변화도 잘 그려 볼 때이다. 직장을 그만두고 다시 새 출발을 다지며, 창업을 결심하고 사업을 새로이 시작해 보려고 하면 시장에서 상품의 속성들이 어떻게 변해 가는지를 잘 알고 있어야 한다. 상품의 속성은 그 나라의 경제 수준이 어떤가에 따라 다르게 나타나게 되는데, 후진국 수준의 시장에서는 가장 중요한 상품의 속성은 '양의 많음'이다.

과거 우리가 어렵던 시절에 가장 많이 쓰던 시장 용어가 "많이 주세요."라는 말이었다. 우리나라의 경우 대표적인 상품으로 통일벼라는 쌀이 있었다. 당시는 식량이 절대적으로 부족한 시절이었기 때문에 무엇보다 많은 수확이 가능한 품종을 선호하였다. 국가 연구 기관에서 심혈을 기울여 연구한 통일벼는 우리의 쌀농사를 양적으로 성장시키는 데 결정적인 역할을 했고, 우리는 그때부터 쌀 부족 상태를 벗어날 수 있었다. 그러나 세월이 흘러 이제는 쌀이 남아도는 시대로 변해 가자 통일벼처럼 한 그루의 벼에 많은 쌀이 달린 품종은, 수확량은 많으나 쌀의 품질이 떨어져 이제는 아예 생산하지 않는 세상으로 변해 버리고 말았다.

수량의 시대를 넘기고 나면서 이젠 가격의 시대로 접어든다. 언젠가 백색 유선 전화기 한 대가 집 한 채 값을 호가하던 시절이 있었다. 그러나 그후 전화선 가격은 계속 내려가며 가입자를 늘려왔으나, 이젠 가격이 아무리 싸도 유선 전화기를 놓으려는 사람이 없어지면서 유선 전화기는 이제 시대의 뒷전으로 물러서고 말았다.
그리고 그후 찾아온 새로운 상품의 속성은 가격이 아니라 다양한 기능과 품질이 되었다. 대표적인 상품은 생수로서, 그동안 수돗물을 마시던 시민들이 어느 날부터인가 비싼 돈을 지불하고도 생수를 사 먹는 일이 일어난 것이다. 그리고 다시 등장한 것은 옥수수다, 메밀이다 해서 생수에다 기능성 효능이 기대되는 여러 가지 곡물을 첨가한 기능성 음료수들이다. 하지만 이젠 기능과 품질도 서서히 퇴조하면서 다양하고 개성적인 소비자의 취향을 맞추지 않으면 상품의 효용이 떨어지는 시대로 접어들고 있다.

그렇다면 다음에 찾아올 상품의 속성은 무엇일까. 일본의 새로운 젊은 부유층에게 "물건을 구매할 때 상품의 속성 중 무엇을 중시하는가?" 하고 물었더니, 상품의 속성에 지식, 아름다움, 사교성 등의 요소가 들어가야 된다는 응답을 보였다. 이른바 '지', '미', '교'의 요소가 있어야 한다는 것이다.

그러고 보면 요즘 다시 열기를 띠며 문을 열고 있는 커피 전문점들이 그런 요소를 지니고 있는 대표적인 아이템의 하나로 보인다. 잘 꾸며진 내부 인테리어에다, 학생들에게는 공부도 되고, 사회인들에게는 정보도 교류되는 지식 교류 공간이면서, 연인이나 친구 간에 서로의 친교나 우의를 나누는 공간으로 등장한 것이다.

'지', '미', '교'의 상품 속성은 앞으로 상당 기간 새로운 상품 속성으로 영향을 미칠 것으로 보이는데, 지식이 교류되고 지식이 증진되는 상품이나, 아름다움을 만들거나 감상하고 공유하는 상품, 인간의 교류가 살아나고 사람이 상품의 중심이 되는 상품 속성을 가진 아이디어는 과연 무엇일까.

가령 서점이 잘되는 근처의 자리에다 아름답게 내부를 잘 꾸민 카페를 개업한다면 이 같은 요소를 갖춘 창업이 될 수 있을 것이다. 이는 아주 단순하면서도 이 세 가지 요소를 합한 간단한 아이디어이다. 실제로 선진국에는 이런 자리에 예쁜 카페들이 곳곳에서 성업하고 있음을 확인할 수 있다.

그러나 실제의 활용에서는 반드시 이 세 가지 요소를 모두 포함하라는 것이 아니라, 미래의 상품 속성에는 이 세 가지 요소가 적절히 잘 반영되는 것이 바람직할 것이라는 점을 강조한 것이다.

마음만 바꾸면 사업해도 된다

작은 가게를 아내와 함께 연다고 하더라도 이를 장사로 보면 쉽게 달려들 수 있지만, 이를 투자나 사업으로 본다면 오래전부터 많은 준비가 필요해진다. 미래의 나의 관심사를 공부하고, 연습하고, 전략을 세우고 하는 가운데 사업이나 투자의 리스크는 많이 줄어들 수 있다.

소위 부자들이 사업과 투자를 주된 경제활동으로 하며 산다면, 서민들은 직장생활과 저축을 주된 경제활동으로 하며 산다. 그래서 서민들은 사업과 투자를 어려운 문제로 인식하여 지레 겁을 먹게 된다. 사실 돈을 가지고 하는 행위 중에 가장 어려운 일이 바로 투자이다. 투자란 원금을 손해 볼 수 있는 위험을 안고 있어서 항상 불안하다. 그러나 투자를 해 놓으면 기대수익이 높을 수 있기 때문에 또한 매력적이다.

사업을 하는 사람들이 그 힘든 사업을 하는 이유는 비로 투자수익이 높을 것으로 기대하기 때문이다. 그런데 그 투자도 대상에 따라 기대수익이 통계적으로 다르게 나와 있다.

가령 부동산에 투자를 한 경우라면 장기투자를 한 것을 전제로 할 때 연간 7~8% 정도의 수익을 낼 수 있고, 주식에 투자한 경우는 시장의 포트폴리오를 구성해 투자했다고 한다면, 즉 완전한 분산투자를 했다고 한다면 연간 12% 정도의 수익을 낼 수 있다. 그러나 만일 직접 사업을 경영하는 사업가라면 사업 수익은 소규모 사업을 한다고 하더라도 수익이 20%선을 넘나든다. 거기에는 나의 노력이 함께 들어가 있어서 높은 것이다.

　시장경제와 자본주의가 근간을 이루는 사회에서는 사업을 해야 높은 수익을 낼 수 있음은 자명한 사실이다. 그러나 기본이 되는 기술이나 자본, 아이디어 등이 뒤를 받쳐 주지 않으면 도전하기 어려운 일이 사업이다.

　그런데 북한에서 오래 살다가 남쪽으로 넘어온 사람들, 또는 낮은 학력으로 사회생활을 하는 사람들 중에도 사업으로 가족을 부양하고 제법 돈도 모은 사람들이 적지 않다. 북한에서 자본사회의 경험도 없었을 텐데 이곳 사람들을 상대로 사업을 하는 사람들과, 인맥이나 학식이나 배경이 있어도 돈벌이가 쉽지 않은 세상에서 겨우 초등학교 정도의 학력으로, 그것도 한물간 사업이라는 봉제, 사출 등의 공장을 꾸려 가는 사업가들을 보면 놀라지 않을 수 없다.

　결국 사람마다 자신이 가지고 있는 사업가 기질이 다르기 때문에 살아가는 모습도 다르다고 본다. 그중에서 투자나 사업의 본질이 미래에 대한 불확실성이라는 것을 아는 사람들이 투자자가 되거나 사업가가 된다.

　은퇴를 준비하는 사람들에게 가장 큰 고민이 미래의 여러 가지 불확실한 문제들을 어떻게 대비할까 하는 점인데, 그런 입장에서 누구에게나 투자를 하고 사업을 하도록 세컨드 라이프를 권하는 일은 어려운 주문이다.

　그러나 본인이 생각만 바꾸면 가능한 일이기도 하다. 가령 투자의 본질이 위험이라고 하더라도 그것을 초과 수익이라고 생각한다면 당연히 위험은 감수해야 하는 것이고, 미래의 성과가 불확실해 불안할 경우 이를 기대가치라고 생각한다면 감당할 수 있는 일이다.

　나이가 든다고 하는 것은 미래의 기대가 약해지는 것을 의미한다. 연금을 타거나 적지만 안정된 급여를 받는 일도 할 수만 있다면 열심히 준비해야 하겠지만, 무엇보다 나이가 들어도 미래에 대한 기대가 살아 있다면 이것이 더 바람직하지 않을까 싶다.

요즘 사업의 역사가 긴 장수 업체들을 연구해 보면 창업자가 장수하고 있는 경우가 적지 않다. 나이가 들어도 왕성하게 자기 주도적으로 일을 하고 있고, 미래를 위해 투자를 하고 있는 가운데 스스로 젊음을 유지하고 힘차게 살아갈 수 있다고 본다. 결국 나이가 들더라도 왕성한 경제활동을 하는 것은 건강한 인생을 유지하는 에너지가 되며 사는 날까지 이 사회의 주역으로 남아 있는 기회를 만드는 일이 되는 것이다.

그래서 은퇴를 앞둔 사람에게 사업을 권하거나 투자를 권할 수 있는 것이다. 작은 가게를 아내와 함께 연다고 하더라도 이를 장사로 보면 쉽게 달려들 수 있지만, 이를 투자나 사업으로 본다면 오래전부터 많은 준비가 필요해진다. 미래의 나의 관심사를 공부하고, 연습하고, 전략을 세우고 하는 가운데 사업이나 투자의 리스크는 많이 줄어들 수 있다.

최근 들어 우리 사회에는 이른바 부자에 대한 관심이 급격히 높아지고 있다. 과거라 해서 부자에 대한 관심이 전혀 없었던 것은 아니지만, 요즘의 관심은 하나의 사회적 신드롬이라 할 만큼 넓고 크게 형성되고 있다.

이는 그동안 우리 사회가 공동체적 의식 위에서 개인적 성공보다는 사회적·집단적 성공을 주된 가치로 삼아 오던 분위기에서 이제는 개인적·가정적 성공을 하나의 중심 가치로 받아들이려는 시대의 변화를 시사하는 의미도 담고 있다.

16

돈 다루는 실력은 개인차가 크다

이제 시간이 갈수록 부는 근로소득에서 자산소득으로 이동하고 있으며, 부의 통제권이 기관에서 개인으로 넘어가고 있는 것을 고려한다면 개인들의 자산운용에 대한 태도나 이해는 개인의 부를 결정하는 데 매우 중대한 의미를 갖는다고 볼 수 있다. 한마디로 부자가 되려는 사람은 부자에게서 배우는 것이 가장 좋은 방법 중의 하나이다.

그동안 국가가 정책적으로 추진하여 경제를 성장시키던 집단 성장 모델이나, 주요 기업을 육성하여 국가성장의 동력으로 삼던 엘리트 산업 조직 중심 성장 모델에서 이제는 개인의 재능이나 창의력, 도전 정신 등을 바탕으로 저마다 자기 생존의 기반을 닦아야 하는 시대로 변화해 가고 있다.

그러나 실제 일생을 통해 개인 간의 재무운용 실적을 놓고 보면 시대적 상황이나 사회적 입장이 유사한 처지에서도 개인적인 재무운용의 결과 차이가 너무 크다는 점을 발견하게 된다. 소득이 많다고 해서 반드시 재산이 많은 것도 아니고, 소득이 적다고 해서 반드시 재산이 적은 것도 아니라는 것은 누구나 다 아는 세상 상식 중의 하나이다. 고소득자 중에서도 저재산가가 적지 않고 오히려 저소득자 중에서도 고재산가가 있다는 사실이 말해 주듯이 개인 소득과 개인 재산 사이에는 개인의 생활 습관과 재무적 재능이란 또 다른 변수가 작용하고 있는 것이다.

그래서 많은 연구자들이 재정적으로 성공한 사람들을 대상으로 다양한 연구를 펼치며 재정적 성공으로 가는 특단의 비결을 알고자 노력해 왔는데, 대개는 돈을 다루는 특별한 재주가 있는 것이 아니라 개인적인 삶의 태도에서 어느 정도의 차이를 발견하는 것을 볼 수 있다. 외국의 예로는 '성공한 사람들의 일곱 가지 습관'을 주창한 스티븐 코비(Stephen Covey)의 연구도 같은 맥락으로 볼 수 있고, 우리나라에서 드물게 10대를 거쳐 300년 동안 국내 최고의 재산을 가졌던 경주 최부잣집, 그러니까 최치원의 17세손인 최진립 가문의 후손들의 가훈 연구 등에서도 삶의 태도가 부의 창출과 가문 번영에 중요한 요인임을 알 수 있다.

그런데 개인적 삶의 태도에서의 차이와 함께 또 하나 찾아볼 수 있는 관점으로 바로 운용자산의 개인적 경험과 선호가 가져다주는 자산운용 능력이나 전략적 안목을 들 수 있다. 예컨대 미국에서 부동산으로 거부가 된 도널드 트럼프(Donald Trump)가 부동산을 운용하는 전략이나 감각, 주식으로 거부가 된 워런 버핏이 주식투자를 통제하고 전개하는 재능과 전략은 그 자체로 연구의 가치를 느끼게 한다. 이른바 부자들의 일반적 속성을 연구해 온 그동안의 여러 연구들은 이러한 개인적 성공 사례와 어떤 차이를 보이는지도 관찰의 대상이다.

서구 선진국의 연구를 보면 부자들이 근면과 절약, 검소한 생활 태도 등에서 모범적인 인간으로 설명된다는 점에서 비슷한 시각을 드러내고 있다. 브라이언 트레이시(Brian Tracy)는 부자들이란 자신의 경제생활을 완전하게 통제하는 사람들이면서 특히 저축을 즐기는 사람들이라고 분석했고, 토머스 스탠리(Thomas Stanley)와 윌리엄 댄코(William Danko)는 부자들은 할인 구매를 좋아하고 일하는 것을 즐기면서 평생 저축과 투자를 중단하지 않는 사람들이라고 설명하고 있으며, 마이클 르뵈프(Michael Leboeuf)는 부자는 시간의 가치를 인식하고 시간을 효율적으로 투자하는 법을 아는 사람들이라고 규정하여 시간에 대한 중요성을 강조한 바 있다.

국내의 부자에 관한 연구는 우리 사회의 부자에 대한 부정적 인식을 배경으로 하여 주로 인격적 특이성이 강조되고 있는데, 부자들은 첫째 자기만이 제일이라는 유아독존적 사고를 가진 사람들이라고 보았으며, 둘째는 고독하고, 셋째는 다면적인 사람이고, 넷째는 사람을 잘 믿지 않는 사람이라고 했다.

사실 수많은 부자들을 상대로 그들의 인격적 공통점을 찾아내고 생활 태도의 일정한 룰을 그려 내는 것은 학문적 연구 과제로는 어려운 주문일 수 있다. 그러나 스탠 데이비스와 크리스토퍼 메이어(Stan Davis & Christopher Meyer)의 연구에서 제기된 것처럼 이제 시간이 갈수록 부는 근로소득에서 자산소득으로 이동하고 있으며, 부의 통제권이 기관에서 개인으로 넘어가고 있는 것을 고려한다면 개인들의 자산운용에 대한 태도나 이해는 개인의 부를 결정하는 데 매우 중대한 의미를 갖는다고 볼 수 있다. 한 마디로 부자가 되려는 사람은 부자에게서 배우는 것이 가장 좋은 방법 중의 하나이다.

선진국인 미국과 일본의 오늘날의 성공인 및 자본주의 경제가 짧은 우리나라의 역사 속의 성공인의 비교를 통해 얻게 되는 시사점은 다음과 같다.

이들의 연구에서 나타나는 투자 대상에 대한 공통적인 요소는 다름 아닌 인간이 살아가는 데 꼭 필요한 상품이나 서비스를 담당하는 사업에 투자한다는 것이다. 주식투자가인 워런 버핏이 처음에는 섬유에 투자한 것을 시작으로 보험에 투자하고 음식료에 투자하고 생필품 회사에 투자하고 금융 기업에 투자하는 모습에서 느낄 수 있다. 그는 이러한 기업들에서 불변의 기업을 찾으려는 것이다. 그리고 이러한 기업들 중에서도 대체재가 특별히 없고 규제가 없는 사업을 찾아야 한다는 원칙을 지금까지 지켜 오고 있다. 그리고 5년에서 10년을 같은 제품을 파는 기업이라면 좋은 투자 대상이라는 그의 안목도 같은 맥락으로 볼 수 있다.

일본의 투자자 규에이칸(邱永漢)의 대세 투자론도 이러한 점에서 워런 버핏과 같다고 할 수 있는데, 그는 특히 일상생활 주변에서 투자 대상 기업을 찾으라고 강조하고 있다. 그런 기업은 경기를 이끌어 가는 힘으로 전체 대세를 주도하기 때문에 이에 따라 주가가 움직인다고 보는 것이다. 이런 경우 투자자 자신이 투자 대상 기업의 오랜 소비자이면서 투자자이기 때문에 기업에 대한 정보도 쉽게 이해할 수 있는 이점이 있다고 보는 것이다.

도널드 트럼프가 부동산 사업만 전개하고 있는 것을 보아도 그 역시 인간 생활을 기본적으로 받쳐 주는 사업에서 꿈을 펼치고 있는 사람임을 알 수 있다. 특히 미래의 주된 인간 활동 무대인 핵심 도심의 주상 복합 단지 개발, 그리고 자연 속의 리조트 개발 등에 주력하고 있는 점도 그런 관점으로 볼 수 있다.

그러니까 아무리 세월이 흘러도 사람이 살아가는 데 필요한 기본적인 상품이나 서비스를 공급하는 것이 사업 성공의 비결이라고 보아야 한다. 여기서 관찰된 재무적 성공인들은 우리가 흔히 시장에서 만나는, 투자자나 전문가를 자처하는 부류와는 전혀 다른 면모를 보여 주고 있다. 최근 들어 적은 돈으로 초단기에 승부를 걸 수 있는 파생시장에 몰두하는 일반 투자가들도 늘고 있는 실정이다. 이 부분은 한국의 기관투자가들도 그렇고 심지어 한국에 들어온 외국인 투자가들도 단기투자가 중심이다. 또 시장에 공급되는 투자 정보들도 대부분 단기매매를 부추기는 뉴스와 분석 자료가 대부분이어서 이런 현상을 더욱 악화시키고 있다.

부동산시장에서는 소위 부동산 개발 시행자들이 1년치 운영비도 마련하지 않고 장기 프로젝트를 구상하고 있으며, 부동산 중개 전문가를 양산하여 부동산시장을 합리적 기대가 살아 있는 투자시장이 아닌 단기차익 위주의 매매시장으로 만들어 가고 있는 것이 현실이다.

창업 시장도 한탕주의가 만연하고, 잦은 창업과 폐업 속에서 선진국에서는 10% 내외에 그치는 자영업자가 전 국민의 34%에 이르도록 양산되어 소자본을 가진 서민들이 멍들고 있다. 따라서 합리적 기대와 균형 잡힌 재무 의식, 그리고 사업가적인 소양 등의 국민적 경제 경영 지식 증진에 정부와 학계가 나서 공동의 노력을 경주할 때라고 본다. 아울러 어린 학생들은 일찍이 경제 경영 지식을 함양할 수 있도록 학교나 가정의 관심이 필요하다고 본다.

차라리 세월에 무관심하라

그날그날의 투자시장 동향에는 무관심한 것이 좋겠다. 주식이든 부동산이든 가끔 한 번씩 시장의 트렌드를 짚어 보는 것은 필요하겠지만 온갖 루머와 추측 그리고 저마다의 분석이 난무하는 단기 시장 정보는 공연히 장기투자자로 하여금 마음만 흔들리게 하는 꼴이 되기 쉽다.

개인사업과 자산운용에는 같은 점도 있지만 다소 다른 점도 있다. 흔히 자기 사업을 할 때 성공 확률을 높이려면 같은 자리에서 같은 업종을 가지고 같은 고객을 상대로 20년 이상 사업하라는 이야기는 바로 장기투자의 이치와 맥을 같이하는 점이다.

그러나 사업의 경우는 가급적 한 분야에 집중하여 올인 하는 것이 효과적인 반면에 투자란, 특히 장기투자란 분산투자를 통한 포트폴리오 형태의 관리가 더욱 효과적이다. 그래서 투자자산은 찍는 것이 아니라 배분하는 것이다.

연구에 의하면 투자 성과의 90%는 주식과 채권과 현금의 비중을 결정하는 자산 배분에 의해 설명된다고 분석되고 있다. 이는 흔히 일반 투자자들이 주식시장에서 많이 시도하고 있는 투자 타이밍 연구나 특정한 종목 선정 노력이 장기수익률 제고에는 큰 도움이 되지 않는다는 것을 말해 주고 있다.

또 주식 시황에 따라 시장이 좋을 때 주식 비중을 늘리고, 시황이 나쁠 때 주식 비중을 줄이는 투자 전략도 장기수익률에는 그리 도움이 되지 못하고, 그보다는 투자자의 리스크 성향에 따라 주식, 채권, 현금의 보유 비중을 정하고 이를 꾸준히 준수하는 것이 효과적인 투자법이다.

이러한 논리에서 보자면 주식투자든 부동산투자든 젊은 사람에게 더욱 유리할 수밖에 없는데, 특히 주식투자는 나이가 젊을수록 투자 비중을 높이고 장기투자에 나서면서 시황에 따라 주식 비중을 조절하는 것이 아니라 자신에게 맞는 일정한 투자 비중을 유지하면서 투자하는 것이 더 유리하다고 할 수 있다. 부동산 역시 마찬가지로서 장기적인 관점에서 더 젊은 나이에 내 집 장만을 할 수 있다면 그것이 현명한 일이다. 그러나 나이가 들면 확률적으로 장기수익률에 도전할 기회가 점점 적어지기 때문에 부동산이나 주식의 비중보다는 채권이나 현금 등 금융자산의 배분을 늘리는 것이 현명하다고 할 수 있다.

요즘 들어 어린이에게 경제 교육을 시키고 있는 것이나 청소년에게 자산시장을 익히게 하는 것은 이런 점에서 볼 때 필요한 일이며, 부모들도 이에 적극 협력하여 자녀들이 젊은 나이에 자산시장을 이해하고 장기투자에 나서는 재무적 안목을 가질 수 있게 해 주어야 한다.

그러나 한 가지 염려스러운 일은 자칫 투자 교육을 일찍 시킨 것이 화근이 되어 젊은 나이에 일하지 않고 머니게임으로 쉽게 돈을 벌겠다고 주식의 데이트레이딩에 달려들거나, 소위 부동산 떴다방 주변을 기웃거릴 수도 있다는 것이다. 이는 극력 말려야 한다. 누가 뭐라고 해도 세상에 가장 소중한 수익은 불로소득인 자산소득이 아니라 땀 흘려 일한 근로소득이기 때문이다.

우리가 이렇게 자산소득을 연구하는 까닭은 사람은 누구나 나이가 들면 근로소득이 줄어들기 때문에 젊을 때부터 조금씩 자산소득을 늘려나가 이런 때를 대비하라는 취지이지, 일하지 않고 자산소득이나 챙기라는 취지는 결코 아니다. 그러므로 젊은 나이에는 장기자산의 배분을 늘려 나가야 하고, 장기자산의 배분 속에서는 주식과 같은 다소 높은 위험의 자산도 높일 수 있어야 한다. 그러나 나이가 들수록 투자원금이 위협받는 위험 자산은 배분을 줄여야 한다.

　누구나 투자를 하려면 위험을 줄이면서 수익을 높이라고 한다. 하지만 투자의 이치란 높은 수익에는 높은 위험이 도사리고 있고, 낮은 위험에는 낮은 수익이 수반되기 때문에 위험을 줄이면서 수익을 높이려는 시도는 한낱 꿈에 불과한 일이다.

　그러다 보니 사람들은 언제나 고위험 속에서 높은 수익에 도전하는 일상을 반복하고 있으며, 그 결과는 언제나 참담한 손실로 이어지고 있다. 부동산시장에서도 장기 보유자인 부동산 소유자는 돈을 벌어도, 단기매매가 전문인 부동산 중개인은 그저 고단한 일상이 반복되기 일쑤이다. 이 점은 증시의 중개 전문 브로커들의 삶도 마찬가지이다.
　그러나 장기투자는 기본적인 기대수익을 가져다주면서 위험은 줄이는 효과를 가지고 있다. 미국에서 1926년부터 2002년까지 분석된 자료를 보면, 주식의 경우 1년 단위의 투자는 투자 손익이 54.2%의 수익과 43.1%의 손실 범위에 있었으며, 이를 5년으로 확대했더니 연간 28.6%의 수익과 12.4%의 손실 범위 안에 들어오고, 이를 다시 10년으로 확대했더니 연간 19.9%의 수익에 0.9%의 손실로 위험 범위가 크게 줄어들었다. 이를 다시 20년으로 확대했더니 투자수익은 최고 17.9%의 수익에서 최저 3.1%의 수익으로 모두 양의 값을 갖는 성과를 보여 주었다. 이 분석에 기초해 보면 주식투자는 보유 기간이 10년만 넘기면 대체로 무위험 상태로 들어가게 되고 연간 17~20%대의 수익을 올릴 수 있는 매력적인 투자 성과가 가능함을 알 수 있다.

　그런 점에서 장래의 자산운용은 주식이든 부동산이든 장기간 묻어 둘 수만 있어도 누구나 손실을 줄이면서 수익을 높일 수 있다. 특히 노후를 걱정하는 젊은이라면 미리미리 착실하게 노후를 위해 투자자산에 장기간 적립해 가면 누구든지 제도권의 투자 상품을 통해 안정된 노후를 준비할 수 있다는 확신을 가져도 좋다.
　가령 이 점을 투자 전략으로 활용해 본다면, 주식의 경우 향후 10년 이상 생존 가능성이 높은 기업을 찾으면 적당한 투자 대상 기업을 좁힐 수 있을 것이다. 또 부동산의 경우 10년이면 이야기만 무성한 지역의 재개발, 재건축도 어느 정도 윤곽을 드러낼 시기이며, 20년이면 개발 제한 구역도 풀릴 만한 시점이므로 투자 대상을 고르기가 훨씬 수월해진다. 그러나 누구든 자신만의 투자 비법을 들고 단칼에 승부를 보려고 온몸으로 투자시장에 뛰어든다면 손에 쥐는 것은 피투성이의 실패뿐일 것이다.

그래서 하는 이야기인데 그날그날의 투자시장 동향에는 무관심한 것이 좋겠다. 주식이든 부동산이든 가끔 한 번씩 시장의 트렌드를 짚어 보는 것은 필요하겠지만 온갖 루머와 추측 그리고 저마다의 분석이 난무하는 단기 시장 정보는 공연히 장기투자자로 하여금 마음만 흔들리게 하는 꼴이 되기 쉽다.

그래서 투자시장은 '불가근불가원(不可近不可遠)'이라고, 한발 뒤에서 보는 것이 좋지 너무 깊은 관심은 사태를 그르칠 수 있다. 요즘 들어 인터넷 등을 통해 즉시즉시 주식 동향이며 부동산 시세가 공급되고 있어 클릭만 하면 시장에 접근하기 쉬운데, 가급적 이를 자제하고 생업에 집중하는 자세가 바람직하다.

PART 4

자산관리가 아니라
자산경영이다

인생후반전
설계지침서
후반전에 끝 터진다

01

투자를 제대로 알자

주식을 단타로 치고받는 생활을 오래 하다 보면 하루하루가 마치 천당과 지옥을 번갈아 오가는 느낌을 받게 되고 이런 생활이 반복되다 보면 삶은 어느새 하루살이와 비슷해지고 있음을 알게 된다. 내일은 또 무슨 일이 일어나 시장을 요동치게 할지, 그 다음 날에는 또 어떤 변고가 생겨 내 돈을 잃지나 않을지 그저 노심초사의 연속인 것이다.

1900년에 〈투기 이론〉이란 논문을 발표한 루이 바실리에(Louis Bachelier)는 "투기자의 수학적 기댓값은 0이다."라고 갈파한 바 있고, 1953년에는 모리스 켄달(Maurice Kendall)이 "가격 예측이란 마치 우연이라는 악마가 무작위적인 수를 꺼내는 것과 같다."라고 말해 투기적 이익을 얻고자 하는 것의 허무함을 일찍이 일깨워 준 바 있다. 그런가 하면 모레티(Moretti)는 "다른 사람보다 6% 더 많이 빌리려고 하는 사람이 바로 갱"이라고 말해 투기적 동기의 무모함을 명료하게 설명한 바 있다.

그러나 이러한 주장들을 더 강력하게 뒷받침해 준 것은 바로 효율적 시장에 관한 가설들이다. 폴 새뮤얼슨(Paul Samuelson)으로부터 시작되어 유진 파마(Eugene Fama)가 정리한 이 이론적 주장은 '시장에서 돈을 버는 사람들은 머리가 좋은 것이 아니라 운이 좋은 것이고, 초과 수익을 얻기 위해 투자 전문가들이 할 수 있는 특별한 조언이란 없다'는 것을 의미하고 있다.

파마는 "효율적 시장에서는 투자 정보를 가지고 있는 수많은 참여자 사이에 경쟁이 일어나며, 이 경쟁으로 말미암아 모든 특정한 시점의 개별 증권 가격은 이미 일어난 사건에 근거한 정보와 현 시점에서 장래에 일어날 것으로 예상할 수 있는 정보를 모두 반영한 가격이다."라고 정리한 바 있다. 파머는 어느 누구도 주식시장에서는 자신만의 특별한 '사설 통신'을 가질 수 없음을 말해 주고 있다.

이후 트레이노어, 샤프, 블랙, 숄즈 같은 학자들에 의해 시장을 이길 수 있는 특별한 투자기법을 찾아내려는 노력은 계속되었지만 대개는 "시장에서 남보다 더 나은 수익을 얻으려면 더 높은 위험을 져야 한다."라는 주장에 그쳐야 했다.

그러나 이런 주장과 이론에도 불구하고 적지 않은 투자자들은 오랜 세월 동안 시장보다 높은 수익을 거두고 있는 것이 현실이고, 주로 그들은 장기투자자들이다. 특히 소수의 몇몇 장기투자자들은 수십 년 동안 주식시장이나 부동산시장에서 이런 초과 수익을 거두고 있기도 하다. 그중 한 사람이 바로 미국 오마하에서 활동하고 있는 워런 버핏이다. 그는 이런 말을 했다. "만일 시장이 이론가들의 주장처럼 효율적이라면 나는 일찍이 깡통을 차고 다니는 거리의 거지 신세가 되었을 것"이라고. 그러나 그는 결코 투기적 투자가는 아니었고 전형적인 장기투자가였다. 이러한 워런 버핏의 성공을 '설명되지 않는 사례'로 치부했던 새뮤얼슨도 한때 자신의 돈을 그에게 맡기기도 했다.

이는 부동산시장도 마찬가지여서 젊은 나이, 그러니까 20대부터 부동산투자로 두각을 나타낸 도널드 트럼프 역시 금싸라기땅이라고 하는 뉴욕의 맨해튼에 있는 수십만 평의 토지를 20년이 넘게 장기 개발을 추진해 오고 있으며, 이런 과정에서 그는 세계적인 부동산 거부로 떠오르게 되었다. 따라서 투자시장에서 남보다 나은 수익을 얻으려는 의도가 있다면 이를 현실적으로 가능하게 할 수 있는 길은 주식이든 부동산이든 장기투자자가 되는 길밖에 없다고 할 수 있다.

그러나 정작 시장의 현실은 늘 반대로 가고 있다. 오히려 초과 수익에 관심이 높을

수록 사람들의 투자 기간은 초단기로 흐르고 있다. 주식시장에서는 데이트레이더가 초단기 투자에 일생을 걸고 있으며, 부동산시장에는 소위 기획 부동산이나 떳다방이나 복부인들이 아직도 미등기 전매 현장을 떠돌고 있다.

물론 개중에는 그런 투자로 큰돈을 벌어 가끔 세상에 소개된 경우도 있지만, 그럼에도 불구하고 이들의 성공을 보편적 수단으로 인정하기 어려운 점은 장기투자의 성공에 비해 너무 너무 좁은 문이기 때문이다.

새뮤얼슨은 이런 말을 남겼다. "투자시장에서 스스로 족집게 전문가라고 이야기하는 사람들에게 그런 비법은 없으니까 시장을 떠나라고 말할 수밖에 없다. 그들은 배관공을 하든지 교사가 되든지 여하튼 직업을 바꾸어야 하겠지만, 그들은 누가 그를 뒤에서 밀지 않는 한 그런 미련을 버리고 시장에서 스스로 뛰어내릴 사람들은 아닌 것 같다."라고.

이는 투기적 동기란 누구나 깨우치면 바꿀 수 있는 합리적이고 이성적인 판단의 세계가 아니라, 다분히 개인의 고유한 심리적 성향의 세계이기 때문에 그런 성향을 가진 사람들은 주위의 어떤 만류나 설득에도 불구하고 일평생 자신에게 내재한 투기 심리를 다스리기 어렵다는 것을 지적한 말이기도 하다.

역사적으로 기록된 많은 자산시장의 실패는 하나같이 그때그때 투기의 과열이 불러온 것이건만 오늘도 갖가지 투기가 끊이지 않는 것은 바로 투기적 심리를 가진 사람들이 여전히 존재하기 때문이다.

대저 인생이 그렇듯이 가볍고 경박스런 사람치고 가치 있는 생의 결실을 거둔 사례는 많지 않다. 무언가 큰일을 해낸 사람들은 진중하고 소신 있는 사람들이다. 순간순간에 일희일비 하지 않고 평소부터 추구해 온 삶의 원칙을 지키고 자기 길을 걸어온 사람들이다.

한마디로 내공이 깊은 사람들인데, 대체로 백만장자란 사람들도 그런 특성을 가지고 있다. 인격의 의미를 설명한 사무엘 스마일은 노동의 가치를 신성하게 생각하고 참고 기다리고 작은 일에 감사하는 것이 인격적인 삶이라고 했다. 자산을 운용하고 싶어 하는 사람들을 만나 보면, 단기에 돈을 크게 벌고 싶어 하는 사람들은 대개 직업이 없이 돈만 가진 사람들이 많고, 반면에 자기 일이 있는 가운데 자금의 여유가 있는 사람들은 오래 묻어 두어도 좋다는 이야기를 해 온다. 당연히 투자의 성과에 대해서도 후자가 훨씬 관대해서 혹시 잘못된 결과가 나오더라도 참고 기다리거나 다시 좀 더 투자하여 원금 회수를 용이하게 해 주지만, 전자의 경우는 즉각 돈을 빼어 다른 거래처로 옮기거나 심한 경우 돈을 물어 달라고 생떼를 쓰기도 한다. 바로 이런 데에서 사람의 인격이 나오는 법인데, 장기투자자들이 그런 점에서 훨씬 배울 점이 많은 사람들이다.

이런 문제는 주식이나 부동산이나 모두 마찬가지라고 본다. 특히 부동산의 경우 단기차익을 노리는 투기자들은 하나같이 불법 거래를 해야 하는데, 워낙 이런 일을 오래 반복하다 보니 죄의식도 없고 무감각해진 사람들도 많다. 그들 앞에선 법을 지키려고 애쓰는 사람들이 바보가 되기도 한다.

증권이든 부동산이든 장기투자자들이 인격자란 점을 피부로 느끼게 된다. 증권시장 현업에서는 직업 때문에 단기매매 아니 초단기매매조차 많이 하게 되지만, 단기차익을 노리는 생활을 오래 하면 사람이 인격적으로 피폐해지는 것을 절실히 느끼게 된다.

물론 모든 이가 다 그런 것은 아니었지만. 세상을 살아 보면 인간관계를 통해 일이 풀리고 성공에 도움을 받는 것은 틀림없다. 하지만 그것은 어디까지나 순수하고 진지한 인간관계를 바탕으로 할 때 가능한 것이지 계산적인 접근을 한다면 아무리 가까워졌다 하더라도 유리잔 같은 친분에 그칠 수밖에 없는 일이다.

이런 일은 비단 타인과의 관계뿐만이 아니라 자기 자신의 삶에서도 그럴 수 있다. 그래서 단기투자형 사고는 자칫 인격을 해칠 수 있다는 것이다. 주식을 단타로 치고받는 생활을 오래 하다 보면 하루하루가 마치 천당과 지옥을 번갈아 오가는 느낌을 받게 되고 이런 생활이 반복되다 보면 삶은 어느새 하루살이와 비슷해지고 있음을 알게 된다. 내일은 또 무슨 일이 일어나 시장을 요동치게 할지, 그 다음 날에는 또 어떤 변고가 생겨 내 돈을 잃지나 않을지 그저 노심초사의 연속인 것이다. 그런 삶은 소박하고 아름답고 따뜻한 일상의 재미를 서서히 갉아먹게 된다.

돈을 투자하고 결과를 기다리는 것은 처음에는 부푼 기대로 시작되지만 시간이 갈수록 점점 알 수 없는 두려움 속으로 빠져들게 된다. 그러나 주식을 투자해 본 사람이라면 누구나 알 수 있는 것은, 장기 주가의 흐름을 지켜보고 있노라면 그 속에는 무수히 많은 주가 굴곡이 있다는 것이다.

엘리어트 파동 이론(Elliott Wave Principle)만 보더라도 잔파동 위에 중간 파동, 중간 파동 위에 큰 파동이 있어 장기투자에서는 큰 파동의 움직임을 간파해야 한다고 알려 주고 있다. 그러나 실제 가까운 곳에서 늘 움직이는 주가를 시시각각으로 보고 있노라면 말처럼 그렇게 자신을 추스르면서 단기 파동을 무시하고 장기투자를 지속하기란 참으로 어려운 일이다.

주식투자의 대세를 찾아가는 장기투자를 한다면 작은 파동들은 가볍게 흘려 버릴 수 있어야 한다. 어떤 알 수 없는 변화 조짐이 있더라도 섣불리 판단하지 않는 마음의 기둥을 깊게 뿌리내리게 해야만 한다.

이는 움직이지 않고 변하지 않는 부동산투자의 경우도 크게 다르지 않다. 그 땅은 이제나 저제나 그 자리에 그 모습으로 그대로 있지만 그 땅을 소유한 사람의 마음은 하루는 그 땅이 금밭으로 보였다가 하루는 자갈밭으로 변하는 심적 변덕을 경험하게 된다. 그래서 흔들리는 마음을 다잡을 수 있는 내공이 필요한 것이다.

마음에 걸리는 것들을 흘려 버릴 수 있는 담담함, 여간해서 잘 동요하지 않고 섣불리 판단하지 않는 신중함과 같은 정신적 힘의 원천을 '영성'이라고 한다. 장기투자는 바로 영성이 강하고 충만해야만 이룰 수 있는 일이기도 하다.

손에 잡히는 경제사전

엘리어트 파동 이론
(Elliott Wave Principle)

엘리어트가 1939년 《파이낸셜월드(financial world)》지를 통해 주장한 "주가는 상승5파와 하락3파에 의해 끝없이 순환한다."는 가격 순환 법칙. 이 법칙의 요점은 주가는 연속적인 파동에 의해 상승하고 다시 하락함으로써 상승5파와 하락3파의 8개 파동으로 구성된 하나의 사이클을 형성하며, 이후에는 새로운 상승5파와 하락3파에 의해 또 다른 사이클을 형성한다는 것임.

언제부터인가 기업사회에서는 영성을 키우는 훈련을 하고, 나아가 종업원들의 개인적 영성 활동을 지원하는 기업들이 늘어나고 있다. 그들은 치열하고 각박한 기업사회에서 이러한 영성 훈련과 치유를 통해 경쟁을 멈추고 상대를 먼저 생각하고 자신과 다른 의견이라도 반박하지 않고 선의로 받아들이는 포용력을 키움으로써 자기 자신과 타인에 대한 믿음을 키우는 일이 기업 성공에 중요하다는 것을 깨닫게 된 것이다. 두려움도 어떤 결과를 만들어 내는 자극이 될 수 있지만, 더욱 훌륭한 성과는 긍정과 희망 속에서 자란다는 것을 기업들이 영성 활동의 장려를 통해 활용하고 있는 것이다.

모든 걱정은 자신의 마음의 근심에서 비롯된다는 것을 알게 되면 희망과 기대도 마음의 평화로부터 찾아온다는 것을 알게 된다는 것이 영성을 중요하게 생각하는 입장이다. 더욱이 수많은 사람들이 참여하여 저마다의 생각과 우려와 기대로 만들어 가는 주가나 부동산 시세를 시장 흐름대로 쫓아가게 되면 나를 잊어버리고 시장 흐름에 자신을 맡기게 되는 꼴이 되고 만다. 그리고 이렇게 되면 처음 투자할 때의 기대나 예상을 빗나가 엉뚱한 결과를 초래하게 된다. 그래서 자기 스스로 평정을 유지하고 소신을 지켜 나가는 정신적 강건함과 고요함이 필요한 것이다.

그런 점에서 주식투자를 한다고, 또는 부동산으로 돈을 벌어 보겠다고 지나치게 그 문제에만 몰두해서 일상의 균형을 깨는 생활을 하는 것은 결코 바람직하지 못한 일이다. 원래부터 어여쁜 재산이 있는 것이 아닌 것처럼 끝까지 속을 썩이는 재산도 좀처럼 없다. 모든 것은 시간이 흐르면서 그 진정한 가치가 축적되고 다듬어지는 것이다. 바로 이런 변화가 시간의 힘이다. 누군가 시간을 기다릴 수만 있다면 그리고 열심히 일해서 얻은 소득으로 꾸준히 저축하고 믿고 투자한다면 부자가 되지 않을 수 없는 이치가 여기에 있다.

저축은 '검소한 생활'의 열매이다

세스 고딘은 일찍이 "부자가 되는 첩경은 오직 저축뿐이다."라고 설파했다. 요즘 세태는 모두 '부자를 쫒으면서도 저축은 쫒아내는' 자가당착의 모순을 보이고 있어, 다들 저러다가 원하는 돈은 만져 보지 못하고 공연히 세상에 대한 원망만 늘어나는 것은 아닌지 걱정이 앞선다.

과거 우리나라 국민은 세계적으로 저축을 많이 하는 사람들로 평가를 받던 시절이 있었다. 일반 국민들의 재형저축이나 각종 적금, 또한 공직자들의 강제저축 등을 기초로 하여 국가성장에 필요한 재원을 상당 부문 조달해 온 우리이다.

그런데 언제부터인가 우리의 저축 습관이 서서히 무너지고 있어서, 이제는 일본이나 미국과 같은 선진국 국민들 정도의 저축에 그치고 있는 실정이다. 저성장과 낮은 투자율로 고민하는 국가 입장에서 보면 저축을 무조건 늘릴 수는 없는 일이지만, 아직도 저소득이나 저재산 상태의 국민들이거나 이제 막 사회 생활을 시작하는 젊은이들이라면 국가나 사회의 입장을 떠나 우선 저축으로 자기 자본을 확충하고 재정을 건전하게 유지하는 것이 기본이다.

그러나 현실을 보면 그렇지 못하다. 낮은 소득자나 사회 초년병들이 더욱 저축률이 낮은 현실을 보게 되면 안타깝다. 물론 최저 생계비에도 못 미치는 절대 빈곤 상황에서는 저축은 꿈같은 이야기가 되겠지만 어느 정도 수입이 되는 가계나 개인은 우선적으로 높은 저축을 유지하는 것이 자산경제사회에 진입하는 기초가 될 수 있다.

이미 경제성장을 상당히 진행해 온 우리인지라 개인 소득 수준이 2만 달러를 육박하고 산업 자본가들이 양산된 상황에서 각 경제주체들의 자산 증식 경쟁은 앞으로 글로벌 무대를 대상으로 폭넓게 펼쳐질 것으로 보인다. 따라서 이런 상황에서는 그날 벌어 그날에 쓰고, 한 달 급료 받아 그달 생활비로 쓰거나 과거의 빚을 갚는 데 쓰는 생활을 반복해서는 도저히 자산경제로 불어나는 부유층들의 재정 기반을 따라잡을 수가 없다.

그런데 싱가포르 사람들은 과거의 저소득 시대나 지금 개인 소득 3만 달러의 부자나라 시대에서나 국민들이 높은 저축을 유지하고 있어 놀랍기만 하다. 이는 지금도 싱가포르 정부가 국민들에게 저축을 장려하고 있기 때문인데, 특히 중앙 적립 기금(CPF)이란 근로자들의 저축 제도는 월소득의 40%를 저축하도록 만들어져 있다. 이는 과거 우리의 재형저축이나 퇴직 충당금 같은 개념의 제도로서 근로자 개인이 20%를 저축하고 기업이 20%를 저축해 주는 제도이다. 이 제도 하에서 국민들은 재산을 늘려 가고 국가는 이 재원을 바탕으로 다양한 투자 사업을 전개하고 있다. 우리나라에서도 도심의 초대형 오피스 등 많은 투자자산을 보유하고 있는 싱가포르 투자청의 재원들이 주로 이 같은 국민들의 저축으로 만들어진 돈이다.

이처럼 높은 저축을 유지하고 있는 싱가포르 사람들은 검소한 생활을 몸에 익히고 산다. 싱가포르를 가 본 사람은 알겠지만 국민 대부분이 자기 집을 가지고 있지만 자동차를 갖지 않은 국민들은 적지 않다. 중산층 가정에서도 자동차가 없이 대중교통을 이용하는 국민들이 상당하다. 그래서 인구 450여만 명의 작은 도시국가 싱가포르는 도심을 들어가 보아도 우리처럼 심각한 교통 체증을 만나기 어렵다.

그들은 자동차 가격을 대단히 고가로 책정해 놓아 웬만한 사람이면 자동차를 사기 어려운 구조인데, 예를 들어 우리나라에서 2천만 원 정도 하는 대중차를 싱가포르에서 사려면 6~7천만 원 정도를 주어야 한다. 그 밖에 주차비나 유지비도 상당히 높게 만들어 놓아 아예 자동차를 살 엄두를 갖기 어렵게 하고 있다.

아파트를 가 보아도 우리처럼 요란한 인테리어를 하고 사는 집은 드물다. 대체로 경제적이고 차분한 그런 실내 분위기에서 살아가고 있는데, 우리처럼 외식을 하기 위해 온 가족을 솔가하여 유명 음식점을 찾기보다는 조촐하게 가족끼리 음식을 만들어 근처의 공원이나 해변에서 피크닉을 즐기는 그런 류의 외식 문화를 가지고 있다.

그런데 우리는 뭔가. 자기 집도 없는 젊은이들이 자동차부터 구입하는 사치를 부리기도 하고, 주5일 근무를 계기로 하여 휴식과 여가에 들어가는 돈이 만만치가 않다. 그러니 자연 저축이 줄게 되고 자산 축적도 늦어지게 마련이다.

싱가포르는 결혼을 하면 대개 저렴한 값의 HDB라는 주택을 구입하여 내 집을 갖게 되는데 우리는 결혼 후 7년에서 9년을 넘겨야 내 집을 장만할 수 있고, 그 역시 40% 이상의 대출금을 끼고 있는 실정이다.

> **손에 잡히는 경제사전**
> **HDB**
> 싱가포르에서 가장 흔하게 볼 수 있는 주거 형태로, 싱가포르 주택개발청(Housing & Development Board)에서 짓는 일종의 서민 아파트임.

여기에다 카드 소비 등을 통해 소비형 부채도 다수 안고 있는 처지라 여유 자금을 가지고 살아가는 가정이 너무도 적은 것이 우리네 현실인데, 그러다가 주식이라도 오르게 되면 다시 돈을 빌려 주식에 투자하여 돈을 벌어 보려는 충동은 또 누구보다 강한 사회이다. 그래서 늘 주가가 상당 기간 강하게 상승하면 외상으로 주식을 사는 신용 융자 잔고가 급격히 늘게 된다.

그러니 이런 식으로 주식을 샀다가 급등에 대한 부담으로 돌발악재와 만나 주가가 일순간에 급락하게 되면 외상 매수로 주식을 산 투자자들은 비록 짧게 스치고 지나가는 일과성 폭락 장세에서도 전 재산을 탕진할 수 있는 것이다.

세스 고딘(Seth Godin)은 일찍이 "부자가 되는 첩경은 오직 저축뿐이다."라고 설파했다. 요즘 세태는 모두 '부자를 쫓으면서도 저축은 쫓아내는' 자가당착의 모순을 보이고 있어, 다들 저러다가 원하는 돈은 만져 보지 못하고 공연히 세상에 대한 원망만 늘어나는 것은 아닌지 걱정이 앞선다. 부디 지금이라도 부자가 되고 싶은 사람은 가능한 수준에서 '저축부터 늘리고 검소한 생활'로 돌입하길 빈다. 돈을 수중에 들고 있기보다 어딘가 믿을 만한 곳에 맡겨 두면 마음도 참 가벼워지는 것을 느낄 수 있다.

03

투자가 주는 지혜는 이것이다

시장에는 늘 단기투자자가 압도적으로 많다. 사람들은 왜 기다림에 약한 것일까. 흔히 하는 말로 한국 사람들이 성격이 급해서 그런 것인가, 아니면 그동안 우리 경제가 오랜 시간 고도 성장을 해 와서 타성이 붙어 그런 것인가.

가장 적은 노력으로 큰돈을 벌고 싶은 사람은 부동산이나 주식을 사서 오래 가지고 있으면 된다.

장기투자의 전략에도 결국 투자 위험은 도사리고 있음을 부인할 수 없지만, 그래도 기본적으로 장기투자의 전략이 비교적 합리적인 기대를 가지게 한다. 여기서 합리적 기대란 위험과 불확실을 고려한 실질적인 투자 성과를 말하게 되는데, 이를 줄이고 제거하는 방법은 다름 아닌 분산투자와 장기투자라고 할 수 있다.

가령 부동산 장기투자라 한다면 우선은 지방 발전 전략을 활용하여 새로이 주목받는 전국의 유망 지역에 대한 투자를 고려하고, 다시 좀 더 장기적으로는 국가의 성장률 회복 차원에서 각종 규제가 풀리며 다시 서울로 사람과 돈이 환류될 가능성을 감안하여 서울 도심으로의 투자도 고려한 자산 배분이 분산투자가 되겠다.

주식의 경우에도, 만일 장기적으로 저성장이 깊어지게 되면 주가도 큰 위험이 예상되는 바, 주식을 포함한 금융 투자자산의 장기 전략을 고려할 때는 채권, 금융상품 등 유동성 관리 자산에도 적절히 분산하는 종합 자산관리의 지혜가 필요하겠다.

그러나 고수들의 경험을 토대로 본다면 분산을 하더라도 지나치게 다양하고 많은 수의 자산에 분산투자하기보다는 가급적 압축된 구조의 분산투자로 위험 대처가 가능할 때 수익이 더욱 극대화될 수 있다.

또 장기투자를 하려면 적어도 10년 후의 사회 분위기나 경제 흐름을 내다보는 장기적인 안목도 더불어 가져야 한다는 것도 중요한 성공 요인이다. 하루하루 단기투자의 성공을 위해 동분서주하는 사람들 중에는 코앞에 닥치는 거대한 파도를 보지 못해 그 동안의 노력이 한순간에 물거품이 되는 경우가 적지 않은 것도 바로 이런 까닭에서이다. 마음이 급할수록 눈을 크게 뜨고 호흡을 길게 가지면서 멀리 보고 높이 보는 지혜가 필요하다. 주식투자 역시 그 출발 역사를 안다면 그것은 바로 믿음과 기다림의 세계임을 쉽게 깨닫게 된다.

주식투자는 과거 유럽의 해양 정벌 시대의 역사 속에서 싹을 틔웠다. 당시 아시아로 신대륙으로 일확천금을 꿈꾸며 떠나던 상선들은 장기간의 항해를 통해 귀한 물자를 가져올 수 있었지만 그에 소요되는 투자자금을 구하기가 어려웠다. 물론 많은 위험이 도사리고 있어 섣불리 성공을 점치기 어려운 불확실성의 게임이었다.

이때 직접 배를 타고 떠날 수 없던 사람들 중에는 뱃사람들이 벌이는 미지에 대한 도전에 동참하고자 하는 사람들도 있었는데, 그들이 투자자가 되어 돈을 대고 그 증서로 받은 것이 오늘날 주식의 효시이다. 그러나 항해가 워낙 길고 먼지라 무역선에 돈을 투자한 사람들 중에는 개인적인 사정들이 생겨 종종 투자한 돈을 중간에 회수해야 할 경우도 생기게 되었다.

세상이란 어떤 일이 생기면 이를 해결해 주려는 사람들도 나타나게 마련이어서 어느새 뱃전에는 다름 아닌 투자 중개인들이 등장하게 되었다. 이 기능이 후에 주식 중개 기능으로 발전하여 오늘의 주식 유통 시장으로 변모하게 된다.

그런데 말이 좋아 기다림이지 당시의 항해 기술과 수준으로 본다면 도무지 언제 돌아올지 알 수 없는 세월을 기다렸다고 보아야 옳을 그런 시절이었으니, 당시 투자자들의 모험심과 인내의 정도는 요즘 초단기매매의 일상을 살고 있는 현대의 투자자로선 짐작도 가지 않는 일이다.

그러나 주식은 세월이 아무리 바뀌어도 일단 기다리면 다른 어떤 자산보다도 월등히 나은 성과가 나온다는 것은 이제까지의 경험으로 보아 충분히 알 수 있는 일이다. 문제는 하루하루 살아가야 하는 은퇴기의 시니어들의 처지에서 아무 주식이나 묻어 두고 무작정 기다릴 수는 없는 노릇이니 그것이 어려운 점이다.

그런 점에서 시니어들의 투자는 기본적으로는 장기투자의 성격을 지니긴 하겠으나 다소 유연한 전략을 가미한 투자가 바람직하다. 그러니까 장기투자 대상을 고르되 현금 배당 능력이 높은 기업을 주로 선정할 필요가 있다. 현금 배당 능력은 당연히 수익성이 안정적인 기업이어야 하는데, 대체로 시장 지배력이 높고 핵심적인 주력 상품이 있어 그것이 매출과 이익을 이끌어 주는 기업일수록 바람직하다. 재무적으로는 배당 성향이 높은 기업을 찾으면 되는데, 이 배당 성향에도 함정은 있다. 기업의 미래 성장 가능성이 낮으면서 현재의 수익이 높은 경우, 즉 성장 피크 기업도 배당 성향은 높게 나타나는 경우가 있는데 이런 기업은 주가는 높지만 장기투자에서는 고려할 점이 많다. 그러므로 경기 변동이나 기술 변화가 크지 않은 기업을 찾는 것이 바람직하다. 앞으로 이런 기업들이 주가 조정기에 들어가면 시니어들이 장기적으로 관심을 가져 볼 만하다.

이런 기업에 투자하려면 장기 저점에서 매입하여 그냥 믿고 기다리는 자세가 필요하다. 기술 개발이나 점유율 유지나 성장률 또는 수익성 관리 면에서 이런 기업들은 나름대로의 내공을 쌓아 놓은 기업들로서 경기 상황이나 경쟁 상황에 대한 대처에서 상대적으로 동요가 적을 수 있기 때문이다.

물론 이런 기업은 단기간에 커다란 변화를 도모하기도 쉽지 않아서 제품 개발이나 시장 확대가 더디고 매출의 성장 반응도 비교적 느린 편이다. 그래서 기술적 매매를 주로 하는 초단기투자자들이 쉽사리 달려들지 않는 주식의 하나이다.

　이런 주식은 대개 전체 발행 주식에 비해 유통 주식이 적어 거래량이 우선 많지 않은데, 거래량이 많지 않으면 초단기투자자들은 크게 관심을 갖지 않아 주가의 출렁거림이나 거래량 변동이 적어서 그만큼 주식의 장기 보유자가 많다는 의미가 된다.

　그러나 시장에는 늘 단기투자자가 압도적으로 많다. 사람들은 왜 기다림에 약한 것일까. 흔히 하는 말로 한국 사람들이 성격이 급해서 그런 것인가, 아니면 그동안 우리 경제가 오랜 시간 고도 성장을 해 와서 타성이 붙어 그런 것인가. 이 점에 관해서는 특별한 이유를 찾긴 어렵다. 다만 증시는 언제나 돌출할 수 있는 심리적 불안감을 깔고 있으며, 이런 불안감들은 한순간에 주가를 나락으로 빠뜨린 경우가 많았던 과거사에서 이유의 한 자락을 찾을 수 있을 것이다. 이론적으로 말하면 사회적으로나 국가적으로 안보나 사회 불안, 경제 흐름 등의 영향으로 주식시장이 심리적으로 일시에 혼돈에 빠지는 체계적 위험(베타 위험)이 높아서 그럴 수도 있다.

| 04

혼자만 큰돈을 벌 수는 없다

투자의 세계는 인내의 가치를 가르치는 교육장이란 생각이 든다. 주식이든 부동산이든 정말 얄밉게도 관찰하고 있을 때는 잘 오르다가 정작 큰마음 먹고 사고 나면 그때부터 게걸음으로 가거나 아니면 떨어지는 일이 비일비재하다. 그래서 장밋빛 기대감을 가지고 샀던 투자 대상들이 한순간에 애물단지가 되는 경우가 허다하다.

체계적 위험이 제공하는 투자 위험의 예를 한 번 들어 보자. 미국 예일대학의 로버트 J. 실러 교수가 최근 분석한 자료에 의하면, 1929년 대공황으로 기록된 10월 29일의 주가 폭락 이전에 이미 여러 차례 주가 급락의 소지가 심리적으로 나타나고 있었다고 한다. 실러 교수의 연구에 의하면, 이미 1년 전부터 여덟 번이나 주가가 폭락하는 사례가 있었는데 이 모두가 심리적인 충격으로 이어졌다는 것이다.

당시를 돌아보면 1928년 12월 6일 뉴욕 주가는 하루에 3.8%가 폭락하는 사태가 나타난 이후, 1929년 2월 7일에 3.6%가 급락했고, 다시 3월 25일에 4.1%가 폭락했으며, 5월 22일에 4.2%가 하락하고, 5월 27일에 4%, 8월 9일에 4%가 급락하고, 10월 3일에 4.2%, 10월 23일에 6.3%가 하락한 뒤 10월 29일에 13.5%의 대폭락을 기록하여 역사에 남게 된 것이다.

이런 심리적 동요는 1987년 10월 19일의 블랙 먼데이를 분석해 보아도 알 수 있는데, 1962년 3월 28일 이후 1986년 9월 11일에 4.6%의 가장 큰 하락세가 나타난 뒤, 9

월 12일에 1.9%의 주가가 하락하고, 1987년 10월 19일에 22.6%가 빠지는 심리적인 동요가 일어난 것으로 분석되었다.

이처럼 주식시장은 알 수 없는 심리적 동요가 커지면 결국은 어느 날 누구도 피할 수 없는 대폭락의 장세를 연출하여 모두를 망연자실하게 만드는 속성이 있어서 무작정 장기투자만 하라고 권하기 어려운 측면이 분명히 있다. 하지만 아무리 단기 폭락의 장세라 할지라도 결국 시간이 지나고 나면 다시 주가는 살아나 시간적 기다림을 반드시 보상해 준다는 점이 더욱 중요한 것이라 할 수 있다. 이런 시기에 가장 발군의 회복력을 발휘할 수 있는 기업에 투자하는 것이 바로 시니어들의 장기투자 지혜라 할 수 있다.

결국 주식시장은 체질적으로 심리적인 동요가 크다는 점 때문에 일견 장기투자가 어려운 점도 있지만 그런 이유로 오히려 장기투자가 단기투자보다 훨씬 유리한 역설도 가능한 것이다. 이제 펀드투자가 활성화되고 있는 터라 장기투자의 풍토는 꼭 조성되어야 한다.

투자의 세계는 인내의 가치를 가르치는 교육장이란 생각이 든다. 주식이든 부동산이든 정말 얄밉게도 관찰하고 있을 때는 잘 오르다가 정작 큰마음 먹고 사고 나면 그때부터 게걸음으로 가거나 아니면 떨어지는 일이 비일비재하다. 그래서 장밋빛 기대감을 가지고 샀던 투자 대상들이 한순간에 애물단지가 되는 경우가 허다하다. 그러나 이런 곡절을 겪고 나면 다시 그 주식이나 부동산가격이 살아나는 것을 보게 되는데, 그때까지의 기다림이 사람을 위기로 몰고 간다. 그래서 배우게 되는 것이 투자를 하는 것은 주식을 사거나 부동산을 사는 것이 아니라 바로 인내심을 사는 것이라는 사실이다.

1990년 주식시장은 정말 지옥을 향해 가는 열차 같은 형국이었다. 당시에 누구도 그 시장의 미래를 내다보는 사람이 없을 정도로 폭락한 주식시장은 온통 외상으로 산 주식들의 반대매물 속에서 신음하고 있었다. 도처에서 주식투자의 패잔병들이 거리를 메우고 있는 실정이었다. 그러나 그해 10월 10일 이른바 대학살이라는 신용매물 일제정리 매도조치가 있고 난 뒤 주가는 서서히 살아나 1994년과 1995년의 활황장세를 이끌어 낼 정도로 꾸준한 회복세를 보였다. 하지만 이미 1990년의 신용융자 미상환정리로 모든 것을 잃은 투자자들은 빈손으로 시장을 떠난 뒤였다.

결국 기회는 다시 언제나 여윳돈을 가진 잉여 자본가들에게 돌아가게 되어 그들은 폭락의 잔해 위에서 꽃을 따는 행운을 잡게 된 것이다. 물론 폭락에서부터 반등에 이르기까지 긴 세월을 잊거나 참고 기다린 투자자들에게도 행운은 돌아갔다.

1997년 아시아는 온통 비명소리로 가득했다. 태국에서 시작된 아시아 금융시장 위기는 인도네시아를 거쳐 말레이시아, 필리핀 등지로 번져 갔으며, 급기야 서울을 강타하여 우리는 11월에 국제통화기금의 관리 하에 들어가는 이른바 IMF 외환위기라는 미증유의 경제불황에 처하게 되었다. 사태가 이런 형국이면 주식시장의 형편은 한마디로 불문가지라고 할 수 있어 또 한 번의 살인적인 주가 폭락을 경험하게 되었다.

그러니까 1990년의 폭락 이후 7년 만에 다시 이런 일이 벌어진 것이다. 이 충격은 다시 코스닥으로 옮겨가 1999년에 잠시 폭등하던 코스닥은 2000년을 거치면서 거의 초토화되는 주가 폭락을 초래하게 된 것이다. 소위 벤처기업 투자 거품 사태이다.

그러나 이들은 다시 살아나 2007년에는 코스피가 2000포인트와 만나는 대상승을 기록하기도 했고 다시 그후에 2010년을 넘기면서 2000포인트를 넘기기도 했다. 물론 이 모든 사태를 참아 낸 인내심 있는 투자자나 뒷심이 있는 자본가라면 지난 세월은 그저 가벼운 추억으로 삼을 만한 일일 것이다.

부동산에도 깡통이 있던 사실을 기억하는가. 바로 1998년에 일어난 일이다. 당시 서울 강남의 대치동에 있는 모 아파트는 갑자기 폭락하는 아파트 시세로 인해 집을 가

> **손에 잡히는 경제사전**
>
> **IMF 외환위기**
> 대외 경상수지의 적자 확대와 단기 유동성 외환 부족 등으로 대외 거래에 필요한 외환을 확보하지 못하여 국가 경제에 치명적인 타격을 입게 되는 현상을 외환위기라고 함. 우리나라는 금융기관의 부실, 차입 위주의 방만한 기업경영으로 인한 대기업의 연쇄부도, 대외신뢰도 하락, 단기외채의 급증 등으로 1997년 외환위기를 겪게 됨. 한국 정부는 모라토리움(채무지불유예) 선언을 할 사태에 이르자 1997년 12월 IMF에 구제금융을 신청하여, IMF로부터 195억 달러, 세계은행(IBRD)과 아시아개발은행(ADB)으로부터 각각 70억 달러와 37억 달러를 지원받아 외환위기의 고비를 넘김.

지고 세를 놓은 사람은 그 집을 팔아서 전세금을 주려 해도 아파트가격 폭락으로 아파트가 팔리지 않아 오히려 자신이 돈을 보태어 세입자에게 주어야 할 입장에 놓이게 되었다. 이것이 바로 아파트 깡통 사건이다. 하지만 2000년 초반을 지나면서 마침 강남에 불어닥친 아파트가격 상승 붐으로 그 아파트는 5~6억 정도 하던 것들이 10억을 호가하는 고가 아파트로 변하고 말았다.

과거 과천에는 연립형 아파트들이 있었는데 집주인들은 고층형에 비해 상대적으로 불리한 가격 형성을 참아 내야 했다. 그러나 세월이 흘러 이제 재건축 대상이 되고 보니 이들은 상대적으로 넓은 대지 보유로 인해 좁은 자리에 빼곡히 들어찬 고층보다 시세가 크게 살아나는 반대급부를 누리게 되었다. 이 모두가 주식이든 부동산이든 인내심이 가장 위대한 자산임을 역사로 입증하고 있는 것이다

| 05

장기투자와 단기매매는 시계가 다르다

지금 이 순간 당신은 어느 시간 속을 달리고 있는가. 아주 긴 시간을 놓고 자신만의 통찰력을 시험하고 있는가, 아니면 변화무쌍하게 변동하는 시간의 흐름 속에 숨어 있는 규칙을 찾고자 하는가. 그러나 한 가지 알아 둘 것은 투자 현장에서 이 두 가지를 동시에 취하기는 현실적으로 어렵다는 점이다. 그래서 이것은 선택의 문제이다.

위대한 투자자 워런 버핏의 스승으로 유명한 필립 피셔(Philip Fisher)는 1950년에 매수한 모토로라 주식을 2004년 임종을 앞둔 시점에 가서야 처분하여 세상을 놀라게 한 바 있다. 그는 그 주식을 팔면서도 "만일 주식을 살 때 제대로 샀다면 그 주식을 팔 시점은 생전에 오지 않아야 한다."라는 명언을 남겨 역사에 남는 인물이 되었다.

그런가 하면 지난 1992년 일본 고베지진이 일어났을 때 요동치는 세계 증시의 소용돌이를 이용하여 세기의 단타를 쳤던 영국 투자회사 베어링의 젊은 펀드매니저 릭 리슨은 순간의 게임에 패해 영국 최고의 투자회사 베어링을 파산시킨 일화도 있다.

이렇듯 오늘도 증시에서나 부동산시장에서 또는 금융시장에서 어떤 이는 일생을 걸고 투자할 대상을 찾는가 하면, 누구는 찰나의 승부로 일생을 먹고사는 데 필요한 돈을 벌려고 타이밍을 좇는 사람들이 있다.

손에 잡히는 경제사전

베어링 은행 파산
1995년 4월27일 영국의 베어링 은행이 아시아 증권시장에서 10억 달러에 달하는 거액의 손실을 입고 파산한 사건. 세계적인 규모의 다국적기업이었던 이 은행의 파산은 세계 금융시장에 큰 파문을 일으킨 바 있음.

그들 눈에는 분명 서로 시장의 시계가 다르게 보일 것이다. 장기투자로 주식을 고르는 사람들은 무엇보다 경제의 앞날을 생각하게 되고, 당장의 매매차익을 내야 하는 사람들은 주식의 수요 공급에 민감할 수밖에 없을 것이다. 아파트를 장기적으로 매수하는 사람들에게는 도시 환경의 변화가 중요하다면, 당장의 전매차익을 내야 하는 사람에게는 정부의 규제 유무가 목전의 관심사일 수밖에 없다.

그러나 아인슈타인의 상대성 이론은 이런 결론을 내려놓고 있다. 움직이는 관측자의 시간은 짧고 정지된 관측자의 시간은 길다는 이야기이다. 그러니까 움직이는 관측자가 보기에는 아주 짧은 시간이고 정지된 관측자가 보기에는 긴 시간일 수도 있다는 말이다. 이 이론에 입각하여 한 과학자는 성경에 나오는 천지창조에 소요된 시간은 창조주에게는 6일이지만 사람의 시간으로는 160억 년이 된다는 주장도 하고 있다.

그런데 여기서 우리가 얻을 수 있는 투자의 지혜는 근본적이고 창조적인 시각의 투자자에게는 긴 시간도 아주 짧을 수 있고, 말단의 움직임만 관찰하는 투자자에게는 하루도 긴 시간일 수 있다는 사실이다. 다시 말하면 시간의 흐름에 대해 긍정적이고 희망적인 사람에게는 긴 시간일지라도 코스모스(cosmos)식 사고로 인해 결과에 대한 믿음이 일관되지만, 시간을 무작위로 변동하는 카오스(chaos)로 보는 사람에게는 시간이 단순히 위험을 만드는 알 수 없는 불확실성에 지나지 않을 것이다.

여기서 중요한 것은 무엇이 옳은 것인가 하는 문제가 아니라 저마나 시간에 대해 어떤 입장을 보이고 있는가 하는 점이다. 그러나 위험한 것은 단순히 수익을 극대화하기 위해 초단기매매에 관심을 가지고 있다면 이는 변화무쌍한 시간의 칼에 희생당하기 쉬우며, 굳은 심지나 내공 없이 무작정 장기투자에 나서 그 도무지 알 수 없는 긴 시간을 감당하려 한다면 야속하게도 목표 지점 목전에서 무릎을 꿇게 되기 십상이다.

그러므로 투자에 앞서 자기 자신을 잘 돌아보아야 한다. 미래의 시간에 언제나 긍정적인 생각을 가지고 믿고 기다릴 수 있는 사람인지, 아니면 아무 방향성 없이 혼돈 속에 변동하는 시간에서도 나만의 매매 타이밍을 찾을 수 있는 순발력 있는 사람인지를 스스로 살펴보아야 한다. 만일 이렇게 하여 나만의 투자 방법을 찾았다고 하면 이는 장기투자와 단기투자가 상호 비교의 대상이 아니라 서로 다른 시간 속을 흐르고 있는 별개의 세상임을 알면 된다.

그렇다면 지금 이 순간 당신은 어느 시간 속을 달리고 있는가. 아주 긴 시간을 놓고 자신만의 통찰력을 시험하고 있는가, 아니면 변화무쌍하게 변동하는 시간의 흐름 속에 숨어 있는 규칙을 찾고자 하는가. 그러나 한 가지 알아 둘 것은 투자 현장에서 이 두 가지를 동시에 취하기는 현실적으로 어렵다는 점이다. 그래서 이것은 선택의 문제이다.

'재테크'란 국적 없는 단어는, 늘어나는 국제수지흑자로 주체할 수 없이 돈이 쌓이던 일본에서 지난 1980년대에 주식이나 부동산 등에 자산투자 붐이 불면서 탄생한 말이다. 당시 일본에 잠시 체류했던 기억을 떠올려 보면 그들의 자만심이 얼마나 컸었는지를 잘 알 수 있다. 그 당시 일본의 주가는 천정부지로 오르던 시절이었는데, 세계적으로 주가의 수준을 측정하는 분석 도구 중의 하나인 주가수익비율(PER)이 세계 평균치인 10~15배선을 훨씬 뛰어넘어 무려 70배가 넘었었다.

이는 주식 한 주당 1년에 얻을 수 있는 이익에 비해 주가가 70배가 넘는다는 말로서 한 주당 발생한 기업의 1년간 평균 순이익(earning per share)이 500원일 때 주가는 그의 70배인 3만5천 원이라는 말이다. 만약 이를 당시 미국의 평균 PER 수준인 10배를 적용하면 주가는 5천 원 정도가 적당한 것이다.

이러한 일본의 주가는 이를 지켜보는 모든 다른 국가의 염려를 자아내기에 충분했지만, 정작 일본 안에서는 천하태평으로 오히려 더 오를 것이라는 기대에 부풀어 있었다. 지금도 기억에 남는 일은 당시 미국의 경제신문《월 스트리트》지가 일본의 이러한 고주가 현상을 지적하고 나서자 당시 일본 최대 증권사의 애널리스트가 이 신문에

손에 잡히는 경제사전

주가수익비율
(PER, price earning ratio)
주가를 주당순이익(EPS)으로 나눈 주가의 수익성 지표. 예를 들어 A사의 주가가 3만 원, 1주당 순이익이 3천 원이면 PER은 10(배)임. PER이 높으면 기업이 영업활동으로 벌어들인 이익에 비해 주가가 높게 평가되었으며, 반대로 PER이 낮으면 이익에 비해 주가가 낮게 평가되었음을 의미하므로 주가가 상승할 가능성이 큼.

기고문을 내고 "일본은 미국이 아니다."란 말로 비난을 일축한 적이 있다는 사실이다.

하지만 세상에 예외란 없는 법. 후일 일본은 이때의 주가 폭등과 부동산 폭등의 후유증을 10년이 넘도록 겪어야 했으며, 사실은 아직도 그 그늘이 일본 열도를 뒤덮고 있는 형편이다. 그런데 20년이 지난 오늘에 이번엔 미국이 반대로 주가 상승과 주택 가격 급등의 후유증으로 세계를 공포의 도가니로 몰아간 것이다. 참으로 세상이란 아이러니 투성이란 생각이 든다.

이것이 바로 선진국 사이에서 불고 있는 힘 안 들이고 돈 벌 수 있는 자본 이득의 기대심 때문이라고 할 수 있으며, 어느새 이런 기대는 후진국으로까지 번져 나가 아직은 온 국민이 열심히 땀 흘리며 일에 매진해야 할 나라에서조차 증권투자나 부동산투자 열풍을 만들어 낸 바가 있다.

사실은 우리가 지금 다른 나라 이야기를 할 때가 아니다. 우리도 어느새 재테크에 대한 지나친 관심으로 많은 사회적 문제를 야기해 오고 있는 실정이다. 주식투자의 실패로 목숨을 끊기도 하고, 경마장·카지노·경륜장 등으로 전전하는 일확천금 추종자들이 오늘도 거리의 어두운 길목을 걸어가고 있다. 이것이 바로 재테크의 허상이다. 그러고 보니 돈이란 '테크'의 대상이 아니라 철저하고 겸손한 '경영'의 대상이란 점을 우리는 잠시 잊고 살아온 것 같다.

일찍이 고든이란 학자가 이런 말을 남겼다. "사람들은 하늘을 나는 낲은 새들을 보고 '만약 저 새들을 다 내가 잡을 수 있다면 얼마나 좋을까?' 하고 온종일 뛰어다니지만 정작 빈손으로 돌아와 보면 정말 소중한 것은 내 손안에 있는 한 마리의 새라는 사실을 알게 된다."라는 것이다. 이는 기업의 가치를 평가할 때 근거가 약하고 겉만 화려한 미래 가치보다는 눈앞에 있는 확실하고 정확한 수익이 더 소중하다는 뜻이다. 이런 점에서 고든은 주식의 가치에서 성장성이나 미래 가치보다는 배당의 가치가 더 중요하다고 보았다.

06

노후는 생명이지 연명이 아니다

미래의 평균수명을 90세로 보자. 그리고 은퇴를 예순 살에 했다고 치면 남은 30년 동안 과연 얼마의 돈이 필요한가를 질문해 보자. 간단히 생각해도 최소한 은퇴 직전 수입의 70%는 필요하다. 은퇴 후 줄어드는 비용과 늘어나는 비용을 비교하면 그런 계산이 나온다.

    노후생활은 어떻게 준비해야 하는가. 사실 마땅한 정답이 있는 것은 아니지만, 어느 생명보험회사의 제안을 보니 은퇴 후 20~25년간의 부부 생활비와 대개 남편 사망 후 혼자 더 남게 되는 부인의 10년치 생활비, 부부 의료비와 간병 비용, 취미 생활비 등으로 구성할 수 있다고 보았다. 일견 일리가 있는 아이디어 같으나 만일 이것을 같은 기간이라도 '노후'라고 보지 않고 '인생 후반전'으로 본다면 교육비도 있어야 하고, 사업 자금도 있어야 하고, 사회 봉사비도 계산해 두어야 하고, 갈수록 스마트해지는 생활 개선비도 책정해 두어야 한다. 한마디로 쉽게 계산할 수 없는 문제이므로 후반전 인생도 지속적으로 할 수 있는 한 스스로 더 벌어 가면서 대처해야 한다고 본다.

    30년 전 우리나라의 돈 1원이 있었다면, 이제는 100원을 가져야 그때의 가치를 유지할 수 있다. 그만큼 돈의 가치가 떨어진 것이다. 30년 전에 경제활동을 그만둔 사람이 있다고 하자. 예전에는 제법 형편이 좋았다 하더라도 돈의 가치가 떨어지고, 또 젊은 사람들의 생활수준이 나아진 지금에는 상대적으로 빈곤을 느끼며 살아야 하는 것이다.

    30년 전만 해도 가정 난방은 연탄이 일반적이었는데, 그때 사정이 좀 나은 사람들은 연탄 보일러를 놓고 살았다. 하지만 그후 기름과 가스가 난방용으로 쓰이게 되자 연탄 보일러는 서서히 자취를 감추게 되었는데, 아직도 연탄 보일러를 쓰고 있는 가정 중에는 그 당시에 은퇴한 노인들의 가정이 대부분을 이루고 있을 것이다.

그보다 더한 것은 자동차의 범람이다. 지금은 학교만 졸업해도 자기 차를 타고 다니는 사람들이 대부분이지만, 과거에는 꿈도 꾸지 못하던 일이다. 그러다 보니 대중교통 수단은 갈수록 줄어들어 이제 노인들은 어디를 가려 해도 교통편이 불편하여 감히 엄두를 내지 못한다. 그리고 대중교통 수단을 이용하는 사람들도 실제는 노인들이 가장 많은 것이 사실이다.

그래서 노인들은 사는 마을과 이웃을 잘 만나야 할 것 같다. 과거 잠시 체류했었던 미국 뉴욕주의 '로체스타'는 위치가 북부 지방이라 다소 추운 것이 흠이지만, 은퇴자들이 사는 데는 참으로 좋은 환경을 가지고 있다. 아름다운 자연 경관도 그렇지만 5대호 중 하나인 '온타리오'호가 있는 도시라 공기가 너무 맑다. 특히 검소한 지역 소비 성향이 아주 마음에 들었다.

은퇴자들이 사는 곳은 무엇보다 생활비가 적게 들어야 한다. 이곳에는 쇼핑에 필요한 큰 상가들이 많이 있지만, 대체로 호화롭지 않고 수수한 제품들을 주로 진열하고 있어 은퇴자들이 사용하기에 부담이 적다. 식당이나 레저 시설도 비교적 실용적인 수준에서 유지되고 있는데, 패밀리 골프장만 하더라도 9홀에 7달러에 즐길 수 있도록 해 두고 있다. 그런가 하면 종합 병원들이 몇 개나 있어 의료 시설도 좋은 편인데, 바로 이런 환경을 가진 지역을 은퇴 후에 고르는 안목이 필요하다. 물론 날씨까지 좋은 곳이면 금상첨화이겠지만.

한 번은 '시라큐스'에서 '보스턴'으로 가던 길이었는데 잠깐 점심을 먹으러 어느 작은 마을의 레스토랑에 들렀다. 외관은 그저 미국 전역에서 볼 수 있는 그런 평범한 식당이었는데, 사람들이 길게 줄을 늘어서 있는 꽤나 인기 있는 식당이었다. 그런데 그 식당에서 감동을 받은 것은 맛있는 스테이크가 아니라 바로 그 식당 종업원들이었다. 그 식당은 하나같이 할머니들이 음식을 나르고 주문을 받고 있었다. 젊은이라곤 단 한 사람도 없었다. 할머니들의 서비스는 다소 느리고 매끄럽지 못한 것은 있었지만 누구 하나 불평하지 않고 아무 말 없이 기다리는 자세야말로 참으로 성숙된 선진 국민의 자세라 할 만했다. 그들은 그렇게 노인들의 사회 참여를 인내로 받아들이고 있었다.

이제 미래의 평균수명을 90세로 보자. 그리고 은퇴를 예순 살에 했다고 치면 남은 30년 동안 과연 얼마의 돈이 필요한가를 질문해 보자. 간단히 생각해도 최소한 은퇴 직전 수입의 70%는 필요하다. 은퇴 후 줄어드는 비용과 늘어나는 비용을 비교하면 그런 계산이 나온다. 먼저 줄어드는 것은 주택 융자금으로 대부분 갚아졌을 것이고, 자녀에 대한 교육비가 줄어들었을 것이다. 또 출근을 위한 교통비와 식사비가 필요없게 되었을 것이고, 자동차도 부부가 따로 썼다면 이제는 하나만 있으면 될 것이며, 옷을 사거나 세탁소 가는 일도 줄어들게 될 것이다.

그러나 늘어나는 것도 있을 것이다. 집 수리비가 늘어나게 되고, 집을 줄이지 않으면 재산세도 점점 늘어나게 된다. 또 종일 집안에 있다면 집의 관리비도 늘어나게 되고, 집과 자동차 보험료도 높아지게 된다. 의료비도 당연히 늘게 되는데 미국의 경우 은퇴 후 평균 1년에 500달러의 약값이 드는 것으로 통계가 나와 있으며, 이는 우리 돈으로 계산하면 약 60만 원이다.

그것을 다시 은퇴 전 수입과 은퇴 후 필요 자금으로 비교하면 은퇴 전 30년의 평균 수입에 비해 은퇴 후 30년의 소요 자금은 두 배가 더 많다. 다시 말해 올해 마흔다섯 살의 대기업 부장급의 경우 대략 30년 동안 연 5천만 원 정도의 수입을 얻을 가능성이 있다면, 그에게 은퇴 후 필요한 소요 자금은 30년 동안 연 1억 원이란 이야기이다. 이것을 요즘 도시가계의 평균 수입으로 환산하면 연간 약 4천만 원의 수입일 경우 은퇴 후 30년간 연평균 약 8천만 원이 필요하게 된다는 이야기인데, 이런 이유는 모두 인플레이션 때문이다.

물가가 안정된 미국도 1980년대의 인플레이션이 평균 6%대에 달한 바 있다. 미국에는 이와 관련하여 '72의 법칙'이란 것이 있다. 어떤 물건값이 2배로 오르는 기간을 계산하는 방법으로, 72란 숫자를 예상하는 기간 중의 인플레이션으로 나누면 되는데, 가령 3%의 인플레이션을 예상하고 있다면, 2배가 되는 시기는 24년이 된다. 그렇다면 결국 3%대의 물가만 생각을 해도 은퇴 후 생활비가 이전보다 평균 2배가 되는 것이다.

　이를 위한 저축의 준비는 시작하는 나이에 따라 달라져야 한다. 만일 은퇴 후 저축 준비를 30세에 시작한다면 수입의 10% 정도를 은퇴 후를 위해 저축해도 되지만, 40세가 되어서 준비하려면 수입의 약 20%를 저축해야 하고, 만일 50이 넘어서 은퇴 준비에 나선다면 수입의 절반을 항상 은퇴 전까지 저축해야만 은퇴 후 평균 자산 수입이 은퇴 직전의 70%선을 유지할 수 있다는 계산이 나온다.

PART 5

주식은 나이가 들면서
더 잘 보인다

인생후반전
설계지침서
후반전에 끝 터진다

신념과 고집은 차원이 다르다

주식이란 운용 기간에 따라 수익률의 편차가 크며, 기본적으로는 운용 기간이 10년을 넘기게 되면 주식의 투자 위험이 현저히 낮아져 거의 위험을 고려하지 않아도 되는 수준의 실적을 보이게 된다. 그런 점에서 보자면 주식을 활용한 자산운용은 은퇴 이전부터 추진해서 운용기간을 장기적으로 접근하는 것이 효과적이라고 볼 수 있다.

은퇴 후에 필요한 자산수익률은 개인에 따라 다르지만 시장의 평균 개념을 이해하고 있으면 자신의 수익률이 어느 수준인지는 알 수 있게 된다.

일반적으로 연금과 같은 공공성 있는 자산수익은 인플레이션을 방어하는 수준에서 그 기준이 정해지게 되는데, 통상은 인플레이션 수준의 1~2% 정도를 상회하는 수익률을 보이게 된다. 주식투자가 위험 자산이면서도 장기 자산 포트폴리오에 비중 있게 편입되는 이유는 장기수익률로 볼 때 여타 자산에 비해 양호한 수익률을 올려 왔기 때문이다.

미국의 경우를 보면 지난 200년간 주식 수익률은 연평균 8.3%였으며, 최근 78년간의 수익률은 10.4%로 나타났다. 그리고 지난 200년간의 주식과 채권의 수익률 차이는 3.4%로 나타났고, 최근 78년간의 주식과 채권의 수익률 차이는 5%로 나타났다.

이러한 주식 수익률 기록은 장기 자산시장에서 가장 좋은 수익률로 평가되고 있다. 물론 주식은 단기로 올수록 수익률의 변동 폭이 증가하는 특성은 고려해야 하지만 장기적인 수익률로만 보더라도 여타 자산의 수익률을 보전할 수 있는 가장 효과적인 자산임은 분명하다고 할 수 있다.

그러나 주식으로 이러한 실적을 내려면 과학적인 포트폴리오를 구성해야 하고 전문적인 자산운용 실력을 가진 사람이어야 가능한 일이기에 개인적으로 주식 운용에 직접 도전하는 것은 많은 준비와 훈련이 필요하다. 따라서 자신의 자산운용에서 주식투자의 프리미엄을 누리고 싶다면 금융기관이나 투자기관이 다루는 전문적인 자산운용 상품을 이용하는 것이 바람직하다.

주식이란 운용 기간에 따라 수익률의 편차가 크며, 기본적으로는 운용 기간이 10년을 넘기게 되면 주식의 투자 위험이 현저히 낮아져 거의 위험을 고려하지 않아도 되는 수준의 실적을 보이게 된다. 그런 점에서 보자면 주식을 활용한 자산운용은 은퇴 이전부터 추진해서 운용 기간을 장기적으로 접근하는 것이 효과적이라고 볼 수 있다.

> **손에 잡히는 경제사전**
>
> **자산운용**
>
> 자산 운용에는 공격형(투기형) 투자와 방어형 투자의 두 방향이 있으며, 공격형에 해당하는 주식은 호재(好材)가 나타나면 주가가 크게 오를 수 있는 종목이며 방어형은 호재(好材)가 나타나도 주가의 큰 변동없이 제 값을 유지하는 것임. 일반적으로 호황 때에는 주식 70%, 채권 30% 비율로 공격형 주식을 매입하고, 경기가 불투명할 때에는 주식 50%, 채권 50% 비율로 안정주를 중심으로 한 분산투자가 바람직함.

같은 맥락에서 장기 펀드에 편입되는 주식들도 장기 경영 실적이 좋은 장수 기업에 많이 포함된다는 사실을 알 수 있다. 장수 기업은 일반적으로 일상생활에 밀접하게 관련된 기업들에서 주로 찾을 수 있다.

바로 이런 점들이 개인 투자가의 자산운용에서 힌트가 되는 점이다. 정보 수집이 늦고 시장 흐름을 제대로 파악하기 어려운 개인 투자가로서 만일 직접적인 자산운용의 욕구를 느낀다면 이런 장기투자의 특징에서 힌트를 발견하게 될 수 있을 것이다.

주식의 내재 가치를 논함에 있어 가장 기본적인 관점 중의 하나는 '시가총액이 순자산가치와 균형을 유지하는가'라고 할 수 있다. 기업이 보유하고 있는 총자산 중에서 부채를 빼고 남은 나머지를 순자산 또는 자본 총계라고 하는데, 이는 대개는 그동안 벌어서 남겨 둔 이익 잉여금과 자본 조달 과정에서 조성된 자본 잉여금으로 구성되어 있다.

따라서 이 돈들은 고스란히 주주 몫으로 보아야 한다.

바로 그런 점에서 전체 주가와 주식수를 곱해 산출하는 시가총액이 적어도 순자산보다는 크거나 같아야 한다고 생각할 수 있다. 일반적으로는 시가총액이 순자산을 초과하는 것이 상례이다. 미래 가치가 작용하는 것이 주가이기 때문이다.

그런데 주식시장이 장기 침체에 빠지면 바로 이 점을 먼저 유의해야 한다. 전반적으로 주가가 하락하다 보니 기업들의 순자산보다도 주가가 하락하여 이른바 저평가 주식들이 즐비하게 된다. 그런데 이를 보고 매수 대상으로 생각하여 서둘러 주식시장에 뛰어들다 보면 아주 장기간 바닥권을 헤매야 하는 지루함을 겪거나 아니면 추가로 주가가 더 하락하여 뜻밖의 손실을 보기도 한다.

그 이유는 자산구조를 보아야 알 수 있다. 자본 구조상으로 시가총액보다 많은 자기자본을 가지고 있다고 하더라도 이 돈이 고정 자산에 많이 투입되어 있거나 매출 채권이나 재고 자산에 많이 투입되어 있다면 실제로 현금화 능력이 없다고 보아야 하기 때문이다. 즉 장기 불황에서 매출보다 중요한 것이 현금이고 이익보다 중요한 것이 현금이기에 유동성 자산의 가치가 그 어느 때보다 중요하게 여겨지기 때문이다.

그러나 장기 불황을 잘 이기고 나면 가장 먼저 이런 기업들의 주가가 회복된다. 이 시기를 알기 위해서는 우선 전체 장세가 바닥을 벗어나는 시점을 잘 찾아야 한다. 대개는 정부가 경기 침체를 벗어나게 하기 위해 금리를 내리기 시작하거나 시셍을 풀기 시작할 때 그 가능성을 점칠 수 있다. 하지만 이때가 한창 주가가 급락하는 자산 디플레 시점이라 기업의 덩치가 크거나, 평소 잘 알려져 있지 않은 기업들 중에서는 순자산가치보다 훨씬 주가가 급락하여 선뜻 달려들었다간 아주 시간을 많이 소요하게 되는 경우가 많다.

하지만 만일 전체 장세가 회복 조짐을 보인다면 이런 기업들은 이미 먼저 선취 매수가 들어오고 있음을 알 수 있어서 후일 장세가 살아난다면 그때 장세의 새벽을 알리는 역할을 하고 있었음을 알게 된다.

　인기란, 그 대상이 무엇이든지 결국은 시간이 흐르고 나면 허무하다는 것을 알 수 있는데, 주식시장도 마찬가지이다. 장기 불황은 대체로 경제적으로나 주식시장으로 볼 때 이전의 큰 흐름을 잘라 버리는 특징을 갖는다. 가령 지난 1970년대의 오일쇼크로 인한 장기 불황은 이전의 인기주이자 신기술주이던 화학섬유주식들을 모두 장기 침체에 빠뜨린 적이 있으며, 당시 반짝 성황을 누리던 자원 개발주도 후일에는 헌신짝처럼 내다버리는 매정함을 보여 준 바 있다.

02

진실한 기업에 투자하라

기업이란 어려울수록 솔직하고 진솔하게 실상을 세상에 알리고 투명한 과정으로 어려움을 극복하려는 자세를 보여야 은행도 돕고 정부도 돕고 국민도 돕게 마련인데, 우리 기업들은 무조건 손바닥으로 하늘을 가리려 드니 루머가 돌게 마련이다.

'휴브리스(Hubris)의 함정'이란 '자기 성공의 함정'이란 의미를 가지고 있다. 과거 현장에서 투자 전문가로 일하고 있을 때의 일화이다. 당시는 막 오일쇼크의 장기 불황을 벗어나려는 시점이었다. 당대의 최고의 개인 투자가 중에 시중에도 이름이 회자되던 어느 기업의 노회장이 한 분 있었다. 당시 투자 분석 책임자로 있던 필자는 그분에게 새로운 회복 장세의 주도주로 삼성전자를 강력하게 권했더니 그분은 일언지하에 거절하고 과거의 대장주인 건설주에 거의 전 재산을 던져 버렸다.

본인이 과거 건설주로 크게 성공한 분이라 건설주에 미련이 너무 크고, 자기 성공의 기억을 과신하고 있어서 도저히 젊은 애널리스트의 말이 먹히질 않았다. 하지만 그후 장세 회복과정에서 건설주는 거의 폭락을 거듭했고, 상당수는 파산하는 아픔을 맛보아야 했지만 그분은 도저히 변하지 않아 결국 많은 재산을 잃었다.

손에 잡히는 경제사전

휴브리스(Hubris)의 함정

역사학자 토인비가 '성공 체험의 우상화' 현상을 지칭하는 용어로 사용하면서 유명해진 말. 권력을 잡는 데 성공한 창조적 소수가 역사를 바꿔 나가는데, 그들은 차츰 그 성공에 이르게된 자신의 능력과 방법론을 맹신해 절대적 진리로 우상화한다는 것. 성공 체험의 우상화는 변화하는 환경에 대한 적응을 방해하여 국가나 기업을 실패하게 만듦. IBM은 휴브리스의 함정에 관한 아주 흔한 사례의 하나임.

그러다 이번엔 증권주가 새로이 등장하여 갑자기 주목을 받자 어느 순간 증권주에 심취하게 되고 여기서 단기적으로 약간의 수익이 나오자 이번엔 증권주를 맹신해서 그 동안 건설주에서 본 손해를 만회하려고 무리한 부채까지 조달해서 이미 상투조짐을 보인 증권주에 뒤늦게 올인하여 결국 그나마도 파국을 맞은 바가 있다. 필자는 이렇게 당대의 대투자가 장기 불황의 터널을 빠져나오는 과정에서 두 번의 실책으로 수천 억대의 재산을 다 탕진하는 안타까움을 지켜본 바 있다.

이 문제는 전문가들도 마찬가지이다. 펀드 운용자나 애널리스트, 또는 시장 전략가들도 지난 장세의 성과나 관점을 잊어야만 새로운 시장의 빛을 찾을 수 있을 것이다. 소위 증시는 행운이나 명성으로 사는 것이 아니라 시대를 뛰어넘는 위대한 통찰력으로 살아간다는 점을 깨달아야 할 때이다.

장기불황에서 금리는 두 얼굴을 갖는다. 일반적으로 금리를 인하하면 소비가 살아나고 투자심리가 살아나고 부채를 가진 기업들은 이자부담이 줄고 이자수준에 실망하는 사람들로부터 저축이 줄어들어 주가에는 긍정적인 영향을 미치는 것으로 알려져 있다.

하지만 장기 불황에서 금리는 반드시 그런 것만은 아니다. 금리를 내려도 주가가 더 하락하는 신호로 작용할 때가 있는데, 이는 경기가 심각하게 악화되어 갈 때는 금리를 내리면 본격적인 경기 악화의 신호로 인식되어 장기 불황을 확인시키는 반응을 일으키기 때문이다.

따라서 이런 경우 금리 인하 정보만 믿고, 특히 은행주에 성급하게 투자하면 단기간에 주가가 더욱 급락할 가능성도 배제할 수 없다. 금리 인하로 은행의 수익만 더 악화될 것이란 악재가 반영되면 이런 결과가 나오기 때문이다.

대개는 몇 차례의 금리인하가 수반되어야 경기에 조금씩 영향을 미쳐 주가가 장기 저점을 형성하는 반응을 보이게 되는데, 이조차도 상당한 시간이 경과해야 하기에 장기 불황 초기에는 금리 인하 정보를 너무 민감하게 인식할 필요는 없다고 본다. 그러나 이런 때 장기적으로는 자산가치가 주가에 비해 높고 안정된 사업 구조를 가진 기업들은 장기적인 관점에서 자산주란 인식에서 서서히 매수 타이밍을 찾아볼 필요성이 있다.

다만 이때 너무 재무구조가 안정된 기업보다는 약간의 부채를 가지고 적당히 레버리지 효과(leverage effect)를 거두고 있는 기업들이 괜찮다. 이런 기업들은 금리 인하로 점차 이자 부담이 줄고 경기가 살아나면 자기 자본만 가진 기업보다 레버리지 효과가 클 수 있기 때문이다. 또 장기 침체 과정에서는 그 레버리지가 역효과를 보여 오히려 주가가 더 하락했을 가능성도 있었기 때문이다.

장기 불황을 이기는 장사는 드물다. 그러다 보면 기업을 팔거나 합치고, 인원을 줄이고 자산을 매각하고 감량하는 기업들이 많아지게 된다. 그런데 이런 기업들이라고 해서 모두 악재는 아니란 점을 알아야 한다. 오히려 이런 기회를 통해 주가가 장기 저점을 벗어나는 반전을 꾀하기도 한다.

> **손에 잡히는 경제사전**
>
> **레버리지 효과**
> **(leverage effect)**
> 타인으로부터 빌린 차입금을 지렛대로 삼아 자기자본이익률을 높이는 것으로 지렛대효과라고도 함. 예를 들어 100억 원의 자기자본으로 10억 원의 순익을 올리게 되면 자기자본이익률은 10%가 되지만, 자기자본 50억 원에 타인자본 50억 원을 도입하여 10억 원의 순익을 올리게 되면 자기자본이익률은 20%가 됨.

큰 기업도 마찬가지이다. 이미 여러 가지 문제가 드러나 그 문제해결도 벅찬 기업들이 위기를 해소하겠다고 갑자기 큰돈을 들여 광고를 하거나 경영자가 언론에 인터뷰를 하는 경우를 보게 되는데, 이는 스스로 자기 함정에 빠지는 경우이다. 그 기업의 문제를 보고 있는 사람들은 그런 곳에 돈을 펑펑 쓰는 기업들을 더 위험하게 보기 때문이다.

삼척동자가 다 아는 어려움을 안고 있는 기업이 이런 시기에 세상을 향해 목청을 높인다고 해서 이미 냉정해진 세상 인심이 귀를 기울이지는 않는다. 오히려 상황을 호도하려 한다는 오해를 사거나 아직 제대로 상태 파악이 안 된 기업이라는 손가락질을 받을 만한 그런 일이다.

기업이란 어려울수록 솔직하고 진솔하게 실상을 세상에 알리고 투명한 과정으로 어려움을 극복하려는 자세를 보여야 은행도 돕고 정부도 돕고 국민도 돕게 마련인데, 우리 기업들은 무조건 손바닥으로 하늘을 가리려 드니 루머가 돌게 마련이다. 그런데 그런 루머들을 우리는 무조건 악성 루머라 하여 심지어 당국이 단속을 하는 경우도 있는데 대개는 시간이 지나고 나면 허무맹랑한 낭설은 아니었음을 알게 된다.

경제가 어려워지면 특히 외부 투자자들은 어떤 기업도 선뜻 믿으려 들지 않는다. 그러기에 투명한 경영이 무엇보다 중요하고, 투자자 입장에서도 비록 현재의 경영 성과는 낮더라도 투명하고 정직한 경영을 한다는 믿음이 서면 힘을 보태 주게 되는 것이다.

1인당순이익이 높아지는 기업이 좋다

장기투자에 적합한 기업은 1인당 순이익이 높아지는 기업이다. 그러나 인원을 줄여 가면서 1인당 순이익이 증가하는 기업은 감량 경영을 하고 있는 기업이어서 기업 내용을 좀 더 파악할 필요가 있으며, 인원이 증가하는 가운데 순이익이 증가하게 되면 성장성을 갖춘 기업으로 보아도 좋다.

역사가 긴 기업이 항상 주의할 점은 자산이나 사람을 필요한 수준보다 많이 보유하고 있을 가능성이 크다는 점이다. 이는 시장을 지배하고 있거나 안정된 수익 구조를 가지고 있는 기업들도 그럴 가능성이 크다. 이를 두고 채찍 효과(bullwhip effect)라고 하는데, 조직이란 시간이 흐르면서 항상 필요한 인원보다 더 많은 인원을 채용하고 있거나 필요한 것보다 더 많은 자산을 보유하고 있다는 이야기이다. 따라서 기업들은 일정한 시간이 흐르면서 슬림화 작업을 해 주어야 조직과 자산에서 적절하고도 가벼운 상태가 유지되어 좋은 경영 성과를 이끌어 낼 수 있게 된다.

기업의 이런 상태를 점검하기 위해서는 '총자산 이익률'을 챙기는 것이 효과적이다. 총자산 이익률이란 재무제표에서 대차대조표를 보면 알 수 있는 지표로서, 조금 간단히 이야기하자면 대차대조표의 맨 하단부의 자산 총계와 손익계산서의 맨 하단부의 세

> **손에 잡히는 경제사전**
>
> **채찍 효과(bullwhip effect)**
> 하류의 고객주문 정보가 상류로 전달되면서 정보가 왜곡되고 확대되는 현상. 공급망에 있어서 수요의 작은 변동이 제조업체에 전달될 때 확대되어 제조업자에게는 수요의 변동이 매우 불확실하게 보이게 됨. 이와 같이 정보가 왜곡되어 공급측에 재고가 쌓이며 고객에 대한 서비스 수준도 저하됨. 또한 생산계획이 차질을 빚고, 수송의 비효율과 같은 악영향도 발생되며, 배치(batch)식 주문으로 인하여 필요 이상의 기간이 소요되는 등의 문제가 발생됨.

후 순이익을 가지고 계산하는 지표이다. 즉 전체 자산에 비해 1년 동안 얼마의 순이익이 발생했는지를 계산하는 비율로서, 물론 높을수록 장기투자에 좋은 기업이다. 그리고 지금은 높지 않더라도 점점 수치가 높아지고 있는 기업으로 총자산 증가율도 더불어 높아지고 있다면 이는 한창 성장하고 있는 기업을 의미하는 것이다.

그리고 아직 총자산 이익률은 기대에 못 미치고 있지만 총자산 회전률이 높아지고 있으면 이 또한 장기적으로 투자하기 좋은 기업의 징후로 볼 수 있다. 이는 전체 자산이 매출에 얼마나 적절하게 활용되고 있느냐를 체크하는 지표로서 자산 증가 속도보다 매출 증가 속도가 높으면 이제 기업은 성장의 속도가 붙었다고 할 수 있다. 그리고 유휴 자산이 별로 없이 필요한 자산으로 구성되어 있음을 알려 준다. 특히 이 지표는 제조업일수록 중요한 의미를 가지고 있는데, 가동률이 낮아지거나 경쟁자가 등장하거나 경기가 부진해지면 이 지표부터 서서히 낮아지게 된다.

기본적으로 기업은 총자산보다 매출이 더 많아야 한다. 하지만 어떤 기업들은 1년 동안 자기 회사의 총자산보다도 매출이 적은 경우가 있는데 이런 경우에 그 회사가 부동산을 많이 가지고 있거나 특허권을 가지고 있으면 간혹 M&A의 대상이 되기도 한다. 특히 요즘 벤처기업이나 지식형 기업들은 자산이 많지 않아 기업이 일단 궤도에 올라가면 이 비율이 높아지는 속도가 빠르게 되고 주가 역시 탄력을 받게 된다. 다만 이 지표의 수치가 기본적으로 적기 때문에 그 변화의 의미를 해석하는 데는 다소의 현실감각이 필요하다.

시간이 갈수록 기업 가치 형성 요인 중에서 중요성이 더해지는 것이 바로 사람의 가치이다. 종래의 기업에서는 토지나 기계, 재료 등 물적 요소가 사람보다 더 중요하게 여겨지던 분위기가 있기도 했으나, 지식 서비스 경제가 도입되면서 기업마다 사람을 가

손에 잡히는 경제사전

M&A(mergers and acquisitions)
어떤 기업의 주식을 매입함으로써 소유권을 획득하는 경영전략. M은 기업합병을, A는 매수(종업원 포함)를 뜻하며 M은 매수한 기업을 해체하여 자사(自社) 조직의 일부분으로 흡수하는 형태를, A는 매수한 기업을 해체하지 않고 자회사·별회사·관련회사로 두고 관리하는 형태를 말함. M&A는 투기를 목적으로 하는 단기수익추구형과 경영방식의 개선을 위한 경영다각화형으로 나눌 수 있음.

인적자본(human capital)
교육과 훈련 등으로 축적된 지식이나 기술처럼 노동생산성을 향상시키는 노동의 질적인 측면을 의미함. 원래 자본이라는 용어는 생산에 투입되는 공구나 생산시설 등의 물적자본을 뜻하였으나, 노동의 질 또한 중요한 생산요소가 될 수 있다는 의미에서 인적자본이란 표현이 경제학에서 널리 쓰이게 됨.

장 중요한 경영 자원으로 보고 있다. 인적자본(human capital)이라고까지 부르는 사람의 요소는 세후 순이익 창출의 기여도를 통해 그 가치가 측정될 수 있다. 이를 1인당 순이익이라고 부르고 있는데, 기업에서 일하고 있는 사람의 가치는 기본적으로 순이익 창출에 한 사람의 구성원이 얼마나 기여했는지로 나타나게 된다.

물론 장기투자에 적합한 기업은 1인당 순이익이 높아지는 기업이다. 그러나 인원을 줄여 가면서 1인당 순이익이 증가하는 기업은 감량 경영을 하고 있는 기업이어서 기업 내용을 좀 더 파악할 필요가 있으며, 인원이 증가하는 가운데 순이익이 증가하게 되면 성장성을 갖춘 기업으로 보아도 좋다.

노동 생산성 시대에서 이제는 지식 가치의 시대로 표현되고 있는 만큼 전체 구성원 중에서 지식 근로자(knowledge worker)의 비중이 얼마나 높은지도 장기투자의 지표로 아주 중요한 체크 포인트라고 할 수 있다.

이를 좀 더 구체화하자면, 1인당 연구 개발비(R&D) 투자가 얼마나 증가하고 있는지도 효과적인 보조 지표가 될 수 있다. 특히 생명공학 관련 기업이나 정보통신 기술 또는 벤처기업 등에서 이런 지표들이 유용하게 적용될 수 있다.

1인당 순이익이 강조되는 사회 분위기는 이제 경제가 무형가치의 세상으로 변해 가고 있음을 보여 주는 것으로, 흔히 이럴 땐 기업의 인적자본, 조직자본, 정보자본이 중요한 자원으로 등장하게 된다. 그러니까 인력 구조가 훌륭하고 이에 대한 투자와 교육이 지속적으로 이루어지는 기업, 조직이 합리적이면서 역동적인 기업, 정보 인프라가 튼튼한 가운데 지식과 정보의 공유가 원활한 기업이 가치가 높아지는 기업이란 의미이다.

최근 미국의 통계를 보면, 뉴욕 증시에 상장된 미국 상장기업의 경우 전체 자산가치에서 이러한 무형자산이 토지나 건물, 기계 장치 같은 유형자산을 앞지르고 있음을 보여 주고 있으며 앞으로도 그럴 가능성이 매우 높다.

투자의 현인 워런 버핏은 "기업의 이익이란 무조건 많은 것이 좋은 것이라기보다 꾸준한 것이 중요하다."라고 했다. 그래서 그는 자기 자본 이익률을 5%에서 30% 이내에 있는 기업에 투자하면 장기수익에 도움이 된다고 말하고 있다.

04

본업에서 이익 내는 기업이 진짜다

지속 가능한 이익 성장률은 핵심 제품을 가지고 있으면서 시장 지배력이 있는 기업들에게서 많이 발견된다. 사실 우리나라 경제가 안정을 찾으려면 이런 기업들이 많이 나와 주어야 하는데 현실은 이익의 안정성이 크게 떨어지는 것이 아쉽다.

갈수록 기업의 이익에서 자산운용 이익이 차지하는 비중이 늘어 가고 있어서, 미국의 경우 이 비중이 평균 10%에서 20%까지 차지하고 있다. 그러니까 식품을 만들어 파는 기업이 식품 생산과 판매로 이익을 내기보다 땅이나 주식을 사고팔아서 이익을 내는 비중이 갈수록 늘어 가고 있다는 이야기이다.

이런 현상은 당기의 이익 증가를 위해서는 나쁘지 않지만 장기적인 이익 예측에는 장애가 될 수 있어서 기왕이면 본업을 중심으로 이익을 내는 기업들이 장기투자에 바람직하다. 특히 기업의 인수합병이 많아지고 있는 현실에서 단기적으로 이익을 극대화했다가 기업을 팔고 빠지는 기업 사냥꾼들이 적지 않아, 이들에게 기업이 휘둘리면 장기투자에는 부적합하다고 할 수 있다. 이런 부류들이 주로 자산을 이용하여 기업 이익을 조작하려고 하기도 한다. 지속 가능한 이익 성장률은 핵심 제품을 가지고 있으면서 시장 지배력이 있는 기업들에게서 많이 발견된다. 사실 우리나라 경제가 안정을 찾으려면 이런 기업들이 많이 나와 주어야 하는데 현실은 이익의 안정성이 크게 떨어지는 것이 아쉽다.

요즘 증시를 보라. 업종은 달라도 주가가 높은 초고가의 주식일수록 대체로 기업의 역사가 길다는 것이다. 이는 과거 1980년대 후반까지는 보지 못하던 현상이다. 그 이전은 바람을 타는 기업들의 주식이 고가주로 자리를 잡아서, 1970년대에는 섬유주와 건설주가 고가주로 등장했고, 1980년대 초반에는 종합 무역 상사주, 유전 개발주가 고가주로, 1980년대 후반에는 일부 금융주가 고가주 자리를 차지하곤 했다. 그래서 그때그때 시장에는 주도주라는 말도 생겨나고 유행을 타는 투자도 성행해 온 바가 있는데, 흔히 하는 말로 혜성처럼 등장하는 기업들이 주가도 높고 시장의 관심을 받곤 했다는 이야기이다.

그러나 점점 주식시장의 역사가 쌓이면서 이러한 유행성 투자는 사라지고 점점 역사가 길고 경영 기반을 오래 다진 기업일수록 주가가 높고 투자자의 주목을 받는 것을 볼 수 있다. 특히 외국인 투자가 본격화된 1992년 이후에 이러한 현상이 두드러져 자산주와 저PER주 등이 고가주로 등장하게 된 것인데, 이들은 주로 기업 역사가 긴 장수 기업의 주식이란 특징을 가지고 있었다. 그런 이유 때문에 코스닥처럼 신생 기업들이 많은 시장에서는 고가 우량주란 말을 쓰기보다는 대장주 등의 유행성 주도주란 표현을 쓰고 있을 정도이다.

왜 이런 현상이 나타나고 있는가. 가장 주된 배경은 주식의 본질 가치를 바탕으로 주가를 보는 외국인 투자가의 영향력이 커지고 있기 때문으로 볼 수 있다. 이들은 기업의 내재가치, 그러니까 수익가치와 자산가치에 근거하여 경영 성과의 안정성을 갖는 기업을 우량한 기업으로 본다. 그러니까 자연히 사업 분야에서 핵심 역량을 가지고 있고, 안정된 시장을 구축하고 있으며, 장기 고정 고객을 확보한 기업들이 그 자리를 차지하게 되는 것이다. 이와 관련하여 혼다 주니치는 장수하는 기업의 조건으로

① 안정된 기업 조직의 구축
② 핵심 역량의 강화

③ 고객 선도력
④ 경영 지속성 유지

를 제시한 바 있다.

　요즘 국내외를 막론하고 기업의 수명이 갈수록 단명화하고 있어 앞으로 더욱 장수 기업에 대한 가치는 높아질 것으로 보이는데, 미국의 경우 500대 우량 기업에 들어가도 평균수명이 40년을 넘기지 못하고 있으며, 일본은 100대 기업에 들어가도 수명이 30년에 그치고 있다. 우리나라도 100대 기업의 수명이 평균 30년대에 그치고 있다.

　그러니까 40년 이상 된 기업은 그 자체로만도 여타 기업보다 주가에 프리미엄이 형성될 필요가 있다고 본다. 앞으로는 40년 이상 장수하는 기업을 장기적으로 지켜보자.

05

브랜드가 좋으면 주가도 좋다

기업의 브랜드는 이제 고객 자산이라고 부를 정도로 기업 가치에서 핵심적인 비중을 차지하고 있다. 단순히 기업의 이미지나 상품의 대명사가 아니라 기업 전반에 대한 평판을 표현하는, 기업의 총체적 수준이자 가치이다.

장수하는 기업을 조사해 보면 시장에서 사랑받는 강력한 소비자 브랜드가 있는 기업일수록 장수할 가능성이 높고, 당연히 투자수익률도 높다고 할 수 있다.

미국의 예를 보자. 미국의 대기업 주식을 가지고 만든 주가지수인 S&P 지수의 추이를 보면 그 지수를 만들기 위해 포함되는 대상 기업들 중에서 투자수익률 상위 20개 기업의 46년간 추이를 볼 때 11개 기업이 바로 강력한 소비자 브랜드를 가진 기업들이다.

1957년부터 2003년까지 S&P 지수는 연평균 10.85% 상승했다. 하지만 이 기간 중 가장 높은 수익을 낸 필립모리스는 강력한 담배 브랜드를 가진 기업으로 19.75%의 연평균 수익률을 기록했는데, 그에 그치지 않고 1985년에 제너럴푸드를 인수했으며, 1988년에 크래프트푸드를 인수했고, 2001년에는 나비스코홀딩스를 인수하여 식품 분야에서 강력한 브랜드를 구축해 오고 있다. 필립모리스는 여전히 담배를 만들어 팔고 있으나 전체 매출의 40% 이상, 이익의 30% 이상은 이제 식품 분야에서 거두어들이고 있다. 특히

> **손에 잡히는 경제사전**
>
> **S&P 지수**
> **(Standard & Poor's index)**
> 미국의 스탠더드 앤드 푸어(Standard & Poor)사가 작성해 발표하는 주가지수. 기업규모·유동성·산업 대표성을 감안하여 선정한 보통주 500종목을 대상으로 작성해 발표하는 주가지수로 미국에서 가장 많이 활용되는 대표적인 지수임. 공업주(400종목)·운수주(20종목)·공공주(40종목)·금융주(40종목)의 그룹별 지수가 있음.

주목할 것은 필립모리스가 그동안 S&P 지수 구성 종목 중 최초 편입 종목을 10개나 인수했다는 사실인데, 이들은 주로 강력한 소비자 브랜드를 가진 기업으로서 이들의 주가 상승률이 전체 시장 수익률을 상회하고 있다는 점이다.

기업의 브랜드는 이제 고객 자산이라고 부를 정도로 기업 가치에서 핵심적인 비중을 차지하고 있다. 단순히 기업의 이미지나 상품의 대명사가 아니라 기업 전반에 대한 평판을 표현하는, 기업의 총체적 수준이자 가치이다.

자연히 브랜드 가치가 높은 기업은 어느 정도 기업의 역사가 있으며, 고객들로부터 오랫동안 검증되어 온 기업으로 볼 수 있다. 따라서 이런 기업이라면 장기적인 관점에서 투자할 수 있는 기업으로 보아도 좋다. 특히 요즘은 사회적 관계가 브랜드 가치에서 아주 중요한 위치를 차지하고 있다. 소비자들은 기업에 대한 역할을 여러 가지로 기대하고 있는데, 그중 하나가 국가나 사회를 대신하여 일정한 책임을 다해 줄 것을 기대하는 것이다. 환경 보호나 국익 증진, 사회 구제, 인간 존중, 교육 투자 등 다양한 분야에서 기업들의 역할을 요구하고 있으며, 그러한 역할을 잘 수행하고 있는 기업을 존경하고 따르는 경향이 갈수록 확대되고 있다. 바로 이런 기업들의 브랜드가 사회적 신뢰와 존경의 상징이고 소비자로서는 자부심이기도 한 것인데, 기업이 이러한 수준에 도달하게 되면 장기 번영의 기반을 다졌다고 할 수 있다.

우리나라에서 어느 기관이 발표하는 '존경받는 기업'의 면면을 가끔 보면 썩 공감이 가는 것 같지는 않으나 그래도 투자 대상 기업을 정할 때 어느 정도는 반영할 만한 정보라고 본다. 특히 고객으로부터 신뢰받는 브랜드는 반복 구매는 물론 충성 고객의 기반이 튼튼하기에 마케팅 비용을 효과적으로 활용할 수 있다.

우리나라 여성들이 지나치게 좋아하여 사회문제로 비치기도 하는 명품들이 바로 이런 충성 고객의 기반을 가진 제품들이다. 좋은 기업은 이런 충성 고객에 의해 오랜 세월 마치 흐르는 강물에 돌이 깎이듯이 그렇게 만들어진다는 점에서 주식은 오래 투자해야만 알 수 있는 일이다.

누구나 사업을 시작할 때면 계속 금맥을 캐는 금광을 만나길 희망하지만 현실은 사흘이 멀다 하고 업종을 바꾸는가 하면 대기업들은 앞으로 어느 사업이 잘될지 알 수가 없어 다각화란 이름으로 여러 업종에 분산하여 투자를 하기도 한다. 그러나 만일 당신이 온 국민에게 수도 파이프를 묻고 수돗물을 공급하거나 전기선을 깔아 놓고 전기를 공급한다면 이런 걱정을 줄일 수 있을 것이다. 물론 정확히 말하면 수돗물이나 전깃불도 대체재가 있기는 하지만 한 번 투자에 막대한 돈이 들어가기에 전체 시장을 잠식하기란 쉽지 않은 일이다.

요즘 도시가스 사업도 이런 점에서 인스톨베이스(install-base) 사업이라고 할 수 있다. 그러니까 한번 투자해 놓으면 소비자가 계속 소비해 주는 제품이나 서비스를 말한다. 장기투자란 바로 이런 인스톨베이스 사업을 하는 기업 중에서 찾을 수 있다.

신기술 사업 중에는 IT 소프트웨어 솔루션 사업이 그런 경향을 가지고 있다. 한번 선택한 소프트웨어나 솔루션을 교체하려면 많은 비용이 들기 때문에 계속 업그레이드 받으며 사용하게 되는 것이다. 물론 아직 이 분야는 특출한 선두 업체가 등장하지 않은 상태이기는 하지만 장기적으로 보면 전체 시장을 아우르는 몇몇 지배 업체가 등장하게 될 전망이며, 이미 컴퓨터 운용 시스템에서는 마이크로소프트가 그 가능성을 제기하며 롱런 가도에 들어서고 있는 모습이다.

아주 초보적이긴 하지만 유기농 제품도 그런 소지를 가지고 있어 보인다. 한번 특정한 유기농 제품으로 전환한 소비자가 새로운 제품으로 바꾸기는 어려울 것이다.

역시 특정한 효과를 보이는 약품을 개발하게 되면 인스톨 효과가 가능하다. 당뇨병이나 고혈압 등 국민적 질병에서 탁월한 효력을 보이는 신약을 만들게 되면 아스피린이나 마이신처럼 세대를 넘어서 장기 소비가 가능할 것이다.

요즘 금융회사들이 종합 자산운용업을 하려고 하는 이유도 따지고 보면 이런 효과를 노리고 있는데, 작은 예금 하나로 시작한 관계가 증권, 외환, 부동산 해외투자 등으로 확산되면서 장기 고객 관계 또는 평생 관계로 유지될 수 있다. 이른바 부유층을 상

> **손에 잡히는 경제사전**
>
> **PB(Private Banking)**
> 은행에서 거액 예금자를 상대로 고수익을 올릴 수 있도록 컨설팅을 해주는 금융 포트폴리오 전문가. 시중 은행들은 부자들이 밀집한 서울 강남 등지에 PB들이 영업하는 점포를 운영하거나, 별도의 PB 센터를 운영하기도 함.

대로 하는 PB 영업이란 것이 그러한 배경 속에 등장한 마케팅 전략이다. 아직 국내에서는 사례가 없으나 학교들이나 병원들도 이러한 마케팅 전략으로 한 번의 거래를 평생 동안 가져가려는 시도를 할 것으로 전망된다.

기업은 갈수록 힘이 강해지고 사회와 국가에 미치는 영향이 커지고 있다. 그런 까닭에 기업을 시민사회의 일원으로 보고 기업 시민(corporate citizen)이라고 부르기도 한다. 이러한 기업의 영향력 증대는 자연히 기업에 대한 일반 시민들의 인식의 변화를 가져와 기업을 하나의 사회적·국가적 리더십으로 인식하게 되었다. 리더십이란 그를 따르는 집단으로부터의 힘의 이동이라고 할 수 있는데, 힘의 이동을 가져오게 만드는 것 중에는 집단으로부터 나오는 리더에 대한 평판(reputation)이 중요한 요인이 되고 있다.

사회 전반으로부터 좋은 평판을 받고 있는 기업들은 우선 고객들로부터 그 회사 제품이나 서비스를 구매하게 만드는 구매 결정에 영향을 주게 되며, 구매 후에 누구나 경험하게 되는 디서넌스(dissonance), 즉 후회를 줄이고 그 구매 결정을 강화하는 효과가 있으며, 또한 구매의 감동을 다른 사람에게 전파하는 효과를 가져오게 한다.

또 종업원에게 미치는 영향으로, 평판이 좋은 회사는 우수한 인재를 모이게 하고 애사심을 고취시키며 늘 노력하고 학습하는 분위기를 조성한다고 연구된 바 있다. 투자가에게는 투자 의사 결정을 촉진하는 요소가 되면서 장기투자의 바탕을 제공하게 되고 미디어에는 보도 태도와 뉴스 밸류 결정에 영향을 미치는 것으로 나타나고 있다.

갈수록 영향이 커지고 있는 시민사회에는 윤리적이고 친소비자 보호적인 기업의 이미지를 구축하는 기반을 기업에 대한 평판이 제공한다. 이런 의미로 기업의 평판은 무형 가치이자 언제나 확장 가능한 자산이기도 한데, 글로벌 사회가 되면서 이제는 국제적 평판으로까지 평판의 범위가 넓어지고 있다.

06

세상의 평판도 돈이다

평판이 좋은 기업들은 무엇보다 언론에서 자주 다루며, 호의적 기사가 많고, 자연히 광고 노출도 많은 것으로 조사되고 있다. 앞으로 기업도 하나의 시민이라는 개념이 확산될 것이고 시민사회로부터의 기업 평판은 매우 중요한 기업 가치 요소가 될 것으로 보인다.

평판은 브랜드 자산을 구성하는 요소가 되며 사회 전반의 구성원(stakeholders)들과의 호의적 관계 형성을 이루는 기초가 되어 기업의 수익 전망이나 장래 가치를 높게 평가하도록 영향을 주고, 결과적으로 주주 가치를 높여 주는 것으로 분석되고 있다.

2001년에 미국에서 평판을 연구한 논문 등을 바탕으로 평판이 기업의 주가에 미치는 영향을 조시한 바 있다. 평판이 좋은 기업 집단(RQ지수: 77)과 상대적으로 덜한 기업 집단(RQ지수: 68)의 5년간 주당 이익 증가율은 고RQ지수 기업들이 평균 12.07%인 반면, 저RQ 지수 기업들은 평균 8.46%에 그치고 있었고, 주가 순자산 비율도 고RQ지수 기업들이 5.73으로 저RQ지수 기업의 4.01보다 높은 것으로 나타나 주가에서 차이가 있음을 알려 주고 있다. 평판이 좋은 기업들은 무엇보다 언론에서 자주 다루며, 호의적 기사가 많고, 자연히 광고 노출도 많은 것으로 조사되고 있다. 앞으로 기업도 하나의 시민이라는 개념이 확산될 것이고 시민사회로부터의 기업 평판은

> **손에 잡히는 경제사전**
>
> **RQ지수**
> 기업의 명성(또는 평판) 지수(Reputation Quotient)를 뜻함. 이해 관계자 그룹의 인식을 통해 기업의 명성을 측정한 수치임.

매우 중요한 기업 가치 요소가 될 것으로 보인다.

　기업은 언제나 이익을 내야 하지만 그러나 실제 기업을 경영해 보면 이익이 늘 나는 것은 아니다. 언제는 경기 순환 때문에 적자가 나기도 하고, 언제는 강력한 경쟁자의 등장으로 어려움을 겪기도 하고, 때로는 정부의 규제나 자연재해 같은 불가항력적인 요인 때문에 적자를 내기도 한다. 대저 그런 것이 기업이 처한 상황인 데도 개중에는 창업 이래 계속 흑자를 내고 있는 기업들이 있어서 우리를 놀라게 한다.

　이런 기업들은 기업이라기보다 국가적 자산으로 보아야 한다. 그들은 그 흔한 부채도 잘 쓰지 않고 항상 자신들의 능력 범위 안에서 그러나 꾸준히 성장하고 투자한 덕분에 계속 흑자를 내어 온 기업들이기 때문이다.

　그 예로, 80년째 연속 흑자에 도전하는 유한양행을 비롯하여, 60년 연속 흑자를 이룬 태평양, 이제 60년 흑자에 도전하는 샘표식품, LG화학, 50년 연속 흑자를 넘긴 한독약품, 대한전선, 그리고 마의 40년 연속 흑자를 넘긴 신도리코, 한일시멘트 등을 들 수 있다. 이들이 연속 흑자를 낸 세월 속에는 6·25전쟁이란 참혹한 시절도 있었고, 두 차례의 오일쇼크, 그리고 최근의 일이지만 외환위기도 있었는데, 그 와중에도 이들은 계속 흑자를 유지했다니 참으로 놀랍다.

　그런데 이들에게는 한 가지 공통점이 있는데, 바로 이들 모두 내수 전문 기업이란 점이다. 물론 지금이야 각사가 수출도 하고 해외 진출도 하고 있지만 기본적으로 내수 시장에 안정적인 뿌리를 내린 기업들 중에서 장기 흑자 기업을 찾을 수 있을 것이다. 또 이들은 창업자의 정신이 그대로 남아 정신적 지주가 되고 있는 기업들이다. 하나같이 신용을 생명처럼 여기고 살아온 분들로 알려져 있고, 근면하고 검소한 일생을 보내신 분들로 알려져 있다. 어쩌면 이러한 생활 태도 속에 연속 흑자의 비결이 숨어 있는지도 모를 일이다.

　그런데 연속 흑자를 내기 위해 반드시 기업의 역사가 오래되어야 하는 것은 아니다.

코스닥에 있는 신출내기 기업이라 할지라도 창업 이래 지금까지 연속 흑자 행진을 하고 있거나 일정 기간 이상 연속 흑자가 이어지고 있다면 이 또한 장기투자 대상으로 면밀히 검토해 볼 만한 일이다. 특히 일정한 배당률을 유지해 오고 있다면 더욱 바람직한 기업일 수 있다. 사실 투자 명인들은 이런 기업을 찾아다니고 있는 것이다. 워런 버핏이나 존 템플턴, 피터 린치, 필립 피셔 등이 일생 동안 찾아다닌 기업은 다름 아닌 장기적으로 이익을 낼 수 있는 기업들이었다.

특히 우리나라에서도 이제 조금씩 장기적으로 안정된 이익을 내는 기업들이 늘어나고 있는데, 대개는 이런 기업들이 요란하지 않고 조용하고 차분한 기업이란 점에서 자세히 들여다보아야 한다. 비교적 내수 사업 부문에서 그런 기업을 찾기가 쉬우며 우리 생활에 밀접한 제품들 중에서 발견하기 쉬운 주식들이다.

문화 산업은 이제 걸음마 단계이지만 장래가 기대되는 분야이다. 우리나라가 일단 아시아 지역의 문화 산업 부문에서 경쟁력을 가지고 있다는 점은 아주 고무적인 일이라고 할 수 있다. 아시아는 인구만 해도 세계 인구의 절반 이상이며 장기적으로 볼 때 어느 지역보다 소비력이 빠르게 살아날 지역이기에 우리가 이 지역에서 문화 산업의 경쟁력을 잘 지키고 살려 나가면 아시아는 우리 문화 산업의 가장 믿을 만한 시장이 될 것으로 기대된다. 최근 한류 열풍을 단순히 일시적 현상이나 사건으로 보지 말고 미래의 강력한 국가 경쟁력으로 승화시키는 국가적인 합의 도출이 필요한 시점이다.

장기적으로 주식투자도 이러한 인간의 희망 속에서 투자 대상을 골라야 할 것이다. 배가 고프던 시절에는 식품의 가치만 한 것이 없지만, 다음은 에너지, 그다음은 편리한 기계 등으로 상품의 가치는 변해 가고 있다. 지금 우리는 인간을 가장 편리하고 편하게 해 주는 그런 상품의 시대를 살고 있다. 즉 생각을 대신해 주는 그런 세상을 살고 있으며, 생각의 이동을 자유롭게 해 주는 세상을 누리고 있다. 반도체, 이동 통신, 디지털 미디어 등이 제공해 주는 세상인 것이다.

사람과 물건의 이동을 편리하게 해 주는 세상은 이미 100년 이상 눈부시게 발전하여 오늘의 자동차, 항공, 조선 사업 등의 전성기를 만들어 놓았다. 그리고 그 중심에 지금 우리나라가 있다.

그러면 미래에는 또 어떤 것을 사람들은 바라고 원하는가. 그것은 다름 아닌 정신의 행복이다. 바야흐로 인간이 추구하는 또 하나의 가치는 바로 인간의 감성적인 부분이다. 스포츠, 문화, 예술, 게임, 여행 등으로 그 종류가 다양하고 많은데, 이제 이런 일들이 사업으로, 산업으로, 상품으로 돈을 벌고 경제를 만들어 가는 세상을 만나고 있다.

무임승차는 없다

저축을 중시하지 않으면 반드시 늘어나는 것이 있는데 그게 바로 부채이다. 미국의 국가 부채는 상상을 초월하며, 특히 이번의 금융위기도 모두 국가에서 빚을 얻어 해결하고 있으니 앞으로 미국의 채무는 가공할 수준으로 치솟을 것이다.

생산경제는 너무 속도가 느리고 무겁다. 하지만 금융경제는 속도가 빠르고 가볍다. 바로 이런 유혹들이 미국을 지난 1950년대 이후 생산경제 국가에서 금융경제 국가로 변하게 한 것이다. 세계의 돈들은 기회만 있으면 뉴욕으로 날아가 그들이 제공하는 수익과 위험의 그늘에서 몸집을 불려 왔다. 물론 미국 달러의 가치가 가장 안정될 것으로 본 인식도 이런 추세에 한몫한 것은 사실이다. 우리 이웃 나라인 일본과 중국은 그동안 벌어들인 막대한 국제수지 흑자분을 대체로 미국의 채권에 투자하고 미국의 주식에 투자해 왔다.

수요가 공급을 낳는다는 말처럼 미국의 상황이 이렇고 보니 자연히 미국은 금융 관련 학문이 발전하게 되고 금융 관련 제도가 가장 선진화되는 결과를 낳기도 했다. 그러나 금융은 감시와 규제를 소홀히 하면 스스로 거품을 만들거나 법의 망을 벗어나려는 속성을 갖고 있기에 미국은 가장 강력한 금융 통제 기관인 연방 준비 제도 이사회(FRB)라는 기구도 잘 발전시켜 온 나라이다. 하지만 금융경제가 가지고 있는 버블의 속성은 이 같은 노력에도 불구하고 그들로 하여금 걸핏하면 금융위기를 반복하며 살아가게 하고 있다.

가장 우수한 인재들이 가장 우선적으로 금융시장으로 몰려들어 오늘까지의 금융 산업 발전을 가져온 것인데, 그런 그들이 이제 금융시장의 붕괴 속에 엄청난 고통 속으로 빠져든 것이다. 그것은 금융경제가 위험과 수익의 구조에서 항상 높은 수익을 겨냥하다 보니 당연히 지게 되는 위험의 결과이기도 하지만, 또 하나는 실체가 없는 무형 경제란 점에서 빚어지는 도덕적 해이의 결과로 볼 수도 있다. 언제나 빠른 성공, 높은 수익을 추구하는 사회는 운명적으로 위험을 키울 수밖에 없는데, 미국은 수시로 이 같은 함정에 빠지곤 했다. 높은 수익이란 항상 고위험 상품을 고안하게 마련인데, 지난날 저축 대부 조합 파산이나 정크본드 사건 등이 이러한 배경과 연관되어 있으며, 이번의 서브프라임 모기지 사건 역시 그 연장선상의 문제이다.

손에 잡히는 경제사전

벤처기업(venture business)
첨단의 신기술과 아이디어를 개발하여 사업에 도전하는 기술집약형 중소기업.

사실 그들이 첨단기술에 매달리는 것도 따지고 보면 빠른 성공, 높은 수익을 찾는 미국 사회의 어쩔 수 없는 구조 때문이라고 할 수 있다. 지난 2000년도의 닷컴버블에 의한 주식시장 파동도 빠른 성공, 높은 수익의 허상을 좇다가 만난 사회적 재앙이었다.

그런데 세계적으로 보면 우리나라가 가장 미국식의 빠른 성공과 높은 수익에 매달리는 성향을 보여 주고 있다는 느낌이 든다. 우후죽순으로 등장하고 사라지는 소위 벤처기업 열풍이나 갑작스레 온 나라에 퍼지는 떠들썩한 펀드투자 열풍이나 금융기관들이 다투어 돈을 대 주었던 프로젝트 파이낸싱 사태 등이 그 예가 될 수 있다. 이러한 경향은 우리 국민의 순박하고 성실한 삶의 방식에 급격한 영향을 주어 지난 수년 동안 우리 사회 어디를 가도 대박의 꿈을 좇는 사람들의 성공에 굶주린 모습들이 시대의 자화상처럼 그려져 왔다.

높은 수익이란 환상이며, 빠른 성공이란 욕심이란 것을 뼈저리게 깨닫게 하는 사건이 바로 이번의 미국발 금융위기이며, 부디 이번 일로 인해 얼마 전까지 세계적으로 열병처럼 번진 빠른 성공과 고수익에 대한 몰입은 진정되길 기대한다.

모름지기 경제란, 개인이든 국가든 자신의 소득과 저축 범위 내에서 투자하고 소비하는 것이 기본이 되어야 한다. 그래서 누구나 일을 해야 하고, 그 결실을 알뜰하게 모으고 새로운 일에 도전하는 일은 신중하고도 빈틈없이 해야만 한다. 이런 일을 잘하는 사람들은 무슨 직업을 가지든 시간이 흐를수록 재산이 모이고 하던 일도 규모가 커지게 마련이다.

그러기 위해 경제인으로 살아가는 데 필요한 중요한 덕목의 하나가 저축에 대한 태도이다. 또 현금 유동성에 대한 인식이 중요하다. 가난한 나라를 벗어나기 위해 가장 먼저 가르쳐야 하는 경제적 활동이 바로 저축인 것은 그런 이유 때문이다.

우리나라는 과거 1970년대까지만 해도 저축을 많이 하는 나라였다. 저축을 장려하기 위해 저축 추진 기구도 국가 단위로 두고, 저축의 날을 정해 시상도 하는 저축 장려 분위기를 사회적으로 오랫동안 지속시켜 온 나라이다. 그중 가장 잘한 정책 중의 하나는 주택저축과 재형저축을 들 수 있다. 가난한 서민들이 내 손으로 내 집을 장만할 수 있도록 공공주택에 대한 청약권을 주면서 장기 저축을 장려한 주택저축이나, 정부가 이자에다 장려금을 지급했던 재형저축은 많은 서민들을 중산층으로 끌어올린 수훈갑이었다.

그러나 우리 경제가 투자 드라이브 국가로 변해 가면서 통화량은 소리 없이 늘어나고, 엄청난 외국 자금이 들어와 금리는 낮아지기 시작했다. 소위 개방 효과라고 해야 하는 자본 수지의 유입 효과는 시간이 갈수록 우리 사회에서 저축이 설 자리를 잃게 만들었다.

미국이 바로 이런 나라이다. 지난 1970년대 이후 미국에는 낮은 성장과 생산 부진이 이어졌으며 이를 소비와 금융 투자수익에서 만회하고자 저금리 국가로 변해 온 것이다. 미국 국민들은 주로 주식이나 펀드 같은 투자상품 위주로 경제활동을 하지, 금융저축에는 많이 의존하지 않는다. 그런데 저축을 중시하지 않으면 반드시 늘어나는 것이 있는데 그게 바로 부채이다. 미국의 국가 부채는 상상을 초월하며, 특히 이번의 금융위기도 모두 국가에서 빚을 얻어 해결하고 있으니 앞으로 미국의 채무는 가공할 수준으로 치솟을 것이다.

이 돈은 주로 그동안 미국을 상대로 무역수지 흑자를 내 온 일본, 중동, 중국 등이 저축으로 모아 둔 돈에서 빌려 준 것이다. 그래서 항상 돈 주인보다 돈 빌려 가는 나라가 더 잘사는 것처럼 보이는 아이러니도 일어나고 있는 것이다.

미국은 이제 다시 부채를 얻어 위기를 돌파하려고 하지만, 저 많은 대외 채무는 언젠가 인류 공동의 짐이 될 수밖에 없는데 도대체 저축 없는 미국의 출구는 어디인지 걱정과 불안이 동시에 느껴진다.

무엇이든 빌려서 살아가는 나라는 얼핏 보면 역동적이고 낮은 사회에도 기회를 주는 것 같지만 그 이면에서는 평생 빚을 곁에 두고 살아가는 빚쟁이인생을 벗어나지 못하게 된다. 이번 일도 수신을 많이 받아서 돈을 빌려 주어야 할 금융기관들이 엄청난 부채를 안고 오히려 유동성 위기에 빠진 어처구니없는 일이다.

어느 경우든 우리 사회는 국가나 국민이 저축을 소홀히 하지 않는 흑자 구조를 갖도록 분위기를 조성해야 한다. 특히 지난 십수 년 동안 일본은 제로금리 상황에서도 오히려 저축률이 올라가는 기현상을 보여 일본인의 근면하고 검소한 생활과 위기 관리 의식이 얼마나 대단한지 보여 주고 있다. 우리나라도 다시 국민적인 저축 의식 고취가 가능할는지 걱정이지만 상황은 이제 다시 저축을 강조해야 할 시기임에 분명하다.

공포가 주는 교훈을 알자

대략 40년마다 어김없이 반복되고 있는 세계적인 경제위기를 감당하다 보면 도대체 인간은 그 많은 학습 효과를 어디다 팔아먹은 것인지 정말로 울화가 치밀게 된다.

일본은 1980년대 말 이후 경기침체를 경험한 뒤 1990년대 들어 무려 20년 가까운 세월을 장기 불황과 싸운바 있고, 엄밀히 말하면 아직도 그 전쟁은 끝나지 않았다. 게다가 2011년 3월 11일 그들은 대지진과 쓰나미의 참사를 겪었다. 그러나 결국은 그 공포가 '자포자기'가 될 때 잠자던 경제는 비로소 새로운 시대를 열어 가는 것이다.

영국의 종합 금융회사인 베어링은 역사가 200년이 넘는 금융기관으로 영국 여왕의 주거래 은행이기도 하며, 파산 당시인 1995년에는 총자산이 60억 파운드, 예금고가 30억 파운드를 기록한 세계적인 금융회사였다. 원래 보수적인 경영으로 유명한 이 회사는 자회사인 싱가포르 현지 선물 회사 해외 직원의 터무니없는 투기 거래로 1995년 2월 세계적인 조롱거리가 되면서 파산하고 말았다.

싱가포르에 있던 자회사의 직원 릭 리슨은 자신의 책임 범위를 벗어나는 차익 거래를 통해 1994년 한 해에만 모두 2천800만 파운드의 이익을 얻었다고 본사에 보고했는데, 나중에 알고 보니 가공의 계좌 속에 300억 엔 상당의 손실을 남겨 두고 이익만 보고한 허위 실적이었다.

이런 일이 일어난 후 그는 부족한 회사 이익을 어떻게 하든 채워 넣어야 했는데, 마침 허위 실적 보고로 파격적인 성과급을 받고 본사의 신임까지 얻은 그는 자기 멋대로 일본 증시를 상대로 선물과 옵션을 투기적으로 거래하다가 일본의 주가 대폭락으로 끝내 나락으로 떨어지고 말았다.

그는 1995년 1월 17일 일본 고베에서 대지진이 발생한 뒤 급락한 일본 주가지수가 곧 상승 반전하리라 보고 선물 매입과 일본 국가 채권 선물 매각, 그리고 일본 주가지수 콜옵션과 풋옵션을 동시에 매각하는 스트래들 거래에 투자했다. 그러나 이후 1995년 2월 들어 마침 대규모의 여진이 다시 일어나면서 일본의 주가가 더 떨어지자 주가지수 선물 매수에서 3억 파운드, 국채 선물 매각에서 1.9억 파운드, 주가지수 옵션 스트래들(straddle)에서 1.2억 파운드, 전체적으로 8.6억 파운드, 미국 돈으로 13억 달러의 손실을 보아 영국의 본사를 파산시키고 말았다. 그는 일본이 금리를 내리게 되면 주가가 오른다고 보고 이런 투자를 했는데, 정작 일본 주가는 더 크게 하락하여 회사를 파산으로 몰고 간 것이다. 그는 주가가 오를 것으로 보고 주가지수 선물 매수에 기대를 걸었고 이를 국채 선물 매각으로 헤지를 하려고 한 것인데, 주가가 폭락해서 이런 어처구니없는 손실을 본 것이다. 그때 그의 나이 불과 스물여덟 살이었다.

그런데 후에 밝혀진 일이지만 당시 그를 제대로 감독하는 사람도 없었고, 그가 허위로 만든 가공의 계좌 속의 엄청난 손실도 후에 들추어질 정도로 내부 관리 감독이 허술했던 것으로 드러났다. 또 그는 당장 회사로 돌아오는 손실을 막기 위한 돈이 필요하여 일본의 미래의 전체 주식을 사고 국가 채권을 파는 등의 위험 거래를 마다하지 않은 것이다. 이는 장기적으로 위험을 확대하는 포지션에 두는 것이다.

손에 잡히는 경제사전

스트래들(straddle)
옵션거래에서 만기일과 행사가격이 같은 하나의 콜 옵션과 하나의 풋 옵션을 동시에 매입하거나 발행하는 것. 스트래들은 기초자산의 가격변동이 극히 불안정하여 그 변동방향이나 변동폭을 예측하기 어려운 불확실한 상황에서 이용되는 옵션형태임.

이번 투자 은행 사건이나 보험사, 또 모기지 업체 부실 사건 등도 그동안 그들의 놀라운 성장세에 압도된 나머지 미국의 금융 통화 당국인 연방 준비 제도 이사회(FRB)가 제대로 감독하지 않은 결과로 드러나고 있어 또 한 번 베어링의 악령을 보는 듯했다. 도대체 앞으로 인류가 탐욕을 위해 얼마의 비용을 더 지불해야 이런 재앙이 멈추게 될지 아득하기만 하다.

한 번쯤 뼈저린 실패나 실수를 경험하고 나면 다시는 그런 일을 반복하지 않거나, 지난 날 자신이 놓쳐 버린 아쉬운 일에 대해 다시 그런 경우가 돌아오면 이번엔 기회를 놓치지 않으려 하는 인간의 태도나 반응을 두고 '학습 효과'라고 한다. 그래서 "실패는 성공의 어머니"란 격언도 전해 내려오고 있다. 그러나 대략 40년마다 어김없이 반복되고 있는 세계적인 경제위기를 감당하다 보면 도대체 인간은 그 많은 학습 효과를 어디다 팔아먹은 것인지 정말로 울화가 치밀게 된다.

09

세상은 항상 준비된 용광로다

창업을 꿈꾸는 사람들 중에는 이 권리금을 가치로 만들어 가게를 팔고 나오려는 사람들이 태반이라고 할 수 있다. 이렇게 보면 우리 사회 전반에서 금융시장에서나 있을 법한 파생 거래들이 상당하다는 것을 알 수 있으며, 이런 요소들이 항상 경제를 실체 이상으로 부풀리는 거품을 만든다고 할 수 있다.

17세기 네덜란드는 제국주의의 전성기로 해외 원정과 무역으로 경제가 급성장하고 번영을 누리게 되자 장삿길 떠나는 무역선에 투자하는 주식투자가 생겨나 성행하게 되었다. 하지만 여러 가지 수집을 좋아하던 귀족 부인들 사이에 동양에서 구해 온 귀한 꽃의 하나인 튤립에 대한 과열 투기 붐이 일면서 그들은 한순간에 수많은 돈을 날리게 된다. 이 사건은 1637년의 일로서, 당시 주식시장을 통해 투기 열기가 조성된 네덜란드에서 귀부인들의 취미 차원의 수집 대상인 튤립 구근이 투기 상품으로 돌변하여 당초에는 1길더에 불과하던 가격이 삽시간에 무려 6천 길더까지 급등하는 사태가 빚어진 것이다. 이 돈은 당시에 암스테르담의 집 세 채 값에 해당하는 것으로 지금 가치로 치면 십수억 원을 호가하는 것이다. 그러나 이처럼 천정부지로 솟아오르던 튤립 가격은 어느 날 튤립의 송사가 걸린 재판에서 튤립에는 진정한 가치가 없다는 재판의 판결을 계기로 폭락하여 튤립은 한순간에 한낱 화초로 전락하고 말았다.

이 사건을 계기로 15세기 이탈리아에 이어 세계 무역을 지배하던 네덜란드의 전성기는 자취를 감추게 된다. 그런 뼈아픈 경험을 남긴 네덜란드가 오늘날에는 화초를 투기의 대상이 아닌 재배의 대상으로 삼아 아름다운 국토를 가꾸면서 화훼 산업을 나라 경제의 중심 산업으로 육성한 것은 참으로 역사의 교훈에서 배운 슬기로운 지혜가 아닐 수 없다.

하지만 이 같은 투기의 교훈은 역사를 뛰어넘지는 못했다. 이번에는 장소를 옮겨 신대륙 미국에서 1920년대에 같은 일이 벌어지고 말았다. 영국으로부터 넘어온 산업 기술과 설비들을 가지고 하루가 멀다 하고 공장을 짓고, 도시에는 집을 짓고, 소비자들은 자동차를 사면서 흥청망청 준비 안 된 호황을 즐기게 되었다. 이 무렵 주가도 무섭게 오르기 시작하여 자동차 주가는 당시에 12배가 오르기도 했으며, 이미 1921년에 미국 자동차 보급률은 50%를 넘는 과열 소비 현상을 보였고, 주택 착공은 1925년에 피크를 이루기도 했다. 그러나 결국 미국의 과열 투기, 과열 소비는 거품을 일으켜 1929년부터 붕괴가 시작되어 1932년과 1933년의 대공황을 불러오게 되었다.

이 당시 미국은 1917년부터 기업의 생산성이 올라가면서 투자수익도 높아져 1929년에 피크를 이룬 장기 성장기란 점에서 누구도 이런 거품의 붕괴를 우려했거나 대비하지 못했다. 결국 이 수치스런 장기 불황을 시장과 기업이 해결하지 못하고 정부 돈으로 금융시장을 살리고 루스벨트 대통령의 공공경제 확대 정책에 의존하여 실물경기가 침체를 벗어나는 이른바 '시장의 실패'를 낳고 말았다.

그런데 또 미국은 1960년대의 호황을 겪으면서 과열 경기, 과열 투자의 우를 범하게 되는데, 이는 다름 아닌 장기간의 인플레이션 방치에서 빚어신 문제였다. 1930년의 그 무서운 공황을 벗어난 지 겨우 10년도 되지 않아 1940년부터 인플레이션 풍선은 부풀려지기 시작하여 1980년까지 미국의 소비자 물가지수는 40에서 250으로 폭등했다. 특히 설비 투자와 공산품 생산이 피크를 이룬 1967년 이후 소비자 물가가 급등하여 당시 100에서, 오일쇼크가 발생한 1980년에는 250을 기록하게 된 것이다. 이 와중에 미국 주가는 1973년부터 1975년, 1976년부터 1980년까지 깊은 침체 장세를 기록하여 수많은 투자자의 손실을 가져온 바 있다. 그리고 다시 1980년대 중반 이후 급등하던 주가로 말미암아 1987년에 블랙 먼데이의 주가 폭락을 경험해야 했고, 다시 또 이런 일이 시간

손에 잡히는 경제사전

블랙 먼데이(black monday)
1987년 10월 19일(월요일) 뉴욕 증권시장에서 일어났던 주가 대폭락 사건. 세계 대공황의 계기가 된 1929년 10월 24일(목요일)의 뉴욕 증권시장의 대폭락을 상회하는 폭락이라고 해서 붙여진 이름임.

을 뛰어넘어 발생하여 2008년 전 세계를 공포로 몰아넣은 것이다.

다시 생각하게 되는 것은 경제란 기본적으로 생산과 소비를 중심으로 저축과 투자가 이를 받쳐 가야지, 현란하고 복잡한 금융 기법에 기대어 과도하게 유동성을 부풀리면서 실체보다 큰 금융거래를 유발하는 이른바 심벌(symbol) 경제는 장차 경계해야 할 대상이라는 점이다. 특히 갈수록 복잡하고 다양하게 변모해 온 파생상품 시장은 자금 경로와 위험 수준을 파악하기 어렵게 만들어 유사시에 금융 통화 당국이 위기 대응을 하기도 어렵게 되어 있었으며, 금융 통화 당국의 관리도 비교적 허술하다는 문제점을 안고 있었다. 차제에 이러한 본원 상품을 벗어나는 파생 시장의 지나친 투기화를 제도적으로 막을 수 있는 국제적인 공조가 무엇보다 중요하며, 나아가 이런 제도들이 위험을 줄이고 방어하는 것이 아니라 오히려 투기거래를 자극하여 거래의 초단기화를 부추기고 시장 질서를 교란하는 부작용을 철저히 제거해야 한다. 일례로 우리나라에 들어온 주식 선물 거래는 본래 주식 거래의 위험을 줄인다는 취지에서 도입된 것이지만 실제로는 투기 거래의 온상으로 변모하여 많은 투자자들이 선물 거래에서 심각한 손실을 보아 온 것이 현실이다.

그런가 하면 아파트 분양권 전매 같은 거래도 실제 집은 완성되지도 않은 것을 사전에 전매하여 가치화하는 것으로, 이 또한 가공의 거래임을 부인할 수 없는데, 때로는 이런 조치들이 부동산 거래 활성화 대책으로 강구된다는 점에서 언제나 시황 여하에 따라 가치의 버블 소지를 안고 있는 것이다.

그뿐만 아니라 일반적으로 작은 가게를 사고팔 때 다음 점주가 물게 되는 이른바 권리금이란 것도 사실은 그 본질 가치를 뒷받침하기 어려운 가공의 거래들인데, 실은 창업을 꿈꾸는 사람들 중에는 이 권리금을 가치로 만들어 가게를 팔고 나오려는 사람들이 태반이라고 할 수 있다. 이렇게 보면 우리 사회 전반에서 금융시장에서나 있을 법한 파생 거래들이 상당하다는 것을 알 수 있으며, 이런 요소들이 항상 경제를 실체 이상으로 부풀리는 거품을 만든다고 할 수 있다.

적은 돈, 적은 노력으로 돈을 벌자

이 어려운 주식에 왜 투자해야 하는가 하는 의문이 생기게 된다. 대답은 두 가지로 말할 수 있다. 하나는 "다른 자산보다 장기수익률이 높다."이고, 다른 하나는 "장기적으로 분산해 투자하면 위험이 낮아지면서 수익을 안정적으로 올릴 수 있다."이다.

직장을 그만두고 연금이나 이자로 살아가는 분들은 처음에는 그런대로 생활의 안정감을 느끼게 되지만 시간이 흐를수록 점차 불안감에 휩싸이게 된다. 이유는 갈수록 경제가 성장을 하게 되면 인플레 수준 정도에 맞추어 놓은 연기금의 수익률로는 물가나 소득 상승을 따라가기 어렵기에 상대적 상실감을 느끼게 되기 때문이다. 그렇다고 공격적이고 직접적인 자산운용을 하는 것도 비전문가로서는 어려운 일이기에 다소의 수익 변동을 감수하더라도 조금은 능동적인 자산운용을 권해 보고 싶다.

그럴 때 경제 상황을 기본적으로 고려해야 한다. 먼저 전반적인 경제 흐름이 상승세를 타고 있어야 한다. 경제 흐름이란 생산, 투자, 소비의 지표가 전반적으로 호전되는 것을 말하는 것으로, 특히 생산과 투자의 지표가 살아날수록 초보자로서는 투자하기 좋은 시장 여건이다. 이는 경기가 상당 기간 장기적으로 호전될 가능성을 암시하기 때문이다.

이런 경제 상황이 전개되면 그동안 저금리 상태에 있던 금리가 올라갈 조짐을 보이게 되는데, 이는 물가 상승 우려와 자금 수요 증가에 따른 현상들이다. 또 그동안 경기

부양을 위해 저금리 정책과 통화 완화 정책을 쓰던 정부도 서서히 출구 전략을 쓰려 하기에 주식시장에는 다소의 혼돈이 생기게 된다.

바로 이런 시기가 일반인들이 주식에 직접 투자하기 좋은 시점이다. 그동안 저점에서 회복해 올 때는 고수들이 아니면 바닥 매수를 하기 어렵지만, 이렇게 장기 회복세를 뒷받침하는 경제 지표들이 등장하게 되면 중장기 보유를 통해 어느 정도 괜찮은 수익을 낼 만하기 때문이다. 일반인들은 시장이 단기적으로 움직일 때는 대체로 2주 단위로 흐름이 바뀌기 때문에 도저히 그 추이를 따라잡을 수 없지만, 이렇게 펀더멘털의 호전을 바탕으로 주가가 조정을 보일 때면 저가 매수의 기회를 잡아 중장기 투자에 나설 수 있기 때문이다.

이때 주식의 직접 투자와 함께 고려할 만한 금융상품으로는 단기 금융상품인 CMA, 메자닌(mezzanine) 성격의 CB(전환사채), BW(신주 인수권부 사채) 등을 고려해 보고, 주식은 원금 보장형 ELS(주식 연계 증권) 형식과 주식형 펀드에 나누어 능동적으로 대응해 보고, 주식시장 수익과 어느 정도 연동되어 있는 변액연금 등을 검토할 만하다. 이때 시중 자금 사정이 다소 어려워지는 감이 있을 때는 저축은행의 정기예금도 고려해 봄 직하다. 다만 저축은행의 신용 상태는 별도로 체크해야 한다. 일반적으로 은행 정기예금이 4%일 때, CMA는 2~3%대, 저축은행 정기예금은 5~6%대, ELS는 7%대, CB나 BW는 6%대, 주식형 펀드는 10%대, 변액연금은 8%대 정도로 보면 된다.

그러니까 경기 회복 과정에서 금리가 다소 오른다 싶으면서 경기 회복세가 일시 둔화 조짐을 보이면 주가가 일시적으로 밀리게 되는데, 그럴 때 투자와 생산 등 기업과 관련된 미래 장기 경제 지표의 전망을 돌아보고, 느낌이 좋으면 주식형 자산의 비중을 조금 높여 보는 것도 좋은 대응의 하나라고 생각한다. 이때는 민간에서 소비 지표

손에 잡히는 경제사전

CMA
(Cash Management Account)
예탁금을 어음이나 채권에 투자하여 그 수익을 고객에게 돌려주는 실적배당 금융상품. 어음관리계좌 또는 종합자산관리계정이라고도 함. 고객이 예치한 자금을 CP나 양도성예금 증서(CD)·국공채 등의 채권에 투자하여 그 수익을 고객에게 돌려주는 금융상품임.

가 살아날 때까지 주식형 자산을 보유하고 있다가 그 시점 이후에서 차익 실현을 검토해도 좋을 듯싶다.

주식투자는 마치 어두운 밤에 길을 나서는 일이나 같다. 도대체 어디가 길이고 어디가 벽인지 알 수가 없고, 어디가 평지이고 어디가 언덕인지 알 수가 없다. 그래서 자주 넘어지고 부딪치고 깨어지곤 한다. 그러므로 상당한 고통을 겪어 보지 않고 투자의 지혜를 터득하는 것은 거의 불가능에 가까운 일이다. 그러다가 얼마쯤 지나고 나면 사방이 어두운 가운데서도 어렴풋이 길이 보이는 것 같기도 하고, 돌부리를 비켜 가기도 한다.

따라서 초보자로서 무엇보다 지켜야 할 것은 설령 가진 돈이 많더라도 일단은 주식에 조금만 투자하라는 것이다. 투자 손실이 발생해도 재산에 크게 영향을 받거나 생활에 타격을 받는 일은 발생하지 말아야 하기 때문이다.

대체로 전문가들은 가장 공격적인 펀드 운용을 하더라도 전체 자산의 50% 정도만 주식에 투자한다. 그리고 안정적인 펀드를 운용하는 경우에는 전체 자산의 25% 정도를 초과하지 않고, 보수적인 투자를 하는 펀드는 주식이 전체 자산의 15% 정도를 넘지 않는다. 그리고 욕심과 두려움을 잘 조절할 수 있다. 주가가 오를 때는 보는 이의 가슴에 불을 지르는 것 같지만, 주가가 내려갈 때는 하늘이 무너지는 충격을 느끼게 된다. 바로 이런 상황에서 프로와 아마추어기 시징에 대응하는 자세가 다르다.

프로들도 시장이 무너지면 두려운 것은 물론이지만, 그들은 과거의 경험으로 보면 이럴 때가 바로 주식을 살 때였다는 사실을 기억하고 두려움을 기회로 활용하려는 배짱을 갖게 된다. 얼마 전 저 유명한 주식투자의 대가 워런 버핏이 금융위기로 주가가 폭락하는 가운데서도 당시 소용돌이의 중심에 있는 골드만삭스의 주식을 대량으로 매수한 일이 바로 이런 경우에 해당한다. 80을 넘긴 당대의 대가는 이런 말을 하면서 매수 주문을 냈는데, 그가 한 말은 다름 아닌 "지금이 바로 주식을 살 때"였다. 그 후 골드만삭스는 위기를 넘기고 크게 상승하여 버핏에게 엄청난 수익을 안겨 준 것은 물론이다.

주가가 갑자기 오를 때도 마찬가지이다. 주가는 일단 오름세를 타면 단기간에 급등하는 경우가 많다. 주가가 급등하는 배경은 누구도 모르는 상황에서 자신이 보유하고 있는 주식이 급등하게 되면 가슴이 뛰게 되고 눈높이가 한참 올라가게 된다. 그러나 주가는 항상 곡선이란 사실을 잊지 말아야 한다. 오르면 내리고 내리면 오른다는 이치로 보면 일정하게 상승하고 나면 매도가 반드시 나타나게 되고, 그런 일이 생기고 나면 얼마간은 주가는 다시 내리게 된다. 만일 장기적으로 더 오를 주식이라면 단기적으로 이런 고비를 여러 번 넘기면서 주가가 오른다. 이런 경우 단기적으로 급등하는 주식에 말려들면 엇박자가 되어 오를 때 따라 사면 바로 내리고, 내릴 때 팔면 다시 오르는 속수무책의 장세에 휘말리게 된다. 이럴 때는 쉬는 것도 투자라는 점을 잊지 말고 한동안 주식시장에서 물러서 있는 것이 좋다.

그러면 이 어려운 주식에 왜 투자해야 하는가 하는 의문이 생기게 된다. 대답은 두 가지로 말할 수 있다. 하나는 "다른 자산보다 장기수익률이 높다."이고, 다른 하나는 "장기적으로 분산해 투자하면 위험이 낮아지면서 수익을 안정적으로 올릴 수 있다."이다. 즉 적은 돈을 가지고 적금식으로 정기적으로 계속 적립하면서 장기적으로 투자해 나가면 후일에 상당한 자산을 모을 수 있는 것이 바로 주식인 것이다. 물론 그런 투자를 계속하다 보면 언젠가는 단기적으로 주식을 볼 수 있는 안목도 생기게 된다.

부자들은 소수 종목에 장기투자한다

진정한 부자들의 주식투자법은 달랐다. (……) 그들이 일반인들과 구별되는 것은 주식을 일반 국민보다 많이 보유하고 있으면서도 주식의 거래는 일반인보다 적었다는 사실이다. 그들의 통계를 보면 불과 1%도 안 되는 사람들이 매일 주식을 거래했으며, 매달 거래한 기록을 가진 사람들도 7%에 그쳤다. 전체적으로 9% 정도만이 1년에 한 번 주식을 거래했다.

1950년대부터 1960년대 초반까지 미국은 개별 주식투자 붐이 크게 일어 성장주라고 기대되는 소수의 주식들에 매수세가 집중되었다. 그러다가 후에 이들을 중심으로 대폭락장이 나타나면서 특정 주식에 집중하는 이른바 종목 투자가 시들해지기 시작했다. 그러는 가운데 효율적인 시장에서는 누구도 개별적인 초과 이익을 얻을 수 없다는 이론인 마코위츠의 '효율적 프론티어'가 등장하면서 오늘의 포트폴리오 투자, 분산투자 이론, 즉 현대 투자론이 증권시장의 중심 이론이 되어 왔다.

특히 개인들의 자산이 증권시장으로 많이 들어온 미국에서는 자산운용사들이 펀드로 들어온 자산들을 분산투자 방식으로 주식, 채권, 외환, 금융상품, 부동산, 파생상품 등에 분산하여 투자하고, 이를 다시 펀드와 펀드에 분산하는 펀드 오브 펀드까지 등장하여 오늘의 역동적인 국제 자산시장을 만들어 놓은 바 있다.

그러나 이번 서브프라임 모기지 사건을 통해 실상을 들여다보면, 이렇게 분산된 투자 위험은 모든 나라들이 함께 유사한 전략으로 얽혀 있다 보니 결코 위험이 줄어들거나 없어진 것이 아니라 전 세계가 모두 그 위험을 공유하고 있었던 것으로 드러났다. 말하자면 시장 전체의 위험인 유동성 위기라는 체계적 위험이 등장하여 전 세계를 흔들어 댐으로써 그 어떤 포트폴리오도 이 위험을 비켜 가지 못하는 포로 신세가 된 것이다. 이것은 다름 아닌 금융시장 세계화의 또 다른 비용이기도 하고, 조지 소로스가 말한 것처럼 우리를 구해 달라고 불러들인 금융 공학이 우리를 위험에 빠뜨린 형국으로 볼 수도 있다.

포트폴리오는 주식이나 부동산, 채권 등 서로 다른 개별 시장에서 발생한 위험들은 조정할 수 있지만, 외환이나 금융 같은 전 세계가 하나로 얽혀 있는 유동성의 문제가 발생하면 오히려 더욱 혼란을 가중시키고 복잡하게 만드는 독소 요소도 지니고 있는 것으로 드러났다. 그리고 포트폴리오가 주장하는, 좀 더 많은 수로, 좀 더 큰 규모의 자산으로 분산하면 위험이 줄어들 수 있다는 이야기도 이번 금융위기에서는 전혀 앞뒤가 맞지 않는 말이기도 했다. 이는 이번의 위기를 불러온 주범들이 세계 투자 은행 시장에서 압도적으로 규모가 크고 다양한 자산으로 분산된 최대의 투자 은행들이고, 보험사들이었기 때문이다.

따지고 보면 이들은 규모의 효과가 주는 위험 방어력만을 믿고, 작은 투자 은행이나 금융기관보다 더 큰 위험을 안고 오로지 고수익에만 매달려 온 것은 아닌지 하는 의구심이 들기도 한다. 어찌 보면 큰 나무가 바람을 더 많이 받아야 하는 자연의 이치를 안고 살아온 투자 은행들의 어처구니없고 허울 좋은 고성장, 고수익의 허장성세가 아니었나 싶기도 하다. 이런 일은 우리 투자시장에서도 예외 없이 드러난 일이기도 하다. 국내외 자산에 다양하게 분산되어 있다는 펀드 상품들의 수익률을 보니 대부분의 펀드들이 거의 모두 투자 위험에 노출되어 누구랄 것도 없이 대규모의 투자 손실을 보아야 했기 때문이다.

그래도 과거의 증시나 자산시장은 대부분 투자자의 자기 책임으로 운용해 왔다. 그래서 증시가 큰 충격을 받아 고객들이 손실을 보더라도 자기 책임으로 돌리고 손실을 고스란히 고객들이 떠안는 선에서 마무리되고는 했다.

그런 점에서 보면 사회적 자산을 운용·관리하는 각종 연기금 관리자들이나 공공 자산 관리자들에게는, 간접 자산관리 방식이 갖는 위험 관리의 시스템만을 생각하지 말고 다각도로 위험을 관리하는 더 직접적인 자산운용 능력의 향상이 필요한 시점이다. 글로벌 금융 투자시장은 그동안 개방과 자율이란 이름으로 점점 그 연결망이 확대되어 간접투자 상품일수록 더욱 복잡하게 나라별로 상품별로 얽혀 있는 구조임을 다시 한 번 짚어 보고, 투자 위험은 남에게 넘길 수는 없다는 사실을 다시 한 번 되새겨 보아야 하겠다.

자고로 자산을 운용하는 전문 기관이라면 자금 유입이 집중하는 시기에는 오히려 더욱 위험을 줄이는 투자를 해야 한다는 투자의 정석을 지켜야 하는데, 현실은 그렇지 못하다. 주식이든 부동산이든 장기간 오른 상투권 근처의 경우에서는 무작정 투자자 모집 광고를 지양하고, 앞으로 점점 높아지게 될 위험을 어떻게 관리할 것인가에 집중해야 하는데, 지나고 보면 오히려 그 시점에서 더욱 자금 모집에 열을 올리고 바닥권보다 훨씬 높아진 위험의 자산에 신규 유입 자금을 집중하는 우를 범하기 일쑤이다.

적어도 지난 20년 정도의 세월 동안 증권화(securitization)란 단어가 시대의 총아였다고 할 수 있다. "모든 길은 로마로 간다."라는 말처럼 모든 자산은 증권화로 간다고 해도 과언이 아닐 정도로, 이는 선풍적인 관심을 모은 금융 기법이다. 자산 유동화란 의미를 갖는 증권화 시스템은 위험을 관리하고 경제의 역동성을 높이기 위해 만들어진 상품 구조이며, 자원의 낭비를 줄이고 효율을 높이기 위한 의미를 가지고 발전해 온 신금융 기법이다. 미국발 금융위기는 지난 제2차 세계대전 당시보다 더 나빠진 결과를 초래함으로써 금융 재앙이 전쟁보다도 더 무섭다는 것을 여실히 보여 준 바 있다.

그러나 진정한 부자들의 주식투자법은 달랐다. 미국의 토머스 스탠리와 윌리엄 댄코가 미국의 약 천 명이 넘는 부유층을 대상으로 조사한 결과를 바탕으로 연구한 책을 펴낸 적이 있다. 그들이 조사한 95%의 부유층들은 모두 주식에 투자하고 있었으며, 그 중에서 20%는 증시에 상장된 상장회사 주식이었다.

그런데 그들이 일반인들과 구별되는 것은 주식을 일반 국민보다 많이 보유하고 있으면서도 주식의 거래는 일반인보다 적었다는 사실이다. 그들의 통계를 보면 불과 1%도 안 되는 사람들이 매일 주식을 거래했으며, 매달 거래한 기록을 가진 사람들도 7%에 그쳤다. 전체적으로 9% 정도만이 1년에 한 번 주식을 거래했다.

약 20%의 부유층은 한번 주식을 사면 1~2년을 보유했으며, 약 25%의 사람들이 2~4년 정도 주식을 보유했다. 13%의 부유층은 4~6년 정도 주식을 보유했으며, 35%의 부유층은 한번 주식에 투자하면 6년 이상 투자한 주식을 보유했다. 그런가 하면 그들은 일반인보다 훨씬 적은 수의 주식에 투자하고 있었다. 그들은 자신의 시간과 에너지를 몇몇 관심 주식에 집중해 연구하고 투자하고 손에 익힌 것으로 조사되었다.

이 조사에서는 미국의 부유층들 중에는 적극적인 투자가 별로 없는 것으로 나타났으며, 따라서 주식을 중개하는 브로커들은 부유층 고객을 별로 좋아하지 않는 것으로 조사되었다. 재미있는 사실은 주식을 중개하며 그로 인해 직업 소득이 많은 주식 중개인들을 보면 수입만큼 재산이 많지 않은 것을 자주 보게 되는데, 이들의 대부분은 자신의 소득을 주로 주식에 투자하지만 잦은 매매로 큰돈을 벌지 못한 것으로 이 조사는 밝히고 있다. 그러니까 주식을 지나치게 자주 사고파는 일은 마치 나무를 심고 그 뿌리가 내리기도 전에 나무를 뽑아 버리거나 옮겨 심는 것이나 다를 바 없는 일이라고 이들은 주장하고 있다.

그러나 평상시에 재산을 관리하고 생각하는 시간은 부유층들이 일반인보다 압도적으로 많은 것으로 나타났다. 부유층들은 투자자산을 관리할 때 매매는 많이 하지 않으면서도 한 달 평균 스무 시간 이상을 투자에 관한 연구 시간으로 쓰고 있다고 한다.

이들 중에서 주식을 자주 거래한 사람들은 1년에 약 2억 원 이상의 주식 거래를 했는데 이러한 잦은 거래로 인해 나간 비용이 연간 약 3천500만 원이나 되었다. 그러나 잦은 거래를 하지 않은 부유층들은 대개 자신이 오랫동안 연구한 주식을 스스로 장기 보유하거나 사고팔아 그로 인한 주식 거래의 비용은 크게 지불하지 않은 것으로 조사되었다.

또 그들은 재정 자문역들과 자신의 자산운용을 상담은 하지만 결국 최종 결정은 자신이 내리는 것으로 조사되었으며, 가급적 최고의 재정 자문역을 구하기 위해 많은 정보를 구하고 시간을 쏟는 것으로 조사되었다. 결국 대부분의 부유층들은 당장은 돈이 생기지 않더라도 시간이 흐르고 나면 가치가 올라가는 일에 투자하고, 이를 기다리고 또 다음 투자 대상을 찾는 일에 많은 시간을 투자하는 사람들이라고 이들의 연구는 밝히고 있다.

투자의 위험을 제대로 알자

대개는 주식을 공들여 사 놓고 장기보유를 결심하고 보면 하필이면 단기시장이 흔들려 매수 직후 짧은 순간에 비교적 큰 폭으로 주가가 하락하는 경우가 더러 있고, 때로는 그때의 급작스런 충격으로 예상했던 주가의 상승과 수익 실현 시점이 아주 멀리 뒤로 가는 경우도 적지 않다. 그러다 보면 이 주식을 손해를 감수하고 던져야 하는지 아니면 물을 타서 더 보유하며 전선을 확대해야 하는지 고민하게 된다.

주식시장에는 이론적으로 두 가지 위험이 있다고 본다. 하나는 체계적 위험(systematic risk)이라고 하며, 다른 하나는 비체계적 위험(unsystematic risk)이라고 한다.

체계적 위험이란 주식시장 전체가 겪게 되는 위험을 말하고, 비체계적 위험이란 개별 주식들이 가지고 있는 위험을 말한다. 과거 1997년 11월 외환위기가 닥쳤을 때 모든 주식들이 급락한 경우는 체계적 위험에 해당하고, 대우그룹 사태로 대우 관련 주식들이 동반 폭락한 것은 비체계적 위험이 발생한 경우이다.

그런데 주식투자를 오래 하다 보면 한순간에 모든 주식이 폭락하는 급작스런 악재가 등장하는 경우를 가끔 보게 된다. 얼마 전 미국의 주택 저당 시장 부실화 사건인 서브프라임 모기지 부실화 사건으로 전 세계 주식시장이 동반 폭락한 사태는 전형적인 체계적 위험이 발생한 경우이다. 이 여파로 당시 2000포인트를 돌파한 직후의 한국 주식시장은 급등의 후유증과 돌발 악재의 충격이 겹쳐 급락세를 기록한 바 있다.

이 같은 체계적 위험이 발생하게 되면 대다수의 주식들이 무차별적으로 하락하기 때문에 전체 주가지수는 충격적인 하락세를 보이게 되어 투자 심리가 냉각된다. 특히 급등 후에 닥친 돌연한 악재 출현으로 장세가 폭락으로 얼룩지며 시세가 반전하는 경우에는 투자 심리가 일순간에 공황 상태로 빠져드는 과민 반응을 보이게 된다.

따라서 많은 투자자들은 악재의 사실 관계 규명보다는 급락한 시세가 주는 심리적 충격을 이기지 못하고 움츠러들면서 자기 불안을 확대 재생산하는 자가당착에 빠지게 되어 극도의 불안감에 빠지게 되며, 이후 일시 회복하던 장세가 다시 급락하면 그때 뒤늦게 본격적인 매도에 참여해 주가를 다시 폭락세로 몰아간다. 이런 과정을 후발 추격 매도라 하며, 장세는 이들의 매물을 받으면서 당초 돌발 악재 충격의 크기보다 깊은 조정을 받게 되는 것이다. 그러나 시간이 얼마쯤 흐르고 나면 다시 주가는 새로운 기운을 받아 서서히 살아나게 되고 결국은 급작스런 주가 폭락의 과거 시세를 다시 회복하는 복원력(resilience)을 보이게 된다.

대개 이 같은 장세 복원 과정은 급락 장세에서 심리적 위축으로 추격 매도한 투자자들이 놀란 가슴을 쓸어내리며 손을 놓고 관망하는 사이에 급작스럽게 이루어져 그들을 철저히 소외시키는 특징을 보여 주게 된다. 심한 경우는 복원력이 강해서 지난 폭락 이상의 주가를 회복시켜 오히려 장기수익률을 호전시키는 경우도 있다. 이런 경우 후발 추격 매도 세력들은 한마디로 두 번 죽는 신세가 되기도 한다. 지난번 미국에서 불어온 서브프라임 모기지 충격을 보더라도 그렇다.

따라서 주식을 장기 보유하는 과정에서 갑자기 발생한 돌발 악재는 그것이 그 순간에는 공황을 방불케 하는 쇼크를 주더라도 결코 이에 당황하지 말고, 특히 후발 추격 매도에 가담하지 말고 장기적인 복원력을 체크하는 침착함을 가져야 한다. 글로벌화가 진행되면서 한 가지 특징적인 것은 세계 경제가 갈수록 어떤 충격을 받더라도 복원력이 빨라지고 있다는 점이다. 그러나 이런 장세에서도 실패를 회복하기 어려운 투자자가 있는데 바로 부채로 조달한 이른바 외상투자자들이다.

주식투자를 하다 보면 낭패를 당하는 경우가 적지 않다. 여러 가지 경우가 있을 수 있겠으나 그중 하나가 믿었던 주식이 오르기는 커녕 하락하게 되어 팔기도 힘들고 버티기도 딱한 경우라고 할 수 있다. 이럴 때 그 주식에 대한 미련이나 기대가 남아 있을 경우에 흔히 쓰는 투자 대안이 바로 물타기 전법이다. 하락한 가격으로 다시 같은 주식을 사들여 전체의 평균 단가를 낮추면서 반등 시점과 회복 시점에서 투자수익을 복구하는 투자 방법이다. 시장의 프로 투자자들 사이에서는 이런 투자법이 자주 쓰이고 있다.

그런데 투자의 달인 윌리엄 오닐(William O'Neil)은 물타기 투자를 하면 더욱 수렁으로 빠지기 십상이므로 특히 아마추어 투자자들은 주의하라고 당부한 바 있다. 그는 손해를 인정하고 매도하는 손절매란 빠를수록 좋으므로 예상을 깨고 내려가는 주식을 붙잡고 미련을 갖지 말고 던지라는 조언을 하고 있다. 그는 이른바 꽃밭에서 잡초를 뽑아내듯이, 나쁜 주식부터 골라내야 한다는 지론을 가진 투자의 명인이다. 오닐은 손해가 난 주식은 대체로 7~8%선까지 주가가 내려가면 매도하는 것이 좋다고 제시했다. 그리고 손실이 난 투자 원금은 다른 주식에 투자하여 회복하는 것이 현명하다고 말한다.

> **손에 잡히는 경제사전**
> **손절매(損切賣)**
> 앞으로 주가가 더욱 하락할 것으로 예상하여, 가지고 있는 주식을 매입가격 이하로 손해를 감수하고 파는 일.

그런가 하면 유럽 증권계의 거목이라는 앙드레 코스톨라니(Andre Kostolany)는 좋은 기업을 골라 투자했으면 그 주가의 단기적인 추이를 보지 말고 아예 멀리 장기간 여행을 떠나는 것이 좋다고 할 정도로 한번 투자한 기업의 주식은 여간해선 매도하지 말라는 조언을 남기고 있다. 인내심을 가지고, 이미 보유한 기업의 주가가 하락하더라도 차라리 주식을 늘리는 기회로 삼아 참고 기다리는 전략을 구사하라고 주문하고 있다.

그는 물타기란 말을 직접 남기진 않았으나 주식투자란 뇌동 투자보다는 소신 투자가 더욱 효과적이라면서 시장의 흐름과는 반대로 움직이면서 한번 정한 주식은 단기적인 주가의 흐름에 연연하지 말고 소신을 가지고 인내해야 한다고 강조하고 있다. 코스톨라니는 투자란 철저히 심리전이기에 폭등과 폭락은 언제나 올 수 있는데, 그런 경우 너무 놀라거나 당황하지 말고 항상 나는 '남들과 반대로 한다'는 원칙을 가지라고 말했다.

대개는 주식을 공들여 사 놓고 장기 보유를 결심하고 보면 하필이면 단기시장이 흔들려 매수 직후 짧은 순간에 비교적 큰 폭으로 주가가 하락하는 경우가 더러 있고, 때로는 그때의 급작스런 충격으로 예상했던 주가의 상승과 수익 실현 시점이 아주 멀리 뒤로 가는 경우도 적지 않다. 그러다 보면 이 주식을 손해를 감수하고 던져야 하는지 아니면 물을 타서 더 보유하며 전선을 확대해야 하는지 고민하게 된다.

만일 여러분에게 이 같은 고민을 해야 하는 상황이 온다면 우선 자기 자신의 투자 철학을 정리해 보는 것이 바람직하다고 본다. 나는 과연 시황이 어떻게 전개되더라도 항상 수익을 내길 원하는 사람인가, 아니면 기다려서 오를 수만 있다면 얼마든지 기다리겠다는 사람인가 하는 점을 스스로 가려낼 필요가 있다.

만일 전자의 경우라면 주식을 매수한 뒤 예상 밖으로 하락하여 손실을 보았다면 일정한 손실 폭에서 매도하고 다른 기회를 도모하는 것도 좋은 전략인데, 이때는 오늘의 조언대로 원금 대비 7~8%선에서 매도하든가 아니면 그때의 시중 금리 수준에서 커트 레이트를 정해 정리하는 것도 하나의 방안이다.

그리고 장기투자로 특정 주식을 매집하고 있는 경우라면 오히려 하락 시점에서 주식을 더 보유하는 전략을 써서 보유량을 늘리는 기회로 삼는 것이 효과적일 수 있다. 물론 여기서 전제가 되는 것은 계좌에 항상 여유 자금이 남아 있어야 한다는 것이다.

실제 매수에 참여해 보면, 과거의 기록을 깨고 신고가를 만들며 시장에 대한 새로운 기대를 낳을 때 주가는 단기에 반대로 움직여 장기매수의 의지를 무색케 하는 경우가 적지 않다. 이럴 때에는 일단 전체 시장에 대한 기대가 살아 있다면 물타기식의 투자를 하며 주식수를 늘리는 것도 하나의 방법이며, 만일 전체 시장의 기류가 흔들리는 수준의 하락 기운이 엿보이면 비록 기대를 걸고 산 주식일지라도 던지고 후일을 도모하는 것을 검토하는 것이 좋다.

13

주식시장은 분별력이 낮다

오르고 있는 주가는 언젠가 '상투를 치'게 마련이다. 장기 상승 국면에서 수익을 낸 사람이라면 지금 기분 같아선 고점의 상투도 잘 찾아낼 것 같지만 주가는 그렇게 녹록한 것이 절대 아니다. (……) 주가의 바닥은 예측해 봄 직하지만 주가의 상투 예측은 섣불리 달려들면 바보 되기 십상이다. 따라서 투자의 현인들은 이런 말을 남겼다. "해 지기 전이 가장 밝고, 산이 높으면 골이 깊다."

    돈을 버는 일은 간단치 않다. 그래서 하는 말이 "수익은 위험을 수반한다."라고 한다. 특히 주식투자야말로 위험을 먹고 사는 생명체와 같다.
    하루에도 수많은 매매를 하면서 대박의 기회를 노리는 많은 투기 거래자들은 칼날 위에서 춤을 추는 무당이나 다를 바 없다. 누가 보아도 위험천만인 시퍼런 칼날 위에서 길길이 뛰며 주문을 외우는 무당의 도발을 그 어떤 구경꾼도 말리지 못한다. 그 무당은 자신의 초인적인 능력을 그렇게 보여 주며 의뢰인의 고민에 대해 나름의 답을 내놓는다.
    그런데 주식투자에서는 경우가 좀 다르다. 칼날 위에서 높이 뛰면 뛸수록 그에게 돌아오는 위험의 대가는 크다. 그래서 전문가 입장에서 시니어들에게는 더욱 안전하고 보수적인 투자를 권하게 된다. 사실 일생을 성공적인 투자로 이끈 대다수의 주식투자 대가들은 우리가 투자 현장에서 자주 보는 사람들처럼 매매를 밥 먹듯 하는 초단기매매자들이 아니고, 공격적인 투기자도 아니다. 그들은 미련할 정도로 장기적인 투자자이고 소심할 정도로 방어적이고 보수적인 투자자들이다.

　예를 들어, 존 네프(John Neff)가 있다. 그는 1960년대 중반부터 1990년대 중반까지 30년 동안 미국의 윈저펀드를 운용한 투자의 대가로서 30년 동안 무려 55배의 펀드 수익률을 기록한 사람이다. 이는 같은 시간에 전체 미국 평균 시장수익률의 2.5배에 달하는 대기록이다. 1995년 은퇴 후 미국 최고의 경영 대학원인 와튼 경영 대학원에서 교수를 지낸 존 네프는 이 30년의 긴 세월을 오직 방어 투자와 보수적 투자로 일관하여 당대의 대가로 명성을 얻었다.

　그는 화려하고 역동적인 기업 경영보다는 적지만 안정적인 수익을 꾸준히 내고 있는 얌전하지만 내공이 있는 주식을 골라 최소한 5년 이상을 투자했다. 그러나 이런 기업에 투자하는 일은 많은 인내를 요구하게 된다. 그들은 대체로 매수 시점에서는 소외주나 비인기주의 위치에서 긴 시간을 보내기 때문이다. 하지만 그는 항상 분별력이 낮은 주식시장의 속성을 잘 알고 있었기에 늘 자신만의 오솔길을 찾아 수익률 산책을 즐겼다.

　인생의 경험을 할 만큼 한 시니어들은 이제부터야말로 자신만의 사색과 결단의 세계를 만들어 나가야 한다. 그것이 투자가 되었든 아니면 사업이 되었든 간에 세상의 물결에 휩쓸리지 말고 자신만의 통찰력의 세계로 들어가야 한다. 그러기 위해 많은 독서와 정보 탐독이 필요하다. 존 네프만 하더라도 주말이면 모든 일을 중단하고 가장 믿을 수 있는 경제 신문을 정독하고 투자 자료를 검토하는 습관을 일생 동안 지켜 온 바 있다.

　요즘 모바일 세대들은 영상 정보를 통해 지식과 정보를 얻는다고 하지만 책이나 신문 같은 활자 정보 시대의 시니어들은 자신들에게 친숙한 책이나 신문 또는 잡지 같은 매체를 통해 충분히 필요한 투자 정보를 얻을 수 있다. 투자 이론의 기초라 할 수 있는 저PER 주식에 투자하는 중요성도 존 네프 같은 보수적인 투자 대가들이 남겨 준 보석 같은 조언들이다.

주가 수익 비율이라고 부르는 PER이 낮은 기업이란, 결국 한 주의 주식이 1년간 벌어들이는 수익 가치에 비해 주가가 상대적으로 낮다는 것을 의미한다. 오랜 세월 강조되어 온 투자 기법이지만 투자 현장에서는 무시되거나 지나쳐 가기 일쑤인 투자 기법이기도 하다.

그 이유는 간단하다. 대부분의 투자자들은 항상 안전성, 수익성, 성장성의 경영 지표 중 성장성에 무게를 두고 새로운 성장주를 찾으려 하거나, 또한 그런 주식을 찾았다 싶으면 단숨에 시장의 관심을 이끌어 고수익주로 만들려 하기 때문이다. 아무리 수익성이 양호한 주식도 단기에 주가가 급등하면 고PER 주식이 되기 때문이다.

그러나 시니어들은 이렇게 요란한 주식보다는 조금은 소외되고 조용한 주식들 가운데에서도 알토란 같은 기업 가치를 가진 주식을 발견하려는 안목을 지녀야 한다. 이런 투자 기법을 견지하면 결코 주식투자가 저축과 크게 다르지 않다는 것을 인생 노년에 가서는 알게 된다고 당대의 대가들이 전하고 있다.

세상에 멈추지 않고 계속되는 축제는 없다. 주식시장은 경제 논리로 만들어진 가격 결정 구조와 매매 시스템이지만 주가의 본질은 마치 축제와 같다. 주가가 언제나 꾸준히 기업 가치나 경제 흐름을 반영하는 것은 아니다. 장시간 지지부진하던 주가도 한바탕 멍석이 깔려야 비로소 내재했던 주가를 뿜어내게 된다. 따라서 주식투자는 한번 불이 붙으면 정말 탈 만한 것은 타 태우고서야 불이 꺼지게 된다.

그러나 그렇게 불이 붙은 주가도 한번 열기가 식으면 막 내린 극장이나 다를 바 없어서 썰렁하기 짝이 없고, 축제의 뒷마당에는 처참한 희생자들이 즐비하다. 주식시장은 늘 그래 왔고 또 앞으로도 언제나 그럴 것이다.

2007년을 후끈 달아오르게 했던 주식시장 랠리도 결국 지나고 나니 한바탕 축제였고, 2010년 후반부터 2011년으로 넘어오는 시장도 그런 성격의 장세이다. 주가가 오르고 있을 때는 이유도 많고 정보도 흔하지만 막상 썰물처럼 빠져나갈 때는 그 많던 입들도 유구무언이 된다. 그래서 투자 전문가 생활을 오래 하다 보면 단기 주가 전망을 피하게 되고, 초단기투자는 아예 거들떠보지도 않게 된다. 다 부질없는 짓이기 때문이다.

아무튼 오르고 있는 주가는 언젠가 '상투를 치'게 마련이다. 장기 상승 국면에서 수익을 낸 사람이라면 지금 기분 같아선 고점의 상투도 잘 찾아낼 것 같지만 주가는 그렇게 녹록한 것이 절대 아니다. 주가의 상투는 장마철의 한줄기 소나기처럼 느닷없이 찾아와 생채기를 내고는 그 상처 속으로 시름시름 곪아들게 하는 무서운 바이러스가 침투하면서 시작된다. 그래서 주가의 바닥은 예측해 봄 직하지만 주가의 상투 예측은 설불리 달려들면 바보 되기 십상이다. 따라서 투자의 현인들은 이런 말을 남겼다. "해 지기 전이 가장 밝고, 산이 높으면 골이 깊다." 한마디로 알아서 하라는 경고이다.

14

현금 보유의 중요성도 깨우치자

주식은 환금성이 높고 소액 투자가 가능하여 재기의 여지를 가질 수도 있겠지만 만일 부동산을 부채형으로 투자했다가 요즘 같은 신용 경색 사태를 만나면 자칫 모두를 잃을 수 있는 위험이 있다. (……) 역시 재무관리의 본질은 투자보다 먼저 저축이고, 자산보다는 먼저 적절한 현금 보유에 있다.

투자 과학자들은 포트폴리오를 만들어 시스템으로 대처하도록 가르치고 있다. 즉 주식과 채권의 분산투자로 위험과 기회에 대처하라는 주문이다. 특히 주가가 계속 오르는 국면에서는 분명히 금리는 낮아지고 있는 상태인지라 채권 가격은 오르게 되고, 반면에 주가가 내리고 있을 때는 금리가 오르고 있어 채권값은 내리고 있으니 이를 활용해 분산투자하라는 주문이 가장 일반적이다.

그러므로 장세에 따라 주식과 채권을 적절히 조합을 만들어 그 비중을 조절해 나가면 투자 위험을 줄이고 수익도 방어할 수 있다는 이야기이다. 주식이 장기간 오르고 있을 때는 적절히 채권을 사는 시점을 찾아야 한다. 이미 시중에는 돈들이 주식 매수 자금으로 들어가 서서히 금리가 오르고 있기에 채권은 가격이 하락하고 있을 것이다. 그만큼 채권의 장기 기대수익률은 높아지게 된다.

요즘은 채권 펀드가 있으니 이를 통한 투자도 무방하다. 단, 채권은 몇 가지 알아 두어야 할 것이 있다. 먼저 만기 구조에 따라 손실이 달라지는데 만기가 길수록 원금 손실 위험이 커지고, 반면에 고정금리에 의한 소득 손실 위험은 만기가 길수록 작아진다.

또 채권은 만기가 길수록 금리 변동에 따른 채권 가격 변동폭이 커지게 되고 단기투자자에게는 가격 변동에 따른 자본 이득으로 낮은 금리를 보상하고, 장기투자자는 장기채에 주는 높은 수익률로 손실 위험을 상쇄하게 된다.

투자자가 주식시장에서 채권시장으로 투자처를 옮기려 하면 처음에는 무척 시시해 보일 수 있지만, 막상 투자를 해 보면 어느 정도 안정된 수익을 거둘 수 있는 투자 대상이란 점에서 재미를 붙일 수 있다. 주식투자는 가장 뜨거운 활황장이 지나고 나면 상당기간 금융 경색기를 보내게 된다. 따라서 이때는 화폐 자산 형태로 투자자산을 이동시키는 것이 좋은데 수익률을 통제할 수 없다는 점에서 채권투자가 그 대용으로 활용될 수 있다. 마치 새가 양쪽의 날개로 날아가듯이.

"돈이 없으면 음악도 없다(Ka Geld, Ka Music)."

지난 1999년 93세를 일기로 세상을 떠난 전설 속의 투자자 앙드레 코스톨라니가 생전에 남긴 유명한 말이다. 그는 인간의 영혼을 달래고 꿈을 만들어 주는 음악도 경제가 살아 움직일 때 발전할 수 있다는 뜻으로 이 말을 하면서, 주가 역시 시중에 돈이 없으면 올라갈 수 없음을 이렇게 일갈했다.

코스톨라니는 그러나 돈만 가지고 주가는 올라가지 않는다고 했다. 그는 돈이 있다면 여기에 투자자의 상상력이 보태져야 주가가 오른다고 했다. 바로 이 상상력의 세계가 주가의 행보를 누구도 예측하기 어렵게 만드는 결정적인 요소임은 주식투자를 해 본 사람이라면 누구나 알 수 있는 일이다. 그러나 돈을 가지고도 상상력이 부족하면 그저 그 돈은 단순히 세월의 보상이라는 저축이자 정도의 수익에 그칠 수밖에 없으며, 또한 상상력이 너무 지나쳐도 그 돈은 제대로 힘 한 번 못 써 보고 한순간에 휴지로 변하기도 한다.

그런데 정말 코스톨라니의 말을 새겨야 할 사람들은 바로 내 돈이 없으면서 남의 돈을 빌려 자신의 상상력을 보탠 사람들이다. 특히 스스로 변제 능력도 없이 자산시장의 가격 상승만 믿고 뛰어든 무임승차형 레버리지(leverage) 투자자, 즉 부채형 투자자들이다. 얼마 전까지 국내외를 막론하고 자산시장에서 낮은 금리를 무기로 등장한 많은 부채형 투자자들이 아파트값도 올리고 주식값도 올려놓았다.

과거 1990년 이른바 깡통 계좌 사건이 있었다. 도저히 회수가 불가능한 부실 채권인 신용 융자에 의해 매수된 일반 투자자의 주식들을 한날한시에 강제로 돈을 빌려 준 증권사가 일괄 처분하는 초유의 사태가 바로 깡통 계좌 사건이다. 그러나 문제는 그 후에 주가는 다시 5년 동안 꾸준히 올랐다는 점이다. 당시 코스피 기준으로 최고 1000포인트 부근에서 매수된 주식들은 300포인트 부근에서 강제 매도된 뒤 다시 1995년에 1000포인트를 넘기는 회복세를 기록했다. 서브프라임 모기지 마켓 사태의 후유증으로 폭락했던 우리 증시도 그랬다. 언제나 시간이 흐르면 주가는 다시 회복되고 새로운 상승 추세를 생성해 내지만 그때 부채로 조달한 자금으로 투자한 레버리지 투자자들은 이 고비를 넘기기 어렵게 된다.

코스톨라니는 또 "폭락하는 주식시장에는 남의 돈을 빌려 투자했다가 파산한 부채형 투자자들의 잔해를 주어 더욱 부자가 되는 새로운 행운아들이 언제나 있다."라고 했으며, "그들은 평소에 현금을 준비해 두는 부자형 투자자들."이라고 했다.

자연재해가 지나고 나면 복구 예산이 나오듯이 주식시장에도 한차례 폭락 장세가 지나고 나면 회복을 노리는 매수 자금이 새로이 들어오는데, 이들은 주로 평소에 현금을 많이 가진 부자형 투자자들이다. 이럴 때 현금을 가진 부자형 투자자들은 두 가지만 사면 된다고 코스톨라니는 생전에 농담처럼 말했다. 하나는 수면제이고, 또 하나는 저가의 우량주라고. 그러니까 폭락으로 값이 많이 떨어진 우량주를 산 뒤 수면제를 먹고 한참 자고 나면 된다는 우스개이다. 적지 않은 세월을 투자시장 주변에서 관찰해 오면서 언제나 느끼는 안타까움은 주식이든 부동산이든 남의 돈을 빌려 부자가 되기는 정말 성경의 말처럼 낙타가 바늘구멍 통과하기보다 더 힘들다는 생각이 든다.

그래도 주식은 환금성이 높고 소액 투자가 가능하여 재기의 여지를 가질 수도 있겠지만 만일 부동산을 부채형으로 투자했다가 요즘 같은 신용 경색 사태를 만나면 자칫 모두를 잃을 수 있는 위험이 있다. 그럴 경우 현금을 가진 부자형 투자자들은 이번엔 법원에 나타나 이들의 경매 물건을 헐값에 건져 갈 것이 분명하다. 그래서 역시 재무관리의 본질은 투자보다 먼저 저축이고, 자산보다는 먼저 적절한 현금 보유에 있다.

PART 6

삶의 변화를 알면 부동산이 보인다

인생후반전
설계지침서
후반전에 꿀 터진다

주택, 이젠 투자가 아니라 생활 도구이다

부동산이란 지리적 · 환경적 · 사회적 · 문화적으로 다양한 가치의 요인을 가지고 서로 일물 일가(一物一價)의 속성이 있지만, 우리의 경우는 좁고 밀집된 지역에서 아파트라는 표준화된 주거 환경에 익숙하다 보니 비슷한 조건을 가지면 서로 같은 가격을 비교해 매기려는 특성이 농후하다.

우리 사회에는 내가 사는 동네와 집이 사회적 신분을 나타내 주는 것으로 생각하는 경향이 많다. 그래서 아무개 동네에 산다고 하면서 공연히 목에 힘을 주는 사람들도 있다.

특히 우리나라 사람들은 낯선 사람을 처음 만나도 사는 동네를 꼭 물어 그의 재력을 알아보려고 하는 아주 고약한 습성이 있다. 어떤 이는 이런 난처한 질문을 받으면 체면을 생각하여 슬쩍 거짓말을 하기도 한다. 그러기에 우리는 손에 돈이 조금만 늘어와도 괜찮은 동네로의 이사를 생각하게 된다. 가족들이 채근을 하는 경우도 적지 않다.

이렇게 생각해 보면 부자들은 자기들끼리 같은 동네에서 모여 살고 있는 것처럼 보인다. 하지만 실상은 그렇지 않다. 정말 돈 많은 사람에게 물어보면 그들은 부유한 동네에서 살지 않는다. 진짜 부자에겐 사는 곳이 그리 중요한 문제가 아니기 때문이다. 미국도 마찬가지이다. 미국의 부자들도 대체로 이웃이 자신보다 재산이 적은 사람이라고 연구자들은 밝히고 있다.

가볍게 상식적으로 생각해 보자. 부유한 동네에서 살면 생활비가 많이 들 수밖에 없다. 이웃과 맞추어 살려면 집도 커야 하고 차도 고급이어야 한다. 재래시장도 멀리 있어서 비싼 물건만 진열해 놓는 고급 가게를 주로 이용한다. 이러니 씀씀이가 큰 동네로 이사를 온 부자들이 그곳에서 부자의 지위를 유지하는 것은 훨씬 어렵게 된다.

또 하나 중요한 것은 대체로 부자가 된 사람은 부촌에서 사는 것에 익숙지 않다. 그들은 대체로 할인점을 이용하고 중고 제품을 즐겨 쓰는 사람들이기 때문이다. 그래서 의외로 허술한 동네에서 예금고가 높다는 금융 지점장들의 이야기를 어렵지 않게 들을 수 있다.

그럼 부자 동네에는 주로 누가 사는가. 대답은 간단하다. 재산상으로 그렇게 부자가 아니면서 부자처럼 보이고 싶어 하는 사람들이 주로 살고 있다. 특히 고학력의 고소득 전문직들이 이런 곳에 몰려 있다. 또는 한때의 인기에 몸을 싣고 사는 대중 인기인들도 있다. 자신이 계속 고소득을 유지할 거라는 믿음 때문이기도 하지만 대개는 허영심에 가득 찬 마음 때문이다.

이런 생활 태도 때문에 말년에는 그보다 훨씬 못한 동네에서 후회 속에 살게 되기도 한다. 그래서 진정 부자가 되려면 서민 이웃을 두는 것이 바람직하다. 사실 사람 살기에는 이런 동네가 훨씬 인간적이고 포근하지 않겠는가.

한국과 일본은 여러 가지 면에서 유사한 배경을 가지고 있다. 하긴 유전자적으로도 한국 사람과 일본 사람은 가장 가까운 사이라고 하며, 특히 50% 이상 유사한 유전자 구조를 가지고 있다니 그럴 만도 하다. 그래서 지난번 일본 대지진의 참사에서 우리 국민들이 누구보다 더 애석해 했는지 모른다.

부동산투자에서도 두 나라의 그 간의 모습이 아주 흡사하다. 두 나라 국민들이 다른 나라에 비해 부동산투자를 좋아하는 것도 그렇지만, 시세 비교적 관점에서 부동산 가격을 매겨 온 것이 그렇다. 가령 옆집이 평당 1천만 원을 하면 자기 집도 그런 값을 매기려고 하는 태도가 그것이다. 심지어 우리나라 어느 지역의 경우는 아파트 부녀회에서 가격을 담합하여 얼마 이하로는 매물을 내어놓지 말자고 결의하는 웃지 못할 진풍경이 벌어지기도 했다. 도대체 가격이란 무엇인지도 모르는 처사가 아닐 수 없지만.

부동산이란 지리적 · 환경적 · 사회적 · 문화적으로 다양한 가치의 요인을 가지고 서로 일물 일가(一物一價)의 속성이 있지만, 우리의 경우는 좁고 밀집된 지역에서 아파트라는 표준화된 주거 환경에 익숙하다 보니 비슷한 조건을 가지면 서로 같은 가격을 비교해 매기려는 특성이 농후하다. 더욱 가관인 것은 공급을 늘려 아파트 가격을 잡으려고 인근에 새로운 단지를 만들도록 허용하면 오히려 새로운 단지의 아파트 가격 상승을 기대하고 기존 단지가 먼저 더 오르는 이해 못 할 일도 자주 나타나는 것이 우리나라이다.

그러나 지금 일본은 이러한 시세 비교법에 의존한 기존의 전통적 가격 구조에 큰 회의를 느끼고 있다. 지난 1990년 초반 이후 장기 침체의 과정에서 엄청난 가격 폭락(도쿄 긴자 지역의 상업 지역 70~80% 하락)이 이어지자 도대체 부동산이 어디가 근본 가치인지 알 수가 없다는 공황 상태에 빠지게 된 것이다. 일본의 이런 경험은 비단 부동산뿐만이 아니다. 주식시장에서도 그들은 선진국에서 기업의 내재 가치의 기준으로 삼는 기업의 수익력을 무시하고 주가를 천정부지로 올렸다가 역시 대폭락을 경험한 바 있다.

즉 돈의 힘으로만 가격이 만들어지는 것이 아니라 근본 가치를 바탕으로 가격이 형성된다는 것을 일본은 부동산과 주식에서 두 번의 교훈적 사건을 통해 처절하게 경험한 바 있다. 그 후 그들은 주식이든 부동산이든 기본적 가치의 근본을 찾으려는 노력에 힘을 기울이게 되었다.

엄청난 수업료를 치르고 난 뒤에 그들이 중요하게 여기고 있는 가격의 기본은 다름 아닌 현금흐름이었다. 이는 이미 오래전부터 선진국에서 기본으로 여기고 있는 자산가격의 기준이다. 이후 일본은 이른바 DCF(현금흐름 할인 모델)라는 가격 기준을 선풍적으로 도입하게 되었다. 그러니까 아파트 가격이라면 앞으로 예상되는 기간 동안 그 아파트에서 얻게 될 기대수익을 바탕으로 가격이 만들어지는 것을 말한다.

가령 아파트를 빌려 주고 얻을 수 있는 장기적인 임대 수입을 바탕으로 아파트 가격이 매겨지는 것을 말한다. 이런 구조로 보면 아무리 좋은 아파트라도 연간 임대 수익의 20배 이상의 값을 유지하는 것은 무리한 가격일 수밖에 없다. 즉 연간 임대료 수입이 1천만 원이면 집값은 2억 원을 넘기기 어렵다는 말이다.

가령 아무리 인기가 있는 지역의 아파트라도 한 채에 10억 원이 넘는 아파트가 있다면 그 아파트는 월 400만 원 이상 연간 5천만 원 이상의 임대 수입을 올릴 수 있어야 그 가격이 최소한의 타당성을 갖는다는 말이다. 물론 이것은 세계적으로 가장 비싼 지역을 기준으로 할 때의 기준 가격이니까 대개의 지역은 이보다 훨씬 낮은 10배 정도의 가격 기준을 적용해야 마땅하다. 그러니까 월 400만 원 정도의 임대 수입이 있는 아파트라면 5억 원 정도가 적당한 가격이라는 말이다.

얼마 지나지 않아 우리나라도 임대 수입과 같은 미래의 현금흐름 수입을 바탕으로 아파트 가격이 다시 매겨지는 날이 반드시 오게 될 것이다. 그렇게 되면 금리를 5%로 잡는다면 아무리 비싸도 아파트 가격에 전세 가격의 2배 정도를 넘지 않는 매매 가격이 매겨지는 시대가 올 것이다. 하긴 이미 서울의 후미진 지역은 이런 기준의 적용을 넘어서 전세 가격과 집값이 거의 맞닿은 곳도 적지 않다. 이런 지역은 다름 아닌 현금할인 모형을 기초로 가격이 매겨진 곳이다. 물론 일본은 대지진 이후 이러한 현금흐름 모형도 크게 의미가 없어졌다. 참으로 엄청난 재앙 앞에서 안전과 생명의 보존 외에는 그 무엇이 의미를 가질 것인가.

02

부평초 같았던 도시의 삶을 돌아보자

일자리 없는 주거 환경 개선이나 상업 지구 신설은 장기적으로 오히려 상가 공급이나 아파트 공급만 늘려 가뜩이나 어려운 지역 경제를 더 어렵게 할 수 있다. 앞으로 기업에게 줄 수 있는 용지가 없는 도시는 활력을 찾기가 참으로 어려울 것이다.

우리나라만큼 지역별로 개발이 편중된 나라도 드물 것이다. 우리나라는 전 국민의 절반 가까이가 서울과 수도권에 몰려 살고 있으며, 나라 경제의 3분의 2 가까이가 이곳에서 이루어지고 있다. 이러한 수도권 과밀 현상은 그동안 여러 차례 정부에서 해소책을 내놓고 지속적으로 해결을 시도해 보았지만 시간이 흐를수록 돈과 사람은 점점 서울과 수도권으로 몰려와 여타 지역과의 격차는 이제 같은 나라라고 보기 어려울 정도로 벌어졌다.

그러나 이 문제는 지방 자치 시대를 맞아 지역 이기주의와 맞물려 더욱 심각한 양상으로 번지고 있다. 즉 민간 자본을 통한 지역 개발을 촉진하려는 지자체들은 수천 년을 지켜 온 원시의 자연을 마구잡이로 훼손하면서 서울부터 천안까지 온통 아파트숲으로 고속도로를 장식하는 웃지 못할 일들이 벌어지고 있다. 게다가 서울 도심에는 저마다 용적률을 더욱 높이려는 개발 이익 경쟁 속에서 마천루 같은 주상 복합형 아파트들이 랜드마크인지 바벨탑인지 알 수 없는 모습으로 곳곳에 진을 치고 있다.

이런 와중에 우리 정부는 4차 국토 종합 계획을 수립해 놓고 있다. 2020년까지 추진될 국토 종합 계획은 수도권과 지방의 격차 해소와 상생 발전을 주요내용으로 하고 있으며, 동북아 시대를 준비하는 경쟁력 강화와 복지 기반의 확충과 통일을 대비하는 내용을 골자로 하고 있다. 국토 종합 계획이 추진되는 동안 가장 특징적인 변화는 수도권으로의 인구 유입이 사실상 중단된다는 것이다. 그동안 수도권은 10년 단위로 인구가 5~8%씩 증가하여 2003년 현재 47.6%의 인구가 수도권에 집중되어 있는데, 2020년이 되면 여전히 47.5% 정도의 인구가 살게 되어 지난 40년간 계속되어 온 수도권 인구 유입은 사실상 종지부를 찍게 된다. 이렇게 되면 그동안 역대 정부에서 말로만 강조해 오던 수도권 인구 과밀 억제 정책이 비로소 효과를 보게 되는 것이다. 그러나 장기적으로 우리나라 인구가 감소하는 추세로 본다면 사실상 수도권은 이즈음에 가서는 인구가 줄어들 가능성이 아주 높다고 할 수 있다.

반면에 현재 전국의 11% 내외를 차지하고 있는 농어촌 등 비도시 지역은 상당수가 2020년이 되면 도시 지역으로 탈바꿈할 것으로 보인다. 최근 들어 조치되고 있는 기업 도시, 혁신 도시, 레저 관광 도시, 행정 복합 도시 등이 그런 현상을 촉진하게 될 것으로 보인다.

전국의 교통망은 더욱 밀접해져 고속도로는 현재의 2천778 킬로미터에서 2020년이면 총 6천 킬로미터로 늘어나게 되는데, 이렇게 되면 전국의 남북축으로 7개선, 동서축으로 9개선의 고속도로가 만들어지게 된다. 이와 함께 철도망도 지속적으로 확충되어 고속철도도 수송 기능이 확대되고 새로운 철로의 부설로 2020년의 철도 총연장은 5천 킬로미터로 늘어나게 되어 전국이 일일 생활권으로 더욱 좁아지게 된다. 이로 인해 물류비는 국내 총생산 대비 2020년에는 10%로 감소하게 될 전망이다.

주택의 공급 증가로 인구 1천 명당 주택수는 370가구로 늘게 되며, 1인당 주거 면적은 2020년에는 10.5평으로 늘어날 전망이다. 그러나 이는 주택 면적의 확대만이 아니라 가구당 인구수의 감소도 영향을 줄 것으로 보여 1인 가구들이 증가할 것이다. 도시에는 공원이 확대되어 1인당 공원 면적이 2020년에는 12.5평방미터로 도시의 녹지 공간이 크게 늘어나게 된다.

이러한 국토의 변화는 쾌적한 도시 환경을 만들어 가려고 하는 세계적인 노력과 일맥상통한다고 볼 수 있는데, 지금 세계적인 도시의 개발 방향은 편리성과 환경 친화성, 심미성, 문화성 등으로 대표되는 이른바 쾌적성(Amenity)를 강조하는 추세로 가고 있다.

이러한 미래 도시적 변화를 주도적으로 이끌고 있는 곳으로는 브라질의 쿠리치바, 독일의 하노버, 미국의 뉴욕, 네덜란드의 로테르담 등을 들 수 있으며, 국지적인 도시 내부의 쾌적한 변화가 도시 전체의 부동산 가치와 상권을 재건시키고 있는 사례로는 일본의 도쿄를 들 수 있다. 서울 청계천도 그런 의미에서 서울의 가치를 업그레이드하는 효과를 발휘하고 있듯이 이제는 쾌적성을 잃은 도시는 부동산 가치나 삶의 질이란 측면에서도 사람들의 사랑을 받기 어려운 시대로 들어가고 있다.

> **손에 잡히는 경제사전**
>
> **쾌적성(Amenity)**
> 도시계획, 도시설계 및 사업내용에 있어서 이용자에게 바람직한 각종 시설을 갖추고 있는지의 정도에 따라 결정되며, 실내·실외 쾌적성으로 구분됨. 이러한 쾌적성은 주택의 거래에 있어서 특히 중요한 요인으로 작용함.

단순히 아파트나 주거지나 집단적으로 조성하는 수도권의 신도시 건설이나 택지 개발은 그런 점에서 이들 요소를 고루 반영하는 종합적인 검토를 거쳐야 할 것으로 보인다. 아무래도 미래는 인간과 자연이 하나가 되는 세상이 되지 않겠는가.

부동산에 투자하는 기본 중의 기본은 교육도 아니고 교통도 아니고 바로 그 지역에 일자리가 늘어나야 한다는 것이다. 그래서 장기수익률을 보면 고소득자가 많은 동네보다 오히려 중간 소득자가 많은 지역이 집값이 더 많이 오른 것을 알 수 있는데, 이는 이들 지역에 일자리가 많기 때문이다. 고소득자가 많은 지역은 동네가 자리를 잡아갈수록 주민들 나이도 들고 부동산 거래가 줄어들어 결국은 투자수익도 감소하는 결과로 이어진다.

그런 점에서 최근 들어 강남 일대에 새로이 둥지를 트는 고가 아파트도 재건축이 일단락되면 점차 장기적으로는 주민들이 고령화하는 현상이 일어날 것으로 예상된다. 따라서 앞으로 강남에서는 대기업 본사가 새로이 들어오고 있는 서초구 일대가 유망해 보이며, 강남이라 하더라도 인접한 지역 내 신규 일자리의 공급이 기본적으로 낮은 곳은 상대적으로 거래가 그리 활발하지 않을 가능성이 있다.

과천 역시 정부 기관 이전 이후에 그 자리에 그 이전만큼 일자리가 공급되느냐가 가장 중요한 발전 포인트라고 할 수 있으며, 이 점은 미군 기지 이전으로 관심이 되고 있는 용산 지역도 마찬가지라고 본다. 그런 점에선 다시 기업 단지로 재건설되고 있는 구로 디지털 단지 주변의 가치가 장기적으로 높아질 가능성이 있고, IT 관련 기업이 집중되는 미디어시티가 들어오는 상암동 일대와 다시 재건축 단계에 있는, 금융기관과 방송사 등이 집중된 여의도 등이 장기적으로 주거지로서의 가치가 유지될 가능성이 있어 보인다.

서울 주변에서는 파주 신도시와 동탄 신도시, 그리고 판교 신도시 등이 기업의 일자리와 연관하여 지역 내에 일자리를 공급할 능력을 가지고 있는 신도시 지역이며, 상대적으로 수도권에서 베드타운으로 건설되었거나 새로이 건설되는 신도시들은 장기적으로 지역 발전의 문제를 스스로 안게 될 것이다.

이런 시각에서 보자면 삼성이 만들고 있는 아산 신도시 지역, LG가 주도적으로 만들고 있는 파주 지역, 미군 기지가 내려가고 신항만이 들어서는 평택 지역 등은 누가 보아도 앞으로 일자리가 늘어나는 곳이다.

부산이나 대구의 발전 청사진도 이런 점에서 평가해 보아야 한다. 부산은 지금 센텀시티라는 개발 프로젝트를 완성시키고 있으며, 대구는 밀라노 프로젝트를 추진하고 있는데 이를 성공적으로 마치려면 무엇보다 해당 지역에 상업 지구나 주거 지구만이 아닌 일자리를 함께 공급해야 한다. 그런 점에서 부산은 도시 전체의 규모에 비해 기업들이 들어갈 업무 지구가 지나치게 적으므로 도시 내 산업 단지와 구도심의 재개발을 통해 생산경제와 생활경제의 통합을 이루어야 한다. 대구도 점점 외곽으로 나가는 기업들의 대구 도시 내 유인을 적극 도모해야 하는데 정작 기업은 내보내고 그 자리에 아파트만 짓고 있어 참으로 안타깝다. 부산·대구는 다시금 인구의 도시 회귀를 추진할 필요가 있는 도시들이다. 일자리 없는 주거 환경 개선이나 상업 지구 신설은 장기적으로 오히려 상가 공급이나 아파트 공급만 늘려 가뜩이나 어려운 지역 경제를 더 어렵게 할 수 있다. 앞으로 기업에게 줄 수 있는 용지가 없는 도시는 활력을 찾기가 참으로 어려울 것이다. 그런 점에서 서울의 원도심인 중구·종로구·용산구·마포구·동대문구·성동구·서대문구·영등포구와 부산의 원도심인 중구·동구 등의 점진적인 인구 회귀 현상도 눈여겨볼 필요가 있다.

03

이젠 미분양이 아니라 후분양이다

이제껏 아파트 분양 시장의 유일한 분양 방법으로 존속해 온 선분양 방식의 아파트 분양은 점차 지어 놓고 파는, 그리고 지은 자가 임대하는 후분양 방식으로 서서히 돌아갈 것으로 보인다. (……) 이젠 지어 놓은 집이 아직 팔리지 않은 것을 미분양이라고 부를 것이 아니라 후분양이라고 불러야 할 때가 가까워 오고 있다.

    인구수가 변하면서 집값이 변할 것이란 생각은 적어도 우리나라에선 당분간 없는 일이라고 여겨 왔지만, 이젠 서서히 이런 염려도 해야 하는 상황이 벌어지고 있다. 바로 베이비부머들이 은퇴를 시작하는 요즘 들어 이런 우려가 나오고 있다. 사실 그동안 수도권의 아파트들의 가격은 연평균 9.7%의 지속적인 상승률을 보여 전국적으로 7.2%의 상승률을 보인 전체 아파트 가격 상승을 오랫동안 주도해 왔다.

    수도권 아파트들의 가격이 이처럼 상승하는 데는 경제력의 수도권 집중이란 점도 있고, 소득 증가의 요인도 있지만, 새로이 아파트를 필요로 하는 30~40대가 지속적으로 이 지역에서 증가한 것 또한 요인으로 들 수 있다. 그런데 앞으로 30~40대가 줄어드는 상황에서 이 지역에서 은퇴를 맞는 베이비부머들이 집을 줄이기 시작하면 향후 집값은 장담하기 어려운 상황에 처할 수도 있다. 30~40대 인구가 2007년 876만 명을 정점으로 2014년부터 줄어들기 시작할 것으로 예상되어 앞으로 이 지역에서의 집에 대한 신규 수요가 감소할 것으로 짐작되기 때문이다.

    또 그동안 집값의 상승이 커서 2010년 2월을 기준으로 서울의 집값은 평당 1천761

만 원으로 이 지역 근로자의 평균 임금 225만 원에 비해 너무 차이가 난다. 그러니까 서울에서 근로자가 20평짜리 아파트 하나를 구하려고 하면 단순 계산으로 월급을 한 푼도 쓰지 않고 13년을 모아야 가능하다는 이야기이다. 만일 계속 이런 구조로 간다면 대도시는 사람을 찾아보기 어렵게 되어 나중에는 그것이 다시 도시 발전을 가로막는 장애물이 될 수 있다. 그런 점에서 그동안 천정부지로 오르기만 하던 서울과 수도권의 집값도 베이비부머들의 퇴장이 새로운 변화를 가져오는 시작일 수도 있다는 생각이 든다.

당초 서울에는 이들 베이비부머들이 결혼을 통해 집안의 가장으로 등장할 때부터인 1980년대 초반부터 본격적으로 주택이 부족해서 아파트 가격이 주로 이 시기에 가장 많이 오르고 부동산 투기도 이때부터 준동하기 시작했었다. 베이비부머들이 이런 경험을 통해 스스로 깨닫고 있는 경제적 두려움이나 기대감이 있다면 그것은 바로 집값은 항상 오른다는 것이다.

그러나 이제부터는 반드시 그런 것만은 아니라는 점도 고려할 때이다. 앞으로 어디서 어떤 집에서 살까 하는 문제도 사회가 이러한 베이비부머들의 영향을 어떻게 소화하게 될 것인가 하는 점을 생각해 보면서 진지하게 대비할 문제라고 본다. 그리고 바람직하게는 앞으로의 집은 이전보다는 작게, 직장에 가깝게, 다른 가족도 멀지 않은 곳에서 살아가는 지혜를 생각해 볼 때이다.

장기적으로 서서히 다가오리라 예상되고 있는 도시의 새로운 주거 문화는 다름 아닌 한곳에서 오래 머물러 살며 집안의 뿌리를 내리는 '정주 사회'라고 전망하는 견해가 많다. 이러한 정주 사회에 대비하여 베이비부머들은 지금의 거주지역에 국한하지 말고 장차 내가 뿌리를 내릴 곳이 어디가 적당한지 고르고, 그곳에서 가족의 생활 터전을 닦는 준비가 필요하다고 본다.

그러나 실은 인구의 증가 속도를 보자면 우리나라는 지금 나이로 80세 이하부터 인구는 지속적으로 증가해 왔고, 특히 70~74세와 56~64세도 인구 증가폭이 큰 세대들이다. 그 후에 좀 더 큰 폭으로 증가한 세대가 바로 50~55세이며, 그 후의 인구 규모는 45~49세에서 정점 부근에 이르러 실제 정점인 1975년생까지 그 수준이 계속 이어진다는 것이다. 그 후 인구는 25세부터 34세까지 한 단계 떨어졌다가 다시 20~24세에 한 단계 더 떨어져 인구 감소를 실감하게 한다. 그리고 다시 인구는 소폭 증가하여 10~19세 사이는 조금 늘어난 추세를 보인 바 있다. 인구가 가장 작은 20세에서 24세 사이의 구간은 55세부터 59세 사이의 구간과 비슷한 인구 규모이다.

이러한 통계의 추이는 우리의 미래 경제에 많은 시사점을 던져 주고 있다. 먼저 집의 수요를 생각해 보면 생애 두세 번째 집, 그러니까 집을 늘려 가는 수요가 가장 많은 45~55세 사이의 인구가 향후 10년은 유지되겠지만 그 후는 점차 줄어들게 될 것이고, 생애 첫 번째 집을 사는 35세 이후 인구는 앞으로 즉각 감소한다는 사실이다.

가뜩이나 결혼 연령이 늦어지는 요즘의 현상에다 이들의 인구도 감소하는 현상까지 겹치게 되면 주택의 신규 수요는 상당한 타격이 예상된다고 하겠다. 여기에 만일 이들이 경제적인 어려움을 고려하여 부모님과 함께 산다고 하면 신규 수요는 더욱 감소할 개연성이 높다.

그리고 두 번째 또는 세 번째 집을 사는 세대도 이제부터 전체 인구는 10년간 유지되겠지만 이들이 은퇴로 인해 집을 줄이게 되는 점까지 고려한다면 이제부터 서서히 줄어든다고 해야 할 것이다. 그 영향은 결국 중대형 아파트의 장기적인 수요 정체를 예상케 한다.

한마디로 그동안 20년 이상 우리나라 주택 시장의 기린아로 등장한 아파트 시장은 서서히 그 위용이 줄어들 시점에 다달아 가는 것으로 보이며, 이제 주택 시장은 소득이나 가구 특성, 도시 형태 등에 따라 분화되는 현상을 보일 가능성이 점쳐진다.

은퇴자들이 살기에 좋은 지역에는 그런 집들이 구상될 것이고, 젊은이들이 활동하기 좋은 곳에는 그런 류의 집들이 지어질 것이고, 학교나 병원 등의 가족 수요가 있는 가정이 그런 환경에서 집을 구하게 된다면, 이제까지 구 단위로 집값이 차이가 나고 단지별로 집값이 동시적으로 움직이던 현상은 서서히 좀 더 작은 단위로 차별화의 길을 걷게 될 것으로 보인다.

무엇보다 이제껏 아파트 분양 시장의 유일한 분양 방법으로 존속해 온 선분양 방식의 아파트 분양은 점차 지어 놓고 파는, 그리고 지은 자가 임대하는 후분양 방식으로 서서히 돌아갈 것으로 보인다. 따라서 정말 좋은 입지에 고급 주택을 짓거나, 웬만한 입지에 아주 싼 집을 지을 수 있는 업체 정도가 선분양을 시도할 수 있을 것이다. 그러고 보면 이젠 지어 놓은 집이 아직 팔리지 않은 것을 미분양이라고 부를 것이 아니라 후분양이라고 불러야 할 때가 가까워지고 있다. 그러니까 앞으로는 일단 얼마간 그 집에 살아 보고 집을 사는 것이 현명하겠다.

04

압축하는 곳을 찾아라

요즘 전 세계 주요 도시들이 외곽 확장기를 지나서 다시 도심으로 파고들어 압축하는 부활 전략을 쓰고 있다. 이른바 '압축 시티(compact city)' 전략을 쓰고 있다. (……) 특히 이제 유비쿼터스형 도시가 만들어질 시기가 다가오고 있어 이의 실험적 시도가 가능한 특정 지역을 중심으로 밀집된 압축 시티의 출현이 증가할 전망이다.

회색빛이 짙게 깔린 빌딩 숲, 자동차 소음과 인파 속을 헤치고 가는 사람들, 대체로 이런 모습이 우리 머릿속에 언제나 도시 하면 떠오르는 자연스러운 연상이 아닐 수 없지만, 과연 미래의 도시도 그럴까.

힐먼(Hillman)은 미래의 도시는 한자리에서 어딘가에 집중하는 그런 고정된 도시가 아니라 장소에 구애받지 않고 유연하게 살아가는 '유연한 도시'가 될 것이라고 예견한 바 있다. 그동안 도시는 갈수록 비대해지면서 복잡성을 더해 오고 있었는데, 이제 미래의 도시란 개념에서 본다면 거대 도시는 내부적으로 작아지면서 분화되는 양상을 보이게 될 전망이다.

산업사회에서 등장한 거대 도시들은 스스로 변화하지 않으면 앞으로 지식과 문화와 개인의 창의성을 바탕으로 하는 세상이 보편화될 때 자연미와 쾌적함을 갖춘 새로운 도시에게 그 자리를 내줄 것으로 보인다.

서울의 청계 고가로가 철거되고 실개천이 드러나게 된 것도 이런 추세에 대비한 신호탄으로 여겨지고 있는데, 도시 속으로 자연이 들어오고 빌딩 속으로 문화의 향기가 스며드는 그런 변화가 나타나는 도시에 사람들은 머물게 될 것이다. 여기에 유비쿼터스(Ubiquitous)의 세상까지 닥치고 보면 이제까지 도시의 부동산 가치가 지니고 있는 속성들도 달라질 수밖에 없는 것이다. 정거장, 역, 시장, 관청 등 종래의 도시 땅값이나 집값을 결정하던 전통적 가치 요소들이 이제는 물, 숲, 공원, 학교, 병원, 공연장, 운동장 등 인간과 자연의 만남이 있는 자리로 옮겨 가게 될 것이다.

> **손에 잡히는 경제사전**
>
> **유비쿼터스(Ubiquitous)**
> 유비쿼터스는 '언제 어디에나 존재한다'는 뜻의 라틴어로, 사용자가 컴퓨터나 네트워크를 의식하지 않고 장소에 상관없이 자유롭게 네트워크에 접속할 수 있는 환경을 말함. 1988년 미국의 사무용 복사기 제조회사인 제록스의 마크 와이저(Mark Weiser)가 '유비쿼터스 컴퓨팅(ubiquitous computing)'이라는 용어를 사용하면서 처음으로 등장함.

세상은 이래서 늘 변한다고 할까. 서울 강남은 산업화 이전만 해도 한가한 농촌 지역이었으나, 거대 도시의 인구 집중과 경제 규모를 담아내기 위해 1970년대 이후 급조된 신도시로 태어나 이제껏 화려한 전성기를 구가했다. 하지만 이제 인간과 자연 그리고 역사와 문화가 더불어 숨쉬어 갈 미래의 도시에서 얼마나 사랑받게 될지 점치기 어렵다.

이제 사람들은 집안의 물건들도 항상 새로운 것으로 바꾸기보다 옛것을 닦고 보존하여 의미를 부여하는 쪽으로 점점 변해 갈 것으로 보이는 만큼 언제까지나 편리와 새것을 찾는 수요가 시장을 주도하지는 않을 전망이다.

누구는 북촌의 한옥에서 자신의 뿌리를 찾으려 할 것이고, 누구는 남산의 한 자락에서 자연속의 인생을 음미하려고 하고, 누구는 자하문 근처에서 예술을 벗하며 살려고 할지도 모를 일이다.

세상은 항상 돌고 돌듯이 땅값도 움직이고 움직인다. 그러니 고정 관념을 버려야 한다. 지난날 잠깐 부촌으로 등장했다 사라진 연희동, 평창동, 장충동 등의 오늘이 그렇듯이 강남의 가치도 이제 미래 서울의 변화 속에 그 가치가 맡겨진 운명일 따름이다. 수도권에 집중된 45%의 인구나 경제력 집중 구도는 이제 거의 정점을 지나고 있음을 알아야 한다.

도시는 부채와 같다고 할 수 있다. 한창 성장하고 있을 때는 밖으로 밖으로 커지다가도 다시 위축이 되고 제힘을 발휘하기 어려워지면 도시는 어느새 도심지를 중심으로 압축되는 모양을 띠게 된다.

요즘 전 세계 주요도시들이 외곽 확장기를 지나서 다시 도심으로 파고들어 압축하는 부활 전략을 쓰고 있다. 이른바 '압축 시티(compact city)' 전략을 쓰고 있다. 지금 뉴욕은 뉴욕의 1번가인 맨해튼을 다시 살리기 위해 특히 패션의 거리라는 5번가를 중점 재개발하고 있는데 도시 개발의 핵심 전략은 도시와 인간의 결합을 모토로 하고 있다. 따라서 5번가에서 재건축을 하려면 통행하는 사람들에게 우선 공간을 제공하고 사람과 건축물이 어우러지도록 설계해야 한다. 이는 도쿄도 마찬가지이다. 지난 십수 년간 장기 침체에 빠졌던 도쿄가 이제 도심 재개발로 새로운 활기를 찾고 있는데, 이 전략 또한 압축 시티 전략으로 핵심 도심을 중심으로 재개발 사업이 전개되고 있다. 이제는 국제적 관광 명소가 된 '롯본기 힐'이 대표적인 곳으로 압축 시티의 전형을 보여 주고 있다. 이에 자신감을 얻은 일본의 개발자들은 '시오도메', '마루노우치', '오다이바' 등을 연이어 개발하여 깊은 잠에 빠진 도쿄의 부동산 시장을 깨우고 있다.

특히 이제 유비쿼터스형 도시가 만들어질 시기가 다가오고 있어 이의 실험적 시도가 가능한 특정 지역을 중심으로 밀집된 압축 시티의 출현이 증가할 전망이다. 우리나라의 서울이나 대구, 부산도 이제는 이런 전략을 써야 할 시기인데 실제는 그렇지 못한 실정이다. 가급적 도심의 개발 지역을 아주 작게 압축하여 상권 압축 효과와 함께 상주인구 유입을 시도해야 하는데 이를 지역 안배 차원으로 접근하고 있다. 즉 강북의 경우 뉴타운이 건설되더라도 주거 위주의 도시 재생에 중점을 두고 있어 주거 환경 개선 정도의 효과에 그칠 전망이다.

부산의 '센텀시티'도 요코하마의 '마나토 미라이 21'을 본떠 야심적으로 만들기는 했

손에 잡히는 경제사전

압축 시티(compact city)
도시 중심부에 초고층 빌딩을 밀집시켜 별도의 교통수단 없이도 주변 편의시설을 이용할 수 있도록 고안된 도시 개발 방식. 미국 대도시나 홍콩 도심부가 대표적인 예로 개발 면적을 최소화시키고 교통량을 줄이는 효과를 얻을 수 있음.

으나 전체 면적에 비해 오피스 비중이 적어 상주 인구의 유입 효과가 낮은 것이 흠이라고 할 수 있다.

우리나라는 주로 거주지 위주로 압축 시티를 만든 것이 문제라고 할 수 있는데, 이는 개발 및 건설 업체들이 단기에 투자해 분양하고 빠지는 손쉬운 방법을 주로 사용하기 때문으로 장기적으로 새로운 시가지 형성이 어려운 측면이 있다.

서울의 부동산 가치는 상권을 중심으로 형성되는 특징을 가지고 있는데, 그동안 강남이 압도적으로 주도하던 노른자위 상권이 이제는 강남, 강북에 걸쳐 여러 상권으로 분산되면서 새로운 구도 변화를 암시하고 있다. 이런 현상을 소상권화 추세라고 하는데 이는 뉴욕, 도쿄 등 선진 대도시에서도 나타나고 있는 공통적인 사회 현상이다. 그동안 강남은 테헤란로 주변의 비즈니스 상권과 대치동 주변의 교육 상권, 압구정동 주변의 생활 소비문화 상권 등으로 구분되어 왔는데, 앞으로는 강북에서 새로운 상권들이 소규모로 속속 모습을 드러낼 것으로 보인다.

먼저 청계천 복원과 시청 앞 광장의 흡인력으로 인해 '명동-시청 앞-무교동-청계천-종로'로 이어지는 도보 상권이 모습을 드러내고 있다. 마치 파리의 중심부를 연상케 하는 도보상권은 큰 의미에서 강북 상권의 핵심부라고 할 수 있다. 특히 명동도 이에 힘입어 다시 권토중래의 기대를 갖게 하고 있는데, 주변 백화점들의 고급화에 발맞추어 럭셔리 상권으로 재부상할 가능성을 보이고 있다. 이와 함께 '청계천-종로'의 상권도 그동안 강남을 중심으로 출점하던 고급 브랜드들이 진출하면서 고급화의 분위기를 연출하고 있는데, 청계천과 인접해 있어 집객 효과가 큰 지역이다. 강북의 관심 지역인 '용산-이태원-한남동' 일대는 미군이 이전할 것을 계기로 본격적인 상권 형성이 예상되고 있는데, 특히 그동안의 미군 주둔지 수준의 상권에서 한 차원 품격을 높인 글로벌 상권으로 주목을 받을 가능성이 있어 보인다.

왕십리도 뚝섬과 함께 서울 동부 지역의 새로운 관심 지역으로 등장하고 있는데, 왕십리 민자 역사를 중심으로 주변의 뚝섬, 서울의 숲 등이 연결되어 특히 신세대의 상권으로 기대를 모으고 있다.

그리고 김포공항 주변과 상암 지구의 디지털 미디어시티, 마포 합정 지구도 서부 서울의 새로운 상권으로 관심을 끌고 있으며 청량리와 미아리 지역은 동북부 지역의 상권을 이끄는 새로운 축이 될 것으로 보인다.

강남도 변화가 예상되는데 서초구 삼성타운과 잠실의 롯데타운이 새로운 상권으로 관심을 모으고 있다. 이처럼 서울 상권은 종래 강남 일변도의 집중화된 단극화 체제에서 여러 곳으로 흩어지는 다극화 체제로의 전환이 예상되고 있다.

05

부산이 다시 돌아온다

부산이 조금씩 달라지는 모습을 보이고 있다. 대외적으로는 부산 국제 영화제, 아태 지역 정상회의 개최 등으로 이미지를 개선시키고 있으며, 대내적으로는 센텀시티 건설이나 부산 북항 개발 등의 새로운 프로젝트들이 부산의 면모를 일신시키고 있다.

국민 가수 조용필이 부른 노래 〈돌아와요 부산항에〉는 어찌 보면 오늘날 부산의 처지를 한마디로 압축한 노래 제목이 아닌가 싶다. 개발연대 시절 우리 경제를 앞장서 이끌었던 부산은 신발, 목재, 섬유로 이어지는 공장 지대로 화려한 1960~1970년대를 보냈다. 수출 입국을 지향하던 우리나라의 제1의 항구 도시로 수출 물량을 실어 나르는 항도로서의 기능도 대단했다.

그러나 부산의 영화는 그리 오래가지 않았다. 1970년대 초반에 이미 임금 인상으로 섬유, 신발 등이 경쟁력을 잃기 시작했고, 목재조차 자원 보유국의 목재 생산 능력 보유로 인해 설 자리를 잃게 된 것이다. 그 후 동명목재, 국제상사, 삼화, 태화 등 부산을 대표하는 대기업들이 하나둘 쓰러지면서 부산은 짧은 영화의 시간을 마감해야 했다. 그리고 오늘날까지 20년이 넘는 세월을 부산은 잊혀진 도시로 침묵 속에 밀려나야 했으며, 부산 사람들은 사직 야구장에서 연고지팀의 프로야구 경기로 시름을 달래며 오늘까지 지내 오고 있다.

그러던 부산이 조금씩 달라지는 모습을 보이고 있다. 대외적으로는 부산 국제 영화제, 아태 지역 정상회의 개최 등으로 이미지를 개선시키고 있으며, 대내적으로는 센텀 시티 건설이나 부산 북항 개발 등의 새로운 프로젝트들이 부산의 면모를 일신시키고 있다. 특히 부산 북항 개발 청사진은 항구 도시로서의 부산을 국제적인 첨단 도시로 변신시킬 수 있는 폭발력을 지니고 있다고 본다. 마치 일본의 요코하마가 만들어 낸 '미나토 미라이 21'과 같은 복합 기능을 가진 항구로서 거듭날 수 있는 계기를 만들 수 있을 것이다.

부산 북항은 구도심의 한가운데를 차지하고 있어 주변 지역의 발전을 촉진할 수 있는 입지 여건을 가지고 있는데, 지역적으로는 중앙동에서 초량, 범일동으로 이어지는 업무 지구 및 상업 지구와 맞닿아 도시 발전의 확산 효과를 기대해 봄 직하다. 이들 지역은 그동안 해운대, 서면, 동래 등으로 옮겨간 상권에 밀려 구도심의 영화를 잃은 곳이기도 하다.

여기에 과거 부산 시청 자리에 들어서는 초고층 빌딩의 신축이 완공되면 역시 지난날 구도심 문화와 상업의 중심이던 광복동, 남포동의 재건을 촉진하는 효과를 예상해 볼 수 있다. 만일 이들 지역이 인근 북항 개발 지역과 이어지게 되면 명실상부하게 부산의 항구는 살아나게 된다.

또 문현동 일대의 금융 타운 건설도 부산을 잠에서 깨우는 신선한 재료가 될 것으로 보인다. 그동안 정부는 부산을 제2의 도시에 걸맞게 발전시키려는 의도로 증권 거래소를 부산으로 이전하는 등 여러 가지 시도를 했으나 결과는 그리 신통치 못했다. 하지만 이제 문현동 일대에서 조성되고 있는 금융 단지를 통해 상업·문화·금융의 복합 도시로서의 기능을 확충하게 되면 효과가 클 것으로 보인다. 이 역시 북항 개발이 연계 발전의 고리 역할을 할 수 있는 인근 지역이다.

기억 속에 잊혀 가고 있던 부산은 이렇게 서서히 새로운 모습으로 돌아오고 있다. 특히 부산은 이제 한국의 부산이 아니라 '아시아의 허브로서의 부산'으로 거듭나는 계기를 만들어 가야 한다. 또한 사상 공업 지구를 중심으로 서부권을 대대적으로 재생하고 있어 인근의 창원, 진해, 마산, 김해, 양산 등의 중심 도심으로의 부활이 기대된다.

　인천도 이제 되살아나고 있다. 아니 이제야 처음으로 도시다운 활력을 보인다고 해야 옳은 말일 게다. 인천의 기폭제는 다름 아닌 국제 도시의 조성이다. 송도를 비롯하여 영종도와 청라 지구가 나란히 국제 도시로서 도약을 눈앞에 두고 있다. 이미 송도는 건설이 상당히 진척되어 머지않아 국제 업무 지구가 자리를 잡으면 국제 도시로서의 기능을 시작할 것으로 보인다. 영종도는 국제 공항의 건설로 이미 일정한 발전의 기반을 닦은 곳이기도 하지만 여기에 국제 도시로서의 기능도 추가될 것으로 보여 지역 발전에 탄력을 받을 것으로 보인다. 청라 지구도 개발이 한창이다. 분당보다 넓은 지역에 걸쳐 개발되는 청라 지구는 역시 국제 업무 지구로서 해외 기업들의 투자가 예상되는 곳이기도 하다.

　이 세 곳의 국제 도시는 인천항을 둘러싸고 개발되고 있어 전체 인천의 지역 발전에도 자극을 줄 것으로 보인다. 송도 신도시는 인근 남동 공단과 연수 신도시의 기능을 활성화시킬 수 있다고 보며, 청라 지구는 인근 강화군과 서구와 계양구, 부평구 등에 영향을 미치게 될 것으로 보인다. 청라 지구와 영종도는 같은 축으로 개발될 것으로 보여 검단 지구 등이 가장 핵심 지역으로 등장할 전망이다. 또 이들 지역은 서울 김포공항 주변과도 연계가 되어 발전될 가능성도 점쳐지고 있다.

　그뿐만 아니라 구도심 곳곳에서 재개발 사업이 추진되고 있어 인천의 면모를 새롭게 할 것으로 기대된다. 특히 동인천, 제물포, 주안, 부평 등 인천의 전통적인 중심지를 되살리는 노력이 활발하게 추진되고 있다.

06

융복합화하는 지역을 찾아라

겉으로 보면 도시의 외관은 적당한 밀도와 구성을 가지고 쾌적하게 유지되면 참 좋을 것이다. 그러나 문제는 도시의 지속적인 유지와 성장이다. 그 도시의 중심부가 강력한 집중력을 유지하지 못하면 도시 전체가 느슨해지면서 퇴보하게 된다.

도시란 움직이는 생물과 같다. 언젠가는 모였다가 언젠가는 다시 펼쳐지고 다시 그 다음에는 모여드는 움직임을 보이기 때문이다.

서울을 예로 들어 보자. 서울은 이미 조선시대부터 전국에서 사람들이 모여들어 상당한 인구가 집중되어 있었지만, 근대화 물결이 몰아치던 1960년대 이후에 본격적인 인구 집중이 이루어져 도심의 혼잡이 극심한 상태였다. 이에 당국은 서울의 혼잡을 풀어 보고자 오늘의 강남 지역에 영동 개발이란 프로젝트로 대단위의 신도시 개발을 추진하여 서울을 본격적으로 확대하기 시작했다. 이후 서울은 5개 신도시 건설로 더욱 넓어졌으며, 급기야는 경기도 일원이 거의 서울권으로 보아도 될 만큼 수도권의 광역화가 진행되어 왔다.

그러나 이후의 서울은 이제와는 사뭇 다른 모습을 보이게 될 것이다. 먼저 기본적으로 도심으로 거주민을 회귀시켜야 한다. 도시란 중심의 원리가 있어서 도심부가 일정한 구성과 밀도를 가지고 도시를 집중화시키는 작용을 해 주어야 한다. 이는 뉴욕의 발전을 건물과 인구의 밀도가 가장 높은 맨해튼에서 이끌고 있는 데서 충분히 알 수 있는 문제이다.

겉으로 보면 도시의 외관은 적당한 밀도와 구성을 가지고 쾌적하게 유지되면 참 좋을 것이다. 그러나 문제는 도시의 지속적인 유지와 성장이다. 그 도시의 중심부가 강력한 집중력을 유지하지 못하면 도시 전체가 느슨해지면서 퇴보하게 된다. 더욱이 나라의 사회 구조와 경제 사정이 장기적으로 인구가 줄고 성장이 둔화되는 경우라면 더욱 대도시의 중심부 강화는 필요한 정책이다.

요즘 들어 서울 광화문 일대의 변화를 보고 있으면 이런 변화를 실감하게 된다. 보통 때는 국가 대표팀의 축구 대회나 있어야 가끔 인파가 모이던 광화문 일대가 요즘은 평소에도 사람들이 많이 모여든다. 주변을 자동차 왕래의 도로 중심에서 사람 소통의 광장 중심으로 개조해 놓았기 때문이다. 이런 변화가 바로 그동안 외연하던 도시의 교외화 현상이 주춤하고 다시 도심부로 압축해 들어오는 변화의 출발선으로 보인다.

항도 인천도 오랜만에 도시가 활기 있어 보인다. 다름 아니라 송도 지구에 신도시를 만들고 도시를 압축하고 있기 때문이다. 이 밖에도 청라 지구와 영종도 지구도 압축의 강도가 크다.

그런데 도시의 압축은 단순한 압축이 아니라 도시 콘텐츠의 융복합화의 압축을 의미한다. 무엇보다 직장과 주택을 결합시켜야 하고, 노시형 신산업과 도시 서비스 기반이 서로 통합해야 한다. 여기에 더하여 도심에는 초특급의 숙박 시설들이 들어서기 시작하고, 초대형 오피스들이 속속 건축되기 시작한다. 도심부에는 작지만 편리한 주거 시설들이 속속 들어서 도심부가 주야간 상주 인구가 높은 지역으로 회복되어야 도시가 산다. 그런 점에서 그동안 줄어들기만 하던 도심부도 팽창하고 다시 살아나는 시대로 접어들고 있다.

은퇴 후의 생활을 설계하려는 분들은 일단 조용하고 쾌적한 곳을 찾아 나서려고 한다. 나이가 들면 누구나 번잡하고 복잡한 도시를 떠나 초야에서 생활하고 싶어 하는 마음이 생기는 것은 자연스러운 소망이다. 그러나 항상 처음의 소망이야 그럴지라도 시간이 흐르고 나면 그러한 결정이 갖는 경제적 가치라는 문제가 등장하게 된다.

우리보다 앞선 선진국의 경우를 보자. 특히 우리와 10년 정도의 차이를 두고 앞서 가는 일본이 얼마 전부터 산업사회 후기를 겪고 있는 점이나, 고령화가 심각한 점이나, 출산율이 낮은 점 등에서 유사한 사회 구조를 발견할 수 있다.

일본은 지금 지난 1980년대의 부동산 버블 시기에 조성한 교외 뉴타운들이 인구 감소와 도시 슬럼화로 심각한 문제에 직면하고 있다. 도쿄에서 전철로 1~2시간 거리에 만들어 놓은 뉴타운들에는 도심으로 돌아오는 주민들, 고령화되는 현지 주민들, 전입 인구의 감소 등으로 빈집들이 늘어나고 있다.

그런가 하면 일본 정부는 인구가 늘지 않는 지역에 대해 사회 간접자본 투자를 더 늘리지 않고 기존 사회 자본의 효율적 이용이란 관점으로 정책을 수정하고 있는 터라 이들 지역을 '축소화된 마을'로 변하게 하고 있다. 지난 번의 대지진 참사로 인해 도시 재생 과정에서 더욱 축소된 도시로 재생될 가능성이 있다.

또 인구가 지나치게 줄어드는 마을은 집단 이주를 권장하는 정책도 병행하여 지역별로 역세권이나 상업 지역 등으로 선택과 집중의 원리에 따라 상대적으로 인구가 모이고 사회 자본이 양호한 곳으로 집약화 정책을 유도하기도 한다. 그런가 하면 장기적인 거주 여건이 나쁜 곳을 개발한 곳은 숲이나 전원으로 되돌리는 정책도 고려하고 있다. 이는 한마디로 국토나 국가나 사회를 유지하는 비용을 최소화해야 하는 '유지형 경제'의 시대가 돌아오기 때문이다.

도시는 더 이상 외곽으로 나가지 않는다

베이비부머들은 자신의 세컨드 라이프 경제 활동 지역을 그동안 확대 일로였던 준지배 지역으로만 국한하지 말고, 지난날 자신의 어린 시절을 보내던 도시 내의 지역으로 돌아오는 변화도 고려해 볼 만하다.

일생의 대부분을 '성장형 경제' 하에서 살아온 베이비부머들은 다시 또 생각을 서서히 바꾸어야 하겠다. 성장형 경제의 시대에서 보고 겪은 '도시는 외곽으로 발전해 간다'는 사실은 이제 서서히 그 가치를 잃어 갈 것이란 점과, 도시는 이제 선택과 집중을 통해 성장 거점을 압축하고, 사회 간접자본을 새로이 확충하기보다 기존의 사회 자본을 더욱 활용하는 방식으로 변하게 될 것이란 점을 생각해 볼 때이다.

이제 스스로 전체의 사회 자본을 만들 수 있는 큰 부자들 외에는 전원으로 가기 어려울 것이다. 미국의 수도 워싱턴 근교의 포토맥강 건너의 부자 마을도 그런 마을이다. 자신들이 치안도 유지하고 길도 다듬고 학교도 개선하는 그런 마을들이 극소수로 등장하게 되겠지만, 대다수의 사람들은 국가와 사회와 공동으로 더 저렴하고 좋은 치안, 교육, 문화, 안전 등을 구매해야 하기에 장차 홀로 떨어져 살면 그만큼 부담이 클 것은 분명하다. 특히 이 문제는 자신이 고령으로 변해 가면 갈수록 더욱 절실한 문제가 될 것이다.

현대 산업 국가에서 도시의 상업 기능과 공업 기능은 도시 지역의 지배력을 갖는 중심 요소들이다. 도시는 산업화로 성장하는 과정에서 점차 공업이 중심부에서 멀어지고 대신 상업이 중심부를 차지하는 분리 현상을 가져오게 된다. 반면에 공업은 점차 땅값이 저렴하고 부지 확보가 용이한 외곽으로 번져 나가며 도시의 준지배 기능을 하게 된다.

이때 교외로 나간 공업은 노동력을 인근의 도시로부터 계속 공급받거나 각종 생활 지원 기능이 도시와 연결되어 광의의 도시를 이루게 된다. 이러한 도시의 발전 방식은 인구가 증가하고 각종 경제활동이 활성화되는 확장 시기에 보게 되는 도시의 변화된 모습이다.

그러나 도시의 성장력이 떨어지고 경제활동도 위축되는 상황이 도래하면 이러한 도시의 발전 방식은 새로운 변화를 보이게 된다. 즉 인간의 상호 의존성을 제고하고, 공간적 통합을 유도하기 위해 도시를 다시 중심으로 압축하게 되는 것이다.

이때 공업 기능으로 발전한 준지배 지역은 상시 거주성의 결핍으로 공장이 쇠퇴하게 되어 마을 자체가 슬럼화되는 지역 공동화에 처하게 된다. 또 이들 지역과 기존 도심부와 연결된 도로나 철도 등의 기능이 종전에는 도시에서 교외의 공업 지역인 준지배 지역으로의 노동 인력 수송 임무를 띠고 있었다면, 갈수록 준지배 지역의 거주자들을 도심의 상업 문화 지역으로 이동시키는 기능으로 변모하게 된다.

따라서 생산 기능을 중심으로 변화하던 이들 공업 지역이 스스로 상업, 문화, 교육, 주거 등 서비스 기능을 확충하고 도시 기능을 발전시키려 해도 중심부로의 빨대 현상으로 오히려 지역 경제가 위축되는 현상을 보이게 된다.

장차 이러한 변화는 그동안 서울, 부산, 대구 등 대도시 주변부로 확장된 공장을 중심으로 하는 준지배 지역이 장기적으로 겪게 될 어려움이라고 할 수 있다. 가령 부산을 예로 들면 이제까지는 부산의 도시 내에 있던 공업 생산 기능이 창원, 양산, 김해 등지로 확장되어 갔지만, 장차 경제가 고도화되어 지식 문화 서비스 경제로 변모하여 도심 기능이 다시 살아나면 이번에는 도심부로 돈과 사람이 역류하는 시대가 찾아올 것이다. 이미 부산 해운대 주변에 고급 주거지와 고급 상권이 들어서면서 울산으로의 도로망이 고속도로화 되자 울산의 소비자들이 이곳으로 역류하는 현상이 나타나고 있다. 마찬가지로 요즘 서울 도심으로 연결되는 도로망과 지하철 등이 확충되면서 서울 이남의 도시 확장 지역인 용인, 화성, 성남, 고양, 김포 등지의 거주민들이 지역 내 소비가 점차 서울로 흡수되는 역류 현상을 걱정하고 있다. 이를 두고 '역도시화 현상'이라고 한다. 이러한 도시의 변화를 예상한다면 베이비부머들은 자신의 세컨드 라이프 경제 활동 지역을 그동안 확대 일로였던 준지배 지역으로만 국한하지 말고, 지난날 자신의 어린 시절을 보내던 도시 내의 지역으로 돌아오는 변화도 고려해 볼 만하다.

도시와 인간의 변치 않는 관계 속성은 인간이 공간과의 상호작용을 높이면서 활력을 불어넣을 때 도시가 다시 성장하고 활력을 찾는다는 것이다. 이러한 변화는 비단 도심부뿐만이 아니라 기존 도시 내의 부심 중에서도, 예컨대 서울의 영등포처럼 새로운 지역 압축으로 주변에 대한 지배력을 재생할 수 있는 지역에도 다시 공간 압축의 가능성을 가져다준다고 본다.

08

나라 밖에도 부동산은 있다

자산규모가 어느 수준을 넘어서면 해외 부동산투자에 관심을 두게 된다. (……) 해외 부동산투자는 전반적인 세계 경제 흐름과 현지 정세와 경제정책 그리고 각 국의 부동산 제도 등에 대한 충분한 연구와 검토가 따라야 하는 만큼 무엇보다 투자에 앞서 공부가 먼저이다.

타산지석이란 말이 있다. 일본은 부동산 해외 투자에서 실패한 뼈아픈 과거를 가지고 있다. 1980년대 중반 이후에 몰아친 엔고의 열풍 속에 일본 열도가 투자 거품에 몰입하게 되자 넘치는 일본 돈은 해외 부동산으로 방향을 틀게 되었다. 미국의 심장부라는 뉴욕 맨해튼거리의 대형 빌딩들이 하나 둘 일본인 손으로 넘어가게 되었고, 하와이는 일본 땅이란 말이 돌 정도로 일본의 부동산 매수는 거침이 없었다. 호주에도 일본 돈이 상륙하여 돌풍을 일으킨 바 있고, 유럽 곳곳에도 일본의 손길은 미치고 있었다.

1994년의 통계를 보면 일본 투자자들이 그해 미국에서 사들인 부동산은 모두 63억 달러로서 우리 돈으로 치면 6조 원이 넘는 규모이다. 이를 분석해 보면, 가장 투자 위험이 높은 호텔이 41.5%, 오피스가 16.9%, 다목적 빌딩이 12.5%, 주택 4.2%, 토지가 2.5% 등으로 되어 있다. 그러나 이들은 그저 국내에 돈이 넘치니까 무작정 사들이기만 했지 보유 부동산을 운영하는 데 필요한 노하우를 갖지 못했고, 특히 미국의 부동산 전문가들에 비해 부동산 지식과 경험이 현저히 부족한 일본 사람들이 무작정 사들인 것이라 자기 이익을 제대로 지켜 내지 못한 실수가 적지 않았다.

결국 이러한 시행착오를 거듭한 끝에 일본의 해외 투자는 자국의 부동산 버블 붕괴와 함께 실패작으로 끝나고 말았다. 특히 일본은 다른 나라에 비해 부동산투자 경험이 많은 국가임에도 불구하고 해외 부동산투자에서 이런 실수를 범한 바 있다. 당시 일본 국민들의 총자산에서 토지가 차지하는 비중이 24.2%였고, 주택은 3.4%, 그 밖의 부동산이 15%로서 부동산이 차지하는 비중이 42.6%나 되는 국가였으며, 주식은 6.2%, 금융자산이 50.7%를 차지하는 구조를 보이고 있었다.

자산규모가 어느 수준을 넘어서면 해외 부동산투자에 관심을 두게 된다. 일본 부유층의 경우 자기 자산의 15% 정도를 해외 주식, 해외 부동산 등에 투자하고 있다. 해외 부동산투자는 전반적인 세계 경제 흐름과 현지 정세와 경제정책 그리고 각국의 부동산 제도 등에 대한 충분한 연구와 검토가 따라야 하는 만큼 무엇보다 투자에 앞서 공부가 먼저이다.

신흥 공업국이 많이 몰려 있는 아시아는 현재 서구 자본의 매력적인 투자 대상으로 떠오르고 있다. 과거처럼 민주화의 진전이 늦어 생길 수 있는 정치·사회적인 투자 위험도 크게 낮아진 아시아는 특히 부동산시장에서 서구 자본의 유입이 증가하고 있다.

그중에서도 고유가 시대에 접어들면서 급증한 산유국의 오일머니가 새로운 투자처로 아시아에 대한 관심을 높이고 있다. 당초 오일머니는 주로 미국 국채를 가장 선호하는 입장을 보여 왔으나 이제는 그 돈들이 주로 아시아의 부동산으로 눈을 돌리고 있는 것이다. 이 돈들은 말레이시아나 싱가포르, 인도네시아 등을 일차적인 투자처로 삼고 이후 인근 지역으로 투자처를 확대하는 전략을 쓰고 있다.

아시아의 관심 지역에는 메콩강 경제 벨트가 있다. 메콩강 경제 벨트란 메콩강을 중심으로 아세안 5개국과 중국 서남부 접경 지역 간에 형성되는 경제 벨트로서 외국의 투자 기업들이 가장 관심을 집중하는 곳이다.

이 지역은 중국과 아세안이 상호 자유무역 협정을 추진하는 지역이라 관세가 단계적으로 인하되는 이점이 있으며, 주변국을 연결할 경우 시너지 효과가 큰 지역이다. 이와 관련하여 중국과 태국, 베트남, 라오스, 미얀마, 캄보디아 등은 이미 메콩강 경제 벨트 형성에 합의하고 고속도로 건설, 관광 산업 촉진, 전기 매매 활성화, 상거래 투명화 등을 추진키로 합의해 놓은 바 있다.

이 지역을 겨냥하는 외국 기업들은 앞으로 중국 남부 지역을 공략하기 위해서는 메콩강 지역에 생산 기지를 만드는 것이 유리하다고 판단하고 있으며, 특히 이들 지역이 도로, 철도, 수상 운송, 통신, 전력, 환경, 여행, 농업, 의료 등에서 투자가 유망할 것으로 보고 있다.

우리나라의 경우도 이들 지역에 대해 기업을 중심으로 투자가 증가하고 있지만 광범위하게 투자 가능성을 타진하고 가급적 여타 선진국보다 먼저 현지 교두보 확보에 적극성을 보일 필요가 있다. 특히 이들 지역은 우리의 산업 구조로 볼 때 제조업을 중심으로 기업 간 투자가 활성화될 수 있는 지역이며, 소규모 사업가들은 서비스업을 중심으로 현지 기반을 조기에 다지는 기동력이 필요한 시점이다.

얼마 전까지 겪었던 우리의 역사적 경험들이 지금 이 지역에서는 새로운 발전과 혁신의 에너지가 될 수 있기 때문이며, 이는 또한 우리나라가 아시아 선진국으로서 감당해야 할 아시아에 대한 시대적 책임이기도 하다.

09 인구가 늘어나는 곳을 찾아라

서울 중심 지역을 중심으로 다시 용적률 제한이 풀리면 구도심에 대규모의 주거지와 상권이 조성되어 주변의 주거용 신도시들로부터의 인구 환류가 예상되는 바, 이 점에 대해서도 서울 주변 신도시들은 장기적으로 대비해야 할 것이다.

세계적으로 인구가 폭발하던 시대가 있었다. 다름 아닌 제2차 세계대전 이후부터 베트남전쟁 발발 시점까지이다. 미국은 1945년부터 1961년까지 인구가 폭발적으로 증가했다. 일본 역시 이 시기에 인구가 급증했다. 우리는 6·25전쟁을 치른 까닭에 휴전이 끝난 1955년부터 산아 제한을 실시한 1968년까지가 이 시기에 해당한다. 미국은 이 세대를 베이비부머라고 부르고, 일본은 단카이 세대라고 부르는데, 우리는 전후 세대라고 부른다.

이들이 성장하면서 세계 경제에는 많은 소용돌이가 일어나게 되었다. 가장 큰 문제는 고용 문제와 주택 문제였다. 이들에게는 아무리 일자리를 공급해도 실업은 줄지 않았고, 집 역시 아무리 공급을 늘려도 집값은 안정을 찾지 못했다.

일본은 이들이 마흔 살을 넘던 1985년부터 부동산에 불이 붙어 1990년 초반까지 전국에 걸쳐 부동산가격이 무려 5배가 오르는 폭등을 경험한 바 있으며, 미국 또한 이들의 주택 소비가 피크를 보이던 1990년대 말부터 2000년대 초반까지 부동산 과열을 경험한 바 있다.

우리나라도 이들이 부동산시장을 휘젓고 다닌 흔적이 있다. 1955년생들이 마흔 살에 진입한 1995년을 전후하여 우리는 서울 주변에 신도시를 공급해 놓았지만, 이들이 주택을 구입하기 시작하자 그 효과는 얼마 가지 못했다. 그리고 이들은 그들이 주요 소비 세력이 되는 46세와 50세 사이에 우리나라 주택 시장을 또 흔들어 댔다. 미국 조사에 의하면 대개 중산층들은 40세부터 주택의 수요가 늘고 50대 초반에 가장 높은 값의 주택을 구매하는 패턴을 보이고 있다.

이런 관점에서 보자면 이들이 40~50대를 차지하는 1995년부터 2008년까지 우리나라는 주택의 대란 시기일 수밖에 없었고, 특히 2001년에서 2006년이 이들이 생애 마지막 큰 집을 장만하려는 특정 시기이기에 이 시기에 중대형 아파트에 대한 수요가 폭증했다. 그래서 정부는 이들을 위해 서울 주변에 중대형 아파트 위주로 주거지를 공급하지 않을 수 없었다. 또 이때가 이들 자녀들의 교육 시기라, 이들은 교육 환경이 좋은 특정 지역에 올인하게 된다. 이른바 그동안의 강남 아파트 신드롬에는 바로 이들이 있었다.

그러나 이 시기를 넘기고 나면 갑자기 특정 지역 중대형 아파트나 서울 주변 주거용 신도시에서는 새로운 수요가 서서히 줄어들어 심각한 가격 하락이 나타나거나, 심지어 장기적으로는 빈집이 등장할 개연성도 배제할 수 없다. 특히 요즘 들어 넓은 집을 구하려고 도심으로부터 원거리에 있는 새로운 주거 단지로 옮겨 가는 사람들은, 앞으로 그곳에 직장이나 기업들이 생겨나지 않는다면 나중에 베이비부머들이 부동산 구매 시장에서 서서히 퇴장할 때 유입 인구 감소로 재산상의 손실을 입지 않도록 각별히 주의해야 한다.

우리 모두가 아는 바대로 우리나라가 고도 성장을 구가하던 시대는 대도시로 인구가 몰리고 기업도 몰려오던 시절이었다. 그러나 이러한 성장 방식은 지역 간에 심각한 발전 불균형과 대도시의 환경, 주택, 교통, 교육 등의 문제를 야기하게 되었다. 따라서 정부는 지역 간 균형 발전과 대도시 집중을 해소하기 위해 지방으로 공장을 이전하고 대도시 주변에 인구를 분산하기 위해 그동안 꾸준히 위성 도시나 신도시를 조성하여 도심 인구를 집단으로 이주시키는 정책을 써야 했다.

일본은 지난 1950년대부터 1960년대 그리고 1970년대까지 지속적으로 지방 발전을 위한 대도시 규제 정책을 써 왔고, 그 결과 1975년 이후 도쿄나 오사카 지역은 사회 간접자본 투자가 감소했고, 대신 전국적으로 사회 간접자본 투자가 일어나게 되었다. 이때부터 지역 발전 기대감으로 전국적으로 부동산 투기가 일어나 1985년부터 1991년 사이에 전국 부동산가격이 무려 5배가 오르는 투기장이 만들어진 바 있다.

일본은 장기적인 경기 침체에 대한 다양한 원인 분석과 대책을 수립하는 과정에서 1999년부터 서서히 대도시권, 즉 도쿄와 오사카 주변의 규제를 해제하기 시작하여 2002년경에는 국토 균형 발전 계획을 대부분 폐기하기에 이르게 된다. 50년 가까이 추진해 온 국토 균형 발전 정책이 결국 기업투자를 해외로 내몰고 국내에서는 전국적으로 부동산투자나 불러오게 되자 일본 정부는 다시금 지난날의 대도시로의 집적 정책을 채택하기에 이른 것이다.

그 결과 지금 도쿄의 경우 다시 높아진 용적률로 도심 지역에 초고층 건물이 들어서면서 인구도 다시 교외 지역에서 구도심으로 되돌아가고 있으며, 상권도 다시 구도심으로 집중되는 현상을 보이고 있다. 특히 일본 경세가 지난날 제조업 시대에서 서비스 시대로 바뀌다 보니 오히려 구도심 핵심 상권의 흡입력이 강력해지고 있으며, 대지진 참사 이후 안전 지역에 대한 도시 압축이 더 강화될 것으로 보인다.

한곳에 강력한 상권이 있으면 이 상권이 서비스 경제 전체를 흡수하게 마련이다. 특히 도쿄 주변과 주변 도시의 교외 주거지를 연결하기 위해 건설한 전철이나 도로들 때문에 주변 소도시 소비 인구를 도심으로 빨아들이는 이른바 빨대 효과가 나타나 도쿄 주변 지역의 공동화를 염려하게 하고 있다. 그리고 도쿄 교외 지역을

> **손에 잡히는 경제사전**
>
> **빨대 효과(straw effect)**
> 분산 효과를 기대하고 만든 시설이 오히려 과밀 집중되는 역기능 현상. KTX로 인해 이동 시간이 단축되면서 부산 기준으로 환자의 역외 유출이 한 해 60만 명을 넘어서고, 의료 관련 역외 유출이 무려 4천억 원에 이르고 있는 것은 대표적인 빨대 현상의 예임.

연결하기 위해 건설한 도로들이 남아도는 기현상도 나타나고 있다.

이 조치로 오사카를 떠났던 기업들이 다시 돌아오고 있는데, 특히 해외로 간 기업들이 도쿄나 오사카 등지의 고급 소비자 곁으로 생산 거점을 되돌리고 있으며, 이런 효과로 일본의 경제는 일본 내 생산(made in japan)으로 다시 살아나고 있다는 평을 듣고 있다.

이런 점에서 본다면 우리도 다시 서울과 수도권으로 기업을 되돌리는 규제 해제가 예상되기도 하는데, 이미 수도권은 대부분의 용지를 주로 신도시 건설 등 주거지로 사용하여 정작 그런 때가 오더라도 돌아오는 기업에게 공급할 용지가 마땅치 않을 것으로 보인다.

또 서울 중심 지역을 중심으로 다시 용적률 제한이 풀리면 구도심에 대규모의 주거지와 상권이 조성되어 주변의 주거용 신도시들로부터의 인구 환류가 예상되는 바, 이 점에 대해서도 서울 주변 신도시들은 장기적으로 대비해야 할 것이다.

르네상스 시대가 돌아온다

거대 도시들은 갈수록 인구가 줄어들고 직장이 사라지고 상권이 약화되어 다시 도시를 재생하지 않으면 안 될 처지에 놓이게 될 것이다. 여기서 등장하는 새로운 도시의 모형이 곧 중세 도시이다. 요즘 콤팩트 도시라고도 부르는 이 모형은 글자 그대로 좁고 한정된 지역에 도시 기능을 밀집시켜 놓은 압축 도시이다.

요즘 중세 도시가 새로운 도시의 리모델링 벤치마킹 스타일로 관심의 대상이 되고 있다. 산업화 이후 도시는 오늘의 메트로 시티로 변해 거대한 인구 밀집 지역으로 변하고 말았고, 자연히 교통, 환경, 주택, 교육 등의 도시 문제를 만들어 내고 말았다. 이로 인해 뉴욕이나 도쿄, 런던, 파리와 같은 국제적인 거대 도시가 형성되기도 했고, 나아가 싱가포르 같은 도시 국가를 만들어 내기도 했다.

결국 이러한 거대 도시로의 발전은 어느 정도 경제가 성장하면서 더 이상의 도시 집중을 견디지 못하고 균형 발전의 논리 속에 멀리는 지방으로 가깝게는 근교로 인구와 산업체, 그리고 주택 등을 분산하는 정책을 불러오게 된다.

우리의 서울도 바로 그런 경우에 해당된다. 최근 십수 년 동안 수도권이란 이름으로 확장된 외곽 도시가 한두 곳이 아니다. 심지어는 서울에서 수십 킬로미터 밖에까지 신도시란 이름으로 허허벌판에 성냥갑 같은 도시들이 급조되어 오랜 역사성을 지니고 탄생한 유서 깊은 도시들의 입맛을 씁쓸하게 하고 있다.

그러나 이제 그런 신도시 신드롬도 서서히 막을 내릴 조짐이다. 거대 도시들은 갈수록 인구가 줄어들고 직장이 사라지고 상권이 약화되어 다시 도시를 재생하지 않으면 안 될 처지에 놓이게 된 것이다. 여기서 등장하는 새로운 도시의 모형이 곧 중세 도시이다. 요즘 콤팩트 도시라고도 부르는 이 모형은 글자 그대로 좁고 한정된 지역에 도시 기능을 밀집시켜 놓은 압축 도시이다. 일본 도쿄에 가면 이런 개발 사례를 곳곳에서 볼 수 있다. 대표적인 지역은 '롯본기 힐'이란 복합 단지이다. 그곳은 재개발 전까지만 해도 그렇고 그런 낡은 구도심이었지만 이제는 도쿄를 대표하는 관광 명소가 되었다. 대기업 본사들이 한곳에 모여 있고 방송국이 함께 있으며 백화점, 호텔, 미술관, 시민 공원, 아파트가 모두 한곳에 어울려 있는 이곳은 밤낮으로 상주 인구가 몰려 있는 일급 상권이기도 하다.

당연히 한곳에 밀집된 관계로 지역 내에서는 모두 걸어서 이동이 가능한 거리에 조성된 롯본기 힐의 지하는 하나로 연결되어 있는 워킹 시티(walking city)이다. 그러나 이 압축 도시의 중심은 누가 뭐라고 해도 직장인을 수용하는 오피스 건물이다. 즉 일하는 기능이 가장 먼저 확보되어야 도시가 건강하게 성장·발전할 수 있다는 시각에서 만들어진 또 다른 의미의 워킹 시티(working city)인 것이다.

지금 일본은 이처럼 도쿄나 오사카 등에서 벌어지고 있는 이른바 도심 유턴 현상 때문에 대도시 주변에 만들어 놓은 베드타운이나 뉴타운들이 집값 하락에 몸살을 앓고 있다. 어린 나이에 부모 손잡고 근교 도시로 이사 왔던 젊은이들이 이제 일자리를 찾아 다시 도심으로 나가게 되면서 도심의 고밀도 정책으로 인해 직장 주변에서 손쉽게 얻을 수 있는 직주(working & home)형 주택을 구해 도심에 머물고 있기 때문이다.

장기적으로는 이들 대도시 주변에 만들어 놓은 신도시나 위성 도시를 연결하는 도로나 철도 등이 통행 인구 감소로 인해 적자 운행이 불가피할 것이란 전망도 나오고 있다. 서울 주변으로, 수도권 또는 충청권까지 각종 도로 건설이나 전철망 연결이 활발한 이즈음에 한 번 깊이 생각해 볼 문제라고 본다.

그런가 하면 뉴욕도 점차 감소하는 도시 방문자의 수를 늘리기 위해 패션의 거리인

5번가를 재개발하도록 하고 있는데 도시 개발 허가의 중점은 바로 사람이 새로운 건물을 만남으로써 뉴욕의 도심 집객 효과가 나도록 해 달라는 것이다. 그야말로 세계적인 대도시들은 도심 속으로 사람들을 다시 모으기 위해 치열한 경쟁을 하고 있는 시대로 접어들고 있다는 이야기이다.

그런가 하면 서울의 대체 공급지로 요즘 개발 정책이 나오고 있는 수도권의 신도시 후보지들도 주택 못지않게 일자리를 더욱 많이 공급하는 정책을 써야 한다고 본다. 머지않아 이들은 인구 감소로 인해 사람이 절실히 필요해지는 서울과 인구 유입 경쟁을 벌여야 할 때가 오기 때문이다. 지금 세계적인 대도시들은 대륙을 뛰어넘어 인구 유입 전쟁을 치르고 있다.

시간은 언제나 많은 것을 바꾸어 놓게 된다. 과거 서울의 부잣집들이 선호하던 지역은 주로 깨끗하고 한적한 주택가였다. 대표적인 지역을 들자면 서대문구의 연희동, 서교동, 동교동, 중구의 장충동, 신당동, 종로구의 부암동, 평창동, 성북구의 삼선교, 성북동 등을 들 수 있다.

그러나 언제부터인가 서울의 부유층들은 좁은 면적에 거주 밀도가 높은 지역을 선호하게 된다. 지난날 한강변의 모래 언덕이나 모래밭에 불과하던 압구정동, 청담동, 반포, 잠실 등을 비롯하여 배추밭이 즐비하던 개포동, 대치동, 그리고 논밭 사이로 화곡동 가는 길목이던 목동 등이 새롭게 신흥 부유층을 불러 모으는 고밀도 지역으로 변모하게 된 것이다.

대부분 한강 이남의 새로운 개발 지역이긴 하지만 기본 도시 설계가 기존의 서울에 비해 고밀도로 개발된 지역들이다. 이들 지역 고밀화의 압권은 도곡동의 타워팰리스와 청담동의 아이파크, 목동의 하이페리온 등이라 할 수 있다. 그러나 이제까지의 서울 고밀도화는 50~60층 시대라고 할 수 있다.

하지만 그 후 세월이 흘러 이제 다시 서울은 초고밀도 지역으로 변하고 있다. 이미

지정된 강북의 뉴타운 지역이 과거에 비해 고밀화되는 것은 물론이고, 이른바 사대문 안에서 초고층 건설이 곳곳에 추진되고 있으며, 용산이 미군 부대 철수를 계기로 곳곳에 초고층이 들어서 새로운 랜드마크로 등장할 전망이다. 여기에 상암 지구도 좁지만 고밀화 지역으로 등장하고 있다. 특히 강북의 새로운 고밀도화 추진 사업은 100층을 기본으로 하고 있다는 점에서 서울의 마천루 시대가 머지않아 열리게 됨을 시사하고 있다.

지금 전 세계적으로 거대 도심에 마천루 건설이 새로운 경쟁 이슈가 되고 있다. 이미 사막 한가운데 전 세계의 이목을 집중시키며 건설되고 있는 두바이를 비롯하여 싱가포르, 상하이, 도쿄, 뉴욕 등지에서 신도시 건설이나 도시 재개발 사업 등을 통해 초고밀도의 프로젝트들이 속속 등장하고 있다.

특히 세계적으로 인구가 1천만 명이 넘는 지역을 중심으로 한 거대 도심 만들기는 지식 서비스 경제 시대를 설명하는 뉴 패러다임으로 불릴 만하다. 이미 선진국을 중심으로 펼쳐지고 있는 지식 서비스 경제 시대는 그 특성상 도심을 중심으로 발전하고 집중할 수밖에 없는 속성을 지니고 있다.

과거 제조업을 중심으로 하는 산업 구조는 공장 용지 등의 문제와 용수, 공해, 물류 등의 문제 때문에 산업 시설이 한곳에 지나치게 집중하기 어려운 구조적 한계를 지니고 있었다. 그러나 지식 서비스 산업은 그 특성상 지역적 집중을 통해 더욱 효율화되는 이점이 있어 도심 집중을 가속화시키고 있다.

요즘 서울에서 추진되고 있는 초고밀도형의 도심 건설 사업들도 대개는 이런 콘셉트로 진행되고 있어 머지않아 서울은 물론 아시아의 새로운 명소로 등장할 가능성이 농후하다. 사실 이제는 서울이 아시아의 명소가 되어야 할 필요성이 강력히 대두되고 있다. 서비스 경제의 특성상 서울과 경쟁하는 아시아의 글로벌 대도시들, 예를 들어 베이징, 도쿄, 싱가포르, 상하이, 홍콩 등이 서울보다 경쟁력이 있을 경우 서울의 구매력을 흡수해 가기 때문이다. 이런 까닭 때문이라도 서울은 이제 이들과 경쟁하기 위한 마천루 시대를 열어야 하고 핵심 도심의 집적률을 높이는 전략을 펼쳐야 할 시점이다.

따라서 이러한 서울에서 앞으로 사업을 하거나 주거지를 장만하려면 가급적 상대적인 고밀도 지역을 중심으로 선택하는 지혜가 필요하다. 흔히들 이러한 고밀도 지역을 선택할 때 교통 혼잡을 우려하게 되지만 앞으로는 주요 도심은 걸어서 모든 일이 진행되는 소위 '워킹 시티'로 건설되는 만큼 도심의 교통량은 오히려 어설픈 외곽보다 적을 것으로 보인다.

요즘 새롭게 만들어지고 있는 신도시들도 그런 맥락에서 상대적인 고밀화 지역이기 때문에 주변 지역보다 부동산 가치의 상승은 크다고 할 수 있다. 하지만 이러한 신도시가 본질적으로는 해당 도시의 발전이 목적이 아니라 서울의 주택난 해소의 방안으로 추진된 사례가 많아서 도시 자체의 정체성이나 내부적 생산경제로서의 응집력은 크게 약한 것이 현실이다.

따라서 도시의 고밀화 작업은 종래의 구도심을 중심으로 진행될 때 효과가 극대화될 수 있다고 본다. 이러한 추세로 본다면 부산의 원도심을 재생하기 위한 '북항 개발' 프로젝트는 장기 침체의 부산 경제를 활성화시키면서 새로운 투자 상품으로 주목받을 가능성이 크다고 본다.

그러한 가운데 부산은 사상이라는 약 200만 평의 구도시 생산 기반을 가지고 있는데, 이를 도시형 첨단 비즈니스 센터로 재생하고 이 지역을 직주 결합과 글로벌 수준의 상업과 문화 등으로 집적화하고 복합화하면 부산의 도시 생산 기반의 부활은 물론 창원, 김해, 진해, 양산, 거제 등 인근으로 나간 기업들의 부산으로의 도시 회귀가 **빨**라질 것으로 보인다.

| 11

거리가 곧 돈이다

장차 서울이 초고밀화되면서 늘어나게 될 도심 근무자의 증가는 결국 출퇴근 시의 서울 진출입 피로 코스트를 심각하게 증가시킬 것으로 보인다. 특히 출퇴근 시간이 30분이 넘는 시민들의 피로 코스트 증가는 그들의 도심 거주 욕구를 자극할 수밖에 없을 것이다.

    세계적으로 진행되고 있는 도심 개발 전략은 구도심의 회생이란 공통적인 특징을 보이고 있다. 한때 유행처럼 번지던 거대 도시 주변의 신도시 건설은 이제 한풀 꺾인 인상을 주고 있다. 특히 일본의 경우 거대 도시인 도쿄나 오사카 등이 지난날의 구도심을 대대적으로 회생시키면서 해당 도시의 재기는 물론 장기 침체의 일본 경제를 회생시키는 원동력이 되고 있다. 일본 정부 역시 이미 지식 서비스라는 3차 산업의 시대를 맞이하여 과거 제조업 시대에 만들어 놓은 국토 균형 발전 정책과 관련한 법률들을 폐기하면서 거대 도시의 회생과 글로벌 도시로서의 경쟁력 확보를 위해 적극 지원하는 기민함을 보인 바 있다. 그동안 장기 침체 과정에서 특히 정보통신과 문화 예술 등에서 미국과 우리에게 뒤진 일본은 전반적인 3차 산업의 경쟁력 확보를 위해 그 기반이 되는 대도시 회생에 전력을 경주하고 있다.
    교육, 의료, 문화 예술, 법률, 지식 산업 등 서비스 산업이 주도하는 새로운 고부가 가치 산업은 서로 밀집한 도심 지역에서 시민들 간에 페이스 투 페이스(face to face), 즉 대면 접촉이 원활히 이루어져야 하는 산업들이다. 그러므로 생활과 비즈니스가 함께 하는 직주(working & home) 통합의 새로운 콘셉트로 주거와 사무가 함께 이루어지는 복합 단지 건설이 활력을 띠게 된다. 이 같은 도심 재개발을 통한 압축 도시(compact city) 만들기는 그동안 도시민의 생활비 압력 중 가장 큰 교통비, 통신비 절감이라는 시민 경제적 과제의 해소와도 관련이 크다.

이처럼 미래 산업도 인간의 밀집 대면형을 추구하면서 생산성을 높이고 도시 생활비의 절감을 가져올 수 있다는 점에서 지금 세계적으로 경쟁하고 있는 거대 도시들은 하나같이 지난날의 쾌적한 유럽형의 저밀도 도시 개발에서 첨단형의 뉴욕형 고밀도 도심 재개발로 전환하고 있는 추세이다. 그런 점에서 우리의 최근 수도권 개발 정책은 장기적으로 보아 전면적인 재검토가 필요하다고 본다. 무엇보다 거대 도시를 중심으로 발전하게 되는 지식 서비스 경제의 특성을 본다면 단순히 서울의 집값 안정을 꾀하는 수준에서 급조한 서울 외곽의 여러 신흥 주거지 조성 계획은 근본적으로 신중을 기해야 할 문제이다.

앞으로 서울이 핵심 도심을 중심으로 초고밀도화되는 것은 세계적인 거대 도시 간의 경쟁에 대비하는 차원이나 우리나라의 중심 산업의 변화로 볼 때 불가피할 것으로 보인다. 그런데 만일 서울에 그런 변화가 실제로 나타난다면 요즘 만들고 있는 서울 주변의 수도권 신도시나 주거 단지들은 서울 도심으로의 인구 환류가 생길 경우 공동화 현상이 나타날 것으로 예상되고 있다. 지금 도쿄 주변에서 나타나고 있는 현상이 바로 그것이다.

요즘 도쿄는 출근 시간이 길어지면서 생기는 피로 코스트를 줄이고자 젊은 직장인들을 중심으로 다시 도심으로 돌아오는 도심 유턴(U-turn) 현상이 두드러지고 있다. 최근 일본 하츠다 등의 연구에 의하면, 도쿄에서 전철로 30분 정도 출근 시간을 소요하면서 150% 정도 혼잡도에서는 피로 코스트가 105엔 정도 발생하다가, 같은 시간에 혼잡도가 200%로 올라가면 308엔으로 피로 코스트가 상승한다고 한다. 그런데 무엇보다 눈여겨볼 것은 전철로 30분을 초과할 때부터 피로 코스트가 급격히 상승하는 것으로 나타났다는 점이다.

그런데 앞으로 도쿄가 현재의 추세대로 도심을 재개발하여 다시 도심의 고밀화를 추진하게 되면, 즉 1천200%의 업무 지구 용적률을 뉴욕과 같은 2천%로 올리게 되어 도심 종사자가 28만 명이 늘게 되면 연간 440억 엔의 피로 코스트가 발생할 수 있다고 이 연구는 제시하고 있다. 그러나 현재 일본은 도심 집중이 이미 시작되고 있기에 이 문제의 발생은 예고된 것이나 다를 바 없는 상황이다.

이 문제를 우리나라에 적용해 보아도 마찬가지이다. 그러므로 장차 서울이 초고밀화되면서 늘어나게 될 도심 근무자의 증가는 결국 출퇴근 시의 서울 진출입 피로 코스트를 심각하게 증가시킬 것으로 보인다. 특히 출퇴근 시간이 30분이 넘는 시민들의 피로 코스트 증가는 그들의 도심 거주 욕구를 자극할 수밖에 없을 것이다. 여기서 다시 서울은 도심을 중심으로 주거지를 증가시키는 이른바 워킹 시티(walking city) 정책을 쓸 수밖에 없을 것이다. 즉 도심 내에서 걸어서 업무도 보고 생활도 하는 이른바 중세 시대의 도시 모습이 재현될 것이다.

바로 이런 현상이 나타난다면 앞서 언급한, 서울 변두리에서 최근 늘어나고 있는 일부 지역의 농경지를 주거지화하고 있는 현상은 당장의 개발 이익이나 주택 문제에 매달린 근시안적인 안목이 아닐 수 없다. 앞으로는 가급적 직장에서 가까운 곳에 사는 것이 보편적인 사회가 될 것이기 때문이다. 특히 원거리에 만들어진 신도시에 살려는 사람들도 그곳 주변의 직장이나 사업 중심으로 옮겨 가는 것이 바람직하다. 그때의 기준 역시 출퇴근 시간이 30분을 넘지 않는 것이 좋다.

12

물이 보이면 가치가 높다

지자요수(知者樂水)란 말이 있듯이 지식가치 사회가 등장하면서 물의 가치는 도시를 중심으로 점점 올라갈 것으로 보인다. 그런 만큼 이제 부동산투자에서도 수변 가치, 즉 워터 프런트나 시뷰의 가치를 더욱 중시하는 투자 안목이 필요한 시점이다.

인류에게 물은 언제나 필요하고 소중한 존재이다. 농경사회에서는 경작을 위해 물이 절대적으로 필요했으며, 역사는 이 물의 확보를 놓고 곳곳에서 나라 간에 전쟁도 불사했음을 오늘에 전하고 있다. 산업혁명으로 인해 전통적인 농업을 떠나 근대적인 공업으로 삶의 기반을 옮긴 인류는 여전히 공업 용수로 물이 필요하여 주요한 산업 시설들은 바다나 호수, 강을 벗어나지 못했다. 그리고 이제 다시 새로운 패러다임이라는 지식 서비스 사회로 진입하고 있는 이즈음에도 물은 여전히 소중한 존재로 대접받고 있다.

주요 국가들은 이제부터 전개되는 지식 서비스 경쟁에서 앞선 자리를 차지하기 위해 대도시 재개발 경쟁에 돌입하고 있다. 이를 두고 유엔에서는 어번 밀레니엄(urban millennium) 시대가 열리고 있다고 선언하기도 했다.

미국은 뉴욕을, 일본은 도쿄를, 영국은 런던을, 중국은 상하이를, 동남아는 싱가포르를, 중동은 두바이를 앞세워 거대 도시 경쟁에 불을 붙이고 있다. 이들은 저마다 앞다투어 도심을 재개발하고 공항을 확충하고 도시 기능을 도심으로 집중화시키는 노력을 경주하고 있다.

당연히 새로운 주거지가 등장하고 해외로부터 투자자들이 들어와 새로운 국제 사회를 만들어 가고 있다. 싱가포르의 경우는 가장 소중하게 남겨 두었던 센토사 지역과 마리나베이 지역을 개발하여 라스베이거스를 능가하는 카지노를 건설했으며, 이스트 코스트나 오챠드 등에 외국인들이나 부유층들이 주로 관심을 갖는 고급 콘도들이 재개발의 열기 속에 속속 들어서고 있다.

그런데 이 같은 대도시 개발에서 요즘 일제히 관심을 끄는 것은 다름 아닌 워터 프런트(water front), 즉 수변 지역이다. 싱가포르만 보더라도 새로운 개발 지역은 주로 해변을 끼고 있거나 싱가포르강을 연하고 있는 워터 프런트 지역이다. 카지노가 새롭게 만들어지고 있는 센토사나 마리나베이도 모두 바닷가이며, 고급 주거지로 주목되는 이스트 코스트 지역도 이름 그대로 시뷰(sea view)가 아름다운 바닷가이다.

일본 도쿄의 재개발 사업의 명작으로 꼽히는 오다이바란 지역도 바다로 둘러싸여 있으며, 사막 속의 기적이라고 일컬어지는 도시 두바이도 바다를 굽어보고 있다. 요코하마의 새로운 명소가 되는 '마나토 미라이 21'도 항구를 다시 재개발하여 새롭게 꾸민 지역이다.

서울도 얼마 전 새로운 랜드마크로 용산 철도 부지 위에 국제 업무 지구를 건설하겠다는 계획을 발표했다. 그동안 표면적으로 나타난 주된 논쟁은 그 자리에 최고 몇 층짜리 건물을 쏘아 올릴 수 있느냐 하는 것이었지만, 발표 내용의 하이라이트는 바로 한강으로 이어지는 워터 프런트 개발이었다. 용산 철도 부지에 건설되는 새로운 초고층 국제 업무 타운은 바로 인접한 한강으로 걸어서 이동할 수 있는 리버사이드(river side) 개발을 추진하고 있는데, 한강으로의 용이한 접근을 위해 현재의 강북 강변도로를 지하로 덮어서 사람들이 용산 재개발 지역에서부터 한강까지 걸어서 이동할 수 있는 워킹 시티(walking city)를 만들겠다는 것이다.

사실 그런 점에서 보자면 이웃한 동부 이촌동 지역도 이러한 콘셉트로 재개발되거나 재건축되는 것이 바람직하다고 보는데, 이미 개별적인 재개발이 진행되고 있어 아쉬움을 더해 준다. 만일 장차 이웃한 서빙고동의 신동아 아파트 단지가 재건축될 때 워터 프런트로 개발이 추진된다면 서울의 새로운 명소가 될 것으로 보인다.

또 한강 이남으로 넘어가면 반포 지구의 재건축 사업 예정지도 워터 프런트를 활용할 수 있는 유리한 지역이며, 잠실 지구의 고층 아파트 단지나 장미아파트 단지도 워터 프런트 접근이 가능한 지역이며, 뚝섬의 서울의 숲이나 자양동 일대도 장차 좀 더 한강을 적극적으로 활용할 수 있는 지역 중의 하나이다. 그런가 하면 아직 새로운 개발 지구로 남겨 놓은 마곡지구도 워터 프런트 개발이 가능한 지역이며, 마포 상암 지구도 난지도 일대와 망원동이 장기적으로 볼 때 워터 프런트로 개발할 수 있는 지역이다.

만일 부산의 도시 재개발로 관심을 돌린다면 당연히 시뷰가 중요한 콘셉트이다. 이미 검토되고 있는 북항(north port) 개발은 그런 점에서 꼭 추진되어, 부산의 명소가 아닌 아시아의 명소로 거듭나야 한다. 부산의 항구는 단순히 물류의 수단이 아니라 국제 업무 도시로서의 복합적인 기능을 가진, 아름답고 첨단의 도시 기능을 가진 아시아의 허브 도시로 다시 태어나야 한다.

요코하마, 상하이, 싱가포르, 홍콩과 경쟁하는 아름답고 초현대적인 해변 도시로 다시 살아나야 하며, 그 중심에 시뷰를 활용해야 한다. 그러나 이미 만들어 놓은 수영 일대의 센텀시티 지역이나 해운대 신도시, 또는 송정 지구 등은 연결된 업무 지구나 국제 수준의 레저 기반이 취약하거나 아예 없어서 국제적인 도심성을 지니기에는 부족하다. 아름다운 시뷰가 있음에도 불구하고 해변 활용이 제한적인 효과에 그치고 있다. 그야말로 국제적인 기업들의 아시아 본부나 다국적기업들의 본사를 옮겨오고 세계적인 관광객이 운집하는 문화적 명소가 그득한 복합적인 프로젝트가 부산에는 북항을 중심으로 구상되어야 한다. 부산은 그럴 만한 바다 자원과 배후에 유서 깊은 도심을 가지고 있기 때문이다. 문제는 어떻게 이를 가치화하는가이다.

워터 프런트 개발을 우리나라의 다른 지역의 시군으로 확대해 본다면 바다나 강을 지방도시 가치 살리기에 충분히 이용할 수 있는 지역들은 얼마든지 있다. 지자요수(知者樂水)란 말이 있듯이 지식 가치 사회가 등장하면서 물의 가치는 도시를 중심으로 점점 올라갈 것으로 보인다. 그런 만큼 이제 부동산투자에서도 수변 가치, 즉 워터 프런트나 시뷰의 가치를 더욱 중시하는 투자 안목이 필요한 시점이다.

PART 7

진정한 행복이란
'땀' 속에 있다

인생후반전
설계지침서
후반전에 끝 터진다

가장의 자리가 안 보인다

한국인이 일손을 놓고 편안한 노후를 즐길 수 있는 기간은 남녀 각각 11.7년, 17.1년에 그쳐 OECD 회원국 중 가장 짧았다. (……) 평균수명의 연장 정도를 감안하면 현재 고령자들은 상대적으로 과거보다 더 늦게까지 일해야 하는 셈이다.

아버지는 밖에서 가족을 위해 일하고 어머니는 집안에서 가정을 돌보는 구조는 이제 세월의 뒷장으로 넘어가고 있다. 상황이 이렇고 보니 부부 맞벌이는 이제 젊은이들 삶의 기본 양태가 되고 있다. 그렇다고 가정일이 주부의 손을 떠나기도 어려운 실정이다. 국민 6명 중 한 명은 아침을 거르고, 맞벌이를 하는 아내는 남편보다 6.5배나 많은 가사노동을 하는 것으로 조사되었다. 20세 이상 성인 중 일하는 시간도 하루 평균 6시간 49분, 20세 이상 맞벌이 가구의 아내가 음식 준비, 청소 등 가사노동으로 쓰는 시간은 3시간 28분으로 남편(32분)보다 6.5배 많았다. 맞벌이를 하는 남편이나 하지 않는 남편의 가사노동 시간은 각각 32분, 31분으로 차이가 없었고, 학습 시간은 하루 평균 10분으로 조사되었다.

게다가 생활비는 하루가 다르게 올라간다. 서울은 세계 124개 도시 가운데 스물다섯 번째로 생활비가 높은 도시인 것으로 조사되었다. 서울은 세계 71개 주요 도시를 대상으로 한 스위스 연방 은행(UBS)의 조사에서도 25위로 평가되었다. 가장 생활비가 많이 드는 도시는 일본의 도쿄였다. 이런 높은 생활비 속에서 한국인들은 연금을 비롯한 사회보장 제도가 잘 갖추어지지 않은 까닭에 70세까지 돈벌이를 해야 그런대로 생활이 가능할 것으로 분석되었다.

　OECD가 발표한 〈고령화에 따른 고용 정책〉 보고서에 의하면, 한국인이 일을 그만두는 나이는 남녀 각각 70세, 66세로 OECD 회원국 중 멕시코 다음으로 높았다. 반면 기업 등에서 공식적으로 설정한 퇴직 정년은 한국의 경우 60세에 불과하여 그리스, 일본 등과 함께 가장 빨랐고, 실제는 우리나라에서 평균 53세면 직장에서 밀려나고 있다. 이는 우리나라 고령자들이 직장을 공식적으로 그만둔 뒤에도 오랫동안 노동시장에 머물며 생계를 지속적으로 부담해야 한다는 것을 뜻한다.

　한국인이 일손을 놓고 편안한 노후를 즐길 수 있는 기간은 남녀 각각 11.7년, 17.1년에 그쳐 OECD 회원국 중 가장 짧았다. 이는 35년 전인 1970년(남녀 각각 9.7년, 15.8년)에 비해 2년 가량 늘어난 것이지만, 평균수명의 연장 정도를 감안하면 현재 고령자들은 상대적으로 과거보다 더 늦게까지 일해야 하는 셈이다. 같은 기간 평균수명은 62세에서 78세로 무려 16세나 늘었다. 은퇴 후 여생을 즐길 시간이 가장 긴 나라는 프랑스(21.4년)였으며 오스트리아(20.8년), 이탈리아(20.6년), 룩셈부르크(20.6년) 등의 순이었다. 일본의 남성 은퇴자는 한국보다 3년 가량 긴 평균 14.8년, 여성은 한국보다 5년 긴 22년을 쉬면서 노후를 보내는 것으로 나타났다. 이처럼 일거리를 찾는 노인들이 늘고 있는 데도 고령자를 위한 안정적인 일자리는 확보되지 않고 있다.

　통계청이 최근 내놓은 고령자 통계에 따르면 경제활동을 하는 65세 이상 남성 중 71.2%는 자영업자였으며 임금 근로자 중에서는 임시 일용직이 대부분(80%)이었다. 전후 한국 경제를 일구어 온 1930~1940년대 출생자들이 직장에서 때 이르게 물러난 뒤 영세 자영업이나 임시직 등을 전전하며 고된 노년을 보내고 있다는 이야기이다. 따라서 젊은이들은 일찍부터 노후준비에 나서야 한다.

　영국에 사는, 이제 막 40대에 들어선 한 평범한 중산층 남성의 경우를 보자. 그는 앞으로 15년쯤 일하다 58세에 은퇴하는 것이 목표이다. 은퇴 후엔 아내와 함께 해외 여행을 다니고 스포츠를 즐기며 여생을 살아가려 계획하고 있다. 이렇게 살기 위해 재정 설계 전문가의 도움을 받아 은퇴 전과 같은 삶을 유지하기 위해 필요한 자금이 어느 정도인지 계산해 보았다. 의료, 수술비, 주택 수리비, 손자 학자금 등 돌발 비용도 빼놓지 않았다. 은퇴 후 20년을 더 산다고 가정했을 때, 1년에 약 1만5천 파운드(약 3천만 원)가 필요하다는 계산이 나왔다. 퇴직연금과 개인연금(은퇴 전 실질 소득의 60% 정도)을 받게 되고, 은행 저축과 장기 채권 등의 수입까지 합치면 이 정도 생활비는 마련할 수 있을 것이라고 기대한다. 집을 사느라 모기지론(주택 담보대출)을 꾸었으나 은퇴할 쯤엔 원리금을 다 갚기 때문에 부채 상환 걱정은 없다.

영국계 PCA생명에 따르면, 55세 이상의 영국인 은퇴 생활자 중 42%가 생활비가 부족해서 하고 싶었던 은퇴 후 꿈을 포기하고 있다고 한다. 이 중년 영국 남자는 네 살 된 외아들을 위한 자금 계획까지 꼼꼼히 준비하고 있었다. 아들이 태어나자 마자 관리연금과 채권 등 3개 금융상품에 가입한 것. 아들이 만 18세가 될 때까지 꼬박꼬박 돈을 넣었다가 나중에 대학 자금으로 쓸 생각이라고 한다. 그러니 이제 나이가 20~30대라면 앞으로 돈을 벌 수 있는 기간이 불규칙하기에 노후를 더 빨리 준비해야 한다. 우리나라의 경우 현재의 서민수준에서 은퇴하면 비용이 연간 약 2천500만 원 정도 든다. 이를 위해선 지금 65세 부부라면 집을 빼고 5~6억 원 정도의 순자산이 있어야 한다는 계산이다.

02 곧 인구가 준다

이런 추세라면 2100년에는 인구가 현재의 절반으로 줄고, 2030년이면 경제성장률이 마이너스로 돌아서는 충격적인 일이 벌어진다고 예고하고 있다. (……) 인구 감소에 대한 이러한 예측은 우리나라 국민 모두에게 미래에 대한 새로운 대비책을 세울 것을 암시하는 일이기도 하지만, 특히 이제 은퇴를 앞두고 있는 베이비부머들에게는 많은 생각을 하게 한다.

출산율이 이대로 가다간 인구가 심각하게 줄어든다고 여기저기에서 걱정하는 소리가 많다. 최근의 한 보고서는 가임 여성(15~49세)이 출산할 것으로 예상되는 합계 출산율이 2009년 현재 1.15명으로 선진국(평균 1.72명) 중에서 가장 낮은 수준인 초저출산 사회로 진입하고 있음을 지적했다.

이 보고서는 이런 추세라면 2100년에는 인구가 현재의 절반으로 줄고, 2030년이면 경제성장률이 마이너스로 돌아서는 충격적인 일이 벌어진다고 예고하고 있다. 그때가 되면 생산활동을 담당할 수 있는 청년층이 감소하면서 경제성장이 감소한다는 전망이다. 이미 2010년부터 노동시장의 중심 인력인 25세부터 54세 인구가 감소하기 시작하여 이러한 예측의 전조가 나타나고 있다.

인구 감소에 대한 이러한 예측은 우리나라 국민 모두에게 미래에 대한 새로운 대비책을 세울 것을 암시하는 일이기도 하지만, 특히 이제 은퇴를 앞두고 있는 베이비부머들에게는 많은 생각을 하게 한다. 먼저 그동안 열심히 불입해 온 각종 연금이나 사회

보험 들이 그때 가서 제대로 작동을 할 것인가는 하는 염려에서부터, 출산을 장려하기 위해 각종 정부 제도나 사회적 지원이 젊은이들이나 유아들에게 집중될 경우, 노인들에 대한 지원은 줄어들거나 아예 사회적 이슈가 되지 않을 수도 있지 않을까 하는 걱정이 든다.

또 국방이나 사회 안전망 등 이제까지 젊은이들이 담당해 온 국가와 사회 운영의 인력들도 앞으로 젊은이들이 줄게 되면 나이 든 노인들이 어쩔 수 없이 담당하는 일이 생겨날 수 있을 것이다. 아마도 나이가 들어서도 다시 예비군 훈련을 받게 될 수도 있을 것이고, 민방위 훈련 통지서가 나올 수도 있을 것이다.

그러나 그보다는 사회적으로 이제껏 내밀리던 나이 든 사람들에게 다시 일할 수 있는 기회가 주어질 수 있다는 예상을 해 볼 수 있을 것이다. 지금은 오히려 나이 든 사람들이 할 만한 일을, 젊은이들이 일자리가 없다 보니 그 자리를 차지하고 있지만, 앞으로는 이런 일들이 다시 나이 든 사람들에게 돌아오는 것은 물론이고, 지금 젊은이들이 주역인 인력 시장도 나이 든 사람에게 문호가 열릴 가능성이 있다고 본다.

생산시설이나 판매 활동 등에서도 점차 나이 든 사람들의 참여가 늘어날 수 있을 것이고, 문화 예술이나 사회 서비스 분야에서도 나이 든 사람들의 활약이 클 것으로 보인다. 만일 이런 추세가 예상대로 진행된다면 지금 40~50대 나이에 해당하는 분들은 후일에 찾아올 이런 노인 상시 고용 사회를 미리 내다보고 이런 일에 대한 준비를 갖출 필요가 있다고 본다. 무엇보다 건강을 잘 관리하고, 사회적 관심을 놓지 말고, 배울 수 있는 일이 있으면 배워 두고, 사람과의 관계도 일정하게 유지하는 일상이 필요하다고 본다.

그리고 지금 은퇴한 사람이라고 하더라도 미리 이런 노인 고용 사회의 도래를 위해 이런저런 사회 활동을 지혜롭게 이어 나가는 자세가 필요해 보인다. 마음이 먼저 사회를 떠나지 않도록 짜임새 있는 자기 관리가 필요한 시점이다.

일본의 노인들이 우리나라 노인들보다 현금과 자산이 많은 것은 이미 잘 알려진 사실이다. 그러나 일본의 노인들이 60세에 은퇴하고 80세까지 산다고 하더라도 77세에 접어들면 생활이 적자로 돌아선다는 연구결과가 나와 있다.

나이 60세에 평균 3억 7천만 원 상당의 예금과 적금을 가진 것으로 알려진 일본의 은퇴자가 매월 300만 원의 연금을 받는다고 해도 월 평균 400만 원 정도를 지출하게 되면 물가가 매년 2%로 오른다고 하고 금리가 제로인 경우, 나이가 77세가 되면 그해 수입 대비 생활비가 750만 원 적자가 된다. 그리고 그 후 적자는 해마다 늘어나게 되어 80세에는 무려 8천800만 원 정도가 한 해의 적자 수준이 된다. 참으로 놀라운 결과이다.

이 같은 일본의 사례를 우리나라에 적용해 보면 우리의 은퇴자들에게는 이보다 더한 규모의 적자가 이보다 더 이른 시기에 나타날 것은 너무도 분명한 일이다. 당장 우리나라는 이만한 금융자산을 가지고 또한 이만한 연금을 받으며 은퇴하는 사람들이 거의 없기 때문이다.

우리나라는 일단 전체자산에 비해 예금이나 적금이 차지하는 비중이 크게 낮고, 연금의 규모도 작은 것이 현실인데, 여기에다 장기적으로 금리가 점점 낮아지고 생활 소비가 점차 증가할 것을 감안해 보면 거의 상당수의 은퇴자들이 70대에 접어들면서 이런저런 정부의 보조금을 의지할 가능성이 아주 농후하다.

오늘날 일본의 재정적자는 고령화사회로 들어오면서 도무지 개선될 가능성이 없는 현실이다. 우리 정부도 이미 현 단계에서 재정적자가 진행되고 있는 가운데 미래에 이 같은 문제까지 생겨나면 정부의 만성적인 재정 악화는 피할 길이 없을 것으로 보인다.

일본에서 추계한 미래의 생활비는 60세에는 월 400만 원 정도였다가 70세에는 월 500만 원 정도, 80세에도 역시 월 500만 원 정도가 들 것으로 예상했다. 물가 상승을 감안한다 하더라도 노인들이 나이가 든다고 해서 생활비가 크게 낮아지지 않는 현실을 잘 드러내고 있다.

물론 금융 저축보다 높은 수익성 상품에 돈을 굴리면 어느 정도는 적자를 줄일 수는 있겠으나, 노후의 생활 대책 자산을 리스크가 있는 수익성 상품에 투자하는 것은 그리 바람직하지 않다. 결국 나이가 들수록 누구나 원금이 보전되는 상품으로 자산운용이 많이 기울게 되고 그렇게 되면 장차 금리는 오늘의 일본처럼 거의 제로 상태가 되는 것이 확실한 흐름이라고 할 수 있다. 그러므로 은퇴 후 바로 일을 손에서 놓고 남겨진 돈으로 살아가려고 하거나 연금에 크게 의미를 두는 것은 바람직하지 않다고 보며, 일을 할 수 있다면 지속적으로 자신의 건강과 능력이 허락하는 한 일을 하는 것이 현명하다고 본다.

여유나 평안을 영어로 표현하면 'over-prepared(충분하고 넘치는 준비)'라 할 수 있다. 무슨 일이든 딱 필요한 만큼만 준비하고 대비하는 것이 아니라 충분히 대비하고 준비하면 문제가 무엇이든 일단 마음이 편안해진다. 충분하고 넘치는 노후의 준비는 사실 젊은 나이에 일생을 통해 준비해야 어느 정도 그림이 나올 수 있을 것이다.

어떤 부부가 있다고 치자. 두 사람에게 남겨진 퇴직 시까지의 기간은 25년쯤이라 하고, 두 부부의 현재의 수입은 연 6천만 원이라고 할 경우 그들이 은퇴 후에 현직에서의 수입에 80% 정도를 자산소득으로부터 얻으려면 현재 얼마를 더 저축해야 할까. 현재 둘이 합쳐 연금성 저축으로 연간 200만 원 정도가 나가고 저축 잔고가 1천200만 원쯤 있다면.

한 번 계산해 보자. 그들이 현재 6천만 원을 벌고 있으며, 퇴직 후 현재 가치로 4천800만 원을 연간 얻고 싶다고 할 때, 사회보장으로부터 들어오는 돈이 연간 1천800만 원, 연금 수입이 1천450만 원 해서, 모두 3천250만 원이므로 기대치에 비하면 연간 1천550만 원의 수입이 부족한 셈이다. 이를 퇴직 후 시간으로 옮겨 계산해 보면 인플레를 4% 정도로 볼 때, 25년 뒤 퇴직 후 연간 1억3천800만 원 정도가 생활비로 필요하며, 그때 현재의 저축으로 보아 부족한 연간 수입은 4천400만 원 정도가 된다. 이를 그때 당시의 금리를 4%로 볼 때 저축으로 감당하려면 필요한 저축 금액은 8억 원 정도가 된다. 따라서 이들은 현재의 3%가 조금 넘는 노후대비 연금성 저축률을 연간 10% 정도로 높여야 부족한 돈을 메울 수 있다는 계산이 나온다. 그러니까 이들의 수입이 6천만 원이라면 현재 두 사람이 합쳐 연간 200만 원 정도를 연금성 저축으로 넣는 것을 연간 600만 원, 월 50만 원 수준으로 올려야 한다는 이야기이다. 한 사람으로 계산하면 월 25만 원이 나온다. 아직 퇴직이 25년쯤 남은 젊은 사람이 노후를 위해 저축해야 하는 노후대비 저축률의 계산이 그렇다는 것이다.

이것은 물론 아주 간단한 계산이지만 많은 사람들이 귀담아 들어야 할 이야기이다. 1년에 400만 원을 더 저축하면 퇴직 후 4천400만 원 정도의 연간 수입이 더 들어온다는 계산이 나온다. 물론 여기서의 전제는 두 사람이 앞으로 25년간 계속 쉬지 않고 일할 수 있다는 가능성을 두고 하는 말이다.

이처럼 미래의 일은 조금이라도 미리 대비하면 적은 생활의 조정으로 가능하지만, 막상 닥치고 나서 대비하려고 하면 도무지 감당이 되지 않는 것이 우리의 삶이다. 그러나 저축으로 미래를 준비하려고 하면 현재의 소비를 줄여야 하는 고통을 감내하거나 비용을 감당해야 한다. 소비의 감소를 최소화하면서 미래의 부족한 자산을 늘려 나가는 방법의 하나가 위험자산을 어느 정도 자신의 포트폴리오에 포함시키는 것이다.

만일 위에서 예를 든 것처럼 금리가 4% 정도라면, 주식투자를 장기 포트폴리오에 근거해 운용한다면 8~10% 정도의 수익을 거둘 수 있음을 과거의 통계들은 보여 주고 있다. 그러나 사람이 모두 같지 않듯이 이러한 투자 재능을 가지고 있지 못하거나, 관련하여 공부나 경험이 되어 있지 않거나, 아예 흥미조차 없으면 안전한 저축으로라도 미리미리 준비할 것을 권하고 싶다.

특히 부부의 경우에 한 사람의 소득으로 저축하고 한 사람의 소득으로 생활하는 방식이 아니라, 미래의 경제적 소비 수요는 부부의 남은 여명과 상황에 따라 각각에게 다르게 돌아가기에 각각의 소득에서 각각의 저축으로 노후를 대비하는 개별적 저축법이 바람직하다고 본다. 나이가 들어서 직장을 그만두게 되면 대부분은 그동안 모아 둔 돈으로 살아가려고 한다. 다시 취업이 어려운 현실을 감안하면 누구나 그런 생활이 불가피할지 모르나 돈에 관한 습관으로 치자면 가장 좋지 않은 습관이 모아 둔 돈으로 생활을 하는 자세라고 재정 전문가들은 하나같이 입을 모아 말한다.

03

목돈은 웬만해선 깨지 말자

은퇴한 가정에서는 갑자기 가족 문제 등으로 큰 소비를 할 필요가 생길 경우 그동안 노후를 위해 모아 둔 목돈을 깨서 써야 하는 불가피성이 있다. 모아 둔 돈이란 어떤 이유로든 한번 깨고 나면, 마치 불탄 뒤 재가 꺼지듯이 소리 없이 부서져 내려 한순간에 허무하게 줄어들다가 결국은 사그라진다.

돈의 여유가 있는 사람들을 인터뷰해 보면, 대부분은 돈이 필요한 일이 생겼을 때 당장 지출하지 않고 목표를 세우고 일단 기다렸다가, 그 돈이 다 모이면 그때 가서 지출을 한다. 가령 자녀가 성적이 좋아져서 선물로 자전거를 사 주려고 한다면, 시험이 끝난 즉시 점수를 보고 사 주는 것이 아니라 부모가 그 돈을 모은다는 사실을 자녀도 인지하고 기다렸다가 다 모인 뒤에 그 의미를 되새기며 사 준다는 것이다.

이러한 태도는 단순히 무조건 돈을 아끼자는 취지를 넘어서서 자녀들에게 물건이나 소비에 대한 소중함을 알게 하고, 자녀가 성장하는 데에 기울이는 부모의 지극하고 자상한 사랑도 알게 하는 여러 가지 효과가 있다.

그런데 은퇴한 가정에서는 갑자기 가족문제 등으로 큰 소비를 할 필요가 생길 경우 그동안 노후를 위해 모아 둔 목돈을 깨서 써야 하는 불가피성이 있다. 모아 둔 돈이란 어떤 이유로든 한번 깨고 나면, 마치 불탄 뒤 재가 꺼지듯이 소리 없이 부서져 내려 한순간에 허무하게 줄어들다가 결국은 사그라진다.

그래서 자고로 모아 둔 돈에 웬만해선 손을 대지 않으려 해야 하는데, 사람들 중에는 모아 둔 돈만 보면 깨려고 하는 사람들이 있으니 사람이란 참으로 달라도 너무 다른 모습으로 살아가고 있는 것 같다.

주변에서 누가 적금을 탔거나 계를 탔다고만 하면 그 돈을 빌리지 못해 안달을 하는 사람들이 주로 그런 부류의 사람들이다. 가능하면 그런 사람들이 주변에 없기를 바라지만 설령 있다고 해도 그들의 돈 부탁은 요령 있게 잘 피해야 할 일이다.

대체로 그렇게 습관적으로 돈을 빌리는 사람들은 일생 동안 변변한 저축이 있을 리 없기에 보통은 갚을 수 있는 돈이 모일 가능성이 거의 없고, 설령 어쩌다 목돈이 생긴다 해도 그 돈을 쓸 궁리를 하고 있는 사람들이라 선뜻 꾼 돈부터 갚으려 들지 않는 속성이 있다고 부자 연구자들은 밝히고 있다.

아무튼 은퇴 후 생활을 여러모로 상정해 보면 모아 놓은 돈을 이런저런 이유로 사용할 가능성이 아주 농후하다. 가능하다면 그때그때 소용되는 돈은 직접 벌어서 쓰면 참 좋겠다는 생각을 하게 되는데, 말처럼 쉽지는 않을 것이다. 하지만 꼭 불가능한 일도 아니라고 생각한다. 만일 일정한 규모 이상의 예측 불허의 돈이 갑자기 필요할 때, 물론 그 사안의 긴급성을 살펴보아야 하겠지만, 가급적 집행을 늦추고 그 돈을 다른 방법으로 벌거나 모아서 대처하는 방안을 강구해 보는 것이 낫다는 것이다.

특히 다 큰 자녀들이 갑자기 은퇴한 부모에게 손을 내밀 때 그냥 아린 마음에 덥석 도와주지 말고, 꼭 지원이 필요하다면 어느 정도 기다리게 한 뒤 그 돈을 부모가 애써 모아 가면서 보태 주는 모습을 보인다면, 자녀는 다음에 혹시 손을 내밀 일이 있더라도 여러 생각을 하며 참게 될 것이다. 나이가 들어도 없어지지 않는 자식들의 손 내미는 태도는 고치기 힘든 버릇 중의 하나라고 많은 재정 전문가들이 지적하고 있음을 가볍게 보지 말자.

일본 사람들은 비교적 계획적이고 알뜰하게 사는 것으로 알려져 있다. 실제로 일본의 국민 1인당 저축은 다른 선진국보다 높고 재산도 많은 것이 사실이다. 그러한 일본인들은 생활비를 얼마나 쓰고 있는지, 주로 어디에 얼마를 쓰고 있는 것인지 궁금해 하는 분들도 있을 것이다.

30대의 일본 샐러리맨 부부의 경우를 한 번 보자. 남편은 정보통신 업종에 근무하고 부인은 부동산 회사에 다니고 있다. 부부의 급료 합계는 2005년을 기준으로 4천400만 원이었고, 다섯 살 난 아들이 하나 있었다. 이들은 우선 남편이 월 50만 원의 용돈을 쓰고 있었으며, 아내는 30만 원을 용돈으로 쓰고 있었다.

주거비가 역시 여기도 가장 많아, 주택 금융 융자금 상환이 월 115만 원이 들어가고 주택 수선 적립금이 월 20만 원이 들어갔다. 3인 가족의 생활비는 월 100만 원이 들어갔고, 자동차 론에 30만 원이 소요되었고, 노후를 위한 저축으로 월 40만 원이 들어갔다. 아들의 유치원 교육비가 25만 원, 아들의 장래 교육비 저축으로 10만 원이 들어가고, 보험이 10만 원, 잡비가 10만 원이 들었다.

그런데 우리나라 가계 소비를 살펴보면 주거비, 사교육비, 정보통신비, 외식비, 경조사비 등에서 많은 지출이 생기고 있다. 하나같이 우리 사회의 전통적인 삶의 양식에서 보자면 비용의 지출이 많은 항목이지만 항목의 자의성에서 보자면 주로 사회적 무드에 많이 영향을 받는 항목들이 지출이 많다고 할 수 있다.

일본의 가계 소비는 글자 그대로 자기 가족의 필요에 따라 요모조모 수입을 쪼개서 배분하는 인상을 받았는데, 짐작이 가는 일이지만 우리처럼 남의 눈을 의식하고 소비하는 비용은 크게 없는 듯하다.

먼저 자동차 론의 항목이 30만 원 정도인 것으로 보면 경차 수준의 소형차를 구입한 것으로 보이며, 노후용 저축과 자녀 교육비, 보험 등으로 60만 원이 들어가는 것도 자율적인 금융 저축의 판단치로 보인다. 그리고 무엇보다 실생활비가 100만 원 정도인 것은 맞벌이 부부인 것을 고려하면 외식비의 비중이 거의 없는 것으로 판단할수 있다. 사실 우리는 은퇴한 가정에서조차도 외식비의 비중이 커서 일본 직장인 가정과 큰

대조를 이루고 있다.

얼마 전 우리나라 은퇴 가정의 부부 실제 생활비가 약 80만 원 정도인 것을 보면 경제활동을 하고 자녀를 기르고 우리보다 선진국인 일본의 젊은 부부의 생활 규모와 비교해 볼 때 우리의 은퇴자들이 아직도 현직의 기분을 크게 벗어던지지 않은 것을 어렴풋이 느낄 수 있다.

모아 놓은 돈이 어디엔가 쓰이는 것은 당연한 일이지만, 퇴직하고 나서 모아 놓은 돈을 얼마나 축내느냐에 따라 결과는 하늘과 땅 차이이다. 만일 어떤 경우에 4억 원의 원금을 미국의 주식에 1973년부터 2002년까지 60% 정도를 투자하고 채권에 40% 정도를 투자했다고 하자.

이때 모아 놓은 돈 중에서 생활비가 모자라거나 급한 용처로 약 4억 원의 원금에서 조금씩 빼서 썼다고 하면 빼 쓰는 비율에 따라 후일 남는 돈에 엄청난 차이를 보이게 된다. 만일 당시 중산층 생활자가 퇴직 후 연간 2천 500만 원 정도를 다른 일로 수입을 얻고 있고, 생활비는 이전에 비해 줄이지 못해 연간 6천 만 원 정도를 쓰고 있다면 해마다 3천 500만 원 정도를 원금에서 꺼내 써야 한다.

위의 기간 중에 증권 펀드에 투자하면서 퇴직을 대비해 모아 둔 돈에서 이렇게 매년 9% 정도를 쓰게 되면 전체 모아 둔 원금은 10년이 지나면 제로가 된다. 또 이때 원금의 5% 정도를 매년 꺼내 쓰면서 같은 투자가 이어져 왔다면 28년쯤 지나면 원금은 제로가 된다. 그러나 이 기간 중 4% 정도만 원금에서 꺼내 쓰고 같은 투자가 이루어졌다면 35년 뒤에 이 돈은 생활비로 연 4%를 꺼내 쓰고도 원금이 22억 원이나 된다.

이 사례가 시사하는 바는 일단 퇴직을 대비해 모아 둔 돈은 가급적 원금에 손을 대지 말라는 것이며, 만일 불가피하게 손을 대게 되더라도 최소한으로 꺼내 쓰라는 말이다. 사례로 든 이 기간 중 미국의 주가는 연간 평균 10% 상승했으며, 채권은 5% 수익률을 기록했다. 그럼에도 불구하고 이렇게 해마다 원금에 손을 댄 비율에 따라 엄청난 결과의 차이가 난 것은 주가란 오르고 내리는 시점을 예측할 수 없기에 원금이 줄어드는 시점에 따라 후일의 자산가치가 크게 달라졌기 때문이다.

위에서 보는 바와 같이 해마다 5%의 원금을 쓴 경우와, 4%를 쓴 경우는 불과 1%의 차이지만 그렇더라도 결과가 크게 다른 것은 원금의 수명이 조금만 길어져도 투자자산의 수익률이 크게 달라지기 때문이다.

이런 것이 바로 자산관리의 미묘한 점이다. 특히 불확실성 자산에 투자할 때는 무엇보다 투자 기간이 길수록, 자산규모가 클수록 실현 수익률에서 유리하다는 점을 다시 한 번 증명해 주고 있다. 그러니 노후에 꼭 맞도록(이것도 답이 없는 것이지만) 자산을 정해 놓으면 예상 밖의 일로 자산이 점점 줄어들게 되고, 그렇게 되면 투자수익의 실현에 큰 차이가 생긴다는 사실을 명심할 필요가 있다.

어떻게 보면 노후자산이란 그 돈을 실제 생활에 사용한다기보다 운용자산으로 운용하면서 하나의 재산으로 관리하고 실생활은 다른 수입으로 유지한다는 개념으로 접근해야만 그 자산도 지켜지고 생활도 윤택하게 유지되는 것이 아닌가 하는 생각이 든다.

그런 점에서 살고 있는 집을 모기지론 담보로 하여 생활비를 빼 쓰는 개념인 역모기지론은 그 운용의 결과를 예단하기 어려운 제도일 수도 있겠다는 생각도 든다.

04

자녀 경제 교육은 부모의 책임이다

부모들은 자식의 성공을 위해서는 자신의 인생을 걸지만, 문제는 자식의 재능과 가능성을 대부분의 부모들이 잘 모른다는 것이다. 그래서 자식의 재능과 성공이 부모의 무관심 속에 묻혀 버리는 경우가 적지 않다.

영국에는 많은 사람들에게 존경받는 남자 무용가로 '빌리 엘리어트'가 있다. 그는 영국에서도 가장 가난한 탄광촌 출신으로 어려서부터 춤을 무척 좋아했다. 혼자 있을 때면 누구에게 배운 것도 아닌데 몸동작을 만들어 내고, 음악만 나오면 그에 맞추어 춤을 추는 타고난 재능을 보였다. 그러나 그의 아버지는 석탄을 캐는 광부였고, 그 시기의 영국 탄광들은 하나둘씩 문을 닫고 임금을 체불하던 위기의 상황이 계속되고 있었다. 빌리의 아버지도 이런 광부들의 어려움을 타개하기 위해 노동조합에 들어가 누구보다도 적극적으로 투쟁하고 있었다.

그러던 중 근처의 무용 선생님이 빌리의 춤을 보게 되었고, 마침내 그의 가정을 찾아와 자신이 비용을 부담할 테니 빌리로 하여금 런던 왕립 발레 학교의 오디션을 보게 하자고 제안했다. 마침 노동조합이 투쟁 중이라 빌리 아버지는 아무런 수입도 없을 때였고, 그는 춤을 잘 알지도 못했기에 일언지하에 거절하게 된다. 하지만 빌리의 춤추기는 여기서 그치지 않았고, 이를 알게 된 빌리의 아버지는 노조 투쟁을 포기하고 동료들을 남겨 둔 채 회사 측의 요구대로 광산에 들어가 일을 하게 된다. 그리고 그 돈으로 아들을 데리고 런던으로 간다.

시골에서 아무런 훈련도 받지 못한 빌리의 춤은 심사 위원들을 당황하게 했지만, 그 속에 숨겨진 천부적인 재능이 발견되어 입학을 허가받고 드디어 세계적인 인물로 성장하게 된다. 물론 그의 아버지는 아들의 재능을 살리는 대신 동료들로부터 배신자로 몰리는 수모를 겪어야 했지만, 그는 주위의 여러 지원을 거절하고 가난한 광부 생활을 하면서 끝까지 아들의 학비를 책임진 '위대한 아버지'였다.

이 이야기는 부모의 자식사랑의 극치를 보여 주는 이야기이다. 우리 땅엔들 왜 이런 사례가 없다고 할 수 있겠는가. 이처럼 부모들은 자식의 성공을 위해서는 자신의 인생을 걸지만, 문제는 자식의 재능과 가능성을 대부분의 부모들이 잘 모른다는 것이다. 그래서 자식의 재능과 성공이 부모의 무관심 속에 묻혀 버리는 경우가 적지 않다. 자녀들이 아무리 좋은 재능을 가지고 있어도 부모나 학교에서 이를 잘 발견하고 육성해 주지 않으면 그 재능은 묻히고 마는 것이다.

어떤 학자는 늦어도 5~6세부터 시작하여 15세 전후까지는 재능이 발견되고 잘 훈련되어야 효과적이라고 말하기도 한다. 세상에 같은 사람이 없는 것처럼 재능이란 저마다 다르게 갖고 태어나게 마련인 것이다. 서로 가진 재능이 다르기 때문에 그 가치를 다르게 인정받게 되는 것이다.

그러나 일찍이 이런 재능의 발견 없이 그저 집에서나 학교에서나 무난한 평균인으로 자라고 일해 온 '아날로그형 기성세대'들은 디지털 세대들이 펼치는 '재능 연출 시대'를 맞아 무기력한 모습으로 뒷전으로 밀리고 있다. 하지만 지금이라도 늦지 않았다. 자녀에겐 과연 남과 비교되는 어떤 재능이 숨어 있는지 '재능 찾기'에 나설 때이다.

산업사회를 통해 살펴볼 수 있는 그동안의 경제 통계도 인생의 절정이 40대 중반임을 보여 주고 있다. 1990년대 중반 외환위기 이전까지는 대부분의 사람들이 인생에서 가장 소득이 높은 시기가 40대 중반으로 나타나고 있으며, 약 5%의 사람들이 50대 중반까지 소득의 정점이 이어지고, 최종 1%가 50대 말까지 소득의 정점을 유지할 수 있었다는 통계가 이를 뒷받침하고 있다.

그러나 지금은 세상이 많이 변하고 있다. 먼저 소득의 통계만 보더라도 지난 2005년 정부 통계에 의하면 인적자본을 바탕으로 하는 소득, 즉 스스로 일해서 버는 소득 창출의 잠재력은 30대 중반이 가장 높은 것으로 나타나고 있으며, 30대 중반 이후부터 낮아지다 소득 창출 잠재력은 40대 중반 이후는 오히려 20대 후반보다 낮은 것으로 나타나고 있고, 50대는 아예 가정을 이끌기 어려운 저소득층으로 급격히 추락하고 있다.

그러나 이러한 소득 창출 잠재력의 구조 변화와는 무관하게 여전히 가정의 지출은 가장의 나이 40대 중반부터 50대 중반까지 가장 높은 것으로 나타나고 있어, 이대로 간다면 중년가정의 경제적 위기가 날로 심각해져 갈 것임을 알 수 있다.

그런데 한국의 인구 구조로 보면 이제부터 한국형 베이비부머들이 본격적으로 50~60대로 넘어가게 되어 있어서, 앞으로 이들의 경제적 지위가 낮아지게 되면 한국 사회 전체의 경제적 위기로 이어질 수밖에 없는 것이 현실이다. 지난 1950년대 중반부터 1960년대 중반 사이에 태어난 이른바 베이비부머들, 문화적 표현으로는 한국의 '7080세대'들이 전체인구에서 차지하는 비중이 워낙 높기 때문인데, 이들이 지금 모두 40~50대에 들어와 있다.

그런데 공교롭게도 이들은 그들의 인생 황금기라고 할 수 있는 30~40대에 직장을 잃고 실업과 빈곤과 싸워야 하는 집단 위기에 처했던 세대들이라 이전 세대들이 잠시라도 경험했던 자기 인생의 경제적 정점도 제대로 경험해 보지 못한 채 이미 선두 그룹인 50대들은 초로의 세대로 접어들고 있다.

그들이 바로 한국 최초의 시니어(senior) 그룹이라 할 수 있다. 군대식으로 표현하자면 고참들이라 할 수 있고, 사회적으로 말하자면 이모작 시대의 1세대라고 할 수 있다. 이들은 벌써 은퇴할 수도 없으나 그렇다고 딱히 어디 세상에 끼어들기도 녹록치 않은 세대들이다. 그런데 이들은 자신들에게는 어찌 보면 또 하나의 사회적 압박이기도 한 장수 사회 1세대이기도 하여 앞으로의 여명이 선배 세대보다 길 수밖에 없는 처지에 있는 난처한 세대들이기도 하다.

그러다 보니 한국의 시니어들은 우선 하나의 직업을 가지고 평생을 보낼 수 없는 사회 구조와 갈수록 길어지는 인간의 수명으로 인해 이제 일생 동안 몇 번의 직업 전환이나 생업 전환을 해야 하는지 도무지 가늠하기 어려운 세상을 맞이하고 있는 것이다. 그래서 인생은 이제 다중 직업 재능을 가져야 한다는 소리도 높아지고 있지만, 그게 이제 와서 말처럼 쉽게 되는 일도 아니지 않은가.

이런 가정에 또 하나의 숙제가 기다리고 있는데, 다름 아닌 여성들의 문제이다. 이미 선진국 여성들은 70%가 넘는 경제활동 참가율을 보이고 있는데, 소득 2만 달러를 넘기고 있는 우리는 이에 턱없이 부족한 수준을 보이고 있다. 그런데 그중에서도 지금 논의되고 있는 40~50대 가정의 여성들은 더욱 낮은 경제활동 참가율을 보이고 있다.

교육 수준도 이전 세대보다 높은 이들의 경제활동이 부진한 이유는 그들 자신에게 있다기보다 우리 사회에 있다고 보아야 한다. 당시 우리 사회는 남자 근로자를 중심으로 하는 중화학 산업을 기간 산업으로 성장·육성시키고 있어서 여성들의 일자리가 상대적으로 적었으며, 점차 소득이 높아진 중산층 가정에서는 여성들이 하던 일도 그만두고 가정으로 들어가 육아나 자녀 교육에 매진하게 되어 이른바 전업주부들이 급증한 세대이기도 하다.

하지만 모든 국민들이 일하지 않으면 고소득을 유지할 수 없는 것이 선진국인데, 이제까지 가정에서 아무런 사회 경험 없이 지내던 이들 중년 여성들이 어떻게 경제활동에 개입할 수 있을 것인가. 이는 처방을 내리기 어려운 사회문제이다.

이미 이러한 세태의 변화는 20~30대 젊은 층에서 그 반응이 나타나기 시작하여 20~30대 여성들의 사회 진출, 아니 사회 점령이 무서운 속도로 번져 가고 있다. 소위 전문직이라고 하는 법조인, 의료인, 교수, 공직 사회는 물론이고 사업가, 엔지니어, 직업 군인 등 지난날 금녀의 직업으로 여기던 분야에 이르기까지 여성들의 진출은 하루가 다르게 늘어나고 있다.

이런 구조 속에서 40~50대를 맞은 한국의 시니어 여성들은 과연 어떻게 앞으로 살아가야 하는가. 게다가 언제까지나 자신과 가정을 지켜 주리라 믿었던 남편의 이른 퇴장을 어떻게 감당하고 헤쳐 나가야 할지 그녀들의 어깨가 한없이 무거운 현실이다.

그런데 이들의 고민은 여기에 그치지 않는다. 자녀 문제라는 고민이 이들을 기다리고 있다. 자신들의 젊은 시절처럼 학교만 졸업시키면 스스로 알아서 살길을 마련할 줄 알았던 자녀들이 여전히 부모의 집을 벗어나지 못하고 있는 것이다.

결국 이 또한 가정의 몫, 부모의 부담이 아닐 수 없는데, 여기서 우리는 이제 변변한 자산을 갖지 못한 가정이라면 가족들의 자기고용 시대가 불가피하게 다가서고 있음을 절감하게 된다. 아직은 일거리가 필요한 아버지, 뒤늦게 경제활동에 참가하게 된 엄마, 그리고 꿈은 있으나 무대가 사라진 자녀들이 이제 가정을 무대로 서로 힘을 합쳐 새로운 생업의 터전을 만들어 가야 하는 시대가 이렇게 성큼 우리 앞에 다가서고 있으며, 그 뒤로 더불어 다가오는 자산경제의 시대 역시 돌아가기 어려운 '시대의 관문'이 아닐 수 없다.

05

이젠 맞벌이가 아니라 독립경영이다

자기고용과 1인 직업의 시대를 맞아 누구나 '나만의 직업'을 가지고 일생을 살아가야 한다. 개인의 가치를 중심으로 공유되는 다양한 가치 사회가 다가오고, 삶의 중심이 '나 자신'이 되어 가고 있는 시대가 되면서 각자 '자신의 일'을 통해 사회에 기여하고 삶의 의미를 찾아가는 그런 세상으로 바뀌고 있는 것이다.

지금 세계사에 여인 천하가 몰려온다고 해야 할 정도로 곳곳에서 여성 지도자가 정치계, 경제계를 흔들고 있다. 흔히들 '슈퍼 우먼'이라고 하는 이들이다. 일도 하고 가정도 돌보는 여성들을 일컫는 말이다. 이미 여성의 경제활동 참가율이 50%를 넘었다. 이제 여성들이 직업을 가지고 살아가야 하는 것은 피할 수 없는 현실이 되었다. 그동안 일하는 여성들에 대한 우리의 사회적 인식은, 맞벌이 부부라는 이름이 시사하듯이 가정 살림을 늡기 위해 부업차원에서 일시적으로 사회에 참여하는 수준, 또는 결혼 전에 남는 시간을 활용하거나 가사 비용이나 결혼 자금을 마련하기 위해 부모를 돕는 수준이었다. 그래서 결혼을 하게 되면 대체로 직장을 그만두는 것이 관례였다.

그러나 이제는 상황이 사뭇 다르다. 자기고용과 1인 직업의 시대를 맞아 누구나 '나만의 직업'을 가지고 일생을 살아가야 한다. 개인의 가치를 중심으로 공유되는 다양한 가치 사회가 다가오고, 삶의 중심이 '나 자신'이 되어 가고 있는 시대가 되면서 각자 '자신의 일'을 통해 사회에 기여하고 삶의 의미를 찾아가는 그런 세상으로 바뀌고 있는 것이다. 그래서 여성들이 이런 세상에 '직업은 필수'이고 '결혼은 선택'이란 새로운 해석을 붙이는 것도 이해할 만하다.

하지만 일하는 여성에게는 남성과 달리 여러 가지의 역할을 요구받는 다중 역할(multiple-role)이 기다리고 있는 것도 현실이어서 이에 대한 부담도 적지 않음을 알 수 있다. 특히 그동안 가사를 중심으로 일상을 보내 온 중년의 여성이 다시 일하는 현장으로 나서는 과정에서 느끼는 다중 역할에 대한 부담은 크지 않을 수 없다. 기왕에 어머니로서 아내로서 며느리로서의 역할에, 직장에서도 여성에게 직무상으로만이 아니라 인간적 관계에서의 다양한 역할을 기대하고 있다.

여성에게 요구되는 직장 내에서의 다중 역할은 여성성의 발휘, 친구 관계의 역할, 상사나 부하로서의 역할, 공동체 구성원으로서의 역할 등이 있다. 그러나 연구에 의하면 여성들에게 주어지는 이 같은 다중적 역할은 힘겨운 세상사라기보다는 자기 자신의 인생의 가치를 높이는 긍정적인 역할을 하는 것으로 나타나고 있다.

> **손에 잡히는 경제사전**
>
> **역할 축적 이론**
> **(role-accumulation)**
> 개인이 지닌 역할정체감 수가 많을수록 보상과 기쁨을 느낄 수 있는 원천이 많아지고, 다른 역할에서 경험한 부정적인 요소를 상쇄시킬 수 있는 능력이 증가하여 심리적 복지 수준을 증진시킨다는 것.

이를 두고 역할 축적 이론(role-accumulation)이라고 하는데 이는 하나의 역할에서 소비되는 에너지나 자원보다, 다중적으로 더 많은 역할을 수행하는 과정에서 여성은 삶에 필요한 더 많은 자원과 에너지를 가져올 수 있다는 이론이다. 직장 안팎에서 분주하고도 복잡한 일을 잘해 내는 여성들이 오히려 심리적으로 안정감을 가지고 있다는 연구 결과가 나와 있으며, 특히 직장과 가정의 역할 결합은 심리적으로 유용하다는 연구 결과도 나와 있다. 여기서의 자원은 심리적 자원, 사회적 자원, 학습 기회 등으로 자기 자신에게 쌓여 간다고 보며, 이때 느끼는 심리적 안정감은 삶의 만족감과 자기 수용감을 바탕으로 한 행복감, 개인에 대한 유능감, 일상에 대한 긍정적 정서 등으로 나타나고 있다.

결국 자신이 자신의 인생에서 주도적인 역할을 하고 있다는 점이 여성에게 심리적인 안정감을 주고 있다는 이야기인데, 이는 평생 남편이 벌어다 주는 수입으로 자식 키우고 살림하는 사람을 팔자가 좋다고 말하는 세상의 통념이 여성의 본질적인 심리 상태와는 차이가 있음을 알려 주고 있다. 여성들이 사회 생활 특히 조직 생활을 하면서 느끼는 것은 삶의 만족감, 자기 가치감, 어려움과 좌절에 대한 대처 능력 등으로 나타나고 있어 긍정의 힘을 가지게 된다고 전문가들은 지적하고 있다. 물론 다중 역할 수행에 따른 스트레스나 역할 갈등도 있다는 연구도 있지만 대체적인 연구 결과는 긍정의 힘이 크다고 주장한다.

지금 형편과 상황에 따라 가정만 돌보다가 중도에 어설픈 사회 생활을 시작해야 하는 처지에 있는 여성들이라면 무조건 힘들어 하거나 두려워하지 말고 직장과 가정에서의 다중역할이 생활의 긍정적인 에너지를 충전시켜 준다는 긍정적인 시각으로 즐겁게 도전해 봄 직하다. 특히 몰입 정도에 따라 역할의 수에 관계없이 긍정의 힘이 더 크다고 하니 기왕에 하는 일 정말 신바람 나게 하자.

06 세계인과 어울려 살자

이제 우리의 필요에 의해서라도 다민족·다문화 사회는 만들어 가야 하고, 이는 우리가 선진국으로 가는 길목에서 피할 수 없는 현실이기도 하다. 시간이 흐를수록 유럽의 여러 선진국들이 이미 겪은 인종과 문화의 갈등을 우리도 겪게 될 것이다.

2007년 유엔은 우리나라에 대해 단일 민족 중심 사회에서 다민족 중심 사회로 점차 변화시켜 나갈 것을 권고한 바 있다. 이는 우리나라가 이미 전체 국민의 1% 이상이 다른 민족으로 구성되기 시작한 데에서 연유된 일이다. 그동안 5천 년을 한반도에서 단일 민족으로 살아온 것을 가장 큰 유산이자 자긍심으로 알아 온 우리 민족으로서는 참으로 놀랍고 당황스러운 일이 벌어진 것이다.

그러나 이미 오래전부터 우리 기업의 경쟁력 차원에서 여러 나라로부터 산업 연수생이란 이름으로 수십만 명의 노동자가 입국한 바 있으며, 요즘 들어서는 동남아시아 등에서 적지 않은 여성들이 한국으로 시집을 오고 있는 현실을 감안하면 다민족 사회로 가는 요인을 우리가 내부에서 구조적으로 제공하고 있다는 생각이 든다.

그런가 하면 유학이나 이민 등으로 조국을 떠나 지구촌 여러 곳으로 삶의 터전을 옮기는 국민들도 하루가 멀다 하고 늘어나고 있는 실정이다. 한마디로 이제 한국인은 국내외 어디에서 살고 있든지 코즈모폴리턴(cosmopolitan)으로 살아가야 할 환경에 처하고 있는 것이다.

다민족 사회는 많은 것이 공존하고 있는 다양성의 사회이다. 당장 미국이란 나라를 보아도 알 수 있듯이 뉴욕이란 도시 하나에만도 리틀 이탈리아, 리틀 도쿄, 코리아타운 등 여러 나라의 인종과 문화가 서로 섞여 살아가고 있는 것을 볼 수 있다. 아시아의 도시 국가 싱가포르만 해도 중국인, 말레이인, 인도인 등의 국민 구성에다가 외국인 거주자가 전체 국민의 20%가 넘는 인종과 문화의 백화점이다.

카오스는 항상 코스모스로 변화한다는 말처럼 이처럼 혼란스럽고 어지러운 사회 구성은 다시 새로운 질서를 만들게 되는데, 이런 사례는 자유 민주주의를 내세우는 미국이나 싱가포르식 사회주의를 내세우는 싱가포르가 대표적인 경우이다. 다양한 이민자의 나라로 출발한 미국은 모든 일을 민주적으로 처리하지 않으면 전쟁과 다툼이 일어 효과적으로 나라를 이끌기 어려운 상황이었기에, 드넓은 대륙을 용기와 도전으로 일구기 위해서 자유의 가치를 공동의 선으로 내세우게 된 것이다. 또 53개의 주를 하나의 연방으로 묶어 생활의 문제는 주 단위로 해결하고 생명의 문제는 연방에서 담당하는 국가 경영의 지혜를 구상해 내었다. 바로 이같이 하나가 여럿으로, 여럿이 하나로 섞여 효율과 질서란 실질 가치를 지향하며 돌아가는 나라가 곧 미국이다.

아시아의 작은 선진국 싱가포르는 원래 중국인, 말레이인, 인도인 등 3개국으로부터 온 이민자들로 만들어진 나라이다. 좁은 땅, 척박한 환경으로 인해 그들은 처음부터 갈등과 투쟁의 역사로 얼룩져 있었으며, 게다가 공산주의와 민주주의의 이념 분쟁까지 겹쳐 혼돈과 가난의 사회로 전락하고 말았고, 급기야는 그들이 속한 말레이로부터 강제로 분리되어 독립해야 하는 처지로 내몰리게 되었다. 이후 싱가포르는 강력한 질서의 나라로 거듭나면서 서로 다른 민족 사회가 어떻게 힘을 모아 강한 나라가 될 수 있을지 생각해 냄으로써 오늘의 싱가포르식 사회주의를 정착시켰다. 그들은 영어를 공용어로 삼으면서, 국토를 누구도 사유지로 할 수 없지만 누구나 집을 가질 수 있도록 했고, 직업과 교육에서는 엄격한 경쟁과 자기 노력을 거쳐야만 좋은 기회를 얻도록 하고 있다. 그런가 하면 사회 안정을 제일로 삼아 강력한 국가의 리더십을 강조하고 있으며, 국민들에게는 절도 있는 삶을 요구하는 규범 사회로 만들어 놓았다.

 이제 다민족 구성원이 점점 늘고 있는 우리로서는 이제까지의 국가 운영이나 사회 질서 유지 방식을 서서히 바꾸어 나가야 할 입장에 놓여 있다. 그러나 무엇보다 시급한 것은 여러 문화가 공존하기 힘든 우리 문화의 독점성이라고 할 수 있다. 우리만의 언어는 그렇다 치고, 거리를 다녀 보면 음식 문화나 정부 행정 서비스, 외국인에 대한 인식 등이 열린 지구촌이라는 개념을 받아들이기 어려운 구석이 너무도 많다.

 그러나 이제 우리의 필요에 의해서라도 다민족·다문화 사회는 만들어 가야 하고, 이는 우리가 선진국으로 가는 길목에서 피할 수 없는 현실이기도 하다. 시간이 흐를수록 유럽의 여러 선진국들이 이미 겪은 인종과 문화의 갈등을 우리도 겪게 될 것이다. 따라서 우리는 언어나 생활 양식에서 세계인과 소통하는 길을 스스로 열어야 한다.

 전통 문화를 보존하되 타민족에게 강요하지 않고, 우리의 가치를 지키되 남의 가치와 조화를 이루는 유연하고 열린 자세가 필요하며, 서로 다른 것을 인정하고 존중하는 개방성이 무엇보다 필요한 시점이다. 특히 이 시대의 젊은이라면 누구나 이러한 코스모폴리탄적인 지구촌의 삶의 방식에 자신을 열어 두는 시대 감각이 절실한 지금이다. 이 시대의 중견들도 마찬가지이다.

가정이 진화한다

이제는 누구든 사회 경제적으로나 문화적으로 또는 정치적으로 다중 역할을 하면서 살아가야 한다. 특히 여성은 출산과 양육과 가족 보살핌의 전통적인 가족 내의 역할을 벗어나, 자기 재능과 열정을 바탕으로 자기 창조의 결과물을 만들어 나가야 하는 경제 사회적 역할을 가져야 한다는 점에서 커다란 인식의 전환이 필요하다.

'아이를 키우는 엄마'는 당연한 소리처럼 들리지만 '엄마를 키우는 아이'는 참으로 생경하게 들린다. 얼마 전 서점에서 만남 신간 서적의 제목이었다. 그 책은 두 아이의 엄마로서 공부에 대한 꿈을 접을 수 없어 마흔이 넘은 나이에 대학에 입학하고, 다시 그 후 10년 동안 공부를 계속하여 마침내 대학 교수가 된 어느 어머니의 자전적 에세이였다. 그 책에는 엄마는 자신이 공부를 많이 하고 나면 좋은 엄마가 될 것 같아 1인 다역을 해 가며 열심히 늦깎이 공부를 마치고 났더니, 아이들은 엄마의 손길을 기다려 주지 않고 스스로 훌쩍 자라 버렸더라는 고백이 들어 있다. "자식이 효도하고자 하나 부모가 기다려 주지 않는다."라는 말처럼 어미가 자식을 잘 키워 보려고 했으나 자식이 기다려 주지 않더라는 저자의 아쉬움을 책은 전하고 있다. 그러면서도 그녀는 세상에서 가장 아름다운 것은 자기 자신의 꿈을 찾아가는 것이라며 겸손하게 말하고 있었다.

미국의 성공한 여성들을 대표하는 단체는 '점심을 먹지 않는 여성들'이란 특이한 이름을 가지고 있다. 미국의 국무장관 힐러리도 이 단체 출신으로 알려져 있다. 아무리 미국이라 해도 여성의 몸으로 사회적 성공을 이룩하기 위해서는 점심을 거르는 일을 마다하지 않고 열심히 일해야 도달할 수 있다는 현실을 단체의 이름이 극명하게 드러내고 있다.

이제 세상은 여성이나 남성이나 스스로 자신을 만들고 지키고 발전시키지 않으면 누구도 그것을 대신해 줄 수 없는 구조로 급변하고 있다. 이른바 재능주의(talentocracy)라는 이름으로, 1인 기업이란 신분으로, 자기고용이란 사회 변화로 찾아오는 지식 서비스 사회는 개개인의 생존 방식을 이처럼 개인적 방식으로 제시하고 있다.

사회적 작업을 바탕으로 직장을 만들고 사회적 신분으로 직장인을 만들어 내던 산업사회는 서서히 막을 내리고, 창조성을 요구하고 학습 능력을 길러야 하고 도전하는 행동력을 누구나 키워야 하는 격차사회가 무서운 속도로 가정과 학교와 사회로 파고들고 있다.

요즘 대학들도 당황한 나머지 별의별 대책을 다 세우며 학생들의 앞날을 위해 동분서주하고 있다. 한국의 인재를 길러야 하는 책무를 지닌 교수들은 정년 제도에 목을 조이기도 하고, 성적이 좋은 우등생을 위해 열등생의 등록금을 2배로 올려서라도 제자들을 최고의 지식인으로 기르겠다는 대학이 나오는 등 학교 사회에 혁명적인 아이디어가 백출하고 있다. 이 모두 시대에 맞는 지식과 창조성을 기르지 못하면 가족도 이웃도 그를 도와줄 수 없는 고도의 지식 서비스 사회의 출현을 앞두고 겪게 되는 혼돈이자 충격이다.

그런데 여기서 가장 걱정되는 대목이 바로 꽤나 경력이 붙은 엄마들이고, 주부들이다. 가부장적 사회의 유산처럼 대물림한 '알뜰한 살림꾼'의 자리를 착실하고 헌신적으로 담당해 온 이들은 이제 자기 자신이나 가정의 재정 안정을 위해 때아닌 나이에 직업을 찾아 나서야 하기 때문이다. 더러는 파트타임으로 이런저런 일을 해 보지만 그런 일은 하면 할수록 자신의 노동 가치가 하락한다는 연구 결과가 나와 있고 보면 그도 나서서 권할 일은 못된다.

결국 이야기는 간단해진다. 이제는 누구든 평생을 도전하고 자신의 꿈을 펼칠 수 있는 직업의 전략을 필수적으로 다듬고 그에 따른 직업적 발전을 일상화해야 한다는 것이다. 결혼은 이제 개인의 직업 전략을 더 이상 흔들어 놓지 못할 것이고 직업적 성공과 가정 생활은 두 날개처럼 평형을 유지하며 개인 삶 속으로 들어오게 될 것이다.

이를 위해 누구든, 인생 중도에 직업을 탐색하는 경우라 하더라도, 제대로 된 준비를 해서 어느 분야의 딱 부러진 해결사나 전문가로 세상에 모습을 드러내야 하며, 아니면 잘 준비된 창업으로 사업가 정신을 발휘하며 살아가야 한다. 결국 미리미리 시간을 가지고 다양한 학습과 철저한 훈련으로 준비해야 한다는 점에서 정말 어느 가정은 신간 서적의 제목처럼 꿈을 가진 엄마의 뒤늦은 공부나 직업 준비를 위해 '아이들이 엄마를 키우는 노력'도 필요하리라.

그런가 하면 그동안 엄마나 주부들이 전통적으로 맡아 오던 우리 사회의 '돌보는 일'들은 이제 국가와 사회가 함께 선진 시스템을 만들어 그 책임과 부담을 근본적으로 줄여 주어야 한다. 육아, 보육, 자녀 교육, 청소년 보호, 장애 가족 돌봄, 부모 봉양, 환자 가족 돌봄 등의 여성적 책무를 우리 사회 전체가 각 부문의 케어 서비스 산업 발전과 전문가 육성 등을 통해 슬기롭게 풀어 나가야 한다. 물론 엄마나 주부 이외의 다른 가족들의 가정 생활 케어 서비스 부문의 공동의 역할 분담도 당연히 필요하리라. 그리고 여성들의 직업을 위한 노선이나 준비는 소득과 재산의 많고 적음과 무관하게 누구에게나 필요한 개별적 책무란 점에서 이러한 제도나 서비스의 확충을 위한 사회적 비용 마련과 투자를 위해 특히 성공한 계층의 자발적 지원과 따뜻한 배려가 각별히 요구되는 시점이다.

영국의 여류 작가로 《오만과 편견》을 쓴 '제인 오스틴'의 자전적 영화가 개봉되어 화제가 된 적이 있다. 가난한 목사의 딸로 태어난 제인은 글쓰기를 좋아하는 문학 소녀로 가난하지만 풍부한 감성으로 언제나 아름다운 글에 매달려 자신을 연마하던 작가 지망

생이었다. 그런 그녀에게 이웃 마을의 부잣집 청년과 도시에 온 가난한 변호사가 함께 청혼을 하게 되지만 제인의 마음은 가난한 청년에게 끌리게 된다. 하지만 그 청년이나 제인 모두 많은 가족들의 생계를 위해 가족들이 부잣집에서 결혼상대를 구하기를 바라는 입장이라 서로가 뜨겁게 사랑하지만 결혼을 결행하기에는 용기가 필요했다. 그럼에도 불구하고 둘은 서로의 사랑을 위해 먼 스코틀랜드로 사랑의 도피를 시도하는데, 결국 가족들의 경제적 지원을 위해서 부잣집 딸과 결혼하기 원하는 청년의 속사정을 알게 된 제인의 단념으로 영화는 비극적으로 막을 내리게 된다.

그 후 제인 오스틴은 평생 독신의 몸으로 글쓰기에 매진하여 후대에 길이 남을 여섯 편의 명작을 남겼으며, 청년 변호사는 후일 사회적으로 성공하여 아일랜드의 대법관에 오르는 등 명예롭게 살다 간 실제의 이야기이다.

그런데 이 영화의 대사와 장면은 가난을 벗어나기 위해 결혼을 하나의 도구로 삼는 당시 영국 사회의 풍토를 말해 준다. 심지어 하느님 말씀과 고명한 명예로 살아가는 제인의 목사 아버지도 부잣집 아들과의 결혼을 종용하는 세속적 욕심을 드러낸다. 특히 여성에게 결혼은 경제적 수단 이외의 그 무엇도 아닌 느낌을 받을 정도로 당시 영국 사회는 재력과 결혼이 밀착되어 있었다. 하긴 오늘의 현실도 한 꺼풀 벗기고 보면 그때와 무엇이 다르랴만은, 스스로 경제적 자립이 어려운 여성들이 결국 부유한 남성과의 결혼을 인생의 돌파구로 삼고자 하는 결혼관은 인류의 역사와도 맥을 같이하는 것 같다.

그러나 이제 세상은 변했다. 지식경제사회로 변해 가는 오늘의 사회 변화 속에서는 누구나 '자기고용 정신'과 '1인 사업가'로 살아가야 한다는 점에서 여성들은 결혼에 대한 그동안의 고정 관념을 송두리째 집어던져야 할 처지에 놓여 있다. 오늘과 미래의 경제활동은 점점 집단적이고 수직적으로 이루어지던 과거로부터 개인적이고 수평적으로 이루어져 가고 있기에 누구나 창조적 생산 수단을 가지고 있어야 하며 누구나 가치 교환의 대상물을 가지고 있어야 한다.

결혼이란 제도가 서로 저마다의 경제적 기반과 능력을 가진 사람들이 그 기반 위에서 서로 사랑하고 서로 격려하며 개인적 성공을 돕고 더불어 가족 관계를 유지하는 새로운 생활 문화의 형식으로 변해 가고 있다는 생각을 갖게 된다. 누가 누구를 돌보고 책임지는 단순하고 따스한 인간 사회의 결연적 공동체가 아니라 서로가 서로에게 짐이 되지 않는 가운데 쿨(cool)하게 사랑하고 가족 관계에 힘을 모아야 하는 협력적 파트너라는 개념으로 진화해 가고 있다는 생각이 든다.

재산 관리에 대한 사회적 계약과 형식도 이제는 부부 별산제를 거쳐 부부 공동 등기 또는 개인 재산 관리 체제로 돌입하고 있으며, 처음 보는 자리에서도 남편과 아내의 직업을 물어보는 세상으로 빠르게 변해 가고 있다. 그러니까 어머니나 아내라는 역할이 가정 경제 속에서 만들어진 직업이 아니라 인간의 생활 양식 속에서 생겨난 하나의 문화적 역할로 변모해 가고 있는 것이다.

따라서 이제는 누구든 사회 경제적으로나 문화적으로 또는 정치적으로 다중 역할을 하면서 살아가야 한다. 특히 여성은 출산과 양육과 가족 보살핌의 전통적인 가족 내의 역할을 벗어나, 자기 재능과 열정을 바탕으로 자기 창조의 결과물을 만들어 나가야 하는 경제 사회적 역할을 가져야 한다는 점에서 커다란 인식의 전환이 필요하다.

그런데 아직도 일부 부모들은 딸이 나이가 들어 가면 습관적으로 결혼을 종용하고 결혼을 통한 경제적 통로 개척을 권유하면서 그동안 딸이 다져 온 직업이나 직장의 기반을 경시하는 태도를 보이곤 하는데, 이는 참으로 시대 착오적 발상이다. 사랑은 아름답고 가족은 사랑스럽지만 이제 저마다의 재능을 기초로 하는 지식 기반 사회는 각자가 자신의 삶을 자기주도적으로 살아가는 가운데 더불어 가족 관계를 구성해 간다는 새로운 결혼의 수평적 · 개체적 진화 과정을 받아들여야 할 때이다.

08

여성이 곧 '라이선스'이다

지식 서비스를 중심으로 하는 미래의 유망 직종들도 여성들에게 여러모로 유리한 점이 많다. (……) 물론 이들 직종이 남성들에게도 매력이 있지만 지난날 산업사회의 직장처럼 육체적 노동을 요하지 않는다는 점에서 여성들에게 더욱 문호가 넓어지고 있다는 것이다.

    우리나라가 여성들에게 일자리를 주기 시작한 것은 1960년대로 기록되어 있다. 당시 근대화 정책의 추진으로 여성 인력의 산업 인력화가 시작된 것이다. 이때 여성들은 주로 가발 공장, 합판 공장, 섬유 공장, 전기제품 공장에서 일했다. 저임금을 바탕으로 경공업을 주력 수출 산업으로 육성해 오던 당시 우리나라에서 여성 노동자들이 산업 수출에 가장 큰 공을 세웠다고 해도 과언이 아니다.
    그 후 1970년대로 들어오면서 다방, 나이트클럽, 여관, 호텔, 목욕탕 등이 늘어났고 여성들의 유흥업소 취업도 증가하게 되었다. 특히 이때부터 대중 술집에 여성들의 취업이 늘어나 고된 공장 노동을 피해 유흥가로 들어가는 여성들이 사회문제가 되기도 했다. 1960년대에서 1970년대로 넘어가는 길목에서는 여성 직업사에서 빼놓을 수 없는 서독 간호사 붐이 있었다. 이때 약 6천 명의 간호사들이 서독으로 떠났다.
    1970년대 들어 조금씩 여성들의 전문직 진출이 늘어나게 되었는데 1975년에 처음으로 여성 건축사 합격자가 탄생하게 되었다. 번역사, 통역사, 상업 미술가, 도안사 등도 이때부터 여성들이 주로 활동하는 직업의 세계로 자리매김하게 되었다. 1970년대 후반에는 여성 운전 사회가 결성되기도 했다.

중동 건설 붐으로 남자들이 해외로 빠져나가자 페인트공, 도장공, 도배공, 타일공 등 금녀의 직업 문호도 여성들에게 열리게 되었다. 1980년대 이후에는 자격증을 가진 여성들이 대거 등장하여 고급 기술직은 물론 자동차 정비나 굴삭기 운전에도 여성들이 참여하게 되었다. 그리고 지금은 직업의 성 파괴라 할 만큼 다양하게 여성의 사회 진출이 확대되고 있는 추세이다. 전문직은 물론이고 특히 당구장, 볼링장, 오락실, 노래방 등 오락 문화 분야에서 여성들의 자영업 진출이 두드러지고 있다. 이런 흐름을 보면서 여성들은 한발이라도 먼저 금녀의 직종에 도전하는 것이 새로운 성공의 기회를 잡는 지름길이 될 수도 있다는 생각이 든다.

그런데 지식 서비스를 중심으로 하는 미래의 유망 직종들도 여성들에게 여러모로 유리한 점이 많다. 미국의 유력한 매체인 《유에스 앤드 월드 리포트(U.S. News & World Report)》지가 최근에 조사·발표한 자료에 의하면 미래의 유망 직업은 다음과 같다. 회계 분야에서는 기업 평가 전문가가 가장 유망하고, 다음이 회계 컨설턴트이다. 예술 연예 부문에서는 만화영화 작가가, 그다음으로 연예 웹 사이트 프로그래머가 유망하다고 지적했다. 금융 재무 분야에서는 재무운용 기획자가 가장 유망하고, 그다음 소비자 신용 관리자가 유망하다고 보았다. 언론 홍보 분야에서는 위기 담당 홍보 요원이, 그다음 텔레비전 뉴스 프로듀서가 유망한 직업으로 뽑혔다. 교육 분야에서는 수학과 과학 교사가 가장 유망하고, 그다음 특수 교육 교사로 보았다. 공학 분야에서는 컴퓨터 공학자가 가장 유망하고 기계 공학자도 유망한 대열에 들어갔다. 경영 분야에서는 재고 관리 전문가가 가장 유망하다고 보았고, 2중 언어 컨설턴트도 유망한 직업으로 분류했다. 개인 서비스에서는 개인 생활 설계사가 가장 유망했고, 출장 요리사도 유망하게 보았다. 판매 분야는 전자제품이 가장 유망했고, 그다음이 소프트웨어 분야였다. 환경은 공해 오염 방지 전문가가 첫째로 뽑혔고, 수자원 관리자가 그다음으로 유망했다. 보건에서는 의사 보조원이 가장 유망했고, 그다음이 수유 상담사였다. 인력 관리는 교육 훈련 전문가가, 그다음은 인력 관리 상담사가 유망했다. 법률은 기업 법률 전문가, 그리고 지적 재산권법 전문가도 유망하다고 보았다. 의약은 미용 치과 의사와 알레르기 치료 전문 의사가, 인터넷은 인터넷 업무 담당 임원과 전자상거래 관리자 순이었다. 통신은 무선 통신 기술자가 첫째로 뽑혔고, 무선 통신 판매원이 그 뒤를 이었다. 여행과 접객은 관광 안내원과 메뉴 상담사가, 공공 분야에서는 교정 전문가와 치료 레크리에이션 전문가를 유망하다고 꼽았다.

물론 이들 직종이 남성들에게도 매력이 있지만 지난날 산업사회의 직장처럼 육체적 노동을 요하지 않는다는 점에서 여성들에게 더욱 문호가 넓어지고 있다는 것이다. 우리나라의 경제 사정을 보면 한 달에 300만 원 이하의 소득을 올리고 있는 가구를 대체로 서민의 범주로 볼 수 있을 것이다. 그런데 실제 설문 조사에서는 월 300만 원을 받는 사람들 중에도 자신을 중산층으로 생각하고 있으며, 그런 사람들은 그 수준에서 중산층 소비 생활을 하고 있는 것으로 나타났다. 한마디로 이런 잘못된 생각에서 과소비가 나타나는 것이다.

그렇다면 중산층이라고 할 수 있는 사람들은 누구인가. 중형 자동차를 유지하고 중형 아파트에 거주하고 가끔 휴가도 즐기면서 자녀 교육에 별 어려움을 느끼지 못하는 수준을 중산층이라고 할 수 있을 것이다. 물론 약간의 저축도 가능해야 하고 부모님이나 가족의 건강을 지키기 위한 의료 서비스도 이용할 수 있어야 한다.

우리의 생활비 수준으로 볼 때 가구당 월 400~500만 원 정도의 소득은 올려야 중산층이라고 할 수 있을 것이다. 이 정도면 선진국 국민 평균 수입이라고 할 수 있다. 월급 생활자라면 주로 전문직에 종사하거나 중소기업 고위 간부나 대기업 중견 간부급 이상이 되어야 가능한 수입이다. 자영업자라면 적어도 2억 원 이상의 기초 투자가 있어야 가능한 소득 수준이다.

그렇다면 상대적 고소득자를 가리는 수준을 월 수입 700~800만 원 이상으로 잡으면 연간 1억 원 내외의 소득을 올리는 국민으로서 대기업의 임원이나 중소기업 사장,

그리고 최소한 5억 원 이상의 투자를 한 자영업자가 여기에 해당된다고 할 수 있다. 미국은 이런 고소득 국민이 올리는 연간소득이 평균 약 2억 원 이상으로 집계되고 있어 고소득층에서 우리보다 약 2배 이상의 소득을 올리고 있다.

　우리나라 국민은 평균 수입에서는 선진국과 큰 차이가 없지만 고소득층일수록 선진국과 차이가 크다고 보아야 한다. 즉 우리 부자들의 소득이 선진국에 비해 훨씬 부족함을 알 수 있다. 따라서 우리나라에서 부자가 되려면 선진국 부자보다 훨씬 일을 많이 하거나 아껴 써야한다. 그리고 우리나라에서 가장 뛰어넘기 어려운 소득 수준이 월 300만 원 이상인 것으로 나타나 이 소득 아래 계층에서 가일층 분발해야 한다.

　그러나 진정한 소득 증대와 지출 관리는 은퇴한 뒤에 절실히 필요하다. 따라서 생활비는 자산의 규모보다는 소득의 규모를 통해 조절하는 것이 바람직하다. 현재 상태에서 미래 20~30년을 내다보고 미리 은퇴 후 생활비를 예측해서 일정한 규모를 목표 재산으로 계산해 두었다면 경제의 발전 속도로 보아 필시 크게 어긋나기 쉽다. 결국 가장 좋은 노후 관리는 재산을 묻어 두고 운용하는 데 그치기보다 계속 노후에도 경제 현장에서 할 일을 찾는 것이라고 할 수 있으며, 더불어 검소한 살림 솜씨가 아주 중요한 변수가 된다.

09

검소한 아내는 축복이다

갈수록 생활 여건이 나아지고 편리해지면서 가정에서 주부들의 여유 시간이 늘어나고 있다. 주부들의 시간과 주머니를 노린 집 근처의 복합 쇼핑 센터들은 갖가지 아이디어로 주부들을 교묘히 불러낸다. 그러다 보면 자연히 씀씀이가 헤퍼지게 마련이다.

미국의 부자들을 연구해 보니 한 가지 공통점이 있었는데, 하나같이 남편보다 아내가 더 검소하다는 사실이다. 돈이란 벌기도 어렵지만 모으고 유지하기가 더 어렵다는 말이 있듯이 벌고 쓰는 것을 부부가 협력해 절약하지 않으면 여간해선 부자가 되기 어렵다.

특히 갈수록 생활여건이 나아지고 편리해지면서 가정에서 주부들의 여유 시간이 늘어나고 있다. 주부들의 시간과 주머니를 노린 집 근처의 복합 쇼핑 센터들은 갖가지 아이디어로 주부들을 교묘히 불러낸다. 그러다 보면 자연히 씀씀이가 헤퍼지게 마련이다. 그러기에 소비와의 전쟁은 한마디로 정신력에 바탕을 두어야 한다.

한국에서 중상류 가정에 속하는 어느 주부가 우연한 기회에 미국 상류 가정에 머무를 기회가 있었는데, 그때 크게 감명받은 한 가지 일을 전해 주었다. 그 집 주부는 지역 신문에 나는 이런저런 매장의 할인 쿠폰을 열심히 오려서 모아 놓고 있다가 필요할 때 가지고 가서 물건을 사더라는 것이다. 우리의 경우 할인 쿠폰이 배달되어도 크게 활용하지 않을 뿐만 아니라, 또 쿠폰을 광고물로 내보내는 업주도 광고 효과 이상의 기대는 하지 않는 현실이고 보면, 진정한 의미의 절약이 무엇인가를 느끼게 하는 대목이다. 이처럼 선진국 가정의 상류층 주부가 더 알뜰한 생활 태도를 가지고 있으니 그 집은 부자가 될 수밖에 없지 않겠는가.

더불어 선진국 부자들은 자녀의 교육에 특별히 의미를 부여한다. 미국 내슈빌에 있는 유명한 사립 대학인 '밴더빌트' 대학을 세운 거부 '윌리엄 밴더빌트'는 생전에 다음과 같은 말을 남겼다.

"유산으로 받은 재산은 행복의 걸림돌이 된다. 그것은 마치 뜻밖의 죽음이 야망을 가로막고, 마약이 건전한 도덕성을 파괴하는 관계와 흡사하다."

이처럼 세계적인 부자들은 유산에 대해 매우 엄격한 편이다. 실제로 미국의 백만장자 중에는 재산의 10% 이상을 유산으로 받은 사람은 20%에 불과하고 80%는 자수성가한 사람들이었다. 또 세계적인 부자들은 자식들에게 스스로 독립할 수 있도록 다양한 삶을 체험시키고, 우수한 지식의 체계를 갖추도록 하기 위해 자녀 교육에만은 각별한 관심을 갖는 것으로 조사된 바 있다. 이는 미국의 경우 백만장자의 자녀 중 55%가 사립 학교를 졸업한 데서 알 수 있다. 굳이 세계적인 부자들이 자녀에게 유산을 물려주려는 일면을 찾아낸다면 대체로 딸들에게는 얼마간 재산을 넘겨주려는 경향 정도이다.

그러나 한국의 세칭 부자들은 어떠한가. 한 푼이라도 더 많은 유산을 넘겨주기 위해 온갖 편법을 다 동원하지 않던가. 그러면서 가장 중요한 교육은 돈으로 때우려는 그릇된 교육관을 가지고 있는 부유층도 적지 않다. 그러니까 졸부 소리를 듣게 되고, 유산을 넘겨받은 자식들은 그 재산을 지키는 데 실패하는 경우가 허다한 것이다. 차라리 넘겨줄 유산이 없더라도 자녀에게 '좋은 교육'을 받게 해 준다면 백만장자의 부모나 진배가 없는 것이다. 좋은 자녀 교육은 돈보다 더 중요한 것이다.

미국의 저명한 경제학자인 '레스터 더로'는 오래전부터 머지않아 '지식이 부를 지배하는 세상'이 찾아온다고 주장해 왔다. 그러나 이제는 이런 주장이 한두 사람의 주장에 그치지 않고 하나의 도도한 시대 흐름으로 우리 곁에 찾아들고 있다. 그러니 우리 어린 자녀들이 살아가야 할 미래는 이 같은 경향이 대세를 이루며 경제 현장을 지배하게 될 것이 너무도 자명한 일이다.

　지식이란 '생각의 힘'을 원천으로 쌓여 가고 다듬어지게 되는데, 어린 시절부터 생각하는 힘을 잘 길러 주어야 경제적으로 강력해지고 현명해질 수 있다. 이를 위해 전문가들은 어린이들에게 '확산적 사고력'을 갖게 하자고 주장하고 있다. 정말 맞는 말이다. 이제는 어린 시절부터 자신의 경쟁력을 키우는 노력을 해야 할 때이고, 그 힘은 바로 '창조적으로 생각하는 힘'에서 비롯되는 것이다.
　창의성 교육 전문가 테레사 아마빌라(Teresa Amabile)는 그의 저서 《창의성 기르기》에서 이런 관찰 결과를 기록하고 있다. 투명한 유리 항아리 2개에다 한쪽에는 '파리' 열 마리를, 다른 한쪽에는 '벌' 열 마리를 넣은 뒤, 항아리에 마개를 덮고 옆으로 눕혀 놓은 채 항아리 바닥 쪽에서 강렬한 빛을 비춘 상태에서 마개를 열었을 때 나타나는 현상을 관찰한 것이다. 그러면 빈 항아리 하나와, 열 마리의 벌이 모두 죽어 있는 항아리 하나를 발견하게 될 것이다.

　벌이나 파리는 모두 빛을 좋아하여 빛이 있는 쪽으로 탈출을 시도하지만, 무조건 한 곳으로만 달려드는 벌은 끝내 유리바닥에 부딪혀 죽게 되고, 파리는 탐색적 사고가 가능하여 다양한 시도를 거듭한 나머지 항아리의 빈틈으로 빠져나간다. 이때 벌의 행동을 보고 '수렴적 사고'를 한다고 하고, 파리는 '확산적 사고'를 한다고 하는데, 이제 우리에게는 파리의 예처럼 확산적 사고가 필요한 시대가 된 것이다. 이런 비유를 저술가이자 혁신적 사색가로 알려진 '톰 하트만'은 '농부'와 '사냥꾼'의 은유로 설명하고 있다. 하트만의 경우를 보면, 농부는 수렴적 사고자로, 사냥꾼은 확산적 사고자로 비유되고 있다.
　농부는 자신에게 닥친 일에만 계속 집중하지만, 사냥꾼은 주변을 늘 감지하면서 지속적으로 먹이를 찾아 환경을 감시한다. 사냥꾼은 사냥감이 발견되는 순간 즉각 뛰어들어 추격하지만, 농부는 고집스럽게 하던 일을 계속하는 타입이다. 사냥꾼은 추격을 할 때 여러 방향을 고려하고 열심히 달린다. 그래서 사냥꾼은 독립적이고 위험을 무릅쓰면서 흥분과 모험을 갈망하고, 농부는 협동적이고 신중하며 안전 지향적인 태도를 취하게 된다.

사실 농경사회나 산업사회는 '농부적 사고'가 필요하고 인정받는 세상이었다. 그러나 지금 전개되고 있는 지식 정보화 사회는 확산적 사고를 가진 사냥꾼과 같은 사고를 더 필요로 하고 있다. 그래서 어린 시절부터 확산적 사고를 훈련하는 데 부모들이 적극 노력해야 하는 것이다. 그래서 교육이 중요해지는데 '제임스 에번스'는 "늘 일하는 사람이 될 필요는 없다. 일하는 동안 가장 많은 대가를 받는 사람이 돼라."라고 했다. 이는 바로 교육 투자의 대가를 염두에 둔 말이다. 학교 교육이 갈수록 발전하고 경쟁이 치열해지는 현 시대에 자녀 교육에 대한 투자는 부모의 가장 중요한 경제 목표가 되고 있다. 우리나라 부모는 대학교, 고등학교, 유치원, 초등학교, 중학교 순으로 교육비를 투자하고 있다. 이는 정부의 의무 교육 여부가 영향을 준 것으로 보인다.

10

자녀를 위한 직업 상식을 알자

죽자 사자 찾아 나선 직장들. 하지만 이제는 누구도 그 직장의 장래를 책임지지 못하는 풍전등화의 신세가 되고 말았다. 개방과 경쟁, 그리고 공급 과잉의 함정에서 누구도 자유로울 수 없기 때문이다.

    돈을 벌기 위해 중요하게 생각해야 할 것이 바로 직업에 대한 선택이다. 직업은 미래의 수입이 좋아야 한다. 그러기에 선진국으로 발돋움하려는 우리로서는 선진국의 고소득 직업을 연구해서 참고하는 것도 바람직할 것이다.
    미국을 예로 들면 의사의 수입이 가장 높다. 의사의 수입을 100으로 했을 때 변호사가 72%의 수준이다. 우리나라에서도 의대와 법대에 가장 우수한 학생이 몰리는 이유가 바로 여기에 있다. 다음으로는 치과 의사가 일반 의사의 67%의 수입을 올리고 있다. 물론 이것은 평균치이다. 그런데 안과 의사는 전체 의사의 49% 수입에 그치고 있어서 의사 중에서도 수입이 낮은 편이다. 또 수의사는 안과 의사와 비슷한 수입을 올리고 있다.
    교수 중에서 의대 교수와 법대 교수가 각각 의사 수입의 69%, 64%를 차지하고 있다. 이에 비해 경영학 교수는 43%에 그치고 있어, 교수 사회에서도 역시 의대나 법대 교수의 수입이 높은 편으로 조사되고 있다.
    증권 금융 영업직이 의사 수입의 59%로 영업직으로서는 다소 높은 편이다. 아마도 위험 부담이 높기 때문일 것이다. 비슷한 직종으로 보험 전문가가 의사의 53%에 해당하는 수입을 올리고 있다. 경영 분석가들은 47%에 그치고 있고 경영 관리직은 46%선을 유지하고 있다. 또 광고 전문가들이 의사의 43%선에서 돈을 벌고 있다. 그러니까 정작 돈을 주로 다루게 되는 상경대 출신들이 의대나 법대보다 수입은 대체로 낮은 편이다. 그렇지만 이들도 일반적으로는 수입이 상위 직업이므로 미국도 의대, 법대, 상대 출신들의 수입이 많다는 것을 알 수 있다. 이 밖에 비행기 조종사가 49%, 석유 엔지니어가 42%, 물리·천문 학자가 40%, 핵물리 학자가 38%의 수입을 올리고 있다. 그러나 미래를 예측해 보면 조금씩 자연이나 건강, 과학 전문가들의 수입이 많아질 가능성이 높게 점쳐지고 있다.

하지만 아무리 그래도 역시 부자는 '사업가들의 전유물'이다. 미국 부자의 60%가 사업가란 사실이 밝혀졌다. 부자가 되고 싶은 사람이라면 무엇보다 자기 사업을 하는 것이 좋다고 말할 수 있겠다. 이들은 주로 20년 이상을 한자리에서 같은 사업을 한 사람들이었다.

그러나 사업이란 아무나 할 수 있는 일은 아니다. 스스로 사업에 맞는 체질이어야 한다. 직장에서 퇴근 시간을 앞에 두고 시계를 자주 보는 사람은 사업할 자질이 아니다. 시계를 자주 본다는 것은 그만큼 일에 흥미가 없다는 말이기 때문이다. 사업가란 일에 몰두하면 시간 가는 줄 몰라야 한다. 대개 회사에서 열심히 일하는 사람이 자기 사업도 열심히 한다. 미국의 조사에 의하면 부자들은 대체로 직장과 집의 거리가 30분 이내로 주로 일과 가족을 중심으로 살아가고 있다고 한다.

사업가는 사람에 관심이 없으면 안 된다. 세상의 모든 사업이 사람을 대상으로 하기에 사업을 한다는 것은 물건을 팔기보다 사업가 자신을 판다는 것이 더 옳은 말이다.

사업가는 결정을 무서워해서는 안 된다. 사업은 결정의 연속이어서 크고 작은 결정을 두려워하면 아무 일도 할 수 없다. 이렇게 보면 사업가란 일, 사람, 돈 그리고 결단력에서 탁월한 능력을 가지고 있어야 한다. 그런데 미국에서 사업가는 전체 국민의 10% 정도에 그치고 있어 사실 대부분의 사람은 직장인으로서 살아가고 있다.

사업가가 되는 것은 바람직한 일이지만, 이를 위해 철저히 준비하고 자신을 잘 훈련시켜야 할 것이다. 창조적 심리학자 벤 스위트랜드(Ben Sweetland)는 "변화를 겁내는 95%에서 벗어나라."라고 충고하지만, 월급 생활자를 시작하고 보면 막상 그 자리를 털고 나오기란 참으로 어렵다. 하지만 전 세계에서 샐러리맨이 가장 많은 미국에서 백만장자를 연구한 결과를 보면, 대부분의 백만장자는 사업가 출신이다. 일부 전문직으로 의사나 변호사 중에서 소수의 사람들이 백만장자에 들어 있기는 하나, 직장인 출신이 들어간 경우는 찾아보기 힘들다.

우리의 경우는 경제 발전의 역사가 일천한 까닭에, 그동안 우리 주위에서 자기 사업으로 성공한 사업가는 그리 많지 않았다. 오히려 사업을 하는 사람들조차 겉으로 보기에는 수입이 불안정하고 사회적 지위도 변변치 않아서 내심 직장에 들어가 안정된 수입을 가졌으면 하는 마음이 적지 않았다. 따라서 대체로 학력이 부족하고 배경이 변변치 못한 사람들이 주로 장사나 작은 사업에 뛰어들어 사업가로 살아가는 경우가 많았던 것이 우리의 형편이다.

그래서 늘 안정된 직장을 잡지 못하는 것이 하나의 콤플렉스처럼 작용해 온 것이 그간의 우리 사회이다 보니, 너도나도 직장을 찾아 나서고 돈과 연줄을 대서라도 직장을 구하려고 애썼다. 그동안 우리는 안정된 직장이 곧 인생의 성공으로 여겨지는 그런 세상을 살아온 것이다. 그러는 동안 사업가들은 상대적으로 자신들의 일이 너무 힘들고 대외적으로도 보잘 것없다는 생각 때문에 어떻게 해서라도 자식들에게만은 힘든 사업의 일을 물려주지 않으려고 노력하곤 했다. 어려서부터 교육비 지출에 열정을 쏟고, 너나 할 것 없이 수입에 비해 무리한 등록금을 내면서 대학에 보낼 정도로 교육열이 과열된 우리 사회의 속사정도 오래전부터 자리 잡은 사농공상의 신분 의식에서 비롯되었다고 할 수 있다.

돈을 만지면서 사업하는 일을 하찮은 일로 여겨 온 어리석은 오랜 전통과 고달픈 사업가의 회한이 안정된 직장을 갈망하는 취직 지상주의를 낳고 말았다. 그러다 보니 어쩌다 작은 권한이나 영향력을 가지게 되면 여기저기에서 취직 부탁이 꼬리를 물고 들어오게 된다. 연고 채용 풍토가 이래서 생겨났고, 이른바 뒤가 든든한 사람이라야 한자리 차고 들어가는 직장 문화가 만들어진 것이다.

이렇게 죽자 사자 찾아 나선 직장들, 하지만 이제는 누구도 그 직장의 장래를 책임지지 못하는 풍전등화의 신세가 되고 말았다. 개방과 경쟁, 그리고 공급 과잉의 함정에서 누구도 자유로울 수 없기 때문이다.

자기 자신을 스스로 고용하고 경영하는 것이 그 어떤 영광스런 자리나 빛나는 일보다도 자신의 장래를 위해 바람직한 일이라는 사실을 느끼게 될 것이다. 나라를 경영하는 공직에 있다 하더라도 결국은 있는 동안 보람을 누리고 살아야지 일생 동안 자신의 노후를 국민에게 맡길 수는 없는 노릇이다. 흔히들 욕심 없이 그저 평탄한 삶을 원하는 사람들이 주로 선택하는 직업으로 여겨지던 공무원, 그러나 이제 이곳도 더 이상 온실이 아니다. 하루가 멀다 하고 찾아오는 구조조정의 회오리, 갈수록 높아지는 작은 정부에 대한 국민들의 압박은 그들을 외통수로 몰아가고 있다.

11 나의 가치를 깨우치자

가정 살림은 이제 부부의 몫이거나 아니면 가족의 몫이다. 양육도 이제는 부부의 책임 속에 정부가 개입할 수밖에 없는 실정이다. 그리고 이 시대가 지금까지의 전업주부들에게 한 사람의 여성 자격으로 경제사회에 진출할 것을 강력히 권하고 있다.

언제나 일정한 수입에 익숙한 월급쟁이, 그들이 이제 힘들어지고 있다. 어느 곳이든 성과가 있어야 배분이 있다는 논리가 확산되면서 안정된 수입의 세상이 아니라 야심 찬 성공을 꿈꾸는 세상으로 변하고 있는 것이다. 저마다 꿈을 이야기하고 인생의 전략을 세우고 열정을 가슴에 키우려는 까닭들이 여기에서 비롯되고 있다. 어느 곳에서 일하든, 이제는 누구의 지시를 받고 일하는 시대가 아니라 스스로 일을 찾아서 해야 하고, 일하는 방식도 누가 정해 주는 것이 아니라 스스로 결정하고 변화시키는 '자기경영시대'를 살아가야 하는 것이다. 그 때문에 직장에서 나의 일이 없으면 스스로 그 자리를 떠나야 하는 시대가 지금이다. 어느 누구도 자신의 업무와 관련하여 조직이나 남들에게 부담을 준다면, 그것은 오히려 자기 자신을 비참하게 만드는 꼴이 된다. 한마디로 지금은 '자기 책임의 시대'인 것이다. 그러다 보니 기업이나 조직에 몸담고 있다 하더라도 결과적으로는 자기 사업을 하는 사내 사업가나 다를 바 없는 셈이 된다.

결국 '독립심을 가진 국민'만이 미래사회에 동참할 수 있으며, 모험적이고 창의적인 자질을 가져야 자신의 삶을 '의지대로 그리고 주도적으로' 살아갈 수 있다. 마치 정글에서 사냥감을 찾는 포수처럼 강하고 주도면밀한 포획력을 갖추어야 한다. 그래서 이런 시대에는 사냥꾼 같은 정신을 기르라고 한다.

이제는 때만 되면 나오는 월급이 아니라, 자신이 기여하고 버는 만큼 나누어 갖는 실적과 성과급 마인드가 필요한 시대이다. 벤 스위트랜드의 말처럼 사람들 중에는 불과 5% 정도만이 자신의 잠재 역량과 에너지를 쏟고 일생을 마친다고 하는데, 이제야말로 그 5%의 삶을 선택할 시점인 것이다.

경영 컨설턴트인 마이클 르뵈프(Michael Leboeuf)가 "당신의 가치를 깨달아라."라고 설파한 것처럼 이제 여성들, 특히 주부들은 자신의 인생 속에 묻힌 '나만의 가치'를 깨달을 때가 되었다. 판에 박힌 듯 나란히 줄을 맞추며 도시의 씨줄과 날줄처럼 얽혀 있는 아파트들, 그 아파트 베란다에서 언제나처럼 출근하는 남편들에게 손을 흔들어 하루의 안부를 염려해 주던 도시의 아내들, 그리고 아파트 어귀에 옹기종기 모여들어 유치원 버스에 실려 보낼 고사리 같은 어린 아이들의 손을 잡고 이런저런 당부를 잊지 않던 엄마들, 이제 그들에게 새로운 짐이 지워지고 있다.

이른바 전업주부는 그동안 우리나라의 가계 역사에서 드물게 보는 '직업 아닌 직업'이었다. 전업주부란 공업화 과정에서 도시로 산업형 근로자가 몰려오면서 생긴 다분히 과도기적 자리이다. 남편이 직장에 출근하면 아내는 자녀를 키우고 집을 지켜야 하는 역할 분담 속에 생겨난 '도시형 신분'이기도 하다. 자녀의 학업과 성장을 도와주고, 가장의 귀가를 기다리며 식사를 준비하고, 작업복을 세탁하고, 휴식을 위해 집안을 꾸미는 일을 하는 역할이다.

그러나 같은 시대를 살더라도 농촌이나 어촌에서는 전업주부란 신분을 찾아볼 수 없다. 남편과 함께 농사를 거들고, 바다일을 함께 나가야 하고, 다시 가정으로 돌아오면 집안일을 해야 하는 농어촌의 현실에서 전업주부는 찾아볼 수 없고, 도시라 할지라도 부부가 함께 일을 하는 자영업 가정에서는 전업주부의 모습은 그리 흔치 않은 풍경이다.

그래서 젊은 여성들 중에는 농어촌으로 시집가지 않으려는 풍토가 생겨나 농어촌

총각들이 하릴없이 늙어 가는 일도 비일비재했다. 어쩌다 농촌으로 시집을 왔다 해도 결국은 아내 등쌀에 날품을 팔더라도 인근 도시로 이사를 해야 하는 경우도 늘 보던 광경 중의 하나였다. 특히 1970년대 이후에 도시형 전업주부들이 대량으로 만들어지면서 하나의 사회적 직업군을 형성해 왔다. 이른바 장바구니와 치맛바람으로 대표되는 한국의 어머니, 아내의 자리가 그때부터 전업주부와 함께 동의어로 사용되기 시작한 것이다.

전업주부의 하루 일상은 주로 소비자 신분이었다. 따라서 소비자 물가에 민감하고 저축에 관심이 많다. 특히 집에 대한 한(恨) 역시 이들로 인해 생겨난 현상이다. 언제나 집을 지키는 사람들에겐 내 집에 대한 집착과 소망이 간절할 수밖에 없다. 부동산 투기가 '복 남편'이 아니라 '복 부인'으로 인해 생긴 배경도 여기에 있다.

아파트 청약이라면 날밤을 새워서라도 장사진을 치고, 청약통장이다, 재건축 딱지다 하여 집을 매개로 한 부동산 투기도 이들의 치마폭에서 만들어진 진풍경이다. 그런 만큼 사연도 많고 어려움도 컸던 그 자리, 그러나 이제 그 전업주부의 자리는 서서히 사라지고 있다. 그 자리를 대신하는 자리가 있다면, 이제는 '일하는 여성', '바쁜 엄마', '파트너 아내'의 자리가 있을 뿐이다.

가정살림은 이제 부부의 몫이거나 아니면 가족의 몫이다. 양육도 이제는 부부의 책임 속에 정부가 개입할 수밖에 없는 실정이다. 그리고 이 시대가 지금까지의 전업주부들에게 한 사람의 여성 자격으로 경제사회에 진출할 것을 강력히 권하고 있다.

이미 많은 여성들이 자신의 재능과 열정을 불사르기 위해 경제 현장에 들어서고 있으며, 현재 활동 중인 여성들의 활약상은 그야말로 눈이 부실 정도이다. 그러다 보니 이제까지 주로 소비자란 자리로 특징지어지던 전업주부들이 사업가 또는 직장인으로의 변신을 서두르는 모습들이다. 이미 젊은 여성들은 결혼보다 자신의 직업과 관련된 경력 관리를 더욱 중요시하고 있는 풍토이다. 그래서 요즘 여성들의 결혼 연령이 갈수록 늦어지는 경향을 보이고 있다. 미국에서도 요즘 여성들의 평균 결혼 연령이 29세로 나타나고 있는데, 요즘 우리 주변에서도 서른을 넘기고도 결혼보다는 직업적 성공에 도전하는 여성들을 흔하게 볼 수 있다.

이른바 커리어우먼, 그들이 몰려오고 있는 것이다. 이런 현상은 이미 교육계와 공직 등 성차별이 적은 직종에서 나타나고 있다. 주로 시험으로 선발하는 교사나 공무원직에서 여성들이 발군의 실력을 보여 초등학교 교사와 비간부 공무원 사회를 휩쓸고 있다.

그뿐만 아니라 최근 사법 시험의 합격자, 사관 학교 수석, 정치권의 요직, 대학의 교수 자리에도 여성들이 날로 늘고 있고, 항공 조종사, 건축 공사장, 소방관 등 남성들의 전유물로 여기던 위험하고 어려운 직종에도 여성들의 도전이 이어지고 있다. 이런 현상은 머지않아 고급 인력의 상위 직위, 그리고 남성이 주로 차지하던 다른 직업군으로 폭넓게 확산될 것으로 보인다.

사실 전업주부로서의 역할이 가능하다고 하더라도 갈수록 인간의 수명이 길어지고 있어서 자녀를 다 키우고 남편도 일자리가 끊기는 중년을 넘기고 나면 여성도 자신의 할 일을 찾아 나서야 하는 것이 주부들의 현실이다. 그러지 않고 어물어물하다 보면 일자리 찾아 나선 시집간 딸이나 며느리 대신 손자 돌보아 주는 일이 찾아오기도 한다. 또 자녀들이 사라면서 교육비 부담이 늘어나고 남편의 경제력은 갈수록 약화되고, 혹 남편과 사별하게 되면 부득이 남자보다 일반적으로 장수하는 여성으로서는 나이가 들어서도 홀로 어떤 형태로든 자기 재정을 담당하지 않을 수가 없다.

'평생 가정만 지킨 내가 무엇을 할 수 있을까?' 하고 주저하지 말자. 저마다 자신의 인생을 경영하기 위해 슬기로운 '자기고용'의 대처가 필요한 시점이다.

| 12 |

정말 고귀한 것은 일하는 기쁨이다

은퇴를 위한 재정 대책으로 돈을 모으고 자산을 사들이고 있더라도, 자신이 몸과 마음을 던져 남은 인생을 땀과 열정과 소망으로 바칠 수 있는 진정한 나의 일을 찾는 노력을 게을리하지 말아야 한다. 이것은 단순한 소일거리의 차원이 아니라, 일생의 과업을 찾는 차원에서 꼭 해야 할 일이다.

영국의 사상가 사무엘 스마일(Samuel Smiles)은 일에 대한 그의 생각을 이렇게 표현하고 있다.

"일에 대한 사랑은 자칫 천해지거나 악해지는 자신을 막을 수 있는 최선의 방책이며, 지나친 자아 사랑에서 생길 수 있는 사소한 근심과 걱정과 괴로움을 예방하는 최선의 방책이다."

이제 이 땅의 다출산 세대인 베이비부머들이 서서히 일터에서 손을 떼고 은퇴의 길을 눈앞에 두고 있다. 한편으로 보자면 그동안의 수고를 위로하고 앞으로 편안한 생활을 누렸으면 하고 기원해 줄 만한 일이기도 하지만, 진실로 그들이 마음속으로 바라는 것은 열심히 일할 수 있는 기회가 좀 더 주어졌으면 하는 현실이 아닐까 싶다. 물론 그 일에는 돈을 벌기 위해 땀을 흘리는 일도 있을 것이요, 이웃을 돕기 위해 봉사하는 일도 있을 것이며, 영혼의 기쁨을 위해 종교 활동에 깊이 헌신하는 일도 있을 것이다.

지금 은퇴를 앞둔 사람들이라면 그 종류가 무엇이든 간에 앞으로 자신의 일상을 쏟아붓고 마음과 몸을 헌신하는 새로운 일거리를 찾는 노력이 가장 시급한 은퇴의 준비가 될 것이다. 그러므로 은퇴는 이제 다시 새롭게 시작하는 제2의 인생, 즉 세컨드 라이프라는 점을 분명히 인식하고 이를 대비하는 인생의 지혜가 필요한 시점이다.

많은 사람들은 나이가 들었을 때 쓸 목적으로 여러 가지 재무적 방책을 세우고, 이를 위해 연금을 들거나 저축을 하거나 투자를 해 두는 준비를 나름대로 하고 있다. 물론 이런 일은 꼭 필요한 것이고, 아직 이렇다 할 재무적 방책을 세우지 못했다면 지금이라도 가능한 준비를 해 둘 것을 권하고 싶다.

하지만 그런 일과 더불어 꼭 잊지 말아야 할 것은 내가 일생을 붙들고 온 열성을 다해 매진할 수 있는 평생의 일을 찾아 나서는 것이다. 고향에 계시는 노부모님들이 오늘도 들판에 나가 힘든 농사일을 하고 계시는 모습이 자식의 눈에는 가슴 아프게 보일 수도 있지만, 일 없이 떠도는 실업자의 눈에는 잔잔하고 소박한 행복의 모습으로 비쳐지기도 한다. 그런 그들의 속마음은 그들이 가끔 내뱉는 넋두리에서도 알 수가 있다. "시골에 가서 농사를 지으려 해도 땅이 있어야 하지." 하는 넋두리가 바로 그것이다.

농업사회에서는 땅이 있어야 일을 할 수 있고, 산업사회에서는 자본과 직장이 있어야 일을 할 수 있지만, 이제 우리 앞에 점차 나타나고 있는 지식 창조 사회에서는 자신의 재능과 지식과 열정만 있으면 일은 얼마든지 찾아서, 또는 만들어서 할 수 있다. 그러므로 앞으로 일의 근본은 집안 형편이나 사회 환경에 있는 것이 아니라 전적으로 나 자신의 잠재적인 가치에 있는 것이다.

일을 남이 시켜서 하는 것, 또는 가족의 생계를 위해 마지못해 하는 것이라고 생각한 사람이라면 일이 고단하고 힘들고 따분할 수밖에 없지만, 일이 자신의 꿈과 희망을 실천하고 남을 위해 공헌하는 것이라고 생각하는 사람이라면 뿌듯함과 함께 소중한 가치를 느낄 것이다. 그러므로 은퇴를 위한 재정 대책으로 돈을 모으고 자산을 사들이고 있더라도, 자신이 몸과 마음을 던져 남은 인생을 땀과 열정과 소망으로 바칠 수 있는 진정한 나의 일을 찾는 노력을 게을리하지 말아야 한다. 이것은 단순한 소일거리의 차원이 아니라, 일생의 과업을 찾는 차원에서 꼭 해야 할 일이다.

세월이 갈수록 수명은 늘어만 가는데 일생의 경제적 피크 타임은 자꾸 짧아지는 경향이 나타나고 있다. 얼마 전 발표된 정부의 통계를 보면, 중년 이후 가정들의 자산규모가 갈수록 작아지고 있음을 알 수 있고, 더욱이 염려되는 것은 중장년들 개인의 인적자본 가치가 젊은이보다 못하다는 것이다.

흔히 부자들은 60세가 넘어도 자산이 늘어나고 있음을 알 수 있다. 중산층은 종전까지는 50~59세 사이에 가장 자산이 많은 것으로 나타났는데, 최근에는 다소 앞당겨져 50~54세 사이에 자산의 규모가 가장 커졌다가 이후에는 점차 작아지는 것으로 나타났다.

그러나 개인들이 직장이나 사업을 통해 자기 자신을 경제적 가치로 환산하는 인적자본은 35~39세 사이에 가장 가치가 높은 것으로 나타났다. 그러니까 현재 직장인들은 대체로 이 나이 즈음에 생애에서 가장 높은 경제적 보수를 받는다는 말이다. 그런데 30~34세 사이의 인적자본이 35~39세 사이의 인적자본과 거의 차이가 없는 것을 보면 머지않아 인적자본이 더 젊은 나이에 피크를 이루게 될 것이라는 예상을 할 수 있다. 실례로 25~29세 사이의 젊은이들의 인적자본 가치가 45~49세 사이의 중년의 그것보다 높게 계산되고 있다. 또 55~59세 사이의 인적자본 가치는 20~24세 사이의 그것보다 낮게 나타나고 있다. 이러한 인적자본의 가치는 결국 머지않아 자산규모의 차이로 이어져, 나중에는 개인의 자산규모도 지금보다는 젊은 나이에 경제적 피크를 이루게 될 가능성이 높아지고 있다.

왜 이런 변화가 나타나고 있는 것일까. 여러 가지 이유가 작용할 수 있지만 가장 큰 요인은 사회가 기존의 경험 가치 사회에서 점차 지식 가치 사회로 변화하는 것이 주된 이유라고 할 수 있다. 지식 가치란 교육의 체계와 지식의 발전에 따라 늘 새로운 방향과 내용으로 변화하게 마련인데, 이것을 토대로 사람의 역할과 쓰임새가 나타난다면 새로운 교육으로 무장한 젊은이에게서 인적자본의 가치가 높게 나타날 것임은 자명한 일이다.

특히 최근의 젊은 세대는 외국어나 외국에서의 경험, 또한 컴퓨터를 통한 정보화 능력 등을 함양하여 일의 속도나 차원에서 나이 든 선배들의 성과를 단기간에 앞지를 수 있는 가능성을 가지고 세상에 나오고 있다. 그러므로 이제 나이가 들어 직장을 떠나게 되는 베이비부머들은 자신들이 나름대로 모아 놓은 자산규모에 너무 기대지 말고, 스스로의 인적자본을 지속적으로 높여 나갈 수 있도록 자기개발을 위한 배움과 훈련에 열심을 다해야 할 것이다.

따라서 은퇴하고 나서 재테크나 하면서 연금이나 받으면서 살아야겠다고 생각하는 사람의 경우 스스로 살림의 규모를 줄이고 활동을 낮추지 않으면 남은 여생 동안 수입과 지출의 균형을 유지하기가 어려울 것이다. 그런 면에서 부자들의 생활 모습이 참고가 되기 바란다. 부자들은 나이가 들어도 보유하고 있는 총자산의 7~8%가 연간 자신의 경제활동의 대가로 들어오는 수입이다. 대부분은 사업체를 운영하고 있어서 나이가 들어도 하는 일로부터 수입이 생기고 있다는 이야기이다. 그러니까 중산층 은퇴자의 경우 5억 원 정도의 주택에 살면서 10억 원 정도의 금융자산을 가지고 있으면, 현재의 금리 정도라면 종합적인 자산수익이 연간 5천 만 원(월 400만 원 정도) 정도가 생길 수도 있겠지만, 이 역시도 금리가 내려가면 결국 자산의 일부를 밑천으로 삼아 사업이나 일을 해서 충당하는 수밖에는 없는 노릇이다. 그런데 이 정도 되기도 어디 그리 쉬운 일인가. 결국 개인의 자산은 개인이 일생 동안 하는 일의 양과 질, 그리고 저축의 성향에 의해 좌우된다는 분명한 이치를 다시 한 번 되새겨 볼 일이다.

> 13

'부유'한 삶보다는 '여유' 있는 삶을 찾자

억만금을 가지고도 놀고 있으면 그 돈은 단돈 몇만 원에도 안면을 바꾸게 하며, 비록 작은 집에 허름한 옷을 입고 살아도 지금 하는 일이 있으면 몇십 억 원의 돈을 좋은 일을 위해 쓸 수 있는 것이다. 은퇴 후에 다시 일하는 문제를 심각하게 고려해야 하는 이유는 이렇듯 그로 인한 '부유함'에 있는 것이 아니라 그로 인한 '여유로움'에 있는 것이다.

얼마 전의 일이다. 잘 아는 기업인 한 사람이 함께 운동이나 하자고 하여 골프장을 찾은 적이 있다. 마침 현장에 가 보니 동반자로 기다리고 있는 사람은 전직 고위 장성이었다. 운동을 마치고 식사를 하는 자리에서 이런저런 이야기를 주고받던 중 그 예비역 장성은 이런 말을 했다.

현직을 떠나고 보니 시간이 갈수록 마음이 조급해지고 팍팍해져서 누가 만나자고 해도 피하게 되고, 가까운 친구가 식사 한 번 하자는 연락을 해 와도 식사 경비를 생각하면 선뜻 발이 떨어지지 않더라는 것이다. 사실 그만 한 돈이 없는 것이 아니라 놀고 있다는 마음에, 그것도 나이가 점점 들어가고 있다는 생각에 마음의 여유가 없어지더라는 것이다.

그래서 대체로 전역 후에 퇴역 장군들의 모임에 곧잘 나오던 사람도 퇴직 후 몇 년만 지나면 아무리 고위 장성일지라도 서서히 모습을 감추는 경우가 많다고 했다. 자신을 감추는 것이 아니라 자신감을 놓치는 것이리라.

그런데 또 이런 경우도 있다. 한번은 택시를 탔는데 마침 어느 기업에서 퇴직을 한 중견 회사원이 운전을 하고 있는 택시였다. 그는 처음에는 택시를 운전하는 것이 상당히 수줍고 어색했지만 시간이 가면서 이렇게 일을 할 수 있다는 것이 즐겁고, 특히 얼마간을 손수 벌고 있으니까 반가운 친구가 찾아와도 흔쾌히 따뜻한 식사 한 끼 대접할 수 있는 마음의 여유가 생기더라는 것이다.

이상의 두 경우를 보더라도 퇴직을 하고 나서 경제활동을 계속하느냐 아니면 중단하느냐 하는 문제는 단순히 수입의 많고 적음의 문제가 아니라 그로 인해 마음의 여유가 생기느냐 아니냐 하는 문제가 더 큰 고려 사항이 되어야 한다.

여유라는 것은 많고 적음의 문제가 아니라 '있고 없음'의 문제이다. 돈이 아무리 많아도 마음의 여유가 없을 수 있고, 돈이 그다지 많지 않더라도 여유는 충분히 생길 수 있다. 모든 것이 자신의 마음에서 생겨나는 것인데, 나이가 들수록 이러한 마음의 여유는 모아 놓은 재산에서 나오는 것이 아니라 일정하고 지속적인 수입에서 나오는 것이라고 본다.

지금도 충남대학교 교문을 지나가노라면 우측에 잘 지어 놓은 '정심화 홀'이라는 학교 건물이 하나 있다. 이 건물은 오랫동안 이 학교 정문에서 김밥으로 노점상을 해 오신 정심화 할머니가 일생을 모은 돈을 학교에 기증해 지어진 건물이다.

그분은 이 돈을 기증하시게 된 동기를 설명하시면서 "나는 이렇게 큰돈이 필요가 없는 사람이다. 나는 건강이 허락하는 날까지 이렇게 김밥 장사를 하고 있으면 그것으로 행복하다. 그러니 부디 나에게 이런 일생의 일거리를 준 공부하는 젊은이들을 위해 써 달라."라고 당부했다는 것이다.

돈으로 인생의 노후를 계산하고 대비하는 일이 얼마나 부질없는 것인지를 말해 주는 대목이다. 억만금을 가지고도 놀고 있으면 그 돈은 단돈 몇만 원에도 안면을 바꾸게 하며, 비록 작은 집에 허름한 옷을 입고 살아도 지금 하는 일이 있으면 몇십 억 원의 돈을 좋은 일을 위해 쓸 수 있는 것이다. 은퇴 후에 다시 일하는 문제를 심각하게 고려해야 하는 이유는 이렇듯 그로 인한 '부유함'에 있는 것이 아니라 그로 인한 '여유로움'에 있는 것이다. 이런 말이 생각이 난다.

"꽃의 향은 천 리를 가지만, 사람의 향은 만 리를 간다."

사람들 사이에서 나누는 정의 향이 만 리를 간다는 말이다. 가만히 생각해 보면, 자기 가족을 돌보고 자기 것을 챙기는 일을 헌신적으로 했다고 해서 그것을 대단한 사랑이라고 말하기는 조금 겸연쩍은 일이다. 사랑의 숭고한 본질을 이타적 헌신이나 돌봄이나 애착에 있는 것으로 본다면, 자기 것에 대한 사랑의 모습도 나름대로 아름답고 감동을 주기는 하지만, 그것은 어디까지나 내 가족이나 내 것에 대한 돌봄이나 헌신이란 점에서 당연한 일로 느껴지기도 한다.

또 어디까지나 그것은 내 것을 챙기고 돌보는 일이란 차원에서 보면 이기적 사랑의 범주에 놓인 본능적 사랑이란 점을 부인하기 어렵다. 어찌 보면 향기라고 한다면 천 리쯤 퍼져 나가는 꽃의 향기와 같은 차원의 의미일 수도 있는 일이다.

그러나 차원을 달리하여 내가 아닌 남을 돌보고 남의 기쁨과 행복을 위해 헌신하고 몰입하는 모습이나 마음은 마치 만 리를 퍼져 나가는 정의 향기와 의미가 같다고 할 수 있을 것이다. 우리는 살아가면서 내 것을 소중히 여기고 내 것에게 잘해 보려는 마음에, 오히려 남의 것을 억누르고 남을 업신여기는 경우가 비일비재하다. 그러나 진정한 의미의 사랑과 보살핌을 생각해 본다면, 남의 것을 내 것 이상으로 아끼고 보살피는 마음이나 태도는 그 후에 돌아오는 보람과 행복을 생각할 때 오히려 더 큰 의미의 자기 사랑이라고 할 수 있다.

그런 점에서 우린 오랫동안 우리가 키우고 가꾸어 온 정이란 우리만의 고유한 이웃 사랑을 소중히 생각하고 살아야 한다. 정겨운 사람, 정다운 관계, 다정한 이웃 등이 모두 내가 아닌, 또한 내 것이 아닌 것에 대한 조건 없는 애착과 돌봄과 헌신의 마음에서 생겨나는 우리만의 관계인 것이다.

때로는 타인에 대한 이런 정의 표현이나 관심이 지나쳐 자신과 자신의 것, 자신의 가족이 자칫 손해를 볼 수 있기도 하지만, 그래도 우린 그런 정의 표현을 인간으로서 더할 수 없는 덕으로 여기며 살아온 민족이다.

어려서의 아버지를 떠올리면 이런 일화들이 생각난다. 오랜 투병으로 가세가 기울대로 기운 집안 형편에서 이웃을 돌보는 것은 그야말로 정의 사치에 가까운 일일 수도 있었지만, 아버지는 대체로 그런 삶을 살다가 가셨다. 우리 식구들이 먹을 식량도 제대로 없는 처지에서도 아버지는 이웃의 어려운 사정이나 즐거운 일에 항상 성의를 표시하고 마음을 전하는 일을 빼놓지 않으셨다.

당시 어린 나이였던 나로선 참으로 이해하기 힘든 일이었다. 그러나 이제 그 아들이 인간의 참다운 도리와 삶의 가치에 조금씩 눈을 떠 가는 나이가 된 이즈음에서 생각해 보니, 아버지는 궁색한 병상의 인생 말년 속에서도 자식들에게 이타적 사랑의 작은 가르침의 본을 보인 것으로 생각된다. 살림살이가 남아서 돌보는 것이 아니라, 이웃이 반갑고, 안타깝고, 기특해서 돌보고, 축하하는 그 마음은, 후에 와서 돌이켜 보면 가족들에게도 피해의식보다는 자긍심과 보람으로 남아 있게 되는 것이다. 대저 호스피탈리티(Hospitality)의 정신이란 이런 수준의 사랑과 돌봄이라고 할 수 있다.

그러니까 자기 것에 대한 사랑은 '스스로 사랑하는 것'이고, 타인에 대한 사랑은 '사랑을 베푸는 것'이라고 할 때, 이 두 가지가 하나가 되면 결국 '타인에게 사랑을 베푸는 것은 스스로 자신을 사랑하는 것'이란 의미를 지니게 되며, 호스피탈리티 정신은 바로 이런 의미를 담고 있는 것이다.

이 말에서 깨닫게 되는 또 하나의 이치는 자신의 입장에서 사랑하는 것은 이기적 집착(Ego-self)일 수 있지만, 상대의 입장에서 사랑을 베푸는 것은 이타적 애착(Divine-self)이라고 할 수 있다는 것이다. 인간은 항상 이 둘의 조화를 통해 이기적 집착으로 점철되기 쉬운 인간의 본능적 탐욕을 다듬어 나갈 수 있어야 한다.

즉 비즈니스 측면에서 보자면 사랑을 하는 것과 사랑을 주는 것의 가치를 통합적으로 승화하는 깨달음이 필요하며, 고객의 입장에서 '사랑을 받는' 고객의 종합가치가 바로 내가 '사랑하는' 사업의 성공의 염원을 동시에 공존시킬 수 있는 접점인 것이다.

이 말은 이제 창업이든 새로운 직업의 도전이든 제2의 경제활동을 시작하기 원하는 베이비부머들에게 던지고 싶은 화두이다. 내가 그래도 무언가 해야 한다는 생각으로 다시 나의 고객을 만나게 될 때 가장 먼저 되새겨 볼 고객 돌봄의 덕목이기 때문이다.

14

일하는 게 건강의 비결이다

세월이 흐르면서 살아가는 방법이나 대응도 달라져야 하는 것이 요즘의 세태인 것 같다. 과거 같으면 젊어서 세워 놓은 인생의 큰 그림을 바탕으로 시간이 흐르면서 조금씩 달라지는 환경이나 입장을 감안하면서 살아가는 것이 일반적이었다면, 앞으로는 각 세대별로 나이에 맞게 단계별 전략을 세워서 대응해야 할 만큼 시시각각으로 급변하는 환경을 만나고 있는 것이다.

갈수록 바깥 세상에서 돈을 벌 수 있는 기회와 시간은 단축되고 있다. 금융 공황이 오기 전까지 미국은 이미 37세에서 소득의 피크 타임이 나타났었고, 44세가 되면 피크 타임과 비교하여 임금이 절반으로 뚝 떨어지게 되고, 그나마 53세가 되면 아예 고용 기회가 사라지는 모습을 보인 바 있다. 오랫동안 종신고용을 모델로 사회를 유지해 오던 일본은 훗날 불황기를 겪으면서 지금은 점점 계약직 세상으로 바뀌어 대졸자는 46세에서 임금의 피크를 만나고 고졸자는 43세에서 피크를, 고졸 이하는 39세에서 임금의 피크 타임을 맞는 것으로 조사된 바 있다.

그런데 일본에서는 대졸자의 경우 60세 이후에 소득이 급락하지만, 고졸자와 고졸 이하의 경우는 60세 이후에 소득이 줄어들기는 해도 그런대로 이전의 수준을 유지하는 모습을 보이고 있다. 따라서 이런 현상으로 볼 때 고학력자일수록 퇴직 후에 일을 직접 하지 않고 퇴직 전에 모아 둔 자산소득으로 살아가려고 생각하는 사람들이 많다고 할 수 있다. 반면에 학력이 낮은 사람은 준비된 자산이 적기도 하겠지만, 대개는 그동안 자신이 해 온 일이 몸이나 손에 익은 1인작업의 성격의 일이 대부분이라 건강이 허락하는 한 노후에도 일을 계속하려 하는 것으로 분석되고 있다.

우리나라도 그동안 95%의 남자 근로자가 45세를 전후하여 생애 임금의 피크 타임을 맞는 것으로 나타난 바 있고 상위 5%가 54세에, 상위 1%가 59세에 임금의 피크 타임을 맞는 것으로 조사된 바 있는데, 최근 조사에서는 이마저도 피크 타임이 40세 이전으로 단축되고 있는 실정이다.

또 은퇴 이후에 도시에서 쉬고 있는 노인들이 급속히 증가하고 있는 것도 일본과의 차이점이다. 그러다 보니 일본은 70세 노인들의 평균 금융자산이 2억 원이 넘는 반면, 우리는 자식에게 재산을 넘긴 경우도 있지만, 아무튼 스스로 노후가 해결 가능한 경우가 전체 노인의 10%가 되지 않는 게 현실이다.

이 같은 사회적 통계 추이 속에서 선진국을 중심으로 장수 사회가 확산되기 시작하자 금융시장에는 재테크 열풍이 불기 시작했으며, 금융기관이나 국가는 연금이나 펀드 등의 제도나 상품을 만들어 노후를 편히 보내라고 권하기도 했다. 우리나라만 해도 국민연금이 삽시간에 전체 국민 금융자산의 절반에 가까울 정도로 급성장했으며, 은행, 보험 할 것 없이 자산시장의 자산운용 업무를 맡기 위해 영역을 확장해 온 바 있다.

그리고 70세가 넘는 사람 중에서 직업을 가진 경우가 그저 놀거나 자원봉사 정도 하는 경우보다 이후 생존율이 2배 이상 높다는 연구 결과도 나와 있다. 본격적인 고령 사회를 눈앞에 두고 있는 우리 사회는 그런 점에서 임금의 피크 타임인 46세 이후 수명이 다할 때까지 꾸준히 일할 수 있는 직업 환경을 갖추는 것이 가장 중요한 건강법이자 경제의 지혜라고 할 수 있겠다. 일례로 백만장자들은 대체로 일하는 가운데 생을 마감하기 때문이다.

장기 불황이 닥치게 되면 학력이 높은 사람들이 저학력자들보다 불황을 이기는 힘이 작다고 한다. 한 연구에 의하면 일시적인 경제위기에서는 고졸 이하의 학력을 가진 사람들이 가장 경제적 위험이 높고, 다음은 고졸 학력이 뒤를 잇고, 대졸 학력자는 고졸 이하보다 절반 정도로 낮게 나타나지만, 장기 불황일 때는 대졸자의 경제적 위험이

고졸 이하자보다 훨씬 높게 나타난 바 있다. 이때 고졸자와 고졸 이하자의 위험은 비슷한 것으로 나타나고 있다.

대부분의 노인들은 젊은 시절에 나름대로 노후준비를 한다고 한 사람들이라는 것이 한 조사에서 밝혀졌다. 이 조사에 따르면 65세 이상 노인들의 70% 정도가 나름대로 노후준비를 한다고 한 경우라는 것이다. 그러나 노후가 생각보다 길어지면서 그들이 준비한 노후는 한낱 용돈치레에 불과하고 별도의 생계 대책을 세워 살아야 하는 처지가 된 것이다. 그래서 상당수의 노인들이 보이지 않는 곳에서 소리 없이 이런저런 일들을 꾸준히 하고 있다는 조사도 나와 있다.

한국 보건 사회 연구원에 따르면 65세 이상 노인들이 생산하는 경제적 가치가 2007년 기준으로 국내 총생산(GDP)에서 차지하는 비중이 5.4%에 달한다고 한다. 물론 이 중에서 2.1%는 가사노동을 계산한 것이지만 노인들의 유급으로 만들어지는 경제적 가치가 28조 원으로 GDP의 3.2%에 달하는 것으로 조사되었다. 이를 돈으로 따지면 노인 1인당 연간 1천만 원 정도로 나타나고 있으니 한 달에 평균 80만 원 정도를 벌고 있다는 이야기이다. 그런데 이를 지역별, 성별로 나누면 도시에 사는 여성 노인들의 경제적 가치가 전체의 40% 정도를 차지하고, 도시의 남성 노인들이 28%선, 농촌의 여성 노인들이 17%선, 농촌의 남성 노인들이 15%선을 차지하고 있다. 그러니까 유급으로 일하고 있는 노인들의 비중이 전체 노인 중에서 41%를 차지하고 있으며, 가사노동이나 자원봉사까지 합치면 91% 정도의 노인들이 일을 하고 있는 것이다.

제대로 준비되지 않은 노후를 보내고 있는 오늘의 노인들이 살아가는 현주소가 바로 이런 모습들이다. 그러니까 노인들은 지금 우리 사회의 어딘가에서 보이지 않는 손으로 소리 없이 일하고 있는 것이다. 사정이 이럴진대 곧 노후를 보내게 될 베이비부머에게도 결국은 '일하는 노인 시절'을 제대로 준비하는 지혜가 필요하다고 본다.

그동안 정부가 고령자 일자리 창출 정책을 다각도로 추진해 오고 있으나 사실 실효성은 크게 없는 것으로 평가되고 있다. 기업들은 정부가 노인들을 고용하면 지원을 해준다고 해도 선뜻 노인 고용을 실천하는 기업이 많지 않은 것이 현실이다.

그래서 사실은 노인이 되어도 자기 일자리는 자신이 찾아야 한다는 이야기가 나오게 된다. 다시 말해 자기고용 상태의 일자리를 가지고 있거나 업체를 경영하면서 조직과 시스템으로 일하고 있는 경우가 아니면 노인이 되어서 일을 하는 것 자체가 어려운 일이다.

세월이 흐르면서 살아가는 방법이나 대응도 달라져야 하는 것이 요즘의 세태인 것 같다. 과거 같으면 젊어서 세워 놓은 인생의 큰 그림을 바탕으로 시간이 흐르면서 조금씩 달라지는 환경이나 입장을 감안하면서 살아가는 것이 일반적이었다면, 앞으로는 각 세대별로 나이에 맞게 단계별 전략을 세워서 대응해야 할 만큼 시시각각으로 급변하는 환경을 만나고 있는 것이다.

먼저 노인 세대에게도 좀 더 구분된 인생의 목표 관리가 필요해 보인다. 가령 60~70대 노인 세대의 경우라면 이젠 가문 경영의 기틀을 마련해 두어야 한다고 본다. 국가 경제가 선진국으로 진입하면서 여기저기에서 경제적으로 크게 성공한 가정들이 속속 등장하고 있다. 그런데 그 가정의 내막을 들여다보면 할아버지대부터 기반을 잡기 시작해서 아버지대를 넘기고 이제 손자의 대로 부가 넘어가는 모습을 알 수 있다. 우리나라의 대표적인 기업인 삼성, LG, 현대 등의 오너 일가를 보면 어느새 3대를 넘기고 있다. 명실공히 가문의 시대가 열리고 있는 것이다.

그런데 이런 거창한 기업이 아니더라도 우리 주변을 돌아보면 적잖이 대를 이어 가며 윤택한 삶을 사는 집안들이 있다. 우스개로 들은 이야기지만 강남에서는 요즘 초등학교에서 가성 환경 조사를 할 때 할아버지 직업을 물어본다는 말도 있지만, 아닌 게 아니라 아들 당대만의 노력으로 3대의 성공을 이룬 가문을 따라가기는 어려운 일이다. 그래서 집안이 잘되기 바란다면 할아버지가 먼저 기반을 잡아 주어야 한다는 이야기가 나오게 되며, 그러니 은퇴를 앞두게 되면 자신을 위한 노후준비가 아니라 후대를 위한 가문의 기반 조성이라는 책무가 더 크다는 말이 된다.

만일 80~90대 노인의 경우라면 그땐 모든 것을 내려놓고 신과의 대화가 필요한 나이라고 볼 수 있다. 그것이 종교 활동이든, 자연 체험이든, 자기 깨달음이든 간에 이젠 이성을 넘어 영성을 찾아 나서는 영성 경영이 필요한 나이라고 볼 수 있다.

> 15

가벼운 마음으로 다시 일터로 가자

'비움'으로 삶의 대응의 차원을 바꾸어야 할 것이다. 사회가 갑자기 나에게 일자리를 주지 않는다면, 다시 물질을 풍요롭게 주지 않는다면 차제에 그런 기대감이나 바람을 비우면 어떨까. 어느 정도 비우고 난 뒤에 찾아오는 것은 아주 작은 것도 새로워 보이고, 한 번의 기회도 값어치 있게 느껴지지 않을는지.

이제 막 직장을 떠나게 되는 40~50대의 베이비부머라면 무엇보다 가족과 함께 새로운 인생을 설계하고 행복을 그려 나가는 가족경영이 그들의 과제가 되어야 할 것이다. 어느 보도를 보니 요즘 베이비부머 가정의 막내들이 서러움을 겪고 있다고 한다. 이제 막내들이 상급 학교에 다니면서 큰돈을 쓰게 되는 시점에 아버지가 실직을 하게 되어 과외도 어렵고, 어학 연수도 어렵고, 나아가 결혼도 어려운 처지라고 언론은 보도하고 있다.

그러나 이젠 세월에 지친 아버지가 혼자 해결하기는 너무 벅차고 늦은 시기인지라 아내나 가족들이 돕지 않으면 주저앉기 십상이어서, 가족들이 협동하고 단합해 도와주는 가족 경영의 지혜가 필요한 시기이다.

30대는 공자께서도 일찍이 가르침을 준 바 있지만 '자기경영'의 시기라고 할 수 있다. 특히 지식경제로 변모한 오늘의 현실은 30대를 통해 자신의 뜻을 세우고 이를 실천하고 이루려고 하는 의지와 추진력이 강해야 하기 때문이다. 오늘날 먼저 이런 사회를 이룬 선발 선진국을 보면 외부 활동으로 돈을 버는 사람들은 이미 30대 후반에 인생의 재정적 피크를 맞게 된다는 통계도 나오고 있다. 특히 창조적 아이디어나 글로벌 네트워크상에서 가치가 발휘되는 일들은 30대에 꽃을 피우는 것이 당연한 일이기도 할 것이다.

20대는 뭐니뭐니 해도 공부와 만나야 하는 '학습 경영'의 시기라고 할 수 있을 것이다. 내가 원하는 바를 어디서 어떻게 얼마만큼 배우고 익힐 것인가를 계획하고 실천하는 연령대이기 때문이다. 그리고 10대는 자신의 재능을 찾아 나가는 '재능 경영'의 시기라고 할 수 있다. 물론 이때는 자녀의 나이가 어린 만큼 부모들이 자녀를 잘 관찰하고 선생님들도 정성으로 지도해서 저마다의 재능을 발견하고 육성하는 데 지도와 성원을 아끼지 말아야 한다.

따라서 인생을 나이별로 구분해서 각 단계에 맞는 경영의 차원을 생각해 본다면 '재능 경영', '학습 경영', '자기경영', '가족 경영', '가문 경영' 그리고 '영성 경영'으로 구분해 볼 수 있을 것이다. 지금 나는 어느 단계에 놓여 있을까.

어느 선현이 남긴 말에 이런 말이 생각난다.

"세상은 필요를 위해서는 크게 넘치는 곳이고, 탐욕을 위해서는 무한히 결핍된 곳이다."

성공과 도약은 그 자체로는 위대한 단어이지만 그 목적과 의도가 탐욕에 있다면 박수 받지 못할 조롱거리가 될 소지가 있다. 은퇴한 사람에게 새로운 제2의 인생을 설계하라고 권한다면 우선 경계해야 할 것이 스스로 탐욕에 빠져들지 말아야 한다는 것이다. 탐욕이란 분수에 맞지 않은 욕심을 말한다. 가령 자신의 전성기에서도 이루지 못한 높은 자리나 더 많은 보수를 바라며 새로운 인생을 설계하려 든다면 이는 자칫 탐욕의 경계를 넘나드는 발상일 것이다.

얼마 전 시내의 어느 주차장을 들어가다가 옛 직장의 친구를 우연히 만났다. 그 친구는 그곳에서 주차장을 관리하는 일을 맡고 있었다. 당시 나는 어느 분의 고급 외제차를 얻어 타고 식사하러 들른 주차장이라 일순 그 친구 보기가 어색했지만 금세 서로 반갑게 인사를 나누고 그렇게 헤어졌다.

그 친구는 소위 지난날의 명문 학교를 나온 엘리트 출신으로 몇 년 전까지 굴지의 대기업에서 재무를 담당하는 고위 임원을 지냈다. 그리고 얼마 뒤에 그 자리에서 그를 본 것이다. 그 친구는 내가 보기에 일이 필요했던 것 같고, 그 자리는 그런 필요를 채워 주기에 알맞은 자리인 것 같아서 기분이 좋았다.

때로는 명예가 필요해서 은퇴 후에 다시 일자리를 갖고자 하는 사람들도 있다. 우리 사회에서 아버지로서 가장 아킬레스건이 되는 것이 자녀 결혼을 앞두고 아버지가 사회적 지위를 잃는 것이다. 그래서 자신이 직장에서 혹시 구차해지더라도 자녀의 혼사를 치를 때까지 체면 불구하고 자리에 연연하는 경우가 적지 않다.

하지만 명예에 대한 집착도 정도가 지나치면 탐욕이 될 수 있을 것이다. 흔히 돈을 어느 정도 벌고 나면 그다음엔 명예가 눈에 들어온다고 한다. 그래서 이런저런 사회 활동을 하기도 하고 누구는 명예를 위해 그 힘들다는 정치판에 뛰어들기도 한다. 과연 개인의 명예는 필요한 수준이 어디쯤일까. 또 어디부터를 탐욕으로 보아야 하는가.

실로 어려운 질문이지만 이런 생각이 든다. 내가 스스로 명예로워지는 것은 그 자체가 탐욕이며, 남들이 명예롭다고 인정해 주면 그것이 필요가 아닌가 싶다. 그리고 보면 명예란 존경과 명성을 수반하고 얻게 되는 것이지, 과시와 직책, 돈으로 찾거나 보여 주려 한다면 그 역시 탐욕이 아니겠는가.

학교에서 교수 생활을 하다 보니 사회에서 전문가나 경영자로 일할 때보다 나도 모르게 명예에 민감해져 가는 것을 느끼게 된다. 아마도 경제적 보상이 여타 전문성을 갖는 직업에 비해 다소 낮은 것이나, 남을 가르친다는 소위 권위가 몸에 배이기 시작한 것 아닌가 하는 생각이 든다. 그래서 교수 사회에는 개개인 간에 알고 보면 작은 갈등들이 적지 않다. 그런데 대기업에서 고위직을 차지하고 있다가 갑자기 그만두게 되면 명예도 실리도 한꺼번에 잃어버리게 된다. 그런 상황에서 그 사람은 자신에게 지금 무엇이 필요한 수준인지 분별하기 어려워진다.

그러나 비탈진 고갯길을 무거운 손수레를 끌고 종이를 주우러 올라가는 할머니는 지금 자신에게 필요한 것이 무언인지를 분명히 안다. 그래서 그분은 지나가는 사람들이 손수레를 한번 밀어 주면 행복을 느끼고, 뜻밖에 버려진 큰 상자라도 얻게 되면 크게 만족할 수 있는 것이리라.

그리고 보니 고승 달마가 남긴 말이 생각이 난다.

"마음, 마음이여, 도무지 알 수가 없구나. 너그러울 때는 온 세상을 받아들일 것처럼 하다가도, 한번 옹졸해지면 바늘 하나 꽂을 데가 없구나."

그렇다면 결국 '비움'으로 삶의 대응의 차원을 바꾸어야 할 것이다. 사회가 갑자기 나에게 일자리를 주지 않는다면, 다시 물질을 풍요롭게 주지 않는다면 차제에 그런 기대감이나 바람을 비우면 어떨까. 어느 정도 비우고 난 뒤에 찾아오는 것은 아주 작은 것도 새로워 보이고, 한 번의 기회도 값어치 있게 느껴지지 않을는지. 인생이란 따지고 보면 과거로부터 받을 수 있는 보상도 아니고, 미래의 약속된 보증수표도 아니지 않은가.

무엇을 바라고, 어딘가에 기대지 말고 내 눈앞에 다가오는 일, 다가오는 상황, 다가오는 기회를 가치 있게 여기고 느낄 수 있는 행복은 그냥 마음을 비우기에 생기는 기쁨이 아닐까. 그래서 지금 자신에게 예고 없이 들이닥친 때 이른 은퇴나 정든 직장과의 이별은 오히려 그동안 몰랐던 참다운 인생의 교훈을 가져다주지는 않을까.

16

사회적 기업의 시대가 온다

지역 내에 사회적 기업이 많아지면 그동안의 공공적 성격의 사회적 활동이 점차 공동의 이익을 위한 기업의 형태로 발전할 것이다. 이러한 상황에서 기업에서의 경험을 활용할 수 있는 시니어들은 지역 내에서 우선적으로 새로운 고용 대상이 될 수 있을 것이다.

일본에서 독신 가구를 조사해 보니 45%가 50대 이후의 장년들이었다. 그리고 50대 이후의 단독 가구와 부부 가구를 모두 합치면 전체 가구의 30%를 차지한다. 이들은 일본의 새로운 소비 계층으로 주목받고 있는 세대들이기도 하다. 과거 우리의 베이비부머 세대들이 학교를 다닐 때는 교복 시장이 크게 일어난 때가 있었고, 그들이 아이를 많이 낳던 시절에 우리나라에서는 유아복 시장이 크게 성장했던 때가 있었다. 그리고 그들이 40~50세를 맞고 있는 지금 대도시 근교의 산들은 주말이나 휴일이면 인산인해를 이룬다.

그렇듯 그들이 50세를 넘기고 장년을 맞게 된 지금은 어디선가 장년의 시니어 시장이 만들어지고 있다는 생각을 해 볼 필요가 있다. 분명 그들은 새로운 소비의 경향을 보이며 새로운 시장을 만들어 가고 있을 것이다.

요즘 막걸리의 유행을 그런 측면에서 본다면 시니어들의 영향이 적지 않다고 볼 수 있다. 이들은 그동안 접대 문화와 친교 문화가 강한 시대를 살아오면서 비교적 술을 많이 접한 세대이지만, 이젠 건강이나 돈을 생각하여 순해서 몸에도 나쁘지 않고 가격도 저렴한 술을 찾는 것이다. 그리고 그들의 청년 시절은 막걸리로 청춘을 논하던 시절이기도 했다.

그러나 체면을 중시하는 우리 사회의 장년들이 스스로 이런 술을 찾아 공개적으로 유행을 만드는 것은 어려운 일인지라, 마침 이즈음에 막걸리가 우리 사회에서 주목을 받게 되자 슬그머니 그런 시류에 편승하여 자신의 잠재된 소비 욕구를 막걸리와 단기간에 합치시키고 있는 모습을 보인다.

이젠 막걸리는 어느새 그들의 술이 된 느낌을 받게 되고, 이것은 그들이 자연을 자주 찾는 마음과 합치되며, 안주로 전통 음식을 먹는 취향과도 연결이 되는 인상을 주고 있다. 앞으로 자전거도 그럴 수 있다고 본다. 적당히 운동도 되고 가까운 곳의 운반 수단도 되고 자연 친화적이고 더욱이 유지에 돈이 안 들고 하니, 시니어들이 자전거를 애용할 가능성은 아주 높다고 할 수 있다. 지금은 자동차 위주의 도로망이기 때문에 다소 불편하지만 점차 시민들의 이용이 많아지면 자전거 도로가 자동차 도로를 점유하는 날도 오리라. 자전거 역시 그들의 어린 시절 타고 싶던 로망의 하나였다. 그러면 또 새로운 소비 패턴이 그곳에서 싹트지 않겠는가. 요즘 산으로 간 병원을 보라.

노인 요양 병원들이 생겨나면서 큰 도시 네거리에나 있던 병원들이 산으로 계곡으로 강가로 가고 있는 것도 새로운 시장을 찾아서이다. 시내 중심부 어딘가에서 이름이 '새마을 ○○' 하는 프랜차이즈 식당을 보았는데 새마을 세대들인 이들에게 저렴한 식사를 제공하려는 것은 아닌가 싶다. 아마도 이런 시대의 흐름을 읽었다면 곧 어느 동네에는 시니어들의 전문 운동 도장으로 '예비군 체육관'이 등장할 가능성도 있을 것이고 청년 문화 세대인 이들이 좋아하는 추억의 통기타 교습실도 늘어나지 않겠는가. 하긴 요즘 1970~1980년대 음악이 또 하나의 대중문화가 되고 있다.

시대의 변화를 좀 더 섬세히 살펴보면 항상 새로운 기회는 숨어 있게 마련이다. 세상에 변하지 않는 것이 없지만 앞으로 가장 많은 변화가 예상되는 것은 자유 기업주의를 토대로 발전해 온 시장경제의 모습이다. 그동안 글로벌 기업으로 확장을 지속해 온 많은 기업들이 과연 여러 나라를 활동 무대로 할 때 무한한 자유와 영역 확장이 가능할지는 알 수 없는 일이다. 당장 중국이나 러시아, 인도, 브라질 등의 나라가 좀 더 강해지면 그들이 가지고 있는 특유의 경제 질서를 자국에 진출한 기업이나 투자자들에게 요구할 가능성은 얼마든지 있다.

그런 면에서 앞으로의 경제 구조를 이해할 때 주목할 가치 변화의 하나는 사회적 가치와 기업 활동의 접목이란 점이다. 그동안의 경제 질서로는 동시에 접목이 불가능한 요소들처럼 보이지만, 국가별로 살펴보면 이러한 시도는 여러 나라에서 사례가 있는 일이다.

가령 핀란드를 예를 들어 보자. 그 나라에서는 이미 1920년대부터 주택 회사란 제도를 운영해 오고 있다. 주택 회사란 집을 가진 이웃끼리 살고 있는 집을 주식 지분으로 공동 출자한 회사를 만들어 집을 공동으로 보수·유지하고 관리하고 또 투자수익도 올리는 제도이다.

그러니까 집을 팔 때는 살던 집에 해당하는 주식을 팔면 되는 것이고, 집을 사려고 하면 그 주택 회사의 주식을 사는 형태로 집을 사면 된다. 그럼 핀란드는 왜 이런 제도를 일찍이 만들었을까. 집이란 모두에게 필요한 필수 불가결한 요소이지만 자칫하면 지나친 투기의 대상이 되기도 하고, 개인이 직접 집을 오래 관리하고 가치를 높여 나가는 일은 누구나 할 수 있는 간단한 일이 아니기 때문이다. 그렇다고 공동 주택으로만 국가에서 공급한다면 주택의 질적 향상이나 원활한 공급을 촉진하기가 쉽지 않은 문제가 있다. 바로 이러한 상충적 요소를 완화하면서 시장과 공공의 절충을 시도한 것이 핀란드의 주택 회사라고 할 수 있다.

앞으로 은퇴 이후의 새로운 창업의 기회를 고려하는 입장에서도 이러한 개념의 사회적 기업은 얼마든지 고안해 낼 수 있다고 보며, 기왕의 사회적 활동들이 사회적 기업의 형태로 진화해 갈 때 창업과 취업의 기회는 이 부문에서도 많다고 본다.

　가령 아파트 관리 업무도 자치 위원회에서 발전하여 좀 더 개발시키면 사회적 기업으로 지역 주민들과 함께 꾸려 갈 수 있을 것이고, 마을마다 있는 주민 복지 문화 센터도 공공의 기능에서 사회적 기업이 전문적으로 운영하면 수익 창출과 유지 관리에서 효율이 높아질 수도 있을 것이다. 그러니까 전적으로 민간이 운영하기에는 주민들의 형평과 비용과 소외의 문제가 있고, 그렇다고 전적으로 공적으로 운영하기엔 품질과 경영 효율의 문제가 있는 사안들이 주로 이런 사회적 기업의 대상으로 고려할 만하다고 본다.

　지역에서 작은 규모로 유치원이나 어린이집을 운영하는 분들도 서로 힘을 모아 사회적 기업의 형태로 운영을 해 보면 효율이 증가할 소지가 있어 보이고, 여러 종목의 동네 체육관들도 서로 힘을 모아 사회적 기업으로 운영해 보면 정부의 지원과 협력도 가능하리라 본다. 여러 가지의 학원 사업들도 영세한 규모로 우후죽순처럼 많이 운영되고 있지만 교육이란 점에서 보면 그 운영 품질과 경영의 지속성 문제가 고려되어야 한다.

　이처럼 지역 내에 사회적 기업이 많아지면 그동안의 공공적 성격의 사회적 활동이 점차 공동의 이익을 위한 기업의 형태로 발전할 것이다. 이러한 상황에서 기업에서의 경험을 활용할 수 있는 시니어들은 지역 내에서 우선적으로 새로운 고용 대상이 될 수 있을 것이다. 또한 주민들의 생활 밀착형 경제활동도 점차 해당 지역 내로 집약되는 효과도 있을 것이다. 특히 회계나 세무, 마케팅, 생산 관리 등 새로운 경영 관리의 체계와 적용이 필요한 것이 사회적 기업이므로 시니어들은 그동안 기업에서의 이런 경험을 잘 살려서 사회적 문제에도 관심을 가지고 참여하다 보면 전문성을 발휘할 수 있는 기회가 올 수 있으리라고 본다.

베이비부머는 남겨 둔 희망이다

시니어들은 스스로 새로운 시장을 만들어 갈 수 있는 동력도 있고 시니어 경제를 만들 수 있는 사회적인 힘도 상당히 있다. (……) 특히 시니어들이 당장 공급자가 되기보다는 먼저 수요자 입장에서 힘을 모을 때 더욱 실효성이 클 것으로 보인다. 그런 점에서 이제 시니어 마켓은 시작일 뿐이고, 그 미래가 크게 기대된다.

어린이가 아무런 경제활동도 하지 못하는 것으로 안다면 그것은 잘못된 생각이다. 어린이는 알고 보면 엄청난 소비자들이다. 분유 시장, 유아복 시장, 어린이집, 유치원, 어린이 병원 등 이루 헤아릴 수가 없다. 싱가포르에 가면 가장 잘되는 병원이 KK 호스피탈이라는 어린이 전문 병원이고, 그런가 하면 댐시로드라는 식당가가 있는데 그곳이 잘되는 이유는 그곳에 유명한 어린이 놀이터가 있기 때문이다.

마찬가지로 노인들의 경제적 가치를 복지 비용과 저임금의 고용으로만 생각하면 오산이다. 그분들은 엄청난 시장이며, 이른바 시니어 마켓이다. 일반적으로 시니어들이 시장을 형성할 만한 것은 의료나 건강 산업들로 알고 있지만, 실은 더욱 광범위하게 커지고 있다. 내가 아는 어떤 사람은 은퇴한 이후 악기를 배우기 시작했다. 그러더니 어느 날 초대장을 내밀었다. 같이 음악을 배우는 분들이 모여 비록 서툰 솜씨지만 그동안 배운 것을 바탕으로 음악회를 개최한다는 것이었다. 놀랍고 신기하고 대견한 마음으로 가 보니 정말 그들이 음악회를 하고 있었다. 물론 중간에 간간히 서툰 소리가 나오긴 했지만 정말 행복한 음악회였다. 왜냐하면 그들이 음악회를 한 것은 무리한 솜씨 자랑이 아니라 불우이웃을 돕기 위한 것이었기 때문이다. 그냥 성금을 모으기가 뭣해서 부족하지만 서툰 솜씨로 음악회를 하기로 작정했다는 것이다. 참으로 그 동기가 선하고 선하다.

시니어들이 할 수 있는 일 중의 하나는 시니어를 위한 시장을 만들어 가는 일이다. 음악을 듣자고 해도 모두 10~20대 위주이고, 음식도 옛날 음식이 사라져 가고 있는 이때 시니어는 또 하나의 시장이고 새로운 공급자이다. 시니어들은 스스로 새로운 시장을 만들어 갈 수 있는 동력도 있고 시니어 경제를 만들 수 있는 사회적인 힘도 상당히 있다.

많은 사람들이 힘을 모으면 그 힘은 아주 상당하다. 특히 시니어들이 당장 공급자가 되기보다는 먼저 수요자 입장에서 힘을 모을 때 더욱 실효성이 클 것으로 보인다. 그런 점에서 이제 시니어 마켓은 시작일 뿐이고, 그 미래가 크게 기대된다.

세계에서 노장년층으로서 가장 저축이 많다고 알려진 일본의 시니어들은 나이가 들어서도 일하고 싶어 하는 마음이 아주 크다는 것을 알 수 있다. 일본의 노장년층을 대상으로 조사한 결과를 보면 50대 남성의 6.8%, 60대 남성의 22.3%, 50대 여성의 19.7%, 60대 여성의 17.2%만이 일하고 싶지 않다고 생각하고 나머지는 모두 일하고 싶다는 의사를 밝히고 있다. 사실 일본의 70대 노년층이 평균적으로 자가 주택 이외에도 2억 원 정도의 금융자산을 가지고 있다는 처지에서도 일하려는 동기를 크게 가지고 있는 것은 참으로 놀랍다.

일본의 시니어들이 은퇴 후에 어떤 형태로 일하고 싶은지를 물었더니, 스스로 시간에 얽매이지 않고 개별적으로 자기 일을 만들어 하고 싶다는 응답이 가장 많았다. 이 같은 응답을 한 비율은 50대 남성이 27%, 60대 남성이 31.9%, 50대 여성이 21.2%, 60대 여성이 27.6%로 나타나, 남녀 모두 50대보다는 60대가 이 같은 형태를 더 원하는 것으로 나타났다. 다음은 자영업을 창업하고 싶다는 응답도 많았는데, 50대 남성의 23%, 60대 남성의 7.4%, 50대 여성의 18.2%, 60대 여성의 17.2%가 이 같은 응답을 했다.

50대 남성의 절반 정도는 스스로 주도적으로 일하는 기회를 갖기를 원하고 있으며, 60대 여성의 45% 정도도 이 같은 희망을 밝혀 주목을 끌고 있다. 60대 남성이 이 둘을 합해 40%를 넘지 않는 것을 볼 때 아주 이례적인데, 아마도 60대 남성들이 점차 세상에 자신을 잃어 가면서 상대적으로 아내가 더 강한 생존력을 보이게 된 것으로 풀이된다. 다음으로 주 5일 미만의 파트타임으로 일하고 싶다는 의사가 많은 편이었는데, 50대 남성의 6.8%, 60대 남성의 14.9%, 50대 여성의 20.4%, 60대 여성의 20.7%가 이 같은 반응을 보였다. 특히 여성들에게 이 비율이 높은 것은 가사와 함께 일하는 기회를 갖기 원하는 의사가 반영된 것으로 볼 수 있다.

다음은 주 5일의 풀타임 근무를 희망하는 의사가 50대 남성이 18.9%로 가장 높아 이들이 여전히 번듯한 직장을 원하고 있다는 것을 알 수 있고, 60대 남성의 7.4%, 50대 여성의 8.0%, 60대 여성의 6.9%가 이를 원하고 있었다. 그런가 하면 주 5일 이하의 풀타임을 원하는 비율은 50대 남성이 9.5%이고, 60대 남성이 9.6%, 50대 여성이 7.3%, 60대 여성이 3.4%의 응답을 보였다. 따라서 50대 남성의 30% 정도가 풀타임 직장을 원하고 있으며, 60대 남성의 17%, 50대 여성의 15.3%, 60대 여성의 10.3%가 풀타임 직장을 원하고 있다.

그 외에 주 5일 이하의 파트타임 근무를 원하는 비율을 보면, 50대 남성이 2.7%, 60대 남성이 3.2%, 50대 여성이 2.9%, 60대 여성이 6.9%로 나타났다. 여기서 주목되는 것은 60대 여성의 일하고자 하는 비율이 50대 여성보다 높다는 사실이다. 또 일하지 않으려 하는 의사는 60대 남성들이 50대 남성이나 50대 여성, 60대 여성에 비해 높다는 사실이다.

이러한 현실은 60대 남성들의 사회적 자신감의 상실이 커지면서 일하고자 하는 의욕까지 점차 약화시켰거나, 반면에 아내에 대한 의존도가 부지불식간에 높아지고 있을 가능성을 점치게 한다.

일본의 이러한 조사가 시사하는 바는 남성들보다 여성들이, 특히 60대에 접어들수록 일하고자 하는 필요나 욕구가 높다는 점인데, 이는 남성들의 경제력이 60대에 이르러 현저히 퇴조하고 있는 반증이라고 할 수 있으며, 60대에 이르면 남성이 가장의 역할도 점차 포기하는 경향이 있다는 것을 암시하는 조사 결과이기도 하다. 한마디로 남자들이 60이 넘으면 남자의 사회적 책임에 대해 그동안 취해 오던 무한 책임적 입장에서 태도가 확 돌변한다는 것이다. 그리고 그 현실적인 부담이 바로 60대 여성이 일하려고 하는 높은 욕구로 분출된다고 할 수 있다.

호구지책이란 말이 있지만 나이가 웬만큼 들어서도 먹고살기 위해 일터로 나가야 한다는 것은 조금은 구차한 일일 수 있다. 그러나 죽는 날까지 재미있고 좋아하는 일을 한다면 그보다 행복한 말년이 어디 있겠는가.

그런 점에서 은퇴하고 나면 그냥 여행이나 다니고 쉬어야겠다고 마음먹는 일은 그리 썩 권장할 만한 생각은 아닌 것 같다. 일본에서 시니어들에게 물어보았다. 당신은 무엇 때문에 나이가 들어서도 일을 하려고 하는가. 이러한 질문에 대해 60대의 대답과 50대의 대답은 달랐다. 60대 남성들은 거의 절반에 가까운 44.6%가 자신의 경험이나 지식을 사회에 환원하기 위해서라고 응답했고, 이러한 응답은 60대 여성들도 많은 편이어서 34.8%가 이런 답을 했다. 50대들은 남성의 19%, 여성의 11.2%가 이 같은 응답을 했는데, 이는 60대의 사회적 소외를 실감하게 하는 대목이다.

그런가 하면 자신의 취미나 관심사를 살리기 위해서라고 응답한 경우도 비교적 많았다. 이러한 응답은 50대 여성이 많았는데 32.7%를 차지했고, 다음은 60대 여성으로 26.1%였고, 50대 남성과 60대 남성은 각각 20.6%와 20.0%의 분포를 이루었다. 다음은 아직도 현역으로 뛰고 싶다는 응답도 적지 않았다. 50대 남성의 22.2%가 이 같은 응답을 해 왔고, 50대 여성 20.4%도 이런 반응을 보였고, 60대 여성이 13%, 60대 남성이 10.8%의 응답을 해 왔다. 그다음으로는 경제적 이유로 일을 하고 싶다는 의견이 50대 남성이 19.0%이고, 놀랍게도 50대 여성이 22.6%로 그보다 높아 50대의 남성보다 여성의 경제적 욕구가 더 크게 나타나고 있음을 알 수 있다. 60대 역시 여성의 경제적 동기가 더 높아 60대 여성은 13%인 데 반해, 60대 남성은 6.2%에 머물고 있다.

이상의 연구 결과는 일본의 경우이긴 하지만 우리에게도 시사하는 바가 크다. 즉 남성들은 60대 이후에는 가정의 경제적 지위 향상을 위해 노력하기보다는 현실에 적응하려는 태도를 보이는 가운데, 점차 약해지는 자신의 사회적 존재감의 상실을 더 중요하게 여기는 것으로 보이며, 여성은 나이가 더 들수록 경제적 대책을 더욱 중시하는 태도의 차이를 보이고 있다.

그런데 50대 여성보다는 60대 여성이 더 절실한 경제적 동기를 보이는 것은 50대 여성들이 그때까지는 남편에 대한 기대가 어느 정도 살아 있다가 실망한 결과로도 풀이할 수 있겠다. 이 조사대로라면 50대 여성들은 50대 남성들의 점점 낮아져 가는 경제적 능력의 처지와 현실을 정말 잘 이해할 필요가 있겠다.

나이가 들어도 더 잘나간다

60이 넘어도 재산이 늘어나는 사람들이 부자들이다. 그러니까 60대에 연간 벌어들이는 소득의 15배 정도의 재산을 가지고 있으며, 1년에 벌어들이는 소득 규모가 전체 재산의 7% 정도는 되는 것이다. 그러니까 60대로서 한 해에 3억 원을 버는 사람들이라면 50억 원 정도의 재산을 가지고 있다는 이야기이다.

상당수의 사람들은 돈이 많은 부자들의 삶을 내심 동경하고 산다. 그렇게 많은 돈을 가지면 기분이 어떨까. 그들은 그 많은 돈을 어디에 쓸까. 그러나 실제로 부자들의 생활을 들여다보면 그들은 그 많은 돈으로 산다기보다 자신들이 오랫동안 지켜 오고 있는 자신만의 고유한 생활 방식대로 산다는 것을 알 수 있다.

미국의 부자들의 삶을 조사한 보고서를 인용해 보면, 그들은 우선 보통 수준의 생활인에 비해 비교적 단조로운 삶을 살고 있다는 것을 알 수 있다. 흔히 일반인들은 돈을 조금 벌면 좀 더 큰 집으로 이사를 가고 싶어 하거나 좋은 동네로 옮겨 가고 싶어 한다. 그러나 부자들은 대체로 자신들이 살고 있는 동네를 잘 떠나지 않는 것으로 조사되었다. 그래서 후에 부자가 되고 보면 자신보다 늘 재정적으로 가난한 이웃을 벗하며 살게 된다는 것이다.

그런가 하면 일반인 중에는 어느 정도 연금이나 자산소득이 있으면 은퇴 이후에 휴식을 취하면서 편안히 살려고 하는 경향이 많은 데 비해, 부자들은 나이가 들어도 5명

중 한 명은 은퇴 생활을 하고 있지만 나머지 4명은 여전히 현역으로 활동하고 있다. 다소 의외였지만 부자들은 아내들이 함께 직업을 가지고 있는 경우가 절반이 되었고, 남편의 수입이 전체 가구 수입의 80%를 넘어 가정 재정을 주도적으로 이끌고 있다.

직장을 다니는 사람들은 항상 일하는 시간이 너무 많다고 불평을 하지만, 부자들은 우리나라조차 주 5일 근무를 시행하는 요즘에도 일주일에 50시간 전후로 일을 하고 있다. 이 시간은 거의 주말까지 일해야만 달성할 수 있는 시간이므로 그들이 사회 제도에 따라 사는 사람들이 아니라 자기 자신의 삶의 방식대로 살아가는 사람들임을 알 수 있다. 자산을 관리하는 방식도 일정한 패턴을 유지하고 있는데, 대체로 부자들은 소득의 15%는 저축하고, 소득의 20%는 투자하는 삶의 일관성을 보여 주고 있다.

우리는 집을 통해 부를 과시하기도 하고 다시 집을 통해 부가 더 늘어나기도 하지만, 미국의 부자들은 평균적으로 50만 달러 내외의 수수한 수준의 집에서 살며, 양복이나 시계 등도 명품이 아닌 평범한 제품을 애용하는 것으로 나타났다. 이들은 한 달에 평균 2~3천만 원 이상 버는 사람들로서 총재산은 평균 50억 원 이상으로 추정되며, 나이는 60세가 가장 많았다. 이 역시도 일반인과 확연히 구별되는 것으로, 일반인들은 60이 넘으면 쉬려는 사람들이 압도적으로 많지만 부자들은 여전히 현역으로 뛰고 있다는 것이다.

그래서 60이 넘어도 재산이 늘어나는 사람들이 부자들이다. 그러니까 60대에 연간 벌어들이는 소득의 15배 정도의 재산을 가지고 있으며, 1년에 벌어들이는 소득규모가 전체재산의 7% 정도는 되는 것이다. 그러니까 60대로서 한 해에 3억 원을 버는 사람들이라면 50억 원 정도의 재산을 가지고 있다는 이야기이다.

만일 이들이 30년 정도 일을 했다면 한 해 평균 산술적으로 1억5천만 원 이상은 모았다는 이야기이며, 만일 10% 정도의 수익률을 적용한다면 50대 중반에 이미 20~30억대 재산을 가진 사람으로 볼 수 있다. 다시 40대 후반 시절로 보자면 약 10억 원 내외의 재산은 가지고 있었던 사람일 가능성이 높다. 이러한 통계가 시사하는 부자들의 생활상을 보면, 부자들은 시간을 귀중히 여기고, 자기절제력이 강하면서 가족에 대한 책임감이 강하고, 평소에 일하는 것을 싫어하지 않고, 검소하게 생활하면서 저축과 투자를 즐기는 가운데 부자들이 탄생할 가능성이 높다는 것을 알 수 있다.

사실 은퇴하고 나면 남는 것은 시간뿐이라는 말처럼 현역 시절에는 그리 귀하던 시간이 은퇴 후에는 철철 넘쳐나게 된다. 은퇴 직후의 시간은 하루하루 휴식을 취해도 좋고 친구를 만나러 가도 좋고 운동을 해도 좋은 시간들이다. 하지만 일정한 시간이 지나고 나면 이 귀한 시간들을 좀 더 효과적으로 사용할 수는 없을까 하는 욕망이 자연스럽게 생겨나게 된다.

여기서 르뵈프가 추천하는 시간의 투자법을 소개해 보려고 한다. 그는 시간을 투자하는 데 좋은 네 가지 방법을 제시하고 있다. 첫째는 공부에 투자하라는 것이다. 둘째는 돈 벌기에 투자하라는 것이다. 셋째는 자신의 삶을 누리는 데 투자하라는 것이다. 마지막으로 베풀기에 시간을 투자하라는 것이다. 어찌 보면 누구나 성장하면서 닥치는 인생의 단계별 과제이기도 한 문제이지만, 은퇴한 사람에게는 모두 동시에 필요한 시간 투자법이다.

물론 상당수 은퇴자들이 이런 방식으로 시간을 투자하고 있겠지만, 그래도 돈 벌기에 대한 투자는 소극적일 것으로 짐작이 간다. 어쩌면 공부하기에도 제대로 시간 배정을 잘하지 않았을 가능성도 있다. 베풀기도 아직은 우리 사회에서 보편적 생활로 받아들여지기 어려운 대목이다. 그리고 시간을 투자하는 우선 순위도 정해 놓을 필요가 있다. 르뵈프는 이런 순서를 권유했다. 먼저 공부하는 데 가장 먼저 투자하라는 말이다. 그다음은 돈 벌기에 많은 시간을 투자하라는 것이고, 그다음은 자신을 위해 시간을 누리고, 그다음은 베풀기에 시간을 나누어 주라는 것이다.

| 19

장수 사회에 대비하자

중요한 것은 인간수명은 점점 길어지고 일하는 기회는 점점 줄어드는 상황에서 어떻게 인생을 기획하고 대비해야 하느냐이다. 먼저 당장의 문제만 보더라도 작금의 수명상황을 고려한다면 경제활동은 대체로 70세 정도까지는 할 수 있는 마음가짐이나 자세가 있어야 한다고 본다.

인간의 수명 연장 논의가 어느새 제트 기류를 탄 느낌을 받게 된다. 1960년대만 해도 60대를 평균수명으로 알고 살던 우리가 어느새 80대의 평균수명을 유지하고 있으며, 이미 주변에서 90을 넘기는 분들이 허다한 실정이어서 정말 상전벽해란 말이 빈말이 아닌 셈이 되었다. 그런데 요즘 논의되고 있는 인간의 최고 수명이 이제까지의 120세에서 150세로 훌쩍 뛰어 제기됨으로써 인간의 수명 논의는 더욱 세상의 관심 속으로 들어오고 있다.

만일 사람의 수명이 길어지게 되면 사람의 생활상이 여러 가지가 달라지게 된다고 전문가들은 이야기한다. 만일 120을 사는 것이 일반화되면 출산은 대체로 40세 전후에 하게 될 것이고, 은퇴는 80세 전후에 하게 된다고 하며, 150을 살게 되면 출산은 50까지도 가능하고 은퇴는 100세 전후가 될 것이라고 한다.

물론 이런 일은 아주 오랜 시간이 흘러야 가능하겠지만, 중요한 것은 인간수명은 점점 길어지고 일하는 기회는 점점 줄어드는 상황에서 어떻게 인생을 기획하고 대비해야 하느냐이다. 먼저 당장의 문제만 보더라도 작금의 수명 상황을 고려한다면 경제활동은 대체로 70세 정도까지는 할 수 있는 마음가짐이나 자세가 있어야 한다고 본다.

요즘 젊은이들의 결혼이 늦어지고 있는 것도 그들의 길어지는 예상 수명을 고려한다면 나름대로 지혜로운 현상이라고 할 수도 있는 일이다. 아마도 이런 추세로 가면 머지않아 결혼 적령기는 30대 중반이 일반화될 것으로 보이고, 40대 출산도 예사로운 일이 될 것으로 보인다.

그러므로 일하는 기간도 늘어날 것으로 보이는데, 달라지는 점은 평소에 일하는 시간은 줄어들고 일생 동안 일하는 기간은 길어질 것이란 점이다. 이미 주 6일 근무에서 주 5일 근무로 변해 버린 상황에서 언젠가는 다시 주 4일 근무로 변하게 되고, 심지어는 주 3일 근무도 등장하게 될 것이다. 이런 일은 이미 선진국에서 검토되거나 시행되는 일로서 신흥 선진국의 문턱까지 다다른 우리로서도 머지않아 당면하게 될 일이다.

하루 중 일과 시간도 종전보다는 쉬는 시간을 늘려 가면서, 그러나 지속적으로 일을 손에서 놓지 않는 생활 태도가 필요하며, 자주 쉬더라도 쉬고 나면 언제나 즉시 일터로 돌아갈 수 있는 준비 태세를 평소에 훈련할 필요가 있다. 그러므로 은퇴란 이런 인간 수명의 장기화 현상에 비추어 보면 일시적인 휴식이지 일과의 영원한 이별이 아니다.

생각이 몸을 지배한다는 말이 있듯이 한번 은퇴를 생각하고 나면 다시 일터로 나오는 것은 무척 힘든 결단이 된다. 그러나 종전 직장에서의 정년퇴직을 다시 제2의 출발이라고 생각하면 은퇴는 잠시의 휴식으로 생각하게 되고 소중한 재충전의 기회가 된다.

학생도 방학이 있듯이 그동안 변변한 휴식 한 번 제대로 갖기 못한 직장인들에게 찾아온 때 이른 조기 퇴직을 맞아 스스로 인생의 방학으로 생각하고 새로운 학기를 위한 준비 자세로 즐겁게 그리고 가볍게 쉬면서 다시 신발끈을 조였으면 좋겠다.

나이가 들어서 새로운 직업을 찾아 나서다 보면 상당수 직업들이 주로 사람을 상대하는 일로서, 물건을 팔거나, 주문을 받아 오거나, 납품을 하거나, 수주를 하는 일들로 채워지게 된다.

그러나 나이가 들고 지위도 변변치 않고 비즈니스 여건도 열악한 상황에서 영업을 하거나 고객을 개척하는 일은, 새로이 출발하는 시니어들에게 참으로 녹록지 않은 것이다. 어렵사리 새로이 시작한 일이라 성과도 가급적 빨리 내고 싶을 텐데 고객이나 거래처가 내 마음대로 움직여 주지 않는다.

그럴 때 설득의 기술을 높이는 훈련과 연습이 필요하다. 공전의 대히트작인《설득의 심리학》이란 저서에서 로버트 치알디니(Robert Cialdini)는 여섯 가지의 주장을 제기하고 있는데, 그는 설득의 기술을 구성하는 기본 특성으로 상호성, 일관성, 사회적 증거, 호감, 권위, 희소성을 들고 있다.

그런가 하면 케빈 더튼(Kevin Dutton)이 빠른 설득의 기술을 위해 주창한 초설득의 심리학은 다음과 같다. 그는 단순성, 이익의 기대, 부조화의 유머, 신뢰, 감정 이입으로 초설득이 가능하다고 주장한다. 이 두 사람의 주장을 통해 느끼게 되는 설득의 힘은 우선 상대와의 상호작용이 높아야 한다는 점이다. 상호성이란 특성이나 감정의 이입이란 특성은 서로의 감정의 교감을 전제로 하는 설득의 터전이다. 그리고 감정의 교감이란 상대로부터의 믿음을 기초로 한다는 점도 드러나고 있다.

믿음과 감정의 교류는 사실 상거래의 인간 관계에서 도달하기 어려운 정말 높은 차원의 인간 관계인데, 이를 이루어야 설득이 된다고 한다면 삶에 대한 진정성이 높아지는 시니어들의 입장이 되면 더욱 유리한 설득의 재산이 생긴다고 할 수 있겠다.

그러나 단순성이나 일관성은 나이가 들면 다소 떨어질 수 있는 요소들이다. 따라서 나이가 들수록, 어떤 사안이나 문제를 단순하게 압축하고 요약하는 힘을 기르기 위해 독서나 토론 등의 생활 기반을 꾸준히 쌓을 필요가 있다.

또 호감 조성이나 부조화의 유머 같은 요소들도 나이가 들수록 다소 멀어지는 특성으로서 이에 대한 노력도 기울일 필요가 있겠다. 이런 소양은 다양한 친교나 문화 생활들이 뒷받침되면 좋을 요소들이다. 상대를 설득하고 상대에게 이로움을 알리는 문제는 이처럼 일상사에서 사회적 노출과 인간적 교감이 유지될수록 유리할 수 있기에, 직장에서의 퇴직을 사회적 퇴장이 아닌 더욱 깊은 사회적 이해의 계기로 만드는 지혜가 요구된다고 하겠다. 반면에 이 같은 설득의 힘이 약하게 되면 누군가에게 설득을 당하게 되어 손해를 보게 되거나 잘못된 길을 걸어갈 수도 있다. 나이가 들수록 자기 고립화를 경계해야 하며, 지속적인 사회적 감각을 유지하기 위해 항상 노력할 필요가 있다.

20

후반전에 멋지게 역전하자

40~50대가 미래의 사회적 지출이나 사회적 부채나 사회적 손실이 아니라 미래의 사회적 자산이자, 수익이자, 자본이라는 것을 증명하는 길은 베이비부머들 각자의 자기경영과 자기고용 그리고 생산적 복지 마인드라고 할 수 있다. (……) 지금 직장을 떠나거나 잃은 40~50대라면 가급적 하루라도 빨리 다시 뛰자. 돈 때문이 아니라 주어진 인생의 진한 보람과 완주의 가치를 만끽하기 위해서 이제 중간 휴식을 마치고 다시 후반전 경기에 나서자.

세상을 살면서 많이 듣게 되는 소리 중의 하나가 "가능한 한 뭐든지 빨리 준비하는 것이 낫다."라는 것이다. 공부를 하는 학생에게도 선행학습을 통해 미래에 배울 과목을 가능한 한 빨리 공부하도록 권하는 사람들이 많고, 운동을 하는 사람에게도 가능한 한 빨리 특기를 살리려면 운동을 일찍 시작하는 것이 좋다는 말을 많이 한다.

돈을 모으는 일도 그러한데, 학교를 졸업하고 적은 소득이라도 생기게 되면 가급적 빨리 저축하는 습관을 배우는 것이 아주 중요하다. 어린아이 하나가 자라서 대학을 졸업할 때까지 그 아이에게 들어가는 양육과 교육 등의 비용을 계산해 보면 대략 2억 원 정도가 된다고 한다. 그런데 그 학생이 졸업 후에 이 2억 원을 단기간에 회수하기는 어렵다. 따라서 남들보다 빨리 저축하는 습관을 가지게 하는 것이 중요한 것이다. 가령 25세 나이부터 일주일에 2만 원씩을 연간수익률 8%로 운영한다면 65세가 되는 해에 약 2억8천만 원의 돈을 만질 수가 있지만, 그보다 10년이 늦은 35세부터 이런 계획을 실행했을 경우 65세에 만질 수 있는 돈은 앞 사람의 절반 정도인 1억2천만 원 정도가 된다. 10년을 앞서 실행한 일이 결과는 30년 뒤에 2배의 차이로 나타나는 것이 돈의 세계이다.

이것이 바로 기왕이면 일찍 시작하라는 말의 당위가 된다. 퇴직 이후의 생활 대책 준비도 마찬가지이다. 언제 시작하든 늦었다고 할 것이 아니라 지금이라도 좋다는 식으로 행동에 옮기는 것이 현명한 태도이다. 이것은 돈에 대한 준비만 그런 것이 아니다. 가령 남은 여생을 해외 봉사로 보내고 싶은데 외국어 준비가 안 된 사람은 그런 생각이 떠오른 시점부터 바로 배우기 시작하면 그때가 빠른 때인 것이다.

특히 은퇴 후에 더 일할 준비가 안 된 사람들은 은퇴 후에 그냥 하릴없이 두 손만 놓고 있을 것이 아니라 그때부터라도 무언가를 배우거나 시작하는 태도가 중요하다고 본다. 앞으로 나이가 70이 넘어서도 창업하는 사람들이 나타날 것이며, 더 후일에는 80이 넘어서도 창업이나 일자리를 개척하는 사람들이 나타날 것이다. 그러한 용기와 선택은 정신적으로나 현실적으로 자신을 더욱 젊게 만드는 에너지가 될 것이며, 인생의 자신감을 높여 주는 자세가 아닐 수 없다.

재무적으로 어느 정도 안정된 생활이 가능할지라도 좀 더 생산적이고 능동적으로 남은 삶을 설계하는 시도는 생이 남아 있는 한 오늘도 늦었다고 할 수가 없다. 일상생활을 통해 자신의 재무적 습관을 제대로 알고 사는 사람은 그리 많지 않을 것이다. 돈을 헤프게 쓰는 사람, 돈을 잘 빌리는 사람, 돈을 쉽게 투자하는 사람, 저축을 아예 안 하는 사람 등 개인들의 재무적 습관은 자신도 모르는 사이에 이미 고착되어 있다.

그러나 가장 중요하고도 고치기 어려운 습관은 바로 소비와 저축과 투자에 관한 습관이다. 이런 습관은 나이가 들어도 쉽게 고쳐지지 않는 것이어서 노년의 재무적 상황과 평생의 저축 습관은 깊은 관련이 있을 것으로 조사된 바 있다. 그러니까 은퇴자들의 경우 은퇴 당시의 재산 상태는 그의 평생 수입과 관련이 있는 것이 아니라 그의 평생 저축 습관과 관련이 있다는 것이다. 그럼 이런 습관을 어떻게 고칠 수 있을까.

먼저 금리, 즉 이자에 대한 공부가 절대적으로 필요하다. 이자는 흔히 하는 말로 '쉬는 날도 없고 밤에도 자지 않고 불어나는' 무서운 존재이다. 그런데 그 이자를 내가 내는 것이 아니라 내가 받는 것이라면, 내가 놀고 있는 순간에도 불어나는 이자는 결코 무서운 존재가 아닐 것이다.

또 금리 수준과 물가 수준에 대한 이해가 필요하다. 소비와 저축의 균형을 잡아 가는 문제는 바로 금리 수준과 물가 수준이라고 할 수 있다. 금리가 오르고 있다면 돈의 가치가 올라가는 것이므로, 지금 가지고 있는 돈의 소비 시점을 미래로 늦추고 그 돈을 저축한다면 같은 돈을 가지고도 미래에 더 나은 소비가 가능해지는 상황이 생겨난다. 반면에 금리가 내리게 되면 돈의 가치는 다시 하락하게 되는데, 따라서 지금 저축하는 것보다 차라리 소비하는 것이 더 만족스러울 수도 있다. 그래서 경기가 어려워지면 정부는 금리를 내려서 소비를 늘리도록 유도하기도 한다. 물가 역시 소비와 저축의 균형을 조정하게 하는 경기 변수이다. 만일 물가가 지금 오르고 있다면 나중에는 돈의 가치가 그만큼 하락하게 될 것이므로 소비가 늘게 되고, 물가가 내려가면 돈을 지금 쓰기보다는 나중에 쓰게 되어 그만큼 소비가 줄어든다.

이런 관점을 가지고 소비와 저축의 균형을 조정해 볼 수 있다. 즉 금리가 오르고 물가가 낮은 상황이 계속된다면 저축이 유리하다고 할 수 있고, 반대로 금리가 내리고 물가가 오르는 상황이 계속된다면 지금 소비를 늘리는 것도 나쁘지 않을 것이다. 그러므로 노후에 재산을 늘리기 위해 저축하는 습관을 가지고 싶다면 항상 머릿속에 금리는 오를 수 있고, 물가는 안정될 것이란 기대를 가지고 살면 될 것이다.

바로 경기가 늘 안정적으로 성장할 것이란 긍정적인 미래 기대가 있다면 저축과 소비는 바람직한 수준에서 균형을 이루게 될 것이다. 사람의 욕심은 한이 없다고 하듯이 경제적인 욕망에 비추어 행복을 측정하는 것은 어려운 과정이 아닐 수 없다.

얼마 전 국내 모 연구소가 객관적인 경제 지표를 가지고 경제 행복도를 알아보는 보고서를 낸 바 있다. 이는 경제생활을 통해 가정의 경제가 느끼는 생활 만족도를 경제 행복도라고 보고 소비, 자산, 소득 분배, 경제적 안정성 등을 구성 지표로 해 조사한 것이다. 생활 전반의 행복 지수를 조사한 세계 기관의 보고서는 가장 가난한 나라가 가장 행복하다는 결과를 보여 준 바 있지만, 경제적 행복을 측정하려는 이런 시도는 당연히 선진국일수록 좋은 결과가 나오게 된다.

그런데 이 지표를 보니 여기에 시대의 변화가 담겨 있음을 알 수 있었다. 먼저 소비 부문에 교양 지출비, 오락비 등이 포함되었으며, 소득 부문에는 금융소득의 대리 변수로 주가 변동을 넣었으며, 소득 분배의 공평성 개선과 주택 가격의 상승과 개인 소득의 증가폭 차이를 넣었다. 나머지는 물가, 고용, 교육비 지출 등의 지표로서 당연한 선정이라고 본다. 그리고 또 하나 눈에 띄는 것은 55세 이후에 취업하는 인구였다. 그러니까 지금 우리 사회는 내가 은퇴자가 아니더라도 이 시간 이후 폭발하는 베이비부머들의 새로운 사회 활동 자체가 전체 국민의 경제적 행복과 연결되어 있다는 것이다.

좋게 보면 이들을 걱정해 주는 것이고 야박하게 보면 사회가 이들을 부담스럽게 여기는 것이라고 보아야 하겠다. 지금 이 사회는 겉으로 말은 하지 않지만 베이비부머들의 은퇴 후 제2의 출발을 누구 할 것도 없이 바라고 있는 분위기이다.

더 구체적인 속내는 이 지표의 계산방식에 있다. 이른바 노후 불안이란 지표인데, 15세부터 64세까지의 인구 대비 65세 이상 인구의 비율로 이를 계산하면서 여기에 55세 이후의 취업률을 차감하는 방법이다. 다시 말하면 베이비부머들은 늙더라도 스스로 일하면서 65세 이후에 가급적 사회적 비용이 드는 노인 인구로 들어오지 말라는 것과도 크게 다르지 않은 지표 계산법이다. 젊은이들은 지금도 충분히 힘이 드는데 그들이 대거 유입되면 어쩌나 하는 것이 우리 사회의 숨겨진 속내라고 해야 할 것이다. 조금 심하게 생각하면 베이비부머들을 사회적 애물단지로 취급하는 분위기도 어느 정도 감지되는 바이다. 이것이 현실이다. 베이비부머 세대는 이를 직시해야 하고, 또 시간이 닥치기 전에 스스로 슬기롭게 답을 구해야 한다.

　40~50대가 미래의 사회적 지출이나 사회적 부채나 사회적 손실이 아니라 미래의 사회적 자산이자, 수익이자, 자본이라는 것을 증명하는 길은 베이비부머들 각자의 자기경영과 자기고용 그리고 생산적 복지 마인드라고 할 수 있다. 베이비부머들에게 가능하다면 생산의 현장에서, 또 생산의 큰 틀에서 크게 벗어나지 않는 제2의 인생 설계가 절실한 느낌이 드는 것을 요즘 발표되는 경제적 행복 지수를 보고 느꼈다.

　지금 직장을 떠나거나 잃은 40~50대라면 가급적 하루라도 빨리 다시 뛰자. 돈 때문이 아니라 주어진 인생의 진한 보람과 완주의 가치를 만끽하기 위해서 이제 중간 휴식을 마치고 다시 후반전 경기에 나서자. 우리 사회가 점점, 젊은이들이 점점, 거리로 나오는 40~50대의 베이비부머들을 곤란해 하는 눈치가 역력하다. 전반전에 밀린 팀들이 후반전에 전력 투구하여 역전의 승리를 이루어 내듯이, 인생 전반전에서 뜻대로 풀리지 않은 시간을 보냈던 베이비부머들도 인생 후반전에서는 진실하고 의미 있는 삶을 통해 인생 역전의 보람과 행복감을 느낄 수 있기를 바란다.